滄桑歷盡翱翔志
淡泊從容筏海牙

倪徵𣋉

淡泊从容莅海牙

（增订版）

北京大学出版社
PEKING UNIVERSITY PRESS

上图：1911年，作者（左）与四哥倪徵时摄于平望镇。

下图：1919年，作者父母及倪家兄弟姊妹。（二排右四为作者）

淡泊从容莅海牙

1928-1929年,作者在斯坦福大学法学院攻读博士学位。

上图：1928年2月（农历），作者获东吴大学法学学士学位证书。

下图：1929年6月，作者获斯坦福大学法学博士毕业证书。

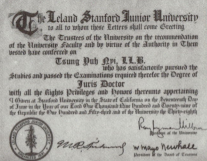

1	2
3	

图1：1930年，作者与妻子张凤桢在约翰·霍普金斯大学。

图2：1934年，在南京玄武湖，夫妻二人合照。

图3：1946年7月底，作者从英美考察回国，一家三口合影。

淡泊从容莅海牙

1947年10月远东国际军事法庭东京审判时,作者诘问侵华元凶板垣征四郎。

上图：审讯甲级战犯东条英机现场。（围坐者左起第三人为作者，第六人为向哲浚）

下图：作者在法庭上与其他检察官进行商讨。（左为向哲浚，中间为作者）

淡泊从容莅海牙

上图：1946年冬，作者（左一）与中国检察组顾问鄂森赴北平取证。

下图：作者（右一）与同事高文彬在日本前陆军省档案库取证。

上图：作者与向哲浚在东京的住处庆祝胜利。

下图：作者亲自装订、保存的东京审判判决书。

淡泊从容莅海牙

1984年,已近八十高龄的作者在安理会、联合国大会以绝对多数票当选新中国首任国际法院法官。图为国际法院法官们开庭前,就开庭程序简短晤谈。

国际法院开庭。(右四为作者)

淡泊从容莅海牙

2000年10月,作者参加斯坦福大学法学院设立"倪徵㢲奖学金"命名仪式。

国际法官是超然的,超越国家利益之上,只有这样才能取信于世界。

—— 倪徵𣋉

目录

序一　钱其琛

序二　史久镛

序三　王铁崖

序四　赵理海

作者自序　倪徵𣸣

一　童年简述 / 1

二　申江负笈 / 11

三　赴美留学 / 31

四　"成家立业" / 47

五　战火余生 / 69

六　出国考察 / 87

七　实地观摩 / 105

八　东京审判 / 127

九　迎接解放 / 155

十　北京召唤 / 169

十一　会议频繁 / 189

十二　湖广债券 / 213

十三　思想改造 / 237

十四　瑞士赴会 / 257

十五　海牙九载 / 287

十六　案牍劳形 / 309

十七　开会出访 / 335

十八　血浓于水 / 359

十九　生老病死 / 375

二十　老骥伏枥 / 397

二十一　近事续记 / 443

增订版后记 / 475

序 一

倪徵燠先生回忆录《淡泊从容莅海牙》出版了，这是中国外交界和国际法学界的一件大事。将近一个世纪以来，倪老抱定爱国主义的信念，始终如一地将个人的前途和祖国的命运紧密地联系在一起。在风雨飘摇的旧中国，为寻找救国救民之路，他蓄志学法继而赴海外深造。学成回国后，教法律，当律师，任法官，并担任远东国际军事法庭中国检察处首席顾问，直接参加了对第二次世界大战的日本主要战争罪犯的审判。

新中国成立后，倪老长期担任外交部法律顾问，参与处理了大量的重大涉外法律案件。他不为名利，不求闻达，埋头钻研，为新中国的外交和国际法事业呕心沥血，贡献良多。难能可贵的是，倪老政治上孜孜以求，在年逾古稀时光荣地加入了中国共产党。在繁忙的外交实践之余，倪老还长期担任国际法教授，在国际法教学和研究领域辛勤耕耘，发表了大量有影响的论著，培养和指导了许多年轻的国际法学者和外交工作者。

1984年倪老当选为新中国首任国际法院法官。在九年的任期中，对于国际法院的工作及国际法的发展作出了积极的贡献。离任后，虽已耄耋之年，但仍以"学习无间争朝夕"自勉，笔耕不辍，历时盈年，完成本回忆录。倪老的学术造诣、敬业精神和高尚人品无不令人敬佩。

倪老一生学法、用法、司法,拿他自己的话来说,就是一生没有离开过一个"法"字。倪老回忆录的出版,不但对于数十年来国际法在中国的形成与发展具有重要的史料价值,而且对于进一步推动国际法的学习和研究也具有积极的现实意义。早在1978年,邓小平同志就提出,要大力加强国际法的研究。近年来,江泽民总书记多次强调,为了适应我们面临的形势和肩负的任务,做好各个方面的工作,各级领导干部要努力学习法律知识,包括国际法知识。作为外交官,要学习国际政治、经济等多方面的知识,而学习国际法知识也是非常必要的。我希望所有外交官、所有从事外事工作的同志,响应江总书记的号召,加强学习,继续为国际法的完善和发展作出努力,推动国际法朝着有利于建立和平、稳定、公正、合理的国际政治经济新秩序的方向前进。

倪老以高龄当选国际法院的大法官,在他竞选前后和在任期间和我有过多次接触。他那永远乐观的情绪和对各种问题的独到见地,使我印象颇深。他言谈平实,寓意很深,每次见面,交谈甚欢。现在他写回忆录,以准确、简练、畅达自许,文如其人,我相信读者是会喜欢的。是为序。

1998年11月19日

序 二

倪徵㺯法官是当代中国法学界的老前辈，学问渊博，在国际法和比较法领域造诣尤深。1991年他当选为"国际法研究院"（L'Institut de Droit International）会员，就是对他在国际法学术上卓越成就的无可争辩的见证。

倪法官早年就读于上海东吴大学法学院和美国斯坦福大学法学院，先后取得法律学士和法学博士学位。留美返国后，他长期从事法律教学和实际司法工作。1956年后，他一直在外交部任职，先后任专门委员和法律顾问。他曾为新中国对外关系中一系列重大事件提供宝贵法律咨询意见。在其回忆录中，他提及1958年我国领海声明和美国法院关于湖广铁路债券诉讼案的审理两件事情。他也曾以中国代表团成员和法律顾问的身份参加国际会议，包括20世纪70年代至80年代初联合国海底委员会和联合国海洋法会议。1982年联合国海洋法公约各条款草拟中各种文字文本之协调、统一和定稿是一项对海洋法专业和文字修养要求极高的繁重任务，由与会国专家组成的小组委员会负责。倪法官曾是该小组中代表中国的成员。该公约的中文文本可谓在迄今联合国范围内制定的所有国际公约中文文本中，文字上表达最为精确，同其他语文文本（如英、法文本等）也最为一致的。这一成就印记着倪法官的一份功绩。

倪法官的法律生涯中最显著的一点是他多次以个人专家身份参与国际立法和司法活动。1946年到1948年期间，他是东京远东国际军事法庭国际检察部的成员。他以严惩战犯的坚定立场，重在事实证据，参与对日本军国主义侵华战争主要罪犯提起国际公诉。1982年至1984年，还在他任外交部法律顾问期间，经联合国大会选举，他作为著名国际法学者任联合国国际法委员会委员，参与委员会重要编纂专题，如国家管辖豁免、外交信使和非外交信使护送的外交邮袋之地位、国际河流非航行使用法、国家责任等之研究，讨论和草拟条款，为国际法逐步发展和编纂作出其一份贡献。

1984年第39届联合国大会和安全理事会同时选举倪徵燠法官为国际法院法官。众所周知，国际法院是联合国的主要机关之一，也是联合国主要司法机关，其规约本身则是联合国宪章的一个组成部分。除审理国与国之间关于法律争端的诉讼案件外，法院还可根据联合国大会和安全理事会以及经联大授权的任何机构的请求发表法律咨询意见。倪法官于1985年2月正式宣誓就职。在他任职期间，国际法院审理案件颇多。倪法官认真深入地参与各个案件之审理，昼夜孜孜不倦阅读和刻苦钻研成堆案件卷宗。他严格地以法律为依据，本着伸张国际正义和促进国际争端之和平解决的责任感，撰写每一案件的法律意见书，并积极参与法官集体评议和判决书草拟。他对审理案件所坚持的客观公正立场以及他的热诚和蔼的为人，博得了与他共事之其他国籍法官之普遍称赞和尊重。1994年2月倪法官九年任期届满，告别荷兰海牙返回国内,从而结束了他法律生涯中最高国际荣誉的一页。

最后,我感到十分荣幸和高兴,能有此机会为倪徵𣋒法官的回忆录写序。读者能从倪法官这部著作中了解一个爱国的中国知识分子和法学家在受尽帝国主义欺压的旧中国的经历以及他如何为新中国的外交斗争、国际正义事业和国际法的发展奉献他的杰出才华和全部精力。对倪法官在92岁高龄之际仍不懈努力,不辞辛劳,写作完成此部著作,实令人钦佩。我衷心祝贺倪法官这部回忆录的出版。

史久镛

1998年11月于国际法院(荷兰海牙)

---

* 本序作者时任联合国国际法院法官。

序 三

我与本书作者相识已近五十年。他比我大七岁。80年代以后我称他为倪老,以示尊敬。其实,自从我们相识以后,我就认为他是一位受尊敬的国际法学者,学识渊博、和蔼可亲,总能给人留下深刻的印象。几十年来,他主要担任国际法的实际工作,我则从事国际法的教学研究。我们相见聚谈,总以国际法为主题,我们是"国际法之友"。

倪老早年受教育于上海东吴法学院。东吴法学院在中国是两所著名法学院之一,所谓"南东吴,北朝阳"。它们培养了一批著名的法学家,如早期的吴经熊博士,曾在联合国秘书处法律部任职多年的梁鋆立博士等。我感到亲切的是倪老和李浩培教授。他们同期在东吴法学院受教育,后来又同期在我国外交部担任法律顾问。倪老曾任国际法院法官,李浩培教授也在海牙的前南斯拉夫国际刑事法庭任法官。他们都是我所钦佩的国际法学者。不幸李浩培教授在任期四年即将届满前于1997年11月在海牙病逝。现在倪老是特别让我感到亲切的老朋友。

为了祝贺倪徵𡜥和李浩培两位国际法学者九十寿辰,中国国际法学会曾于1996年11月27日召开庆祝会。我作为中国国际法学会会长在会上发表讲话,说明他们对中国国际法的发展所作的重大贡献。全国各地一百四十多位国际法学者怀着激动兴奋的心情出席会议，纷纷向二老祝贺，表达钦佩之情。正如中国国际法学会名誉会长、当时的最高人民法院院长任建新称："他们的学术造诣、敬业精神和高尚人格无不堪称大家风范，令人钦佩。"倪老在会上表示，愿与大家一道，不断学习，并以"学习无间争朝夕"与大家共勉。这正是倪老终生努力学习和工作的一贯精神。

倪老多年担任国际法的实际工作，但是从未忽视国际法的研究。倪老在1964年出版一本专门著作《国际法中的司法管辖问题》，对这个重要的国际法问题深入探索，提出卓越的见解。这本书常为我国国际法研究者所依据和引用，已成为国际法在这方面的经典著作。1982年，我开始主编《中国国际法年刊》。经我约请，倪老连续撰写两篇文章，"关于外层空间的国际法问题"和"关于国家豁免的理论和实践"。这两篇文章刊载在《中国国际法年刊》上，为该刊增添了光彩。倪老在国际法院工作期间，写了好几篇"意见"，虽是对案件的意见，其实是对专门问题的学术研究文章，颇为国际法学界所重视。

倪老曾多年担任联合国国际法委员会委员和国际法院法官，工作成绩斐然，为人称颂，为国增光。我记得，两位前国际法院院长辛格和鲁达应邀来华访问并接受北京大学博士学位时，曾向我赞扬过倪老在国际法院的工作，认为他是国际法院工作中的支柱之一。前不久，在海牙，我遇到现任国际法院院长施韦贝尔，他也对倪老表示尊敬，称"倪法官是一名伟大的法官"。这个评语概括了倪老在法院多年工作的功绩。

国际法研究院是世界上最崇高的国际法学术团体。倪老、陈体强、李浩培和我本人都先后当选为该研究院院士。陈体强教授过早地去世。而倪老的当选使中国三人小组能够成立,提高了中国院士在该研究院的地位。倪老在国际法学界中享有声望,使中国院士阵容整齐,与其他主要国家并驾齐驱。不幸,李浩培教授去年去世,现在只剩下倪老和我两名院士,这是很大的损失。明年8月,国际法研究院将在德国柏林召开第70届会议,我们将有晤谈的机会,商讨进一步发展中国国际法的途径。倪老虽已退休,但仍关心着中国国际法的发展,经常对中国国际法学会和《中国国际法年刊》等工作提出有益的建议。

倪老现应亲友建议,撰写回忆录。消息传来,我备感喜悦。他一生努力学习,勤于写作,作出许多贡献,积累丰富经验,这些都值得记录下来,使后人从中获取裨益。我认为,倪老撰写这本书也是对中国国际法的一个极其宝贵的贡献。

王铁崖

1998年11月于海牙

---

* 本序作者时任联合国前南斯拉夫国际刑事法庭法官。

序　四

倪徵(日奥)老先生,是一位大名鼎鼎的法学家、国际法学家和海洋法专家,归根结底,是一位国内外公认的著名国际法学家。倪老一生中取得的巨大成就,值得大书特书。这部回忆录的问世,是我国法学界的一件大喜事,定会受到人们的热烈欢迎。我在这里仅就我所认识的倪老,胪列如下,挂一漏万,聊表贺忱。

一、倪老首先是一位著名法学家和法学教育家

倪老从上海持志大学毕业后,先后获东吴大学法学院法学学士、美国斯坦福大学法律学院法学博士,任美国约翰·霍普金斯大学法律学院荣誉研究员。

1949年前,驰名全国的法学院校,北有朝阳大学,南有东吴大学法学院。倪老的主要学历和教学经历,正是在东吴法学院度过的。他是一位著名法学教育家。倪老的法学基础广阔、功底深厚,且著作等身。

倪老在20世纪六七十年代,受聘为中国海事仲裁委员会仲裁员、中国对外经济贸易仲裁委员会委员。这就表明,倪老在国际私法、民商法方面造诣颇深,受到有关当局的赏识和信赖。

二、倪老是新中国当选的第一位国际法院法官

1952年院系调整时,倪老像其他法学教师一样,也曾走

过一段弯路。幸亏于1956年调来外交部,才回到了法学本行。

然而,无可讳言,直到党的十一届三中全会召开后,倪老才真正得以发挥所长。这时,倪老曾以大使级法律顾问的身份多次出席国际会议。1981年,倪老当选为联合国国际法委员会委员,为国际法的编纂和发展贡献了卓越的才能。

继而,倪老于1985年当选为1971年恢复我国在联合国合法席位以来的国际法院首位中国法官,这是倪老的光荣,也是国家的荣誉。倪老以在国际法诸领域的渊博学识,在漫长的法律工作中积累的丰富经验,当选海牙国际法院法官是当之无愧的。回忆1946—1948年,他曾是远东国际军事法庭国际检察组成员。倪老在九年国际法院任职期间,按照《联合国宪章》和国际法准则,参加了一系列难案、要案、名案的审理,为伸张国际正义,和平解决国际争端,维护国际法律秩序,作出了极其重要的贡献。

还应当指出,倪老在法学界、国际法学界的崇高威望,在一系列学术活动中也得到了确立。长期以来,倪老就是中国法学会理事、顾问,中国国际法学会理事、顾问。1991年倪老光荣地当选为国际法研究院院士,这是倪老在国际法学界崇高地位的国际认可。

不但如此,倪老曾任第三、四、五、六届全国政协委员,这是人民给予倪老的政治待遇和又一荣誉。

三、倪老是我国海洋法学界的带头人

倪老是一位卓越的海洋法专家,我国海洋法学界的带头人,对我国海洋法制建设作出了重要贡献。

倪老参加了联合国海底委员会及第三次联合国海洋法会议的全过程。在讨论我国对国家管辖范围内和以外海域问题的原则立场时,倪老就提出了一系列建设性意见。在三次海洋法会议期间,倪老参加起草委员会,对海洋法公约的定稿,特别是中文文本的定稿,提出了可贵的建议,起了关键性作用。

在国内,原国家海洋局局长罗钰如和倪老曾共同发起成立中国海洋国际问题研究会。这个研究会在80年代举行过几次研讨会和座谈会,全国各地的专家学者们提交了几十篇有关海洋问题的学术论文。鉴于海洋法是跨门类的学科,涉及面很广,大家有意在原来中国海洋国际问题研究会的基础上成立新的中国海洋法学会。在1995年2月举行的中国海洋法学会成立大会上,倪老当选为学会第一任会长。在学会成立大会当天下午的学术研讨会上,倪老作了关于大陆架划界问题的精彩报告,博得了全场热烈掌声。

从1996年起,倪老作为海洋法权威还被聘为中国大洋矿产资源研究开发协会唯一的高级法律顾问。

四、倪老德高望重,享有公平和正直的最高声誉

顺便提一下倪老的为人。近年来我曾因事求教倪老,深深感到这位德高望重的九旬老人,有许多美德非常值得钦佩和学习。倪老乐于助人,但都三思而行。他坚持真理,考虑问题时,总是以国家利益为重。倪老诚不愧为享有公平和正直的最高声誉,如国际法院法官所要求的。

最后,但愿读者珍惜这部十分可贵的回忆录,能从中吸取营养,共同为繁荣我国的国际法学而继续努力。祝愿倪老健康长寿,寿比南山。

赵理海

1998 年 11 月

---

* 本序作者时任国际海洋法法庭法官。

作 者 自 序

我从小爱读"公案"小说,喜看平反冤狱、大快人心的戏。上中学时,到了人称"冒险家之乐园"的上海,看到外国人享有特权,犯了法或有民事争讼,外国领事说了算,据称这是"领事裁判权",我心实不平。在此早年所感受的双重影响之下,我决定要学法律。后来我果真学法,此后教法律、当律师、任法官、出国考察司法,旋又参加东京战犯审判。新中国成立前后,我仍教法律,不久就调北京外交部处理涉外法律事件,参加有关法律的国际会议,最后担任联合国国际法院法官。总之,我的一生,没有离开过一个"法"字。但世事多种多样,千变万化,单靠一个"法"字,岂能自感满足?何况法是随着社会发展而起变化,一代之法,岂能永世不变?我虽已年迈退休,但学不嫌老,应仍学习无间、只争朝夕。亲友再三鼓励我回忆作录,我自忖碌碌终生,乏善足陈,而且马齿徒增,眼花脑钝,不知该当从何说起。1997年春,法律出版社贾京平总编又专程前来约稿。我在惶惶之余,冥思苦忆,抖索握管,历时盈年,得此数帙,恐难如所愿,有负亲友及读者期望。

后面的记述,既非年谱,亦非自传,只是回忆杂录,但总应分别层次,先后有序。我大体上的安排是,一般按时间先后,但必要时亦按实际需要,分题叙述,以免对于同一事的叙述忽断忽续。至于内容和写法方面，则力求准确、简练、畅达。所谓准确，是要求真实、朴素，力戒夸张失实或文过饰非。所谓简练，是要求紧凑、切实，记忆不清的事宁缺毋滥，力避空洞泛述，言之无物。除有个别的必要情况外，不拟照抄文件或引用附录，以免徒增篇幅。所谓畅达，是要求文字通顺易读，表达自然，力避迂回重叠，晦涩不明。凡此诸端，我谨引以自律，冀能身体力行。

本书书名"淡泊从容莅海牙"是亡友、原东京国际军事法庭共事后任美国普林斯顿大学历史系教授兼东亚研究所所长刘子健所赠诗句，寓有诸葛"淡泊以明志，宁静而致远"之深意，可引以自勉。

我今行年已逾九二，对过去数十年事，既无日记可凭，难期了若指掌、记忆犹新。我的女儿乃先竭力助我回忆，或者查阅有关的文件、史料以及偶尔尚存的零星记载和草稿。撰写过程中，法律出版社张慎思女士从一开始就帮我设计、校订。后来，她虽调职到《法制日报》，尽管采访、撰稿任务繁重，对我帮助则仍继续不辍，直到付梓为止，我深表感谢。

倪徵𣂺
1998年11月

一 童年简述

1. 家庭环境
2. 启蒙入学
3. 重返黎里

1. 家庭环境

公历1906年，即前清光绪三十二年，岁次丙午，我出生于江苏省吴江县属的黎里镇。吴江县当时属苏州府管辖，但黎里镇位于吴江县的西南端，与浙江省的嘉善县接界，仅一水之隔，因此人情风俗，乃至于口音性格，更接近于浙省的"杭嘉湖"地区，而与江苏省的"苏松太"地区，反而有些差异。

吴江县那时拥有所谓"十八市乡"，当时的市，指的是镇，不同于现在所称的市。吴江县有几个大镇，比较突出的是两个"泽"和两个"里"，比那时的吴江县城还大。两个"泽"指的是震泽镇和盛泽镇，盛产丝绸。据称，盛泽镇的绸，不仅闻名全国，而且已远销海外。盛泽镇素有"小上海"之称，工厂林立，商业繁盛。江泽民总书记曾于1991年、1995年两次前去视察参观。

所谓两"里"，指的是同里镇和黎里镇。在那里，历来人称：读书人家多，做官人家多。有名的南社巨子陈去病、金松岑等都是同里镇人。退思园的主人任畹香（号兰生）在前清曾任高官，退休后隐息于故乡同里。退思园现已成为江南有名的旅游景点。许多影视片在那里拍制。黎里镇人周元理，清朝乾隆年间官至工部尚书，退休后，皇帝对他在黎里镇的府邸赐以御书"福"字。镇上人从此称周家为"周赐福"而不称其名。现在的柳亚子纪念馆，即设在周赐福旧址，因柳亚子生前曾赁居周赐福的部分房屋。这所房屋的第五进楼上西间有一个隐藏的"夹楼",表面上看不出来,像普通壁板一样,用劲一推,内有暗室,可藏箱笼物件,是用以防贼盗的。1927年蒋介石在沪制造"四·一二"事变时,曾派密探赴黎里,黉夜搜捕柳亚子。柳急中生智,藏在"夹楼"内而幸免于难。1990年我参观柳亚子纪念馆时,曾看到这"夹楼"。此外,旧时黎里的做官人家也有未能善始善终的,这就是前清晚年因任浙江省臬台(相当于现代的省司法厅长)参与审判"杨乃武与小白菜"冤案而被撤职抄家的蒯稚芴,此人也是黎里镇上人。

如上所述,黎里不是一个工商业发达的市镇,如同江南一般水乡,"小桥流水人家",比较偏僻宁静。一条东西方向三里多长的市河,把黎里镇划分为"上岸"和"下岸"两部分,市河上架起六座古老的石桥。主要商业区在上岸,但在商店后面有较大的住宅,住户一般从商店旁边的"弄堂"进出。周赐福就在"上岸"中段。"下岸"有较小的商店或作场,也有住宅。公所、学校、教堂、商会等都在"下岸",因为地方比较敞开。镇的东端有东岳庙和八角亭等,镇的西端有城隍庙和罗汉寺等。这些都是镇上的"旅游景点"。

我家在东镇"上岸",我三岁时家遭火灾,房屋几乎全部被毁,当时只好暂住同镇我的王氏姑母家,随后迁至距黎里镇十二里的平望镇。但这并不意味着和黎里从此告别,后面将有说明。

那时候我逐渐懂事。我家是个大家庭,我的父辈共有兄弟姊妹十人，但大多数早年夭折，成年的仅四人，即三姑母寿芝、吾父寿康行四、七姑母寿芬、九叔寿龄。我父号迪民，是一名秀才。我母张兰芬，黎里附近马鞍坝人，也出身书香门第。子女共有九人，我最幼。长兄名徵旸，二哥徵昕，三哥徵晖，四哥徵时。大姊徵璇，二姊早殇，三姊徵璠，四姊徵玕。我父亲名下资产，有祖传的不到二百亩田地及在黎里和平望两地的几处店面市房，靠收租生活。遭火灾后，住宅全部焚毁，一个多子女家庭，从有到无，生活之紧张，可以想象。

平望不同于黎里，是一个四通八达的交通要地。从北京到杭州的大运河，南北穿过平望镇。这里是江南地方的一个水网中心，东通上海黄浦江入海，西傍"三万六千顷"的太湖，通浙江的南浔和湖州，南往浙江嘉兴，北去苏州。各地往来客商，川流不息。平望也是个军事要地。镇北约五、六里有个"敌楼"，是明清时抗倭的堡垒。大运河上架起两座大石拱桥，称南大桥和北大桥，是贯通东西的。在大运河的西岸，又有连接大运河南北行的两座大石拱桥，南面是安德桥，附近有九华寺和城隍庙；北面是长老桥，旁边是岳王庙。在九华寺东南有莺脰湖，湖中有小岛，称平波台，上有古树小庙，风景宜人。夏日泛舟湖上，令人心旷神怡。

我家遭火灾后最初搬到平望镇时，是在镇南姚家弄赁屋而居。这里接近闹市，比较嘈杂。后来，在平望镇河西街上居住的我祖母的娘家周姓，因人口凋零，房屋乏人管理，邀我家迁入，全部无偿使用。这所房屋共有四进，每进四开间，第二进并有楼房四间，在第三进与第四进之间，有宽阔场地，种有果树和榆树,墙上有爬山虎和蔷薇花等。这所院宅虽无亭台楼阁之胜,但也堪当临时居住之用,我家从此总算得以安居,我就在这里度过我的童年。

2. 启蒙入学

我家迁居平望后,经过艰辛茹苦,生活逐渐安定。大哥先后就读于上海南洋公学和北京清华学堂。二哥毕业于上海民立中学后,在上海邮政局工作。三哥肄业于上海南洋公学附中。大姐早就出嫁黎里王氏,三姐和四姐均就读于沪苏。我和长我两岁的四哥则于1912年开始在邻居吴家私塾就读。那时家乡的私塾有两种。一种是自设私塾,招生若干人在塾师自己家里施教。有人戏称这种私塾为"子曰店"。另一种是有钱人家在自己家里设馆,聘请教师课其幼辈,但为使其幼辈学习有伴,有时也让别人家学子来"附馆",我和四哥就是在邻人吴家附馆。辛亥革命后,各地设立新式学校。1913年,四哥转学至黎里的树人小学。我则留在家里,转学至平望艺英小学,直至1916年。在这三年中,我接受了一种半新不旧的教育。当时的日常课程中,有"修身"一课,主要讲授孔孟之道,是重点课程。此外有国文和算术,这两门也是主课,均在上午上课。下午则有唱歌、体操、绘画、手工等文艺体育课,这些是新式学校的特色。学生基本上是男生,但稍后也招收个别女生。

我进艺英小学是插班二年级,因我已在私塾读过一年。

在这三年里，自己觉得有些体会，首先是和许多同学的集体生活。学校在春秋季节，逢到晴朗的周末，经常举行所谓"踏青"或"远足"。"踏青"比较容易理解，"远足"这个词来自日本，意思不是寻常走路，而是去郊外旅行。前面提到的敌楼、九华寺、安德桥、莺脰湖、平波台、岳王庙等都成为我们的旅游景点，特别是敌楼、岳王庙等还寓有爱国主义教育之意。

我作为来自异地的"客民"，在平望也结交了一些新朋友。首先是艺英小学校长先生之子孙家堃，他后来同我一样，先后到黎里和上海上学。到了50年代后期，我们又在北京相聚，我们相约每星期日"远足"去西郊爬登香山，风雨无阻，如此持续了二十多年，这对我的健康大有裨益。不幸的是，后来他因患内脏病先我辞世。另一位平望从小一起"踏青"的朋友是后来成为有名文学家、原东吴大学国学教授凌景埏，他曾去日本讲学，名闻中外，不幸于1961年在苏州因车祸致死，我闻此消息后，痛悼不已。1995年，我应苏州大学之邀参加抗日战争胜利50周年纪念会，事后曾去吴江市各地参观。到了平望，我家八十多年前的故居，已无踪影，更不必说童年时代的旧友，只得在安德桥畔摄影留念。

我在平望艺英小学就读期间，除参加正常学习及课外活动外，父亲对我的课余学习，也抓得很紧。那时，兄姊读书大多在外地，只有我经常伴随父母。父亲觉得应当充实我在文史方面的知识，每晚除寒暑假日外，为我讲授《史记》和《汉书》。母亲也每晚旁听"伴读"。我对《史记》很感兴趣，觉得这位两千年前的"太史公",含冤受了宫刑,还在监中著书,真是一名了不起的人物。而且《史记》不仅有"本纪""列传"等政治、军事史料,还有旁及"货殖""滑稽"等有关经济、文艺的论述,文笔又犀利流畅,因此这一微型讲座,竟持续二三年而不辍。兄姊假日返来,有时也赶得上旁听几课。

父亲给我讲课,虽持之以恒,但细水长流,又无新式教育中的"课余作业",因此我仍有时间和兴趣涉猎其他一些文学作品,如《阅微草堂笔记》《聊斋志异》《今古奇观》《儒林外史》等。此外,还有一种"闲书"吸引了我的注意,那就是像《包公案》《彭公案》《施公案》这类昭雪伸冤的故事,不论是真是假,总是觉得看过后松了一口气。难道这就是一般所谓"正义感"吧?

3. 重返黎里

1916年我从艺英小学毕业后,按例可升入三年制的高等小学,但因平望没有高等小学,我就和四哥同时升入设在黎里的吴江县第四高等小学(简称"四高")肄业。这样我就"重返"出生之地的黎里,进行为期三年的学习。

"四高"的校址,原称禊湖书院,用做一年级教室的大厅梁柱上,挂满了大小一致的黑漆金字匾额,每块上面刻着中过科举高级考试的人名、官名,有好几块还有"大学士"的衔称。这说明了黎里的文风之盛,平望无此景观。

吴江全县只设六所高等小学,因此黎里的"四高"除收当地小学毕业生升学外，兼收外地小学毕业生，备有外地学生宿舍，我和四哥就成为"四高"的住读生。我在"四高"开始学习外文（英语），但不很积极。国文教员中有当时江南享有盛名的文学家沈眉若，大家都很愿意在课余向他请教。"四高"当时的校长名邱纠生，本镇人，是很能干的教育家，"四高"经他苦心经营，成为吴江县内一所很先进的学校。但后来他在抗战期间堕落附逆，被人行刺毙命。

前面提过我家三姑母王倪寿芝。她是黎里镇上一位杰出的女性。我的姑夫王爽卿也是黎里人，结婚后不久病逝，无子女。我的三姑母受新潮流影响，早年就去上海城东女学接受新式教育，开风气之先，回黎里后就在当地出资创办"求吾女塾"，校舍设在自己住宅内，有教室两间，教员"退息堂"一间，以天井（江南一带两所屋间的空地）为操场。我幼时去三姑母家作客，偶尔坐在教室门槛上做"旁听生"。她艰苦卓绝的办学作风，赢得当时江苏省政府民政厅的赞许，由厅长应德闳亲书巨大匾额，送到黎里三姑母家中悬挂起来，里人都来道贺。这是民国初年的事。后来这所女校改为公立，迁至黎里镇夏家桥"下岸"，现在改称黎里镇中心小学，男女兼收，添建新的教学楼，扩大操场。我于1995年得到校方同意，出资在操场一角建"王倪寿芝纪念亭"，并立碑记述她的事迹。

我和四哥升学黎里"四高"时，三姑母基本上已退休，校务由我的三姐徵璠襄助，但三姑母仍几乎每日到校视事不辍。她对我兄弟俩爱护备至，每逢周末和节假日，总要接我们到她家留宿。黎里风俗，中秋节前后数日迎神赛会，非常热闹。有些人家还邀请邻近镇上亲友前来欢叙，名曰"看会"，事实上是藉此共庆秋收。三姑母非常好客，特别是对我们一家，我和四哥就成为我家"常驻代表"。中秋时节，黎里城隍庙里总是连天演戏，一般是先演昆剧，接着连演徽班（现称京剧）两天。我对看戏很认真，不仅是节日在镇上庙里的演出，江南一带还有所谓"春台戏"。每当春耕之前，有条件的农村都在田地里搭台演戏。戏班子在船上，来往于"杭嘉湖"一带，有专人代表约定演出日期和地点，如期到达，从不失信。农民看过"春台戏"后，专心从事耕种。

我在黎里"四高"学习的最后一年，即1919年，恰逢伟大的"五四"运动，全国青年学生行动起来，反对北洋政府对外屈辱和日本帝国主义对山东问题的蛮横要求。黎里"四高"学生也游行示威，我记得我们拿着写上标语的旗帜，站在当时的火金桥畔茶楼的桌子上向群众演讲，随后还组织宣传队到平望等地去，得到当地人民群众的同情和支持。

二 申江负笈

1. 升学问题
2. 转学沪江
3. 蓄志学法
4. 转学东吴

1. 升学问题

1919年夏,我和四哥毕业于"四高"后,父母慎重考虑我们两人的升学问题。那时,大哥远在北京农商部任职,二哥和三哥则在上海就业,大家认为我们去上海升学比较近便,于是把我们的升学问题交给二哥和三哥处理。那时上海的中学,基本上分两类:公立和私立。公立中学主要由租界当局开设,外文是主要课程,中文不太重视,对我们来自内地乡镇的高小毕业生,是不合适的。私立中学则到处都是,其中大多数以营利为目标,教学质量是可以想象的。

当时报上登了私立澄衷中学招收新生的广告,被我三哥发现。熟悉上海办学的人知道,上海有四所私立中学是有名气的:民立中学的英语教学质量较高,毕业后考海关、邮政是有保证的;南洋中学以数学理科著名,毕业后升学科技高等院校较合适;浦东中学和澄衷中学都是原来劳动人民在上海租界发迹后捐资兴学的,以此作为义举,教学方针比较朴实,还有一个特点是学费低廉。我们看到招生广告后,就由三哥陪同,如期前往参加入学考试。几天后,收到两人都被录取的通知,我们当即带上行李前去报到,等待开学。

澄衷中学至今已有近百年的校史。中国有名的教育家蔡元培曾于前清末年担任澄衷校长,胡适曾是澄衷学生。由于学校创办人叶澄衷先生是浙江宁波人,学校又设在宁波人比较集中的上海虹口区,很多师生都操宁波土话,我们最初入学听课时,曾感到有些困难,经过一段时间后,自己也讲起宁波话来了。

澄衷中学的教师大都是很优秀的。国文教师有当代江南文豪余天遂,后来又有苏州的黄寰尘先生,地理教师是有名的地理学家项远村先生。我班上英语教师陈亚渔先生的教授法更是令人折服。他用引人入胜的方法教授《泰西三十轶事》;用教授逻辑学的方法讲解《纳斯菲尔英语文法》。还有算术一门,也用《温德华士数学》英文教本,教师王逸彭先生,边在黑板上写公式,边用英文念着口语。这种教学方法,对来自内地的学生,压力是很大的。但日常"泡"在里面,悉心体会,有朝一日会觉得柳暗花明,豁然开朗。但也要量力而行,不能过于勉强,以免脑力受损。还有,这种现象也可能在外语学习中较有成效,而不一定适用于其他各种课程。

我在澄衷读完中学二年级后,由于堂姊徵琮的推荐,转学到美国教会设在上海杨树浦的沪江大学附中,插班三年级。那里由美籍教师直接讲授,有利于英文口语的提高,其他课程亦较完备。堂姊是沪江第一批女大学生,后来考取留美公费,回国后行医,1995年在北京去世。父亲对我转至教会学校,最初不很赞同,后经堂姊以自己经验和体会说服了父亲,最后决定让我去参加转学考试,结果如愿以偿。

2. 转学沪江

1921年秋,我实行转学。沪江大学及其附中的校址位于黄浦江边,占地三百亩,风景宜人,校舍宽敞,教职员和学生全都住校。当时一般教会学校,不很注重中文教学。沪江大学副校长郑章成先生独具慧眼,觉得教会学校应同时注重中文教学,请来上海有名文学家王西神先生,还从宁波请来前清拔贡林朝翰老先生教授大、中学的中文课程。附中三年级的其他课程有西洋史地、理化(自然科学)、体育等。英语课程不像澄衷中学那样另设英语文法课,而在讲授课文的同时,指出文法上的问题,或者让学生自己去体味文法上的规律。这种教学办法和我在澄衷时所接受的,各有利弊。

正当我在新的学习和生活环境中设法调整和适应时,吾父因旧病复发而辞世的噩耗从平望传来。我们当时在沪的兄弟们星夜含泪奔丧回乡。吾父时年56岁,按当时一般人的寿命,及亲友送来礼幛及挽辞,已算是"福寿全归"。三姑母、九叔寿龄及其他亲友都来平望吊奠,事毕,我即回上海继续学习。

当时与我同班级的,有名"李春蕃"的同学。他的年龄比我略大,勤奋好学,颇有见识,能言善辩,思想左倾,在当时的政治环境下,大家敬而远之,但他不以为忤,还是热情待人。

那时,另一同班学生,名陆渊,也常谈马列主义思想,但和"李春蕃"格格不入,常起争论。后来我们才知道,陆渊是所谓"托派",不久就辍学他去。我们附中毕业后,按例可以直升沪江大学一年级,但"李春蕃"未来报到。抗战胜利后,听人说在延安的一位外事顾问,后来出任新中国驻罗马尼亚大使的柯伯年就是当年在沪江附中肄业的"李春蕃"。1956年我从上海调来北京外交部工作,才同刚从欧洲回京休假的柯大使重叙三十多年前的往事,恍惚如同隔世。

回顾我从1919年至1923年的四年中,先后在上海澄衷中学和沪江附中上学,每逢寒暑假,都回到平望家中。这几年是民国成立以后非常黑暗的历史时期。内有北洋军阀混战,民不聊生,外有列强虎视眈眈,弱肉强食。日本从1915年提出所谓"二十一条"后,步步紧逼,在第一次世界大战后的巴黎和会上,妄图吞并我山东半岛,激起了波澜壮阔的"五四"运动。1921年中国共产党在上海成立。不满现状的各地学潮和工人罢工,遭到反动当局的摧残和禁止。

当时的青年学生,都想在力所能及的情况下,做些有助于激发民众爱国情绪和有利于群众的事情。我们在外地求学的十多位平望中学生(那时平望还没有大学生),开始组织起来,成立所谓"平望旅外学生会",除在寒暑假期内回乡时联络感情、交流在外学习情况外,主要任务是在暑假期内设立暑期补习小学,免费为平望在学小学生讲授公民常识、国文、算术、英语等课程。每天上午上课,下午休息。偶尔举行师生座谈会,也欢迎学生家长参加,介绍一些外地学生运动情况。

这一安排得到平望镇小学生家长们的热烈欢迎。吴江县内其他镇上也闻风而起,成立××旅外学生会,兼办暑期补习小学,还建议同平望旅外学生会串连,以便交流经验、联络感情,其中以盛泽旅外学生会最为积极。

二、申江负笈

1923年夏,我刚毕业于沪江附中,我们平望旅外学生会附设的暑期补习小学邀请南社社长柳亚子先生前来参加师生座谈会,请他演讲。我前面说过,我在平望的从小朋友中有凌景埏其人,他后来成为有名的国学教授。柳亚子先生是凌父亲的表亲,常来平望作客,这次请了柳来暑期补习小学演讲,他也惠然同意。那天柳的演讲不长,最后他自己建议朗诵一下岳飞的《满江红》。当他念到最后一句"朝天阙"未竟时,因感到当时国事蜩螗,人民在水深火热中,竟眼泪盈眶,抱头痛哭起来。大家不知所措,后来还是在凌景埏抚慰之下,扶他到离校不远的凌家休息。这也说明了当年有志之士对时局伤感之深。

　　是年秋季,我因在沪江附中毕业考试时名列榜首而获免学费直升大学一年级。沪江大学在当时教会学校中比较年轻,所设科系不多,当时有文科、理科、商科和教育科。我因当时已萌将来习法之志,故选读文科,作为习法的准备。

　　那时候的教会学校有些特点,外界不一定都知道。首先在待遇上,外籍教员和中国教员不一样,薪水和福利方面的差别较大。其次,星期天是神圣的,不论师生都只能读圣经,不得看其他书籍,即使是班上的教科书。还有,生物学教员不得教授达尔文的进化论,因为这同圣经上所说人的来源相悖。对于沪江大学来说,这第三点恰行不通。前面提过的沪江副校长郑章成博士是教生物学的,他不顾教会的禁例,原原本本地讲授达尔文的从猿到人的进化论。美国校董会知道后,曾拟把他解聘,但由于他在学校威信高,而且对学校行政工作认真负责,校董会无可奈何。

我在沪江大学部将近两年,但到第二学年快要结束时,上海发生了轰动一时的"五卅"惨案。这是由于上海日本纱厂工人顾正红被杀引起了上海全市学生于5月30日罢课游行。沪江大学因离上海市区较远,派学生代表二十余人参加,我是学生代表之一。是日下午1时许,我们到达西门上海市学生会总部,在那里拿到游行计划、分配地区及口号等。当时见到中国共产党领导成员恽代英先生在场。我们被分配去游行的地点是静安寺路(今称南京西路)东段,是日下午3时许,当我们行至这一地段的跑马厅附近,听到一阵枪响,人们由东拥来,才知道外国巡捕向游行群众开枪造成血案。出事地点禁止通行,我们只得绕道步行十余里返校。当晚向学生大会报告经过,大家情绪高涨。学校当局劝阻再去游行,同时因沪江大学处于远郊区,不易与其他学校取得联系,城区且已戒严,交通断绝,只得通过刊物表示抗议。有些学校提前放假,但沪江大学比较平静,按时上课,依照规定日期放假。

3. 蓄志学法

我想学习法律的念头,并非骤然产生的。我从小就看到,有些人家因涉讼而变得家破人亡,从而视"上吴江"(意即去县城打官司)为畏途。另外,我从小在一些"公案"小说中看到某些清官秉公处理讼案,除暴安良,或者不畏权势平反冤狱，使人心大快，敬仰之情油然而生，认为包拯象征正义和公平，海瑞是护法英雄。诚然，这类传说中难免有些渲染或涉及封建和迷信之处，不可完全信以为真，但觉若能去芜存菁，保存其正直的示范作用，给后人以榜样，即可造福于人民，千秋万代，功垂不朽。

其次，我必须承认，我也受到戏剧的影响。前面已经提到，我从小就爱看戏。中秋节城隍庙里的谢神戏以及春耕前农村里的春台戏，至今我仍是津津乐道的。不论是昆剧还是京剧，其中不少剧目都有执法审判的场面，有平反冤狱的情节，对我具有很大的吸引力。昆剧中的《十五贯》，突出地批判剧中无锡县丞，在审案中的主观草率定谳，几乎造成冤狱，幸经苏州府台况钟突破难关，经过私访和现场察勘，才真相大白，找到了真正的杀人凶犯。京剧中这类戏也不少，其中表演审判场面的有《三堂会审》《审头刺汤》《法门寺》《谢瑶环》《望江亭》《六月雪》《贩马记（吹腔）》等，不胜枚举。包公戏尤能使人觉得他执法严明的大无畏精神，令人感奋。看戏的观众，一般各有重点，有的重唱，有的重做，有的则着重戏的情节，我则常常欣赏宣扬执法如山、公正廉明的戏。清官巩固了旧时的封建皇朝，使它得以吏治清明而延长其寿命。这是历史观点，从历史上来看清官对封建皇朝所起的作用。封建皇朝下面的老百姓，因有清官而在不同程度上免受"倒悬"之苦。从现代的政治需要来看，我们不仅希望有更多的清官，而且要求所有的官都清。

我受小说和戏剧的影响，对清官十分向往，这对我后来选择学习法律,有很大影响。但是我终于转学投考法科,恰是另一个原因起着重要的支配作用。这要从我初到上海时说起。

1911年辛亥革命那年中秋节,我随父母同去上海看望九叔寿龄。他家住英租界三马路,现称汉口路。那时我就看到了租界里的警察,大多数是头上包着红布的印度锡克族人,又高又大,满脸是胡子,人称"红头阿三"。他们手拿警棍,随意欺凌中国人,特别是拉"黄包车"的中国苦力。过了几天是旧历八月十九日,发生了武昌起义,接着上海南市也发生了战事。租界外中国居民为安全起见,携带箱笼物件,群相拥入租界,"红头阿三"的威风越发厉害了。西籍"捕头"从旁监视,好像在授意让"红头阿三"对中国人显示一点威风。

这里,我先介绍一下九叔。他早年去日本学医,由于他的民族意识颇强,又看到了满清政府腐败无能,故在日本时加入了孙中山先生倡导的同盟会,回国后在上海行医。辛亥年秋我随父母去上海时,他告诉我们发生在上海的一件真事,对我产生了很大影响。那是前清末年,当时上海租界内的法院称"会审公廨",凡涉及外国人的诉讼,要由中国法官会同该外国人所属国家的领事会审,以便定谳。曾有一次会审时,中国法官与外国领事的意见相左,当场发生争执,外国领事蛮横无理,竟扭住中国法官的"朝珠"不放,由于贯串朝珠的线断,朝珠粒粒滚到地上。朝珠在清朝是官员权力的象征,此事一传出去,激怒了上海的市民,造成上海全城罢市,

二、申江负笈

后来这一外国领事被调走,上海总算平静下来。那次罢市范围很广,市民情绪激昂,这件事对于住在上海租界的九叔一家可说历历在目。当时我虽年幼,但由于这是实地真事,此事在我的童年脑海里,好像就发生在九叔的家门口,留着历久难忘的印象。

大约十多年以后,当我离开澄衷,转学沪江附中后,我开始考虑将来选择专业的问题,向来对历史上的清官十分钦佩的我,竟然萌发学习法律的念头。但经进一步了解,上海这块地方主要是在外国租界内,法律好像是掌握在外国人手里,不仅外国领事坐堂问案,律师也很多是外国人,中国律师也必须懂得外国法律,这使我感到困惑不解。于是我就下了决心,亲自去这个所谓的"会审公廨"看一看。我事先打听好了"会审公廨"的确切地址、旁听规则、注意事项等。当时我已十七八岁,不再像个孩童,跟着一些诉讼当事人和律师走进一个法庭,坐在旁听席内静候开庭审判。稍后,即有庭丁呼唤起立,待大家坐下后,审讯开始。我特别注意到外国领事和律师的傲慢态度,中国法官黯然处于从属地位。我不禁联想起多年前听九叔所讲的拉断朝珠之事。这次旁听的尝试,使我对此"会审公廨"有了一种感性认识。"会审公廨"英文名"Mixed Court",直译是"混合法院",事实上不免有些混混沌沌的味道。

这里我想简单扼要地介绍一下清末民初中国的司法制度概要以及外国(主要是西方国家)对中国法权完整的侵扰。清朝末年,统治者先后派沈家本、伍庭芳等修订法律,曾先后颁布过《大清律例民事有效部分》《暂行新刑律》《商法》《法院编制法》等。但有些西方国家早在鸦片战争以后，即在中国实行所谓"治外法权"，意思是法律本来只在国家领土范围内施行，但由于当时中国的法律制度不符合西方标准，因此必须将西方国家的法律也实施于居留在中国的所有侨民，而把这种例外的制度称为"治外法权"。① 这种把自己的法律和法律制度实施于本国领土以外的国家常常指定其本国的驻外领事官员兼理司法职务，因此这种制度又称"领事裁判权"，在其本国领事馆内执行职务。这种不正常现象始于鸦片战争后1843年订立的中英《虎门条约》，曾有如下规定：

> 其英人如何科罪，由英国议定章程、法律发给管事官照办。华民如何科罪，应治以中国之法……

再次出现于1844年的中美《望厦条约》，其有关规定如下：

> 嗣后中国民人与合众国民人有争斗、诉讼、交涉事件，中国民人由中国地方官捉拿审讯，照中国律治罪；合众国民人由领事等官捉拿审讯，照本国例治罪……

---

① 国际法上，"治外法权"一词本来是指外交官由于他们职务的特殊性质，而免受其派驻国家的法律管辖。

这些就是在中国实施的所谓"治外法权"或"领事裁判权"的嚆矢。接着,其他一些西方国家和日本也相继效尤,在中国境内取得所谓"治外法权"或"领事裁判权"。后来英、美、法等国竟在中国大城市的租界内设置正式法院专门受理以其国民为被告或双方都是其国民的案件,进一步侵犯了中国的法权完整。另外,又在上海这样的大都市设立所谓"会审公廨",受理以中国人为被告、或者外国人诉中国人的案件。

1921年至1922年,正当我在沪江附中的时候,美国作为东道国,在华盛顿召开会议,讨论远东问题,与会的除美国外,还有比利时、英国、法国、意大利、日本、荷兰和葡萄牙等国,通过了一系列"议决案",其中有1921年12月10日通过的《关于在中国之领事裁判权议决案》,其中规定:

> 一俟中国法律地位及施行该项法律之办法并他项事宜皆能满意时,即预备放弃其领事裁判权。

会议通过的"决议"又称:

> 上列各国政府应组织一委员会,考察在中国领事裁判权之现在办法以及中国法律、司法制度暨司法行政手续,以便将考察所得关于各该项之事实报告于上列各国政府,并将委员会所认为适当之方法可以改良中国施行法律之现在情形,及辅助并促进中国政府力行编订法律及改良司法,足使各国逐渐

或用他种方法放弃各该国之领事裁判权者,建议于上列各国政府。

虽然这项"决议"文字晦涩,辞意含混,既没有规定取消领事裁判权的期限,又没有提出具体步骤和办法,但对于长时期受到外国人侵略和欺侮的中国人民,特别是法律界人士,看到这种新闻报道,还是奔走相告,传诵一时。对我来说,从小就对上海租界内"会审公廨"有着深刻的印象和强烈的反感,后来又进行过"实地考察",听到华盛顿会议上述"议决案"的报道后,自然也感兴奋。我下意识地认为长时期像阎王殿那样留在我脑海的"会审公廨"的寿命不会长了。事实上的确如此。1926年,根据后来中国当局与有关国家的协议,"会审公廨"改为含有过渡性质的"临时法院"。但是,有关各国领事馆附设的领事法庭依然存在。这些,我当时是不清楚的。华盛顿会议的这一"议决"对我将来学什么产生了一定的影响。

我当时的想法是:我要当清官,这是我一直向往的。那就应学好法律。现在出现个新问题,就是要取消领事裁判权,就更应学好法律,以期改进中国司法制度,不让外国人有所借口,因此还应当学好外国的法律,可以知己知彼,取长补短,有利于交涉,有利于改进。从此我学习法律的决心更加坚定。那时国内大学设法科的不多,但有几处法律专业学校。北京有朝阳学院,教师大都是大理院的法官或著名律师。南方有东吴法学院,它是美国教会设在苏州的东吴大学的一部分,由于教师都是上海法院的法官和律师,业务较繁忙,因此设在上海,上课时间从下午 4 时半至 7 时半。由于所授课程大部分是外国法,因此又有"中国比较法学院"的名称,其事实上成为一个与北方的朝阳学院相映成趣的法学院,当时有"南东吴,北朝阳"之美誉。我既是南方人,又有学外国法的志愿,所以就毫不犹豫地选择了东吴法学院。

4. 转学东吴

东吴法学院当时的学制,既不同于国内大学法科与文理科都是四年制,也不同于美国法科的七年制,即先在文理科四年毕业后再读三年法科。东吴法学院采取折中办法,即先学文理科两年后转入法科,三年毕业,共需五年。这三年里的课程,与美国大学法学院的三年课程基本上一样,不过东吴添加了当时中国政府已陆续颁布的"新法律"。

我于 1925 年春即已办好转学手续,是年夏读完沪江大学二年后,即顺利地转到东吴法学院。这次转学在我学生生涯中是一个很大的变动。我在澄衷、沪江时,过的是集体生活,尤其是在沪江的四年,课堂和宿舍都是高楼大厦,位于黄浦江畔,风景宜人。东吴法学院则在热闹市区,校舍在一个院子内,一进去就是教室,一转弯就是宿舍,宿舍房间都像上海典型的"亭子间"。这所仅有三个教室、一间办公室和几小间宿舍的"校园",白天几乎看不到人,下午 4 时后,陆续有人进来,学生大多数另有职业,教员不到钟点不会早来。我经沪江同学徐安介绍,在老北门民德中学教英语,每天上午两小时,所得工薪足以开支学宿费用。后来两年,我改在澄衷中学教英语,待遇较优,同时开支亦增。澄衷不以我中途转学沪江为忤,使我心存感激。

东吴法学院(原称东吴法科)成立于第一次世界大战后,第一任教务长美国人兰金(Rankin)是一位虔诚的基督徒。第二任教务长勃鲁姆(Blume)来自美国密歇根大学,由于他的安排,凡持有东吴法学院毕业文凭的学者到密歇根法学院进修,读完一年课程,通过一篇毕业论文,可获得该大学的法学博士学位。骤听起来,密歇根大学这样规定,似乎失之过宽,其实并不如此。因为东吴法学院那时的三年课程安排,与密歇根大学完全一致,留学的一年课程,大多是选读前三年里没有读过的选修课程。这样算起来,东吴法学院毕业后去密歇根进修的学生,比密歇根自己的博士生还多读一个学年的选修课。这个升学方法后来不仅适用于密歇根大学,诸如美国的西北大学、哈佛大学、耶鲁大学、芝加哥大学、斯坦福大学、纽约大学、哥伦比亚大学等,亦可照此办理,不过要求必须具备双学士条件方可照办。所谓"双学士",意即既要有法学士学位,也要有文、理学士学位。

这位勃鲁姆教务长,曾一度回美国在密歇根法学院执教,1927年又回东吴只担任教课,不担任行政职务。第三任教务长是美国人萨莱德(Sellett)。后来增设院长,由东吴法学院第三届毕业生吴经熊担任,教务长则由第五届毕业生盛振为担任。

1925年秋东吴法学院开学那一天,大家有些紧张。这不是因为一年级学生新来怕生,而是因为那年学院授课改用一种新方法,叫"案例制"(case system)。这种新的教授法,在中国法律学校还是新的尝试。是年一年级课程共有六七门,其中有四门要用英美法案例讲授:契约法、侵权行为法、家庭法和英美刑法。四本原版西书,重数十斤,价值超过一学期的学费。契约法和侵权行为法是英美民法的核心,不用说,是重点课程。契约法历来由上海有名的梅华铨律师讲授,很受学生欢迎。但是他用的课本是关于英美契约法的教本,不是法院判决的实例。他对"改制"很有意见,但他看到这是大势所趋,只得辞职让贤。这一不寻常的行动,没有难倒当时担任教务长的萨莱德,他说:"如果没有人愿意用判例法教,那么,只好我来教。"

大家对他有些担心,因为这是在中国用判例来讲授的大课。这一年一年级初次用判例来讲授的还有侵权行为法、家庭法和刑法,前面已经提到过。但这些课程内容涉及人生经常遇到和看到的问题,本身就是饶有兴趣而容易弄懂的,而契约法则涉及工商业争端里许多法律技术性问题,包括大陆法债编里几乎所有内容。萨莱德却举重若轻,他先让临时指定的学生用英语陈述案情及判决内容,然后他用轻松的语调,深入浅出的方法总结判例所表达的法律原则。

讲到这里我想插一段话。我当年的同学中有苏州人姚启胤,也是沪江大学转来东吴。他对萨莱德教授佩服得五体投地,常常在课外学着萨莱德的口气和姿态来逗人一笑。他也非常用功,东吴毕业后,他留美去密歇根大学,回国后在东吴法学院教授英美契约法，他的夫人就是他班上的学生。后来他去美国在圣安东尼奥大学教契约法，现已退休，仍居原地养老，和我不时通信。他可称是萨莱德的传人。中国人在美国教英美契约法的，他可称是第一人。

萨莱德原是犹太人，曾在美国密歇根大学与东吴法学院第四届毕业生何世桢、何世枚两兄弟同学，应何氏兄弟建议来上海当律师，并在东吴法学院教课，后来兼任教务长。美国成立"驻华法院"后，他担任检察官职务，直至珍珠港战事发生时为止。"二战"结束时，他还在上海。他对东京审判战犯的态度非常独特。他认为对战败者进行审判是"不道德的"。我曾同他激烈争辩，他未为所动，可能他认为根据武士道精神，打过之后，握手言和，不计个人恩怨。但发动侵略战争是对人类犯下的罪行，岂能不罚？他平时喜欢反复诡辩，以博得"语惊四座"，到老年时更顽固不化。但他对欧洲纽伦堡审判并无微词，可能因为纳粹大量屠杀犹太人的缘故。

我在东吴学习三年，兴趣从未低落。尽管物质条件很差，但有名师讲授，课程内容丰富多彩，中西法制兼收并蓄。例如一年级时，老校友何世桢讲授中国刑法，同时有华裔美人刘达江讲授英美刑法，互相比对，很有意思。吴经熊讲授侵权行为法案例，陈霆锐讲授家庭法案例，深入浅出，心领神会，加以萨莱德教的英美契约法。但是这几门判例课的准备工作导致生活紧张，每晚非到深夜不辍，否则翌日如被点名介绍案情，将无以对答。

东吴三年的课程安排,与其他学校也不相同。当时国内一般大学法科或法律专科学校先读政治课和公法,东吴则先攻私法,第一年最重。二年级都是一些业务课,如保险法、代理法、海商法、土地法、证据法、诉讼法等。三年级才安排公法课,比如宪法、行政法、国际法等,这些公法课程其他学校政治系也有,但不讲授案例。东吴则都安排在最后的三年级。除上述公法课程外,还有国际私法、法理学和法律哲学、法律职业道德(用英美判例教本)、比较刑法等。所谓比较刑法,不是中外刑法的比较,而是中国从古到今历代刑法的比较,这是一门学术性很强的功课,由曾在北洋政府担任过司法总长的董康(号绶经)讲授,并印发他亲撰的讲义。此外,东吴法学院每月举行一次模拟法庭,主要由三年级同学扮演法官和律师,其他同学扮演书记员、当事人、证人、庭丁等。

据我当时粗浅体会,外国人在华盛顿会议上对中国司法问题的指责,主要是针对刑事案件中的酷刑和刑讯、民事案件中的"无法可依"以及程序上的缺陷和拖延。至少他们把这些问题作为不能立即取消领事裁判权的借口。酷刑与刑讯后来已完全废止,民事法律当时也已逐步制定、公布。唯有民事诉讼程序上的缺陷和拖延,还是常被外国人揪住不放。因此,我在东吴时,对诉讼法的学习坚持不懈。东吴法学院当时聘请富有司法经验的张正学担任这方面的教课。

我1925年转学东吴时,一年级同学共四十多人,济济一堂。后来逐年减少,又不收插班生,到1928年毕业时仅剩十三人，主要原因是备课压力太大。一年级时有中共地下党员李一氓化名在我班上学习，当时并不相识。他后来告诉我在条法司的同事凌其翰说："我当时在上海做地下工作，挂名在东吴法学院学习，常常迟到坐在后面，一散课就往外跑，知道班上有用功的同学如倪徵𣋡、李浩培等，他们总是坐在前面，我和他们从未谋面交谈……"等我想找个机会和他叙叙"同窗之谊"，他却久病后去世了，不像我同柯柏年，后来还能相逢于"隔世"。

1928年夏，我在东吴法学院学习三年期满，当时国民党政府已建都南京，加紧立法工作，教会学校由华人长校。东吴法学院设在上海，形成独立学院之势。为了表示它同东吴大学校本部之间的联系，我级的毕业典礼第一次在苏州和文理学院合并举行。此后的十三人就各自东西。现在大多数人已去世，特别是1997年李浩培于海牙病故后，只有美国圣安东尼奥大学退休教授姚启胤与我还维持联系。

上图：作者获沪江大学预科毕业证书。
下图：作者获持志大学毕业证书。

三 赴美留学

1. 东渡准备
2. 加州风光
3. 紧张学习
4. 东岸文采

1. 东渡准备

我进东吴法学院后不久,就萌生毕业后留美进修的念头。前面一章里,我已提到东吴法学院与美国一些大学法学院的联系。日子一久,越发觉得有留学美国的需要。一是见见世面,扩大视野,增进知识,有利于将来的事业发展。二是为了争取早日取消领事裁判权,有必要到外国去实地研究彼此差距,以便回国后可以有所建议。

出国留学对我来说不是一件简单的事情。首先经费必须有所着落;其次是要预先办好入学手续。关于经费问题,首先考虑能否得到政府补助。当时公费留美只有通过美国退还庚子赔款设立的清华学堂(那时尚未成为正规大学)唯一途径。通过清华公费留美又分两类,一类是由各省保送,可能也经过省内考试选拔,先在北京清华学堂"留美预备班"学习两年,然后派往指定的美国大学插班三年级学习。另一类名额较少,而且规定一定专业,应考者必须在国内大学已毕业,录取后选择美国的对口大学,进研究生班学习。这两批学员每年同船前往美国。对一般大学已毕业学生来说,只能报考第二类,但必须符合指定的专业才能有应考的资格。不巧得很,自有清华公费留美考试以来,仅1925年指定的专业有法律,名额仅一名,录取者是1925年毕业于东吴的石颖。他在美国耶鲁大学获得法学博士后回东吴任教。此后从未再有机会报考法律专业。

公费留学既是此路不通,只能另想办法。美国有些学校对外国学生给奖学金或其他名目的补助,但那时这种机会不多,我事先做了一些调查研究。我在前面已经说明东吴法学院同美国一些大学的联系,它们完全承认东吴的学历,可以直升博士生研究班。后来我决定去斯坦福大学,这里还有过下面一段有趣的故事。

1925年春的一个星期日,当时我还在沪江大学,弥天大雾,接着大雨倾盆,我困顿在宿舍里无事可做。忽然传来消息,让去参观"海上大学"。多么新鲜的名称!当时宿舍里同学不多,因为本地的住宿生都回家去了,有的午睡未醒。我撑了雨伞出来,当被告知是有来自美国的"Ryndam"号轮船,船上有一百多名美国大学生、十多位教授组成所谓"海上大学",做环球旅行。海上航行时间上课,到埠时或则登岸旅游,或则邀请当地大学生上船联欢。我带着好奇心报了名,因为下雨,愿去者不多,一共十几名学生,由美籍教员开车前往黄浦江码头,登上"Ryndam"号轮船。"海上大学"的师生殷勤招待,为我们举办了联欢会,从下午到晚上边谈边吃边玩。初开会时,一位美籍英俊少年当主席,讲了一番客套话,并介绍"海上大学"有关情况,言简意赅,给我留下深刻印象。后来个别交谈时,我问他美国学法律,哪里比较合适。他毫不犹豫地说"斯坦福",并解释称,那是一所新兴的大学,经费足、环境好、教员强、干劲足……简单的几句话使我很受启发。

1927年夏,当我在东吴读完二年级后,并开始认真考虑留学问题时,我立刻记起"海上大学"联欢会上主席的这段话。我在筹措出国经费的同时,考虑了对学校的选择和申请入学的手续。我准备好进东吴以来四个学期的成绩单,并请校方给我一封介绍信,寄往斯坦福大学法学院,要求给我翌年秋季入学进修的许可。除此以外,我直截了当地问学校能否给予奖学金之类的经济补助。没有多久,接到了回信,大意说,根据新规定,申请进博士生研究班,必须既具备法学士学位,又有文理学士学位。关于这点,我思想上早有准备,我在前面已提过美国法学院"双学士"的要求。斯坦福回信并未要求两个学位必须先后取得,我距东吴毕业还有一年,可同时兼读文科,以便翌年夏间同时取得两个学位。至于助学金的申请,复信说照我已提出的成绩单和介绍信,可以给予学杂费全免的助学金。

我立即行动,一方面安排同时进修文科,一年内毕业;另一方面复信斯坦福大学,准备翌年按规定的要求入学,并对给予助学金表示感谢。关于兼读文科问题,我一年级时的中国刑法教授何世桢,为纪念其先祖父何汝持,在上海开设持志大学(后改称持志学院),设文理两科,已有几年。我同时兼读文科的要求,立即得到他的许可,与此同时,我还有在澄衷中学教课的任务。好在三个地方相距不远,我包一辆私人所有的人力车,给以较优的工资,每晨一早先去持志赶上两堂选课,然后去澄衷教课,就在澄衷进午餐后,即返东吴宿舍,接着又在东吴上"夜课"。

我在持志大学虽仅一年,而且是来去匆匆,但有良师授课,应当在此一提。孙邦藻教我们英国文学、哲学,夏晋麟教我们中国外交史。我后来才知道孙和新西兰进步人士艾黎(Alley)有旧交,50年代我来北京后和艾黎亦打过交道。夏晋麟用自写出版的书为教本。两位都是英国大学毕业,认真踏实,循循善诱。我有时还参加一些课外活动,一般是在不与东吴课程冲突的下午或晚上。我参加演出过英国文豪查尔斯·狄更斯的《圣诞赞歌》,我演店主"Scrooge"一角。我还参加英语演讲比赛,并两次获得首名奖牌。相形之下,这一年里在持志的课余活动,倒比东吴只有双周模拟法庭更丰富多彩。道理很简单,因为东吴法学院是一所夜校。

至于留学经费问题,斯坦福只免学杂费,因此旅费和日常生活费用,还必须自筹。我在沪江附中的同学、后来也来东吴法学院就学的邬炳荣,为我解决了这个问题。他的父亲认识一位开设"某银"公司的汪老先生,答应以低利借给我一笔为数不多的款子。按照上海一般借贷习惯,抵押品必须是租界内的地产的所谓"道契"和"权柄单"。他对我特别通融,接受我在家乡的"田单",据他自己告诉邬老先生,这是他开业以来第一次。

到1928年夏,我的出国求学计划,已经是"诸事齐备",只待乘风破浪,前往新大陆。

2. 加州风光

1928年8月一个秋高气爽日子,我束装登上了美国大来公司的"麦迪逊总统"号客轮,前往加利福尼亚州的旧金山,斯坦福大学距旧金山不过一小时的车程。同船的华人大部分是清华留美预备班及专业考试录取的公费生。私费生亦有不少,东吴法学院本届毕业的就有四人。除我以外,还有前面提到过的姚启胤、也从沪江转来东吴的鄂森,以及从金陵大学转学东吴的章任堪。前往斯坦福的大多数是清华预备班的学生,他们是有组织的,私费生只有我和鄂森及原在沪江同学的孙瑞麟。行程计二十一天,除在神户和夏威夷檀香山两处略停外,其余都在海洋中航行。船上集体生活有两处:一是就餐时高谈阔论或婆娑起舞;二是在宽阔的甲板上游戏、散步、观海或聊天。中间有两次登岸,无需办理签证。因此这二十一天能很快过去,9月初的一天早晨离船上岸。

　　经过三个星期的集体生活,朝夕相处,现在就要各自东西,不无依依之情。旧金山登岸后,大家都想先参观市容,找旅馆暂住一宵。唯独我和鄂、孙三人,则急于前往学校所在地安顿下来。我们在船上已被告知,斯坦福校园很大,有个中国学生俱乐部,可供清华公费生租住,其他中国留学生只能在"校外"租房住宿。当时我们三人没有问所谓"校外"究竟离校有多远。

　　我们三人下船后就乘车前往斯坦福大学所在地帕洛阿尔多镇,西班牙文是"高树镇",因为车站旁有棵又高又大的树。我们就在车站附近的"大学旅馆"歇下来。我们随后问旅馆经理,斯坦福大学在高树镇哪个方向,经理含笑称,不是斯坦福大学在高树镇内，而是高树镇就在斯坦福大学校园里。他接着告诉我们，当地正在竞选，而后来当选总统的胡佛(Hoover)，是斯坦福校友，就住在校园内的圣璜山上(San Juan Hill)。当晚我们去文具店买信封，准备写家信，报告平安到达。我们发现信封左上角都印有 Stanford University 字样，而就在此行下面，又重复印着 Stanford University 字样。我们带着好奇心问店主，为什么重复 Stanford University 字样，他很简单地答称，第一行是校名，第二行是邮区名称。后来，我注意到邮寄信封上的邮戳，也是这样重复的两行。

翌日我们去学校报到，在车站附近搭上电车穿过山谷丛林，才望到一座座西班牙式淡黄色墙、红屋顶的大厦，中间有一塔楼式教堂，后面山上树林内一所所精舍雅屋，目不暇接。下车后又走了不少路，才找到行政大厦，我们各自办好了入学手续。经了解，这所西岸大学的创办人斯坦福是著名的企业家，有"铁路大王"之称，为了纪念早殇的独子小斯坦福，在世纪之初，斥巨资开办大学。当时加利福尼亚州是个新兴之区，物产丰富、地多人稀、气势雄伟。这所大学从此吸引了国内外许多学子，令我回忆起 Ryndam "海上大学"学生会主席一语惊人，叹为观止！

我们回旅馆后商量，第一桩事就是要找合适住房。没有多久，我们在镇上找到一处，交通比较便利，房租合适。我们搬进后没几天，房东太太忽然找我们要退租，愿意退还已收的房租，似有不得已的苦衷，我们只得同意退租。后来通过房东太太的同居亲戚，才知道我们常玩京剧唱片，另外两家房客嫌烦,向房东太太提意见。我们知道后,也感抱歉,在国内不大注意这些事,自此以后,乃有所警惕。此后我们在镇上另一处找到了宽敞房屋,但座落比较偏僻,而且通往学校教室群的电车,既少又慢,这个问题很使人头痛。我们这时才体会到校园内公费中国学生俱乐部的优越性。

当时正值美国经济不景气,市面萧条,商业停滞。沪江同学孙瑞麟能驾驶汽车,他注意到汽车行大拍卖,降价幅度难以置信。我们竟以45美元的低价,买到一辆旧Oldsmobile汽车。此外,当时马路旁加油站竞争激烈,我们亲眼看见,甲站挂出每加仑5美分后,对面的乙站马上挂出4.75美分。就这样,我和鄂森就请孙瑞麟为"总教练",学了不到半个月,学校开学,我们也都有了驾驶执照,可以直开到教室外。事实上,美国同学也大都驾车上课,一则节省时间,二则车价、油价都已到了最低点。

3. 紧张学习

开学之前,我先谒见了法学院教务长寇克乌(Kirkwood),安排好我要学习的课程及论文题目。我选择了衡平法和法院组织法(两门新课程),其他课程我在东吴都已读过,其中宪法一门,美国方面可能着重其各州立宪;国际私法多涉及其州际法律冲突,我还是选读,不算重复;国际公法一门有名师Walter Bingham指点,而且教本亦异,我仍选读。至于论文选题,我要求暂缓决定,获得了准许。这样一张课程表,有新有旧,可算丰富多采。

开课第一天,我坐在一个阶梯形教室准备上课时,骤然注意到前排有个熟人面孔,仔细一看,这不就是"海上大学"学生会的主席吗?当时教授快要进来,而梯形教室又上下不便,只好等到散课时再说。我这时才知道他叫 James Price。他知道我因为他的介绍而来斯坦福,越发高兴万分。他在斯坦福毕业后,曾到上海美丰银行当信托部主任,托我介绍一位得力助手,我介绍了我在持志大学的同学李祖祺,相处几年后,直至卢沟桥事变发生后李转移到重庆去为止,这是后话。

我在斯坦福学习几个月后,觉得有了把握,记起办理入学手续时,教务处旁边有个雇工办公室(employment office),专门介绍学生临时打工。那时学生打工很普遍,家境较好的学生,也都愿临时打工,借以表示自食其力。中国的公费生有不少人临时打工,我也很自然地回想过去一年奔走于上海三个学校之间,现在有机会,也可以在课余时间打打工,以资补助。我的同伴鄂、孙两位因为也要打工,加以上课时间不一致,课堂也在不同的地点,各自买了廉价的旧车。我经雇工办公室介绍,要去圣璜山上当选而尚未就职的总统胡佛家花园里"割草剪枝",事实上等于做一名学习园丁。胡佛夫妇俩早年曾在中国待过,夫人有时到园里来看看,高兴时谈谈中国的情况。

鄂、孙两位有各自的车。三人共有的破车无力上山,我也只好花100美元买了一辆旧的Overland牌小敞篷车,以便课余周末上圣璜山打工。这里有一个好笑的插曲。我们三人"合资"伙买的旧车,一直放在我们住处的门前。有一天,警察上门来问,谁是车主,我们答是"三人共有",他接着说这车长久放在路上,妨碍交通,也不利于清洁,快些处理才是。我们也觉得必须立即行动,于是打听好公路上的废车收购站(auto wreckage),以5美元的代价,处理掉了这一"共有财产"。

到了1929年初,我必须考虑论文题目了,待教务长核准后必须将全部时间用于学习和写论文上面。我考虑到这次写的论文,不能拘泥于个别法律项目,而应当从法律进化的过程来看待东西方法律的异同。西方法学家不应轻易地对东方法律制度指东话西,东方法学家同样地也不应轻易地对西方法律制度说三道四。双方各有历史背景,各有发展过程,目的都是为了正义与公平。我后来在论文中引用美国西北大学法学权威约翰·韦格摩尔(John Wigmore)著作中所述西方中古时期用火烫、水浸以及角斗等方法来判断是非曲直的内容,这些与我国古代的肉刑、体罚和刑讯等目的是一样的。问题在于如何改进。我准备引用吴经熊在东吴教授法理学和法律哲学时所述法律进化论的涵义作为论文的主题而加以发挥,目的在于证明,由于历史原因,东西方法制的差异不足为奇。但是法律和法制不是一成不变,大家都在进化,都在走向文明和正义。也就是说,有些国家以中国法制落后为借口而不肯放弃领事裁判权,是站不住脚的。我简单地向寇克乌教务长说明以"法律从偶然性进化到选择性"为论文主题,他表示同意。就这样,我准备以法律的进化都有一定的过程把我的论文同华盛顿会议关于中国要求法权完整问题联系起来,就是奉劝西方国家不要总是用自己的标准来衡量一切。

这里我要引述吴经熊在东吴讲授法理学和法律哲学时引述某一古书上所讲一段有趣的故事。古时有一县丞,善于听讼。一天,两个老农互扭上庭。甲说乙偷了他的一只鹅,乙说这鹅本来是他的。两人争论不休。县丞想了一想,问甲用什么喂这鹅,甲答是豆;再问乙,答称是米。县丞即命剖开鹅腹,看看里面是豆是米。大家一看,里面是豆。于是县丞即命打乙五十下屁股。官司即算了事,众人皆服。

吴经熊讲完后,当即评论说:拿现在法律来看,甲乙两人争鹅,本是民事诉讼,为何罚打屁股?而且,两方相争的"诉讼标的"是活鹅,现在变成死鹅,这一损失,谁负其责?他说,这就是古今之别。他又说,要是外国人知道这件事,还要说甲可向县丞要求赔偿损失呢。这说明了古今中外的想法不同。我想这一故事,很能说明问题。

1929年6月,我读完了所有课程,论文也被通过。论文经过三位教授审阅,除教务长以外还有国际法教授 W. Bingham 和宪法教授 Ch. Cathcart。答辩之日,没有紧张局面,而是谈笑风生,大家认为中西方应多接触,互相交流沟通。

4. 东岸文采

1929年我在斯坦福结业后,本可考虑即时返国。我

1928年出国时已将东吴毕业文凭交给同学巢纪梅代向南京司法行政部申请发给律师证书,回国后不致一时无事可做。但是我考虑,美国幅员广大,各地文化习惯不同,既已远涉重洋来美求学,如只到华人、华裔比较集中的西岸加州,不到一年,即买棹返国,似不合适。至于我继续留在美国的经费问题,由我沪江同学徐焕明父亲的朋友叶老先生允借一笔款子,可以日后无息偿还。这是又一次同学向我伸出一臂之助,我铭记在心。

我在国内即已听到,美国东岸有约翰·霍普金斯大学,校长、教授多人曾任民国初年北洋政府政法方面顾问,了解中国学生的需求,但因年事较高,教课采取自由讨论方式,有些像后来所谓Seminar(曾译作"席明那")制度。学校设在东岸马里兰州,与首都华盛顿很近,到举世闻名的国会图书馆去,尤为方便。

我事先了解了这个学校的特点,具体地说,它在一般教学制度以外另设几个专业研究所,当时有法学研究所,后来又设国际关系研究所。研究所大部分由已退休的名教授为主要成员,而由已取得博士、硕士学位的年轻研究员为辅佐。研究员既协助教授做研究工作,自己也做一定的教学工作,目的是培养和鼓励独立思考、独立调研,因不取报酬,故称荣誉研究员。这种制度当时还是初创。

法学研究所的教授们来自各地,其中有耶鲁大学民法教授库克(W. W. Cook)、密歇根大学国际私法权威恩德玛(Yntema)、芝加哥大学法理学教授奥立芬(Oliphant)等,都是当代有名的饱学之士。研究员除我以外,还有七八位来自美国各校的博士后学员。我们每星期举行一次座谈,深入浅出,主要为了活跃思想,也有些试验性质。我为了增进知识,同时也出于好奇,还去校本部的政治系研究班去听前面提过的北洋政府老顾问讲课。一门是校长戈德诺(Goodnow)的国际法,此外还有韦罗佩(Willoughby)教授的国际关系史。他们离开中国已有十多年,课后向我问长问短,倍形亲切。韦罗佩教授当时还是我前在沪江大学同学张凤桢女士的专业导师。

张凤桢,上海城里人,早年和胞姐维桢一起参加"五四"学生运动,后来二人都进沪江大学,凤桢和我同级。1927年,她在沪江四年毕业后赴美,获得助学金进入约翰·霍普金斯大学,攻读国际关系。我则由于从沪江转学东吴,按规定应再读三年,比留在沪江多读一年。1929年,我在斯坦福毕业后去约翰·霍普金斯,她还有一年,写好论文后,即可被授予博士学位。她的论文题目是《中德外交史》,我经常帮助她去华盛顿国会图书馆搜集有关资料,日久便更相熟,进一步彼此了解。她的胞弟张沅长,1926年在上海复旦大学毕业后,即来约翰·霍普金斯大学进修英美文学。我们三人中,他算来得最早。

我来约翰·霍普金斯后,转瞬又是一年,觉得这一年并未虚度。我常去华盛顿,除在国会图书馆查资料外,还去国会两院旁听。这些在美国西部是看不到的。就那个时代来说,我觉得东部的人比较文雅而保守,也难免有些矫柔做作。

西部的人则比较率直粗犷。至于校园和设施方面，东部学校比较狭隘、陈旧，西部则焕然一新、生气勃勃。待至40年代，经过二次大战，当我再去美国时，东西方上述差距似乎缩小。此后，我因工作关系就只到东部，很少到西部去。

1930年6月14日，我和刚在约翰·霍普金斯大学结业的张凤桢博士在华盛顿的一个浸礼会教堂结婚。按当时的美国法律，在教堂结婚，并非必须是教徒，经过一定仪式后，由民政局发给证件，就算婚姻成立。凤桢的胞弟张沅长就作为我们结婚时到场的唯一家属成员。那时，我们两人都是归心似箭，就买棹从西岸西雅图启程归国。我们为了在美国多到一些城市，多得一些见闻，两人搭巨型"灰狗车"（Greyhound Bus）做从东岸到西岸全程的"蜜月旅行"。那时没有"民航"，飞机只供军用或公务用途。乘火车大约三昼夜可到，但路上只在车站停靠，看不到沿途城市内景物。"灰狗车"则驶入所经城市市区之内，让乘客下来进餐、休息，逢较大城市，还可以多留几个小时，或者在旅馆投宿过夜后，翌日乘另一次车续行。这样，行程所需时间，可由乘客自己决定。我们由于赶路，从东岸到西岸，仅在中途堪萨斯城住宿一宵，经过整整一个星期，到达西岸西雅图。这种"灰狗车"，至今还在美国城市之间服务，长途短途都有。

我们到达西雅图后，相当疲乏，休息两天后，就登上日本邮船"三岛丸"西行回国。同船有加拿大温哥华中国牧师李培庭一家。这次跨洋旅行没有上次从上海出来时热闹。我们两人倦游归来，各怀心事，共同的问题是，如何"成家立业"。我的律师证书已经拿到,但律师业务不是稳定可靠的,没有固定收入,要靠有人"请教"。我们动身回国之前,我的母校、东吴大学的杨永清校长来美国开会,顺便来过约翰·霍普金斯大学,后来又知道张凤桢即将结业,他提出请凤桢去苏州东吴大学担任政治、外交史课程,凤桢允予考虑,待稍后再作决定。我们已经知道,我们要"成家立业",必须以上海为根据地,苏州与上海之间,还有一段距离,按照那时的交通情况,苏沪还是相隔两地,总的来说,回国途中心情并不是很平静的。

作者在斯坦福大学法学院攻读博士学位。

四 『成家立业』

1. 定居执教
2. 律师生涯
3. 司法初度
4. 沪院听讼

1. 定居执教

1930年7月底我和凤桢一到上海，就忙得不亦乐乎。先是拜会家长亲友，热闹一番。凤桢父亲热情招待，胞姊维桢已于三年前与中央大学校长罗家伦结婚，特地从南京赶来迎接我们。我又偕同凤桢回我老家谒见老母。回上海后，就行动起来，安排住处和工作，即俗语所谓"成家立业"。凤桢决定辞谢苏州东吴大学的邀请。和我同年出国的东吴同学鄂森，已在上海执行律师业务，邀我到他事务所进行合作。我的老师吴经熊和何世桢分别邀我到东吴法学院和持志大学兼课。新在上海西郊成立的大夏大学校长欧元怀邀凤桢去当专任政治学教授，同时邀我去兼课。设在吴淞的中国公学教务长朱经农（校长胡适经常在北平）也邀我去兼课。我在各校担任的课程，大体上是国际法和英美法选修课，而在东吴则多一门法理学和法律哲学。这样我和凤桢都将各自投入紧张工作。

生活安排方面，我们在沪西愚园路愚园坊找到一所三层楼房屋。事实上当时我们两人根本不需要这样大小的房屋。这所房屋的地段，对凤桢来说比较合适，因为靠近西郊大夏大学，但与我兼职的几个学校，除大夏大学外，则有如南辕北辙。我心想又要重复在东吴最后一年求学时三处奔走的旧事，而且有过之而无不及。因此，不久我们在爱文义路（今北京西路）观森里找到一所二层楼房屋。住进去后不久，发生了两桩不同性质且并不平常的事情。

先是我们后面夹弄对面楼上住着印度人娶中国妻子的一户人家,我们经常听到从这家传出女人凄厉的哭声。后来才知道,那是印度丈夫在殴打虐待他的中国妻子。我们非常气愤。一次寒夜里又听到阵阵哭声,凤桢忍不住,披衣而起,来到对面叫门,我也跟踪而至。印度男子怒气冲冲出来,大声叫嚷说:"这是我家的内部事务,外人不能干涉。"他气势汹汹,认为我们黑夜侵扰他家的私生活,还危言耸听地说:"你有你的枪支,我亦有我的枪支。"说话间意欲动武。凤桢毫不畏惧,怒声斥道:"殴打妇女,侵扰邻居是不法行为。"我看到这家伙竟如此猖狂,实属不法已极,必须教训教训他,当即掏出随身携带的一张有律师头衔的名片,要他同去附近的静安寺"捕房"(当时租界内的公安机关)讲理。这时,此人流露出一些尴尬样子,但又不甘立即示弱,出门跟着我走。到达后,我以律师身份向值班的西籍警长说明经过事实,当他听到我转述印度人所说"你有你的枪支,我有我的枪支"时,他大声申斥印度人有犯法嫌疑。* 印度人见势不妙,立刻收敛起来,后来认错获准离去。从此,我们再也没有听到邻妇的哭声。

此事过去不久发生了另一桩不同寻常的事情。那是我们所住观森里隔壁搬来了一位中年妇女,自称姓林,携有一子一女,并无成年男人。刚搬来时,这位"林太太"还按沪上

---

* 英美侵权法中有一案例:某甲怒向某乙说,I shall blow you full of holes,意即,我将使你满身枪孔。判决认为构成恐吓罪。

四、"成家立业" 49

习俗,亲送糕团给左邻右舍。"林太太"口操湖南口音,态度安详,举止大方,平素并不与人多接触,因与我家是毗邻,又知凤桢是位女教授,待人谦和,就不时有所往来。她出言十分谨慎,从未谈到自己的职业或过去,但既是萍水相逢的初交,这种现象就并不足异,两家之间可算亲而不密,"君子之交淡如水"。没有多久,我们先后迁离观森里,"林太太"先迁走时,我们并不知道,更不用说他们迁往哪里,竟飘然而去,倒使我们觉得有些异乎寻常。但重要的事发生在日后。

我们离开观森里后即迁往近市中心的梅白格路(今新昌路)祥康里。两年后的一天,凤桢忽与"林太太"在马路上不期而遇,但见她手牵幼子,满面愁容,似有要事在身,不便多谈,只好将我家新址告诉"林太太",请她有空时来做客,叙叙家常。过几天,"林太太"果然登门造访,她神色凝重地告诉凤桢,其女本纹因涉嫌共产党被捕,自己束手无策,不知如何是好,知道我当律师,特来要求给予援手。凤桢深表同情,当即答允与我商量后,再告诉她采取什么具体步骤。由于我当时已不再执行律师业务,故而转请我的老同学鄂森律师安排探监及义务出庭辩护事宜。未几,本纹因当时未届刑事责任年龄而获释出狱。"林太太"向我们深深表示感谢,但此后历久未有联系。直到三十多年后,我前来北京工作定居之后,无意中读到一本陶承写的题为《我的一家》,才恍然大悟,这位上海观森里的老邻居"林太太"原来就是革命妈妈陶承同志!那个小男孩是他儿子欧阳稚鹤。1933年,共产党设在上海公共租界张家花园的机关办事处被破坏,其女儿本纹受到牵连。陶承在书中这样记述了当时的情况：

> 一场骚乱过去了，死一般的沉寂，我忽然想起本纹……
>
> 楼上空无一人，桌椅床铺全部打烂，窗玻璃碎了一地……
>
> 机关破坏了，一时我们成了无家可归的人，到哪儿去呢？身上只剩下几个铜板，现在无论到哪里，都会连累人。
>
> 我领着孩子，穿小巷走着，转过一个路口，忽然听见后面有个妇女在喊："林太太！"
>
> 这是叫谁？不管，还是往前走。"稚鹤！稚鹤！"
>
> 不能不回头了。原来是住秘书处时的邻居，女教授张凤真（桢），我们搬进去那天，还给她送过十几个元宝点心。我连忙和她打招呼。她已经跑过来，亲热地说："林太太，你们什么时候搬家的？我连晓都不晓得。后来我也搬了，就老没看见你，你到哪儿去？"
>
> "买点东西，随便走走……"我支吾着。
>
> 她把地址和门牌告诉我，让我到她家里去坐。我谢谢她的好意，这个时候，哪有心思串门啊！
>
> 本纹被抓走了。在狱里押了十几天，死活不知。我蓦地想起了张凤真（桢），她丈夫是个律师。据平时了解，他们夫妻还算开明，同情共产党的事

四、"成家立业"

业。于是我找出那天她开的地址,登门去求她保释本纹……

读到这里,我们真是又惊又喜,天下竟有这等巧事!正好《北京晚报》连载《我的一家》的片段,我们立即给《北京晚报》写信联系,很快就找到了数十年前的老邻居——革命妈妈陶承及其一家。见面时,本纹早已儿女成行。从此,我们一直和陶承妈妈保持着联系,直到1986年7月这位饱经风霜的革命老人在湖南长沙溘然长逝。

2. 律师生涯

前面我已叙述,曾有一段时间,我和同学鄂森合作当律师。事实上我在四所学校兼课,东西奔波,很少再有时间兼顾律师业务。不过我在有重大案件时,同大家一起进行讨论商量,其他日常事务,我就一概不问。除我们事务所接办的案件外,我们还有以个人名义各自受托承办的其他案件。下面很简单地选择二三件事,作为示例。

在我回国后几个月的一天晚上,我接到何世桢的一个电话,要我就去他家商量事情。我在他家见到一位名叫任援道的中年人,据说那天上午有邓演达等数人在任家"谈天",被南京方面会同上海租界当局逮捕。邓是有名反蒋的。任本人闻警先从后门逃走,其子因闻门上铃响在开门时一并被捕,翌日将在租界特区法院过堂,要我出庭为任子辩护。由于这是重大政治案件,按照当时有效的《危害民国治罪条例》，第一审就应由高等法院受理，不像一般刑事案件，先由地方法院受理，上诉时才去高等法院。

第二天一早我前往公共租界的特区高等法院准备出庭，是日法庭戒备森严，气氛紧张，院子内停着好几辆装有大喇叭的警车，其中还有淞沪警备司令部派来准备接收案犯的警车，好像"势在必得"。我由任援道之妻伴同，递交了辩护人受委任书，坐在法庭等候审讯，遇到了也在东吴法学院任教的张志让律师（新中国成立后任最高人民法院副院长），他是邓演达的辩护人。

9时左右，庭讯开始。先由租界警务当局报告受南京政府委托逮捕邓演达等经过，接着由淞沪警备司令部代表声明委托逮捕缘由，然后点名被告自为陈述。邓演达在被告席侃侃而谈，声明政治信念和言论自由受到当时宪法的保护，既无危害国家安全的言行，就不应受法律的处分等，滔滔不绝。庭长告以今天不是辩论是非功过的实质性问题，而只是辩论程序上能否"移提"的程序性问题（国际间称引渡，租界与中国内地当局之间不称引渡）等。邓演达不为所动，继续说他的革命大道理，全场肃静。其他被告一一陈述自己姓名职业等，均辩称不知为何被捕。最后问到任子姓名、年龄等，然后任子续陈是家中有客，后来前面有人敲门（上海一般熟客均走后门），他去开门即被一并逮捕。接着，被告律师一一作了辩护发言，我在最后发言中指出任子年仅十三，未届应负刑事责任的年龄，应予立即释放，由其家长领回，并出示足以证明任子年龄的证据。法官三人退庭评议后再出庭，由庭长

四、"成家立业"

宣告邓演达等移交淞沪警备司令部,任子则因未届刑事责任年龄,交其家长领回管教。后来邓演达在南京被害,其余人也不知他们的下落。死里逃生的任援道后来在抗日后期投敌,做了江苏的伪军司令,胜利后也不知所终。

另外,我单独办的还有两桩涉外案件,在此简述一下,足以说明当时外国在中国行使领事裁判权的实况。第一个案件:经熟人介绍来的谢某,经营进出口生意。他通过在沪的一家瑞士洋行进口一批呢绒,规定了价格和交货期限并按例交付了定金。瑞方到期不交货,经催不理,或空口搪塞,实则因货价骤涨而已转售获利。由于瑞士享有领事裁判权,我作为原告律师,向瑞士领事馆起诉。开庭那天,我偕谢某携带有关文件前往出庭。瑞士总领事正中就座,被告席有德籍律师威廉斯。此人曾因一桩非讼事件和我打过交道。那天他显露狰狞面目,蛮不讲理地说,原告所根据的买卖合同,依照瑞士法律,不过是一纸预约,不能认为正式合同,原告以此投诉,实属无理取闹等。我当时知道瑞士的《债编法典》(Swiss Code of Obligations),曾是国民党立法院制定民法债编的参考资料之一,而且合同成立地和履行地都在中国上海,按照国际私法,自应适用中国法律。原告多次催交货物时,被告从未主张合同并未正式成立,现在空口否认责任实属无理。威廉斯还是喋喋不休,空口抵赖责任。法庭最后判令被告瑞士洋行赔偿,不过在赔偿数额方面,不依瑞士洋行依约应该交货时的高额价格计算,而依起诉时的较低差额计算,部分地照顾了被告瑞士洋行。

第二个案件:两名荷兰籍的印尼华人,因酒后争吵,闹出流血案件来,由于印尼当时是荷兰殖民地,因此互诉到荷兰驻沪领事馆。这是一桩刑事涉外案件。起诉人黄某通过我在持志大学的华侨学生找到我。我已为他撰状送到荷兰驻沪总领事赫隆门(Grondman),对方也请律师撰状互诉,荷总领馆亦已指定日期通知开庭。但在开庭前几天,经双方友人调解,共同具状撤诉。这事涉及双方年轻人争风吃醋,幸未酿成巨祸,终在最后时刻,化干戈为玉帛,也可算是"和为贵"之一例。

3. 司法初度

我和凤桢1930年回国后的最初两年中,为了"成家立业",艰苦卓绝,辛劳备至。与此同时,战火弥漫,国难临头。回国后正好一年,刚刚立定脚跟,沈阳事变(即"九·一八"事变)发生,举国震惊,同仇敌忾。普通百姓惶惶不知时局会是怎样。日本在上海本有驻军,借口保侨而不断增兵和挑衅。1932年1月28日的午夜,淞沪战争终于爆发,战火已烧到家门口。我于是晚刚乘火车从外地回来,见车站附近满布岗哨,形势严重,有一触即发之势。我回到家里,尚未坐定,枪声已起。这次战争历时三个月,我和凤桢平日教课的学校在郊区,都被战火所毁,东吴法学院在市内虹口区,但这里是日侨集中地点,无人敢去。至于我的律师业务,本来不多,"一·二八"事变发生后,即无形停顿下来。我们的生活来源断绝,不得不另作打算,正好曾在东吴教我们比较刑法的董康老师,与当时新任南京司法行政部长罗文榦有旧交,他可作书为我介绍。那时上海去南京的火车已停开,但无锡向西去南京的火车仍通。我只得乘船先到湖州,然后穿过太湖北往无锡,再乘火车前去南京。

早年留英习法律、曾任北洋政府司法总长的罗文榦看到以前阁僚的来信很高兴,他看了我的履历,觉得我不是搞行政工作的人才,就派我到"编纂室"工作。当时南京各部委也大多设置类似机构,名称或许略有不同,作为适合本单位需要的调研机构,最突出的是当时立法院的编译室,专门为制定新的法律做准备工作。对司法行政部来说,编纂室这种机构是与收回法权的准备工作相配合的。当时享有领事裁判权的国家往往借口中国法律制度落后、刑罚过于严峻、民事诉讼程序不健全、不能保障当事方的合法利益等。为了改善司法制度,在实施新法制的同时,还要注意新法律的执行情况。前者主要是立法院之事,后者完全是司法行政部的工作。如能做好这方面的工作,就能杜绝或减少外国人这方面的借口。我逐渐摸清了这一机构所能发挥的作用,符合我多少年来想要看到其实现的事——取消领事裁判权。

我不想表示我在这方面有独特的见解,或者有什么先见之明。但当时社会上确有一股思想比较先进的潮流,认为取消不平等条约,首先是要维持法权的完整,因为这是显而易见不平等的突出现象。于是先后出现了以"保卫法权""取消领事裁判权"等为标榜的"协会""促进会"等民间组织。

但他们政治口号多于实际行动,特别是绝少有具体意见和实际措施。司法行政部则既有像上海、天津那样通商口岸报来的涉外诉讼处理情况,又有直接或从外事机构转来的有关外国方面对法律具体执行情况的意见或反映。

我于1932年3月报到后即开始工作。和我差不多同时进去的有海商法专家魏文翰,他从美国芝加哥大学毕业回国,已干过几年律师业务。随后来编纂室工作的,还有东吴法学院1929年毕业后来留美的查良鉴。此外还有几位从外国回来的留学生,任职不久就觉得"编纂室"像和尚庙一样枯燥无味而离去。他们大概最初来时是想不久"外放"去当法官,因未能达到目的掉首而去的。稍后到任的编纂室主任是当时燕京大学法律系主任郭云观,他在第一次世界大战后同王宠惠、顾维钧等出席巴黎和会,做工作比较实事求是,后来被派到上海去担任特区法院院长。在他的领导下,我们翻译一些外国法典,并共同研究特别是上海等租界内法院报回来的外国领事裁判权实施情况以及外国对我实施新颁布法律后的反应等。

我到职后不久,罗文榦被任命兼理外交部长职务,由于那时外交事务繁重,司法行政部的事务,一般由政务次长郑天锡代拆代行。郑也是早年留英习法律,回国后在上海执行律师职务,也曾在东吴法学院兼课。他很重视编纂室的工作,曾有一段时间,淞沪战事已结束,他派我去上海帮助司法行政部的法籍顾问恩利·宝道(Henri Padoux)整理他对修订当时已在实施的《民事诉讼条例》的意见。宝道的意见事实上就是上海外侨对中国新法律意见的综合,不仅针对法律的具体条文,而且也涉及外侨对法律实施后的意见。由于我早些时候只身去南京,家还在上海,因此我每隔两三天同宝道钻研了一段时期,写成了报告,然后回南京复命。编纂室对经宝道提过修订意见的条文共同研究后,再发交通商口岸的中国法院研究,经综合所有意见和建议,由司法行政部送交立法院。不久后,原来的《民事诉讼条例》,经过立法程序修改后,正式以《民事诉讼法》名义颁布施行。

1932年冬,郑天锡准备去浙闽两省视察司法,一同前去的有秘书骆允协、总务司的余科长,此外还有我。先去杭州,车站上浙江高等法院院长郑文礼等恭迎如仪,这是我首次随同出访,看到许多新鲜事物。我们当夜下榻于法院的宾舍。翌晨有曾任北洋政府司法部次长后来卜居杭州的余绍宋前来拜访郑天锡。两人都用广东话大讲书画,与司法毫不相涉。客人离去后开始"视察"工作。先由高院院长和首席检察官汇报一般情况,以后分别由骆秘书抽查案卷,余科长审查法院收支情况,然后分组参看开庭、视察监所。这些都是例行公事。我能插手的事不多,郑天锡指出让我了解一下办理涉外案件情况。第二天视察杭州地方法院,照例还是汇报、阅卷、查账、观审等。第三天开始是座谈法院工作中存在的问题,这才是视察过程中的核心。提出的问题主要是案多员少、经费不足等,当时无法立即解决,只能说带回研究,最多提纲挈领地说一些较大的问题。在此过程中,还有一些例行的官方应酬,如省级长官、军警管带、律师公会等,都设宴款待。还有是观赏风景、采购土产等。这些是工作以外的杂项,但也成为例行公事。除了杭州以外,我们还乘火车去了金华、兰豁,久闻富春江风景秀丽,但因我们走的是旱路,没有机会领略。

我们在浙江的任务完毕后,仍回上海,那时郑天锡的家还在上海,他邀我们到北四川路他的家里去坐坐,我当时急于回到自己家去看看,只得稍留片刻,恰见到了他的幼子郑斌。他当时年仅八九岁,现已成为名闻中外的国际法学家,执教伦敦大学多年后退休,仍活动于法学界,他久居英伦,我却至今尚未见过他第二次。*

我们原班人马在上海略事休整后,即乘船去福州,在马尾港口登陆。那时,福州比较闭塞,只有南台一带,因开辟为商埠,比较热闹一些。法院馆舍是衙门旧址,年久失修,呈现一股不很景气的形象。高等法院院长魏大同是东北人,据称水土不服,情绪低落。福州的闽侯地方法院首长们大都是本省人,不大能讲普通话,因此有些隔阂。我们留在省城的日子不多,视察过程和其他活动基本上与在浙江相类似,但觉言语隔阂是个问题,客地来的法官问案,一般要通过翻译。

我们在省城留几天后,沿着公路南行,先过有名的洛阳桥而至晋江(泉州),视察了晋江地院工作,参观了唐代的开

---

* 本书第一版出版后,经清华大学法学院王振民教授联系,先后与时在北京出席会议的郑斌教授两度相见,聚谈甚欢。——作者女儿倪乃先注

元寺与有关郑和造船下海的遗址等,逗留两天后继续南行至厦门。厦门是个沿海通商大埠,我们视察了几天,经过情况大旨如以前所讲,厦门对面鼓浪屿小岛,有民族英雄郑成功练兵的观操台,还有外国租界与"会审公廨"。两者相映成趣,极不协调。我一听到"会审公廨"就联想到上海"会审公廨"里的拉朝珠事件,同时又觉得有些好奇,想看看厦门的"会审公廨"又是怎样的。根据条约,中国会审官是由福建省派的,因此我们事先同省方取得了联系。整个鼓浪屿是租界,"会审公廨"在一所西式花园洋房内,会审官只有一名,是一位西装笔挺、年纪不小的福建本省人,记得是姓罗,同会审官并坐审案的领事属于什么国籍,要看案件中的外国当事人是哪个国籍。那天没有要审的案件,我问适用何种法律,答称"应当是中国法律,但参照外国当事人所属国家的法律"。这是一个很含糊的回答。照说,涉外案件中刑事案件一般应适用行为地法或效果产生地法,民事案件一般应依国际私法冲突规则所定国家的法律。我也不再问下去了。

我们在厦门待了几天后,郑天锡搭船回广东老家去了,我们是另一方向乘船北返,准备书写视察报告,等待郑天锡回来核阅。这次出行使我这个初进司法界的人开了眼界。我的参加视察也使老一辈的部员感到惊异,因为一般随同首长出去视察,都是历久在司法界任职的官员,或者是在机关管理方面能够发现问题的司法行政人员。郑天锡挑选担任编纂之类工作的我参加此行是出人意料的。郑天锡后来接替王宠惠当选为常设国际法院法官,不久欧战爆发,直至战后1946年初法院重新召集,然后宣告解散,成立现在的联合国国际法院。

4. 沪院听讼

1933年上半年,我被派往上海特区法院任推事(法官)。前面提到的编纂室主任郭云观,已于几个月前被派往上海特区法院任院长。对于上海法院的系统及名称,有必要在此说明一下。当时,上海一埠,基本上有三部分:英租界、法租界、华界。英租界后改称公共租界,地处要冲,商业最繁盛,法租界次之,由中国自己管辖的南市和闸北两地则统称华界。前面常提到的"会审公廨",指的是设在公共租界的法院,1926年起改称"临时法院",何世桢、吴经熊先后担任过院长。1930年又改为"特区地方法院",它同中国内地法院主要不同之处是,一般刑事案的公诉权在租界当局下面的巡捕房,而中国检察官的职权极其有限。在这特区地方法院之上,设江苏高等法院第二分院(江苏高院在苏州,第一分院在清江浦),以示特区法院在司法系统上合于中国自己的体制,至于法租界的原"会审公廨",亦于1931年改组为类似于公共租界的体制,而华界的法院体制,则完全与中国其他地方的法院一致。郭云观和我先后去任职的法院就是发生过"拉朝珠"引发全城罢市的公共租界"会审公廨",后来先后改称临时法院和特区法院。

公共租界特区地方法院及其直接上级法院即江苏高等

法院第二分院(以下简称高二分院)设在同一地点。当时高二分院的院长沈家彝,原在司法行政部当参事,我和他有过一面之缘。按体制,高院院长对其直属地方法院的人员有直接调度权。我向特区地方法院报到后,沈以高二分院需要办理涉外上诉案件为由,向郭云观提出要调我先在高二分院办案,过一段时间,再调回地方法院,郭没有意见,我也觉得高院开庭时三人并坐出庭,由庭长中坐主审,自己可以旁坐观摩一段时期,亦有好处。这样,先在高二分院陪席一段时间,再调回地方法院的临时调度办法,后来竟成为制度。抗战胜利后主审日本战犯冈村宁次的石美瑜,就和我一样,先在高二分院工作一段时期,再调回地方法院的,以后还有不少人有同样经历。

我初到高二分院时,刑庭庭长是郁华,字曼陀,颇有文才,他是后来名闻全国的文学家郁达夫的胞兄。他有意让我在刑庭帮助他工作,但沈家彝认为民庭的涉外案件较多,而且都涉及外国法律和外文证件,就决定安排我在高二分院民庭工作。

原任民庭庭长胡诒縠毕业于美国伊利诺伊大学,北洋政府时代曾任大理院推事,已调任他职。继任人是原京师高等审判厅庭长李栋,早年留学日本。同庭的还有原山西高院庭长韩祖植和福建籍的老法官叶在聘。我兢兢业业地工作,虚心向他们学习,但暗暗叫苦的是,烟气薰满了我们同住的一室。我只好偷偷地开窗,但如逢冬日,我又不敢开得太久,因为这三位老年人一咳嗽,就要注意我桌前所开的一扇窗。

我开始觉得,担任上诉的审判工作,首先要仔细阅读原审即第一审的审判记录。但难保原审的记录没有遗漏,而且经过仔细阅读后,常常会发现新问题,必须在上诉审结束前弄清楚。于是我就常常开一张单子,列举案件中必须澄清的问题,交给庭长,建议他在开庭时问清楚。他大体上采纳我的意见。但是后来他索性按照当时民诉法中规定的"准备程序",让我单独先开"调查庭",然后再开三人出席的合议庭。这样,原来我想"初出茅庐"先做一名陪席推事比较合适,结果还是要"独当一面"。不过调查庭是初步调查性质,不需要"当机立断"。

另一富有讽刺意义的事是,一般法官总是"从下而上"。所谓"从下而上"是对审级而言,即办案总是先办第一审,日后升任高等法院办第二审,再度升任最高法院才办第三审案件。可巧的是,我最初办的第一案恰是第三审,然后办第二审,最后调回地方法院时才办第一审案件。不像一般是逐步升级,而我恰是逐步退级。何以我最初在上海特区高等法院能办第三审案件?原来根据当时的审级制度,通称"四级三审"。一般案件的第一审在地方法院,第二审在高等法院(或其分院),第三审在最高法院。但当时民诉法列举一些所谓"简易案件",主要是小额欠款、房租、迁让等案件,由地方法院内附设的"初级庭"管辖,第二审上诉仍在地方法院组成三人合议庭审理,第三审才向高等法院提起,这算是简易案件的终审。恰巧我在上海特区高二分院承办的第一案是一件房屋迁让(年租不到500元)的简易案件第三审。此后,我才开始办理一般的第二审案件,直至调回特区法院办理第一审案件。有人对此戏称我在司法界"倒行逆施"。

我在上海特区高二分院几近两年,主要是处理涉外上诉案件,包括商业、海事、地产、包工、婚姻、继承、侵权、赔偿等,特别多的是商业中订货案件。上海的外国洋行林立,主要经营订货交易。第二审虽然有法官三人,庭长主持审判,但每案有一主任法官,负责证据的审查和判决的起草。我主办过一个厂房包工涉外案件,原告是英商礼和洋行,被告是××建筑公司。此案依分案轮次本来应归庭长主办的,他却放在柜子里没动。当我分配到民庭时,他说这是一件有很多外文证件的涉外案,要让我接办,我刚进法院,不便峻拒。等我打开卷宗仔细一看,双方有争论之点,竟有一百三十多项,都是被告在施工中偷工减料,违背合同而引起。第一审是把争点分类后综合予以判决。洋行方面认为争点情况各异,不能笼统地合并予以判决,并对每项争点的不服理由,逐一加以说明。按照当时民诉法的规定,判决必须于最后辩论终结后五天内宣告,院长还严格要求应同时完成既有判决主文,又有充分说明理由的判决书,不得先宣告判决主文,日后再补充理由。面对这一争点奇多的包工案件,我采取每次开调查庭后,即将所查争点写出一个结论,征得其他两位法官同意后,逐次累积,最后综合汇总成文,从时间及内容上达到上述规定与要求。尽管如此准备判决,我还是多天通宵不寐才得以完成。

我作为初任法官,被留在实际上是特区上诉法院的江苏高二分院几近两年,的确学到了不少东西。一般来说,提起上诉的,总是比较重大的案件。我一边办案,一边恰可评断第一审法官办案质量和水平,作为自己办案时的参照。受理的案件,形形色色,应有尽有。由于上海各国商人设立的洋行林立,合同纠纷特多,我在东吴学的契约法特别有用。住在上海租界的德、俄两国侨民不少,他们不同于其他西方国家侨民,并不享有领事裁判权,这是因为第一次世界大战后,德国因战败而不再享有特权,俄国则已于1925年放弃这项特权。因此不论作为原告还是被告,都受中国法院管辖,这样就增加了涉外案件的分量。

在我写完自己在高二分院工作的叙述之前,我想略提一下我对院长沈家彝的印象。1926年,"会审公廨"改组为"上海临时法院",其历任院长徐维震、何世桢、吴经熊都是西方国家留学生。1930年,根据与各国签订的协定成立"特区地方法院"和"高二分院"后,其院长也都是西方国家留学生。理由很简单,因为常要同西方国家领事打交道。1932年,罗文榦任司法行政部长后,即派早年留学日本的沈家彝接替徐维震当上海高二分院院长。这个法院的名称虽只是高二分院,它所处理的案件都是大案要案,直属于它的"上海特区地方法院"受理的案件之多,又为当时全国地方法院之冠。罗文榦之所以如此安排,自有他的道理。沈的精明干练,办事认真是人所共知的。至于对付洋人,既有熟悉英美法的郭云观在特区地院坐镇,足资应付。另外,沈对他有过一段恩

四、"成家立业"

情,也是为司法界所共知的。那就是,罗在北洋政府任财政总长时,因金法郎案被捕入狱,是当时任京师高等厅长的沈家彝为他平反的。沈在上海高二分院任内,奉公守法,御下较严,属下不无微词,但他操守纯正,大事不糊涂。他曾印发过一篇勉励同仁"清廉自守,多亲学问,少事应酬"的公开信,虽有人认为是"官样文章",但在当时这种花花世界的上海敲敲警钟,还是好的。郭云观曾和我谈起沈的为人,郭说,不论如何,沈总是为公。我后来进外交部工作后,才知道他就是原礼宾司长、后来出任驻美大使韩叙的父亲。韩因参加革命而改姓名。

我调回特区地院后,还是专办涉外民事案件,涉外案件不多时,亦办纯粹国人之间的案件。经过将近两年在高二分院工作,对于办理第一审案件,觉得比较有把握,因为是完全自己问案,自己作出判断,也有了更多的信心。当时国内司法人员,一般都是北洋政府时代的"司法讲习所"毕业,或者是后来南京的"法官训练所"毕业。我们称他们为"科班"出身。但在上海特区法院,则为应付特殊环境、办理较多涉外案件,例外地委派一些西方国家留学生担任推事。与我同时任职的还有东吴留美的查良鑑、清华留美的乔万选、留德的杨鹏,后来又有留美的董其鸣和徐恭典。我们被称为"特邀"角色。按照惯例,我们一般每月要办三十件案,但其中有的案件,因原告不缴讼费而被撤销,有的因双方和解而撤回,其中必须开庭审讯辩论判决的案件,每月大约有十几件且必须写判决书,而且案情较复杂,工作量比起内地其他法院为重。

尽管如此，我们还是注意劳逸结合。我十分谨慎不与外界来往，尤其是律师界，即使原来是熟人，以免有所请托或牵连。在高二分院时，几位老先生爱在休假日打"麻雀"，我不喜此道。在地院时，我和凤桢每逢假期或周末，屡做短程旅游，常熟、昆山、佘山是常去之地。有时到邻近各地去看"仙霓社"演昆曲。记得有一次假期较长，我们组织一次远程旅游，乘海轮到宁波，转往溪口、普陀等处，尽兴而返。这次参加者有刑庭钱鸿业庭长和民庭李晓庭长及其家属等，我和凤桢亦同去。溪口山明水秀，我们乘竹筏顺流而下，千丈崖、雪窦寺等历历在目。普陀是佛教圣地，在汪洋大海中，是日弥天大雾，我未感很大兴趣。此时，我已陆续还清为留学所欠旧债，可算"无债一身轻"，出门旅游，倍感轻松。

在此之前，我家发生一件不幸之事。我妻凤桢于1934年怀孕。在待产期间，请约翰·霍普金斯大学医学院妇产科毕业的孙××医生检查、调理。孙××是上海"名医"，他很早即已回国，自设医院。听说，他的老师、约翰·霍普金斯大学附设医院妇产科主任威廉斯博士（Dr. Williams）特别相信"瓜熟蒂落"之说，有如中医《感应篇》里说法一样。但孙竟以此绝对化，遇到难产，坚决不主张"剖腹产"。凤桢体形本小，平时又注意营养，以致临产"大腹便便"，三昼夜不能自然生产，那时疲乏已极，再行剖腹已有危险，只得用产钳拖出，以致胎儿的脑血管受损，出生三天后夭亡。凤桢休养几个月才复原。那次出海旅游对她身心均有裨益。

四、"成家立业"

1930年，张凤桢女士获美国约翰·霍普金斯大学哲学博士学位。

五 战火余生

1. "孤岛"生涯
2. 沪渝道上
3. 渝院承乏
4. 重返法部

1. "孤岛"生涯

当我初步"成家立业",站定脚跟没有多时,卢沟桥事变发生,不久,上海虹桥机场"八·一三"事变接着发生,之后,全国各地奋起抗日,战火遍地焚烧。就上海一地而言,特区地院和高二分院本在一起,即"会审公廨"原址,是在上海公共租界北浙江路,接近火车站。一有事故,该地即成为禁区。"八·一三"之夜,"华界"闸北区大火,枪声四起,法院高层玻璃窗被枪弹击毁,无疑,法院已处于火线内。在猝不及备之际,法院开庭和办公地点已成问题。作为临时应急办法,高二分院租用威海卫路民房几幢,特区地院需用房屋较多,临时租用私立"智仁勇"女校校舍,也在威海卫路,楼上办公,楼下几个教室改作法庭。这种局促不安、捉襟见肘的临时措施,竟然一直延续四年半之久,因为当时房屋特别紧张,原在"华界"的住家和机关,都向租界迁移。智仁勇女校楼上办公室一大间,不分民庭、刑庭,二十余人都在一起办公,而且有时还要两人合用一桌,面对面坐,大家过着真正的"集体生活"。

战事一紧张,特别是在国军西撤后,上海的租界已成为孤岛,四周都成为敌占区。敌人气焰高涨,汉奸活跃。上海极司非尔路(今万航渡路)76号有个敌伪的特务机关,专门从事逼人投敌、绑架勒索等种种令人发指的恶行。我们在法院工作的人,也是他们"工作"的对象。在这种情况下,我们的办公地点，虽然临时勉强对付，我的住处亦大成问题。租界当局为了保护法院工作人员（特别是法官）起见，建议用"铁甲车"接送上下班。有人说"铁甲车"是接送犯人用的，我说问题还不止于此，每天用这样惹人注意之车辆接送上下班，岂不是明白告诉人家"此地无银三百两"吗？

正在这时，我家发生了大事，我的74岁老母因病去世。她当时避难来我沪寓，偶患感冒住爱文义路（今北京西路）仁爱医院治疗，已愈出院，不料回家后复发，竟致不治，与世长辞。我们悲痛欲绝。在戈登路（今江宁路）上海殡仪馆设灵致祭，灵柩暂息沪西，后来运回黎里安葬。

后来形势越发险恶，敌伪竟普遍发信，要我们法院人员都去上面所说76号"报到"，我们没有理睬。不久，特区地院刑庭庭长钱鸿业于中午坐自备人力车回家之际，在距办公地点不远的地方，被歹徒开枪射死。钱为人豪迈爽直，与我相处甚善，当法院还在北浙江路时，我和他及杨鹏合租一汽车接送，我住西区首先上车，然后开往福煕路（今延安中路）模范邨接钱、杨一起上法院，车到钱宅时，他的三个孙子常在钱、杨未出来时，和我"热络"一番。后来，我们两家还同去浙江游览。这次他遇难时，我还在办公室，听到外面不远处一声巨响，我还以为是汽车轮胎爆炸，没过几分钟，有庭丁上来报告"钱庭长遇害"云云。我为此痛惜万分。

不久后，又发生高二分院刑庭庭长郁华被害之事。据说，那天早晨有雨，他的自备人力车拉起篷帐让他坐上后，正待出发去法院，有歹徒向郁开枪将他射死。这是又一次敌伪

五、战火余生

对司法人员的暴行。除此之外,还有东吴毕业、当时任特区地院民庭推事的桂裕,一天家里来了不速之客,向厨房里开了几枪后离去,意在威胁、恫吓。

我在1937年"八·一三"事变发生时住在沪西愚园路愚园坊,该地马路两边土地属华界,但马路由租界当局越界修筑、管辖,这种情况很多,特别是在沪西,一般称为"越界筑路"。"八·一三"事变发生后,已不很安全,三个月后国军西撤,安全更无保障。我知道这里不是安居之所,悄悄地在法租界亨利路(今新乐路)租一小公寓暂住,每天步行至法院新办公地点(智仁勇女校),并不算远。比较安全,又不搬离愚园坊,以免惹人注意,随时还可回去。这样的临时安排,维持了三年半,直到1941年春生女乃先。亨利路小公寓已不够用,只得搬至巨泼来斯路,用我岳父名义,就说姓"张"。当时珍珠港事件已发生,日本与美、英等国处于交战状态,上海外国租界已不再是"孤岛",均归日伪接管。岳父单身住在城里,更非安全之所,因此搬来与我们同住。我当时亦正筹备只身离沪,前往重庆,此后就是祖孙三代之家。女儿的出生,有鉴于"前车"的覆辙,因此早就决定"剖腹产"。我当时给她取名"难先",岳父说这个命名显得"太苦了",因此改称"乃先"。

2. 沪渝道上

日军侵入上海租界之前,大家都已意识到,迟早会有这一天的到来。1941年12月8日凌晨,日军击沉黄浦江里英、美方面的军舰,外电传播日军在香港、新加坡等的"战况"。单单远东一隅,已被日本闹得天翻地覆。我们退出作为法院临时办公处的智仁勇女校。我和几位熟识的同事,早就有了默契,万一"孤岛"沦陷,大家同去"内地"。但内地如此之大,往何处去呢?当时通向内地的路很多,看你目的想做什么。有的人想"走单帮",带些商品去"脱手",可以获利养家。那么,去安徽屯溪一路最合适。有的人想回乡隐息一时,那就要看他们的家乡在哪个方向。对我们一些人来说,按照我们那时的认识水平,哪个单位派我们到上海的,我们应当去找那个单位,那么,就应当去陪都重庆。我们既不想走单帮谋利,也不是要回家乡避难,就决定去重庆。

当时从上海等大都市向内地撤退的人,据说途为之塞。还有就是路上安全的问题,不仅路上会遇坏人,而且日军正在到处"扫荡",万一遇到这种情况,那不是自找麻烦吗?另外还有一个家属是否同行的问题。大家考虑我们此行是冒一定风险的,单独行动还有不少问题,"拖大带小"同行就更难想象。这样,我们的计划就大体上可以定下来了。这里我要赶快说明一下,所谓"我们""大家",究竟指的是谁?

我们有几个人平时议论过,万一"孤岛"出事,应撤退至内地,但无具体计划。这些人包括特区地院推事兼书记官长查良鉴、民庭推事郭炜、陶德骏和我,有时彭时也参加商讨。起初是泛泛而谈,珍珠港事件后,谈得比较具体。当时郭炜住法租界,比较安全,珍珠港事件发生后,我们就到他家里作

五、战火余生　　73

具体打算,有一次通宵达旦。郭的堂兄郭泰祺当时在重庆任外交部长,早就叫他速离上海。陶德骏是四川人,入川计划最合他意。彭时未明白表态。我早已商得家里同意去渝,凤桢勇敢地承担起养老抚幼的责任。查良鑑那晚有事没来,但他岳家是浙人,有亲戚营商,熟知去内地途径,可以找人带路,避开日占区而到达金华。这是第一阶段,以后还需探路继续西行。

我们那时觉得只要能够离开上海,就觉得已经轻松一半,因为在上海,我们都在"76号"监视之下。1942年1月某日,我们即查、郭、陶和我四人,由查家亲戚所派邵先生带领,乘火车先到杭州。时值隆冬,本无景色可看,暂宿一宵。我们乘小火轮到余杭县,我还联想起清末"杨乃武与小白菜"的名案就在这里发生。过了余杭,我们就要步行渐渐走入山路。邵先生雇人,把我们的行李挑起来跟我们走。沿途有许多临时开起来的饭馆和"旅舍"。所谓旅舍,即是农民临时腾出来的铺位。我们一到,吃过饭后,首先供应每人一盆洗脚水。洗完脚就在临时搭起来的铺上睡觉,翌晨一早起来再赶路。由于山路高低不平,我第一天还能忍受,到了第二三天脚上起泡,脚指甲下面血凝发紫,还是勉强前行。第四天到达绿沵水口。邵先生对我们说,危险地带已过,此后可以换船经过富春江到蘭豀、金华。他也就在这里离开我们回上海,我们十分感谢他昼夜奔波,把我们送到安全地带。

那时,浙东大部沦陷,金华作为浙东重镇,事实上亦已危若累卵,我们找到了浙省在金华的高分院和金华地院,地院陆院长热情招待,他说重庆司法行政部已来通知,对从上海特区撤退司法人员善为处置。陆院长对我们特别照顾,除供食宿外,并根据重庆指示,发给我们差旅费及生活费。

那时日寇到处"扫荡",日益蛮横。我们觉得金华毕竟不是久留之地,于是计划西进,通过浙赣铁路前往江西,然后经过湘南而入贵州的金城江,这里是前往重庆的大道。但这是我们的如意算盘,就是说,假定的前提是在未来的几个星期里,战事没有重大变化,路线不为日军切断。但不能不冒日军突然蠢动的风险。我们只能冒着一定的风险,先沿浙赣路经过浙江的衢州、江山,而入江西的玉山,此后就换乘长途汽车,经过银坑、瑞金、宁都然后进入湖南的耒阳、茶陵等地,每次换车,都要等几天。后来到了湘南衡阳,换乘湘桂铁路,经过柳州、桂林、入贵州而达金城江,这里四通八达,热闹非凡,要到西南各地,均由此搭车。我们稍事休整后,随搭长途车前往遵义,到达时已近深夜。当时浙江大学已迁往遵义,我的外甥女王回珠和她的丈夫、气象学家涂长望住在遵义。我深夜找到了他们的住处,匆匆会晤,即行告别。抗战期间,亲友星散,能在异地相逢,诚属乐事。我们出贵州,进入四川境内,那里由于自然条件较好,青山绿水,豆麦成行,与贵州截然不同。车行两日,到达山城重庆。

那时,日机连续轰炸,机关都迁至附近乡间,而在城里留一办事处。我们找到司法行政部的城区办事处,他们为我们安排交通工具,前往离城较远的歇马乡小湾。附近有个歇马场,是逢一、四、七集市之地,据传是当年张飞歇马之地,以此得名。司法行政部设在许家大院,是大地主许家的祠堂,砖石筑成,气魄宏大,外有墙门,两旁小屋作传达室之用,第二进茶厅,是首长下轿之处,第三进改作办公室之用,第四进才是首长办公室。在此四进正房两旁,有较小房屋,是各司、科的办公室。我们看到重庆乡下有这样的房屋,实在感到惊异。

我们立即被引见部长谢冠生、次长(副部长)洪陆东和夏勤,以前都曾见过,对我们在上海孤岛坚持达四年,冒着很大风险,这次来渝路上又艰苦备至,均表示亲切慰问。同时,我们被告知,据前方报道,当我们离开金华后不久,上海特区法院第二批撤退人员,其中有我们熟识的吴廷祺等,也跟踪到达,不幸适逢日寇进犯金华,他们都惨遭杀害,而对我们殷勤接待的陆院长,首当其冲,情况更惨,我们为此非常伤感,唏嘘不已。

司法行政部里同仁还为我们的安全到达,开了一个盛大的欢迎会,热情洋溢,使我们很感动。过后几天陶德骏启程返回奉节家乡,临走没有说自己今后的行止,此后亦不知所终。查良鑑因兼特区地院书记官长职务,有许多法院行政工作,要向有关部门汇报。郭炜的堂兄郭泰祺当时已不再担任外交部长。但兄弟异地相叙,亦一乐事。当时在北方久享盛名的朝阳学院,素以教授法律、人才辈出见称,有"无朝不成院"之声誉,意即每个法院都有朝阳毕业生。华北失守后,朝阳迁往重庆郊区兴隆场。那时适逢东吴毕业的孙晓楼担任朝阳院长,我被邀去讲授民诉法和法院组织法。南东吴北朝阳,我兼而有之,不免沾沾自喜。

按照当时体制,地方法院院长是"荐任"职,高等法院院长才是"简任"职。司法行政部人事部门建议,重庆作为战时陪都,地方法院院长应改为简任职。上海特区地院推事,虽然待遇较为优厚,但若要升任简任职,必须担任过地方法院首长,即院长或首检(首席检察官),任期长短不拘。谢冠生有意让我接任即将升为简任职的重庆地方法院院长,故于1942年下半年先派我到距重庆不远的江津去当首席检察官,为日后派我担任重庆地院院长创造条件。

我在江津当首席检察官大约只有两个月,这是一个纯粹办刑事案件的职务。我从小就一心想当"清官",后来先后到了上海高二分院和特区地方法院,因为要专办涉外案件,长时期来都在民庭。我到江津后小心从事,也办了几件较大案件。其中一件是富绅温某被杀,我到任之前,外面传说是温某侄儿所为,但无证据,一直疑云四布,莫衷一是。我到任后曾去温家察访,传讯不少有关人证,仍得不到端倪。也有人说,地方上有股恶势力,故意造谣,目的在于敲诈。直到我后来调回重庆,仍没有找到确实证据。另一案是王姓老翁杀害儿媳之事。当初据报某乡王氏儿媳暴卒,其中大有问题。我传问过嫌疑人王氏父子,均闪烁其词,不敢多讲。我决定开棺检验,查得王氏儿媳额上有黑圈,腐烂较为显著,经法医认定是铁器伤痕。在证据确凿之下,王翁不能不俯首默认,原来,半个多月前,王媳豢养的猪在堂屋里拉屎,在王翁怒责之下,儿媳"出言不逊",王翁顺手拿起身旁铁锤,击中儿媳头部,这就是额上黑圈的由来。正拟准备提起公诉,忽来调令要我即去重庆。我将案卷留给检察官牟照远,以便转交我的后任接办。现场察看记录俱在,王翁罪责难逃。

1943年1月13日,美英两国同时于旧中国第一个准许外国实行领事裁判权的《虎门条约》恰巧100周年之际,放弃了这个特权,其他西方国家亦随着声明放弃。中国的法权终于恢复完整。正好就在这个时候,我被任命担任战时首都的重庆地方法院院长,可称巧合。

3. 渝院承乏

我于1943年1月就任重庆地方法院院长。在此之前,由于日机常来轰炸,渝院在附近某乡设临时办公处,但在我赴任时,大部分已回城里,只有民庭一部分,还有档案卷宗全部还在乡间。我作为行政领导,必须两地兼顾。当时担任较大法院院长,都有自己的一套"班底",至少管文书、人事的书记官长和管银钱出入的会计出纳,大都是自己信得过的人。有时庭长、推事也要有所更迭。我则单枪匹马地上任,原任人员一概留任未动,倒也相安无事,后来才有个别调动和接替。当时由沪同来的查良鑑已就任司法行政部参事,郭炜亦已就任最高法院推事,陶德骏则回家后音讯杳然。

我在沪院专管审判,不管行政,调渝院后,几乎全部精神致力于行政事务。渝院升级为与高等法院同等级的首都法院后,同时由于抗战后期,重庆人口倍增,案件特多,法院编制随着扩大,庭长推事达二十余人,行政人员、书记、录事、庭丁、员工，共有一百多人，编制几与上海特区地院相仿。但另一方面法院原有房屋几有一半被上级机关借用，其中有司法行政部的城区办事处和党政工作考核委员会。后者是个比较庞大的机构，占用法院的许多房屋。法院又无经费、土地可供扩建，只得因陋就简，挤在一起，好在抗战时期，谁也不能太计较这些。

旧时就有"五日京兆"之说，重庆亦不例外。高官权贵，荟集于战时首都。虽不强行亲自干预，但要求请托之事常有，我一概置之不理。例如，立法院某职员，持其院长之信要求接见，据称其幼子被汽车辗死，要求对司机处以死刑。此案本属司机驾车不慎，是过失杀人。虽经告以有事请通过律师在法庭提出，但此人连续前来要求面见，有时打电话来，我均未置理。还有一次，国府参军长打电话来，对法院受理的某案提出他的要求，我还是告以请通过律师当庭陈述，以符规定。如此等等，不时出现，简直忙于应付。此外，还有法院内部人事纠纷，大多由于家属共住院内房屋，偶因屑事相争，闹到院长那里来要求判断是非。再则由于各地撤退来渝人员日多，为了谋求获得一官半职，或者一席之地，以求生存，都直接自我介绍或者央求与我相识的人向我推荐求职，粥少僧多，人满为患，使我无法——应付。

一般来讲，地方法院院长兼办案件，但较大的法院例外。重庆地院当然在例外之列。鉴于上述战时首都忙乱情况，更无法兼顾审判。但由于百年来首次取消领事裁判权，恢复中国法权完整，作为例外的例外，我于1944年亲自审理重庆地院第一件美国人做被告的民事案件。从1844年前清与美国所订《望厦条约》算起,中国对美国丧失法权完整,这回实行恢复又是正好一百年。

虽然这是足以自慰的事情,但总的来说,我实在受不了那些继续不断、难以描述的种种侵扰,不得不屡次请辞。最后总算于1944年秋获得准许,与查良鑑对调,由查来接掌渝院,我则调回司法行政部任参事之职。

4. 重返法部

我回到歇马乡小湾司法行政部,如释重负,越发感觉蜀乡风味有独特之处。一则山川雄伟,二则民情简朴。法部迁来歇马乡数年,已不再作回城之计。城里亦再难以觅得像许家大院这样宽敞办公房屋,更不用说家属所需宿舍。当时在歇马乡有不少从城里迁来的机关,如司法院、最高法院、行政法院等,假日若适逢"赶场"(集市之日),熟人在场上相逢,感到特别亲切。我常与郭炜相约假日爬山,晚上就宿在山上小庙,清早起来,发现自己在云海之中,这种滋味,以前从未尝到过。我在渝院将近两年,经常被困于事务堆中,弄得头昏眼暗,调部后的初期,自觉有如闲云野鹤,难得有此清静环境,健康亦有改进,不禁自喜。

至于我的工作,参事一般是闲职,但是司法行政部的参事,倒并不是闲职。部里分工条例规定,参事室担任"一切"咨询工作,但主要是解决全国各级法院请示的问题,特别是有关法律的问题。部内共有四位参事。第一位是主管"总务",顾名思义,就与法律咨询没有多大联系。"总务"可以包括很广,特别是各级法院的人员配备(不包括任免)、房屋的供应、监所的修建等。那时主管"总务"的参事为陈箇民,经常住城区办事处,不肯下乡,因此徒有虚名。其余三位参事分别是主管民事的刘镇中,主管刑事的叶××和主管外事的我。当时确有很多法院向司法行政部请示有关涉外法律的问题。那时东南、东北大部沦陷,西北事情较少,涉外法律问题集中于西南,特别是重庆、成都、昆明、贵阳等地,而以昆明的外事问题最多,因为有盟国驻军及中印间交通往来。新中国成立后,我由沪调到北京外交部条约委员会(后改为条法司)工作。我发现我所承办的很多涉外法律问题,如在战时重庆发生,都会送到当时的司法行政部参事处处理。这是因为当时的外交部只有"条约司",而没有"条约法律司"。

我调部后不久,那时的司法行政部常务次长夏勤邀我同去成都,及在渝成沿途视察法院。夏勤是谢冠生的得力助手,事实上谢冠生留法回国以前,夏早已在旧中国法律界崭露头角,历任朝阳大学(后改称朝阳学院)教务长、北洋政府时代大理院推事等职务。他在我等由沪撤渝时已任司法行政部常务次长。我们到渝未久,他就请我教他的次子夏道泰英语。道泰长期以来在美国国会图书馆担任外国法律图书杂志部门的主任。

我们这次出去视察法院,同1933年郑天锡视察浙闽两省法院不同,轻车简从,全程坐小汽车,除司机外,没有其他随从。我们从歇马乡小湾出发,本应先停璧山。由于该处与司法行政部所在地相隔甚近,情况比较清楚,因此直发永川,略事逗留后,下午再往荣昌,都是略谈情况和问题,傍晚到达隆昌,就在那里歇下,翌日从事视察。这次既无专门人员查阅办案卷宗和行政簿册等,一切都由夏勤和我两人主持,好在夏多年从事司法工作,不同于当年郑天锡初次出任司法行政长官,而我在重庆法院几近两年,也已略知管理法院行政的一套门径,而且这些法院规模较小,人员不多,大家亲切地交谈,如道家常。下午我们到达内江,该地处于四川中心地带,因有制糖工业,市面比较繁盛,我们就在那里暂歇,翌晨进行工作,下午过资阳而至简阳,四川高等法院苏院长等在成都城外做"十里郊迎"。

抗战期间,成都远处川西,受战事影响较小,而且成都平原本是"天府之国",物产丰富,气候宜人。我们一路颠簸,到了成都,顿感舒适。成都邻近的其他一些地方法院首长,也都来成都高院向我们和苏院长等汇报工作,弄得我们忙了几天,不得开交。我们了解到一些不同地区法院之间情况的差距,以及在法院人员配备、经费支应等方面应做的调整,以便回到重庆部里时提出。

1944年的深秋,谢冠生给我看一封来自当时驻美大使魏道明发来的电报,内称美国国务院即将派美国前驻华法院法官密尔顿·海尔密克(Milton Helmick)来华访问等,问我是否知道此人,又说此时派法官来访,不知是什么目的。我一看就认识,因为我和他曾同时在上海当法官,不过受命于不同的国家,而且他只处理美国人当被告的案件,而我则处理包括美国人当原告的所有涉外案件。从国家的立场来讲,我和他是对立的,但由于我和他可称是"同行",而且他又是我的英美契约法老师萨莱德的同事,因此曾在法律界社交活动中见到过。如上所说,那时的外交部本来就不管法律专业性的活动,接待海尔密克法官的任务就落到司法行政部。

谢冠生和我都认为,美国取消在华领事裁判权已逾一年,美国国务院此次派一位熟知中国司法情况的法官来访,肯定是有意要来看看在放弃领事裁判权一年以后中国法院处理涉外案件的情况。后来事实证明,这个估计部分正确,但并非完全如此,后面将予说明。

1944年11月的一个阴天,一架美国军用飞机在重庆珊瑚坝降落,到场接客的有一些美国军官、美国驻华大使馆一等秘书弗里曼和代表司法行政部的我,外交部没有人到场。飞机降落后,一批军官先下机,上了年纪的海尔密克扶着把手慢慢地下来。他一眼就望见弗里曼和我。他与弗里曼本是熟人,开玩笑地说:"你是否'接待委员会'的主席?"接着,我也开玩笑地对他说:"我是司法行政部的'接待委员会'主席。"他记起我们曾在上海一个国际性社交活动中见到过,又说起了萨莱德先生,倍觉亲切。他由弗里曼陪同去美国大使馆,我和他约期会见后,就回司法行政部城区办事处。

第二天,我去美使馆访问他,主要任务是弄清他这次来访目的。同时,有些报馆记者,记得有《时事新报》和某晚报的记者,要求我带他们去采访。我让他们先提问题,包括他的简历、访问期间和来访任务。对于来访任务,海尔密克轻松地回答:"我曾是个法官,当然对中国法律界情况感到兴趣。"看来记者中没有深切了解法律界情况的人,对话也就到此为止。记者们离去后,我才和他讨论访问"日程"。负责接待他的弗里曼,好像也就把他交给我似的。我问他是不是想看看中国内地战时司法情况,我故意加上"内地"和"战时"两个限制性的形容词,让他不要拿平时西方大都市的法院来同中国那时的法院相比拟,尤其是从物质、外形方面看,因为不到三个月前,夏勤和我的成都之行留给我们一个一般印象。出乎我的意料,他却含糊其辞地说,法院当然要看看,另外也有一些别的事要做。我想他要做别的事,这是他的问题,我不便多问下去。他看我不再追问,便主动说:"我也想见见立法院孙科院长。"我想或许他与孙科有私谊,但是他要见孙科,为什么不通过美国大使馆安排,而有意识地要直属行政院的司法行政部来安排,而且他好像要我陪他同去。

根据这次谈话,我回歇马乡去向谢冠生汇报情况。我们首先决定带海尔密克参观法院。尽管重庆法院分驻城乡,形象简陋,它毕竟是战时首都的法院,如不让他看,将引起各种猜疑,必须加紧整理准备接待。另外,我们还拟让他去成都看看,因为根据夏勤和我三个月前刚视察过,那里高、地两院的规模还是有些气魄,办事也还井井有条,不妨提出让他考虑考虑。成都又是一座历史名城,可以让他看看古迹。从成都回来,可以请他来歇马乡的司法行政部,由谢部长设宴款待,以尽地主之谊。至于要见孙科,由谢部长替他约期,我陪他去见,看他究竟有些什么要事相商。

初步日程计划大体上拟定后,我即进城去和海尔密克商量落实。他基本上同意这样的安排,并未提出新的要求,不过对于成都之行,由于路途遥远,路上需费时日,表示暂时保留,视此后情况而定。我一面向谢冠生报告我和海尔密克商谈访问日程的情况,一面通知重庆地院院长查良鑑考虑参观法院日期,让他事前做好应有的准备。

隔了一天,由查良鑑接待海尔密克在重庆地院参观一番。他略问重庆地院受理涉外案件情况,当事方的国籍等等,似乎未有准备作深入考察。次日,我和查陪他去歇马乡司法行政部。他对作为司法行政部临时办公处的许家祠堂大为惊奇,特别是房屋的宽敞和砖雕石刻的精雅。部长在乡下接待外宾,亦属稀有,宾主尽欢而散。

两天后,由我陪同去见立法院院长孙科,这是特别为他安排的。孙住在近郊区一所西式洋房内。寒暄后,海尔密克开始说到正题,略谓盟国胜利已为时不远,将来中美两国之间必然要发展巨大的商业关系,美国实业界人士非常关心战后中国对于外国公司法律上地位问题。他们对于战后中国公司法的制定,提出一些看法和建议,希望中国立法机关能趁早考虑。他从口袋中拿出一份文件交给孙科,同时把他所带底稿交给我浏览一下。文件中主要问题是外国公司的法律地位和政府对外国公司的管理问题。

当然,对于这些问题,任何人无法,也不应该当场表态的。孙科把文件收下后,只说待研究后再作考虑。海尔密克

五、战火余生

也只能说到这里为止。这次访问就亮了底,原来是美国工商界已在动战后通商的脑筋,而由国务院出面派员前来访问。总的看来,要会见孙科,可能是海尔密克此行的主要目的。

后来,关于成都之行,海尔密克因即将回国,要求作罢。但他要求在他回去之前,看看重庆的市容。重庆没有什么古迹、景点,而有"小小重庆城,山高路不平"的童谣,经过日机轰炸后,到处乱砖和瓦片,经久未能整理。我陪他在重庆当时最热闹的都邮街上冠生园喝了咖啡,这好像是当时重庆一般市民很大的消费。我送他回大使馆时,遇到刚卸任的大使高斯(Gauss),他因与蒋介石不和而被更迭,由赫尔利(Hurley)将军接替。还有一次当我送海尔密克回使馆时,正值中午开饭时候,以参赞为首的一批人准备进入食堂。由于每次我送海尔密克回去时,他总是要我一同下车喝茶休息一会儿,这次他们索性邀我一起用午餐。这是一次偶然的机遇,我亦不必过于拘泥。参赞艾奇逊(Atchison,不是后来当国务卿的Acheson)让我坐在海尔密克旁边,"接待委员会主席"弗里曼则谈笑风生,依旧常和海尔密克说些笑话。艾奇逊思想比较左倾,和高斯一样,对蒋很有意见,后来乘坐一架军用飞机去美时,在太平洋上因遇风暴失事而逝去。我听有人说,他要是当时不死,可能成为后来麦卡锡运动里整治的对象。

1944年11月下旬,海尔密克乘美国军用飞机回国,"欢送委员会主席"弗里曼到场送行,我也去送别。他要我向谢部长表达他的谢意,并说希望我也能去美国访问等。

六 出国考察

1. 准备回访
2. 飞越"驼峰"
3. 抵达华府

1. 准备回访

海尔密克离去后,重庆司法行政部就有人提出中方应否派员回访。次长(副部长)夏勤认为战后中美两国之间的交往必多,我们对英美法系只有书本知识,有必要了解和掌握其实践,同时还可介绍我们自己的司法实践,以资交流。我的初步反应是,海尔密克这次来访,考察司法只是个幌子,他的真正意图是,由于美国的工商业巨子已在考虑战后来华投资,这次是让他以考察司法的名义,来了解外国公司战后在华的机遇及其法律地位。实际上,他同孙科会见收获不大。因为当时国民党政府对战后中美通商问题尚无准备,但我估计,他回去时不致交白卷,他已将美方文件交到孙科手里,还可以对其在重庆法院的参观及其在同中方司法当局会谈和对他的招待等方面做些文章。由于中国全面抗日战争已达八年,大片国土沦陷,内地法院及监所物质条件简陋,均在意料之中,但士气和精神面貌是健康的。至于如何改进审判制度,训练和培养善于办理涉外案件的人员等问题,已在计划或初步进行之中,当海尔密克在重庆时都已谈及。因此,我估计,他可以认为这次访问是有成果的。

根据这样的估计,我方如向美方提出回访意图,对方将会乐于接受。至于回访的人数和人选问题,由于当时海上交通断绝,更没有全程的民用航空交通,国际旅行主要靠美军的所谓 ATC(Air Transport Command),意思是"空运指挥部"。当然人数必须严格控制,只限一人。为了落实人选,夏勤问我是否愿意承担此项任务,如我愿意,他将向谢冠生部长提出。我考虑到海尔密克来访,大体由我担任接待,这次我回访,将是顺理成章,别人不会有何意见。经夏向谢提出后,谢说他也有此意,但拦路虎是经费问题,因为战时财政紧缩,司法行政部无此外汇预算,向财政部要求专款亦有困难,另外还有交通问题,必须依靠 ATC 来解决。这样,回访问题暂时搁置起来。

1945 年初春,谢冠生忽告夏勤和我,在行政院春节联欢会上,他和主管资源委员会的翁文灏和孙越崎谈到美国法官来访和我方拟派员回访的计划,但苦无外汇预算。翁说可以考虑派员考察美国工商法规,经费由资源委员会负担。孙亦认为战后发展工商业,有必要参考西方国家的工商法规,考察人员一名半年到一年的经费,可从资源委员会外汇预算内支出。至于交通问题,可以通过外交部和美国驻华使馆向 ATC 联系,资源委员会派往美国研究和办事人员的旅行都是这样解决的。经过一番商量和考虑,我的访美计划初步确定下来了,以后是具体执行问题。

回顾一下当时世界战局总的趋势,从 1944 年初冬西方盟军在诺曼底登陆以来,德、意法西斯军队在西欧犹作困兽斗,但终于节节败退。日军虽在太平洋坚守诸岛,曾使盟军付出重大代价,日军又在中国西南孤军深入,重庆震撼。但总的形势是德日处境局促,盟国胜利是迟早的问题。这些情势,顿然引发我思乡之念,但美国之行已成定局,当然不能有所改变。

1945年初夏,重庆外交部通过驻美大使魏道明,将我赴美考察计划告知美方,并请美方司法部门惠予协助。不久,美国国务院复电表示欢迎,并称已转告美方司法部门。当我办理签证时,由于我姓名的最后一字非常别致,美国驻华使馆办事人员向我提出疑问。倪家我一代是"徵"字辈,下面一个字都是"日"旁。我出生于炎夏,所以给我一个"㬿"字。这个字见于康熙字典,一般字典上没有。海尔密克1944年访华时,我多次去美国使馆,他们都以倪先生相称。这次要办签证,必须弄清全称的正确拼法。他们是通过电话来问的,声音又不很清楚,我无法说明这个字的正确笔画。急中生智,我告诉他就是"Japan and Austria(日本和奥地利)",他马上懂了。他也凑趣问我:"你为什么和我们共同的敌人搞在一起了(当时奥地利被德国兼并)?"引起了一阵笑声。

事有凑巧,足足五十二年以后,当我写到这里的时候,荷兰驻华使馆由于同样原因,把一份有关我姓名写法的公证书退了回来,真是无独有偶。事情是这样的。我的外孙女白云在荷兰留学,需要说明她和我亲属关系的一份公证书,经北京市公证处办理后,送荷兰驻华使馆认证,荷兰使馆认为我姓名的最后一字别致,公证书上又写得不够清楚,恐有误写,因此不厌其烦地问我是否有错,要求写得更清楚一点。我们只得要求北京市公证处重新写一份。

我的名字在我一生中,给过我许多麻烦。我姓名最后一字明明是"日"旁,但常有人写成"口"旁、"目"旁、"耳"旁、

"火"旁,不一而足。在我向邮局领取挂号邮件时,因为"证件不符",也会带给我意想不到的麻烦。偶尔,在排印文件中,因为现存铅印或字库中没有这个字,就用"日""奥"两个字来拼排。这样我的姓名就要四个字组成,形同复姓或者像少数民族。我上面关于姓名问题的叙述,实非浪费笔墨,而是要说明取名之不易。既不能太通俗,以免和别人姓名发生重复,又不宜过于特异,有时也会引起意想不到的麻烦。成年人改名不易,到了中年、老年,则牵涉问题更多。旧时,知识分子都有别号。这种办法现已不合时宜,且亦容易发生流弊,我也常被邀为新生婴儿题名,书此用以自惕。

现在言归正传。我在出国准备中,也用心研究在考察美国工商法规方面,应注意些什么。为此,我曾数次走访实业部有关人员,特别是次长谭××(谭延闿之子)、工业司司长×××和商业司司长马××(马叙伦之子)。我们有时一起谈,有时分别谈。大家都同意这次我赴美考察工商法规,注意力不应局限于美国这方面的法规,而应着眼于适用于全球的有关国际公约。因此,重点应放在有关工商业的国际公约,特别是著名的国际"三公约",即:有关保护工业产权(专利权)的巴黎公约、有关保护著作权的伯尔尼公约和有关保护商标权的马德里公约,当时国民党执政时,都还没有考虑应否加入。至于美国方面,既有联邦法律,又有各州法律,过于庞杂,可以择要研究。美国有单独审判专利案件的法院,应研究其特点,带回一些资料。大体上总算有个具体计划,心中有数。

最后是关于服装问题,本来是琐屑小事,但发生过一些使我哭笑不得的趣事,不妨在此简单一提。重庆当时很少有人穿考究的西装。寥若晨星的几位来自上海的"红帮裁缝",专为权贵要人和外国使馆服务,索价奇昂。有过出国经验的朋友告诉我,出去时不妨随便一些,到了国外(美国),就去大百货商店买成衣,合算得多,质量亦有保证,如个别地方不合适,可以当场修改,毋须久待。我当时只有一套从上海带来的西服,另外刚从上海来渝的友人徐士浩送我一块深色呢料,尚未动用。在我即将离渝前一两个星期,我用绳子和衣钩悬空挂在卧室横梁上的西服,竟被老鼠沿绳子下去,咬了几个洞,已不能再穿,再找上海师傅做已来不及。幸有徐士浩送我呢料,找到了一位土裁缝夜以继日地赶制起来,于离渝前三天交工,但时值夏季,穿呢料西装上路,将是一个严重考验。

我的行期定于 7 月 15 日,交通工具由美国使馆联系 ATC 安排妥当。德国已于 5 月 9 日向盟军投降。日本当时还在太平洋诸岛和缅甸公路顽抗,但总的形势表明它的败亡已非遥远。当时已能肯定,我完成考察使命后返国,绝不是再回重庆。由于非常时期所造成的战时环境,在与几位朝夕相处的同事诀别时,倒是"别有一番滋味在心头"。

2. 飞越"驼峰"

1945 年 7 月 15 日天气晴朗,我由司法行政部送行人员陪同，一早到了珊瑚坝机场。我的姨姊张维桢亦来机场话别。人们预期一年半载以内，战争即将结束，我可以迳即返还上海，与妻女团聚。事实上，一个月后，日本即宣布投降，这是大家没有料到的。我的这次行程是，经由昆明转往印度加尔各答，从加尔各答改乘美国的 ATC 军用飞机前往纽约，这是一段漫长的路程，中间将在几处停靠。

我所乘的飞机，到达昆明时，云南高等法院院长鲁师曾以及我的堂姊徵琮和姐夫刘绍光携外甥女刘筱明都在机场等候，大家握手言欢，然后驱车到堂姊徵琮家，准备休息几天，待下次航班去印度加尔各答。战时昆明非常热闹，有如平时的上海，很多的国际商人，包括一些走私商贩，在此频繁进出。好久没有作长途旅行，同时不免有些兴奋，当晚就在徵琮家度过。徵琮早年就读于上海沪江大学，后来考取清华公费留美学医，抗战前偕同姊丈回国，先后在宁沪两地医院工作，抗战后来昆明自设诊所行医，业务很好。姊丈亦是医生又是一位科学家，在诊所助诊。两人在昆明颇负盛名。

翌日，鲁院长在法院设宴为我接风兼送行，也邀徵琮、绍光两位出席，叙谈甚欢。昆明是旅游胜地，鲁院长建议陪我去滇池、石林等处郊游。我觉得这次旅行与上次乘船赴美求学不同，旅途比较艰苦，事先宜多休息，同时也不想让法院为派车伴游等事费力，因此只同意坐车参观市容，不花很多时间就回徵琮寓所休息。

过了两天，我再次登上飞机去加尔各答。这次飞行大家穿好救生衣，好像大家都很郑重其事，因为要飞越喜马拉雅

六、出国考察

山脉的一峰,外国人叫这段山口为"hump",意即"驼峰"。飞机从昆明出发后几小时,先在一个名叫"丁江"的小站降落加油。在那里,大家喝咖啡、上厕所、做体操,然后回到飞机上,带好氧气袋,穿好救生衣。飞机起飞后,大家静默等待,有些人闭目养神。过了一段时间,值勤人员报告飞机已安全越过"驼峰",大家松了一口气。到了傍晚时间,飞机到达印度加尔各答机场。

这一次是我第一次乘飞机出国旅行,而且路线亦非寻常,因此印象深刻,记忆犹新。我到达机场后,不是在机场办理入境手续,而是到附近的大东旅馆办理。短期过境停留,不需签证,查核护照即可,但必须住在大东旅馆。根据战时体制,数人合居一室,没有单独房间,搭乘 ATC 军用飞机前往美国,亦在这里办理手续。熙熙攘攘,大家挤在一起,好在没有贵重物品,只有证件和日常所需物品,随身携带,没有什么问题。晚上去公共食堂果腹,回到房里即想睡觉。因天气闷热,汗流不止,风扇昼夜不停,还是难以入睡。翌晨第一桩事是去找 ATC 办事处。经核对护照及重庆美国使馆介绍信后,将我姓名列入候机人名单,嘱我等候通知。同室人各种肤色都有,他们有的形似商人,有的也是过境,去向不明,我也很少和他们交谈。加尔各答人口密集,市政管理不善,到处都是垃圾,这是闻名于世的。由于天气炎热,而且非常潮湿,我就很少外出,只是偶尔在附近看看热闹,领略一些异国风光,有时也去尝尝有名的印度咖喱鸡饭。过了足足四五天,接到 ATC 办事处通知,翌晨可以搭机西行,第一站是后来属于巴基斯坦的港口卡拉奇。

　　翌晨如约前往 ATC 办事处集合,准备同机出发的约有二十人左右,主要是军人,也有像我那样穿便装的,东方人只我一人。到达机场后,大家登机就座。飞机看来是运货机改装的,乘客相向坐在机内两旁,中间堆货不多,用网缚住,机上除机组人员外,服务员只有女兵二人。飞机发动后,她们分发每人一个密封纸盒,内有压缩饼干和腊肠之类简单食品。听说美国士兵在战壕内也吃这种份饭。过了几个小时,飞机到达卡拉奇机场。在这里又要等待下一班飞机西行。

　　卡拉奇机场的招待所,也像加尔各答的大东旅社,是个集体宿舍,而且还有上下铺,这天住客不多,我分到一个下铺。当我正将躺下来休息时,发现对面下铺睡着一位年纪半老的中国男子,鼾声大作。过一会儿,此人忽然起身,朦胧作态。我仔细一看,大吃一惊。原来他是我的法学启蒙老师吴经熊。他觉得有人向他注视,回眸一看,也发了呆。原来师生二人,在此天涯海角,不期而遇,相顾大笑。

　　说来事出有因。1945 年 4 月,反法西斯盟国的代表在美国旧金山开会,正式宣告成立联合国组织,通过《联合国宪章》。中国代表团由宋子文、顾维钧、王宠惠、董必武等组成,吴经熊任法律顾问。举世瞩目的《联合国宪章》通过后,中国代表团让吴经熊尽快将该《宪章》全文带回重庆,以便组织人员译成中文,在国内从速正式发表。因此他是披星戴月地执行此项重要任务。我也将我的出国任务及初步计划告诉了他,获得了他的热情赞助。至于《联合国宪章》的翻译任务,据我后来所知,主要是由杨兆龙在吴经熊指导下完成。杨兆龙也是东吴法学院毕业生,比我高一年,抗战时在重庆教育部任参事,未获重用。我即将出国考察时,谢冠生嘱我去青木关教育部,邀他来司法行政部任职。我离渝后不久,他在司法行政部任刑事司司长。新中国成立后,他曾担任上海东吴法学院院长之职。

我在卡拉奇耽搁了两天,乘ATC飞机续向西行,前往埃及首都开罗。这次飞行全部夜航,经过有名的波斯湾,现称阿拉伯海。我向窗外张望,看到了一个不寻常的奇景。我只见近岸的水面上一堆堆像篝火一样的火焰正在燃烧,却没有设法施救的迹象,同机旅客中,有人猜说,这是故意任其燃烧的。究竟是怎么回事,当时无法弄清。我的猜想是当地盛产石油,水路运出时,有零散的油漏在近岸水中,当地人为了保证航运安全,乘夜间无船靠岸航行,点火将这些火种烧掉。究竟如何,后来也没有再作考证。

翌日清晨,飞机到达开罗。我对开罗的古代文化本来就非常向往,因此希望能在此多待一些时候。遗憾的是,机长对大家说,原飞机即日下午6时继续西行,乘客可将行李存放储藏室,自由进行游览,但必须于下午5时前返还候机室。我立时紧张起来,但决心要很好利用这宝贵的十来个小时。我首先搭上机场接送乘客的大车到开罗市中心。在开罗市内,可以看到穿各式各样服装的人群,各种建筑类型的房屋,市场上叫卖货物之声,热闹非凡。我从前读过的所谓《天方夜谭》(《一千零一夜》)的故事,好像已经呈现在我眼前。一路上就有不少导游者拦路问我想去什么地方,我都拒绝了。

自从离开重庆后,一路上来,加尔各答最乱、最热、最潮湿;卡拉奇因近沙漠,天气亦热,但很干燥,比较爽快;开罗虽也近沙漠,但因天气晴朗,市内房屋又大多淡色,宽敞美观。我在闹市内观光多时后,走进一家有导游服务的饭店内进餐。坐定后,就有一位比较老成的导游过来,问我想看什么。我单刀直入地答称,想看金字塔和人面兽身像,下午5时前必须回到指定地点,以便搭车去机场。他说等我吃过饭就走。阿拉伯人吃的饭菜,在我看来,同印度人吃的无大差别,主要是有咖喱,另外有些酸菜之类的东西。这家饭店大概常接西方顾客,因此也有牛排、鸡鱼之类的食品。反正我目的不在于吃,随便点了几样,吃过就走,我和导游坐了一辆出租车,直奔开罗郊区吉札(Giza)。

到了目的地,我急于要在这些名胜景观之前凭吊一番。百闻不如一见。但是时间紧迫,没有爬上去看看大金字塔的内部。人面兽身像的正式名称是"Sphinx"。由于连年暴露在外,有些部分已有残缺剥落,时值战争期间,未能进行修补。附近有人牵着骆驼,让游客骑行,略收小费。我出于好奇,骑上后环行一圈,下来时,骆驼不是四足同时跪下,而是先跪前腿,我急于跨下,向前跌了下来。所幸地下是沙土,手指稍有擦破,并无大碍。我回到城里,准时搭上去机场的班车。

我的整个航程是先松后紧,飞机亦逐渐换大的。同机乘客以军人居多,亦常在更换,因此大家很少交谈。我在开罗搭上的飞机于当晚启航。次日清晨,发现飞机已抵前法属阿尔及利亚的奥尔良斯。窗外细雨蒙蒙,但挤满了军用吉普车,也有少数轿车,司机人员全是女性,挤挤搡搡,热闹非凡,据说是来接盟军要员的。下午飞机继续西行,傍晚到达摩洛哥的旅游胜地卡萨布兰卡。我被接到一个比较讲究的宾馆,有如现在的星级酒店。我正在想这次旅行比较紧凑,若在这里能作短暂停留,倒是很理想的。正在作此遐思,ATC 人员告我何时有飞机西行,即以电话告知,并派车来接。我翌晨 2 时左右,接到通知即刻动身,吉普车在楼下等候。我就这样匆匆去机场,搭上一架较大客机,横渡大西洋,直飞纽约。

我于 7 月 28 日到达纽约,在旅馆内沉睡了一整天。醒过来后,先去电报局,发电告知重庆司法行政部我已安全到达,然后按址去找资源委员会驻美办事处取得联系。海尔密克离渝前,给我留下他在华盛顿的地址和电话号码。我到纽约后,打了电话给他,他非常高兴,告我即将偕同夫人前往纽约,陪我去华盛顿,具体日期续告。我乘此空隙,先去"置装",买到两套合适西服。我在上海持志大学的老师夏晋麟,当时在纽约担任规模相当大的中国新闻社社长。东吴大学校长杨永清,因学校已被敌伪"接收",亦在纽约中国新闻社临时襄助。我前往拜访,他们非常高兴,留我共进午餐,在附近一个摩天大楼顶层餐厅内畅谈了一两个小时。他们热情地问我这次来美的任务,以及是否需要帮助,我感谢他们的好意。纽约中国新闻社是一个战时临时机构,主要负责对外宣传及搜集战时情报工作,规模较大,任务繁重。我未多留,即回旅馆休息。

我到纽约后,决定先在此"世界窗口"逗留观察几天。在此时期,发生了几桩惊心动魄的事。有一雾天的早晨,我在旅馆里听到轰然一声巨响,很多人都挤到街上来,以为炸弹爆炸,大家惊恐万状。后来知道有架美国军用飞机,由于雾重视线不清,撞到当时世界最高的帝国大厦第88层楼里,造成多人死伤。另外是那年8月初在日本投放两颗原子弹。当时还没有电视广播,全市敲起警钟,告知大家听重要传声广播,并在市中心的时报广场看灯光电传消息。大家心情激动,认识到战事即将全面结束。

过了一两天,我接到海尔密克的电话,知道他们夫妇即日前来纽约。华盛顿与纽约相距约四个小时的火车路程。他比我长二十岁,我去车站相迎。他说要陪我看大都会纽约,我感谢他的美意。事实上我在留学时到过纽约,这次相隔十五年,又是在战时,当然变化很大。他介绍我几位他认识的纽约法官和律师,先了解一些情况,至于正式参观,有待于华盛顿当局的通知。我大体上也和他讲了这次考察计划,包括有选择地去美国各地参观法院,请有关当局事前通知,以便考察,因此无须有人陪同。他认为这些都可以办到。

3. 抵达华府

8月中旬,我和海尔密克夫妇同乘火车去华盛顿。我先去中国驻美大使馆,作礼节性拜访。大使魏道明回国述职,见到代办陈之迈,寒暄后即返寓所。接着就是迎接日本投降的大好消息。8月15日那天晚上,大家欣喜若狂,到处男女拥抱跳舞,通宵达旦,气球、彩带空中飞舞,人们尽情狂欢。几天后,海尔密克陪我去国务院拜访法律顾问哈克华士(Hackworth),他在美国颇负声望,编著整套的《国际法汇编》,后来担任过联合国国际法院院长。接着拜访了远东司司长范宣德(Vincent)和中国处处长德鲁姆雷特(Drumright)。这些都是礼节性拜访,谈业务要到最高法院。

美国的司法制度和当时中国的司法制度大有不同。首先,美国分联邦和各州两个系统,这在中国是不存在的。至于司法行政,旧中国在行政院下面设司法行政部,掌管法院的设置、人员的配备和调度等。但在美国,这些事情大部分归最高法院管。美国的司法部掌管检察事务,它的首长的正式职称是总检察长,不掌管司法行政事务。全国联邦法官由他提名,但是法官的调度则由最高法院行政处管。为了安排我的访问和考察,海尔密克陪同我去联邦最高法院。

法院院长法朗西斯·史东(Francis Stone)很客气地接见了我,并对海尔密克在重庆受到的接待表示感谢。当时他还问我这次访问的计划和要求,我说希望参观和考察美国的审判实践,同时也可介绍一下中国现行司法制度,以便进行交流。他马上请法院的行政长官(Chief Administrator,相当于当时中国法院内的书记官长,但职权更广更大)进来,并告以我的初步设想是在美国各地参观法院的审判实践。我们向院长告辞出来后,就到行政长官办公室谈具体安排。行政长官名庄德勒（Chandler），是一位上了年纪的人，但精神矍铄，头脑清楚。他和海尔密克亦是熟人，因此讲话比较随便。他首先问我想去哪些地方，以便事先通知。我根据预先同海尔密克商量过的行程，告以拟先去芝加哥，此后继续西行去加利福尼亚州的旧金山和洛杉矶，然后朝东南，再去海尔密克家乡新墨西哥州的首府阿尔伯克基。海向我说过他将告知他的同乡在那里热情地接待我。此后走向南方，先去得克萨斯州的埃尔帕索，然后向东行，去路易斯安那州的新奥尔良，再向东行，到佐治亚州的亚特兰大。以上行程可以包括某些在一定程度上受大陆法系影响的地方。然后，海尔密克建议我回华府作短暂休整后，在华盛顿参观各级法院，再出发去美国东岸一带，如马里兰州的巴尔的摩、特拉华州的威尔明顿、宾夕法尼亚州的费城，再到纽约后，可去东北部的马萨诸塞州的波士顿等地。这些东部地区的司法制度，基本上与原来英国殖民地时代的司法制度属于同一个体系。当然，这是指各州的司法制度，至于联邦司法体系是单一的。

庄德勒听完我和海尔密克的说明后，表示可以先就西南部的参观发出通知，至于东部地区的参观，待我完成西南之行回华府再继续发出。这当然是完全合理的。庄德勒同时提出，既然我在华府还有一段停留时间，最高法院可以腾出一个套间，供我阅读材料，做必要准备和休息。他还准备为我配备一位秘书兼打字员。他也告知我中午可在法院食堂用餐（自助餐）。这样的周到体贴，连海尔密克都感到惊异。我感谢他的盛情，接受他关于提供便利的举措，至于配备秘书的建议，我告以暂时还不需要,待有此需要时再告诉他。我们告别时,庄德勒还告诉我套房一两天内即可准备好,我下次来时由他领我前去。

过了两三天我再去最高法院,行政长官亲自领我到同楼一间套房,桌椅齐备,书架上放着有关美国联邦法律和有关各州法律及其司法制度的书本。此外还有一些关于司法制度的年鉴和刊物。他还不厌其烦地告诉我,公共食堂在地下室,开到下午2时。我随便地问他,是否常有像我这样的外国法律工作者来访。他微笑着回答说,有是常有的,但没有像你们这样奋勇抗战多少年,也没有过像你这样认真地关心美国司法制度的外国法官来过这里,所以我们也要认真地接待你。我很感动,再次向他道谢,然后留下来浏览一下书架上的书刊。

到了中午时刻,我感到有些饥肠辘辘,就带着一点好奇心理,乘电梯到地下室去找公共食堂。出乎我的意料,这个食堂供应的食品非常高级,但收费不多,就餐的人老少都有,均很有礼貌。我有了这次经验,后来没有约会时,就到这里用餐。我每次去法院,随带笔记本,将计划中要去的地方的法制情况,详细记录下来。日久我就觉得这里是一个很好去处。有一天我在就餐时,遇到同桌一老者,请教尊姓大名后,知道他就是司法界前辈勃拉克法官(Justice Black),他是这里资历最深的法官,我还读过他写的判例。后来,我们也经常在食堂相遇,大家开始无拘无束地谈天。有一次,他问我中国为什么不实行联邦制度。我答以两千几百年来,中国的数十个民族,在单一政体下,基本上相安无事,只要没有外来干涉,不致发生严重问题。他将信将疑地沉默下去了。此外,我也在这里遇到过道格拉斯法官(Douglas),他在这里九位法官中年纪最轻。他的思想比较进步,后来曾偕夫人前来新中国访问。也在这个食堂里,我还遇到过另一位法官,他曾是罗斯福、杜鲁门两位总统任内智囊团成员之一,名叫法兰克福特(Frankfurter),后来我曾介绍给中央大学校长罗家伦和他会晤,以后还将提及。

在大约一个多月的时间中,除休假日外,我几乎每天到最高法院阅读材料,准备按计划外出考察。与此同时,在华盛顿有两位来自中国的法律界人士,与我常相见面。一位是我在东吴法学院学习时的老师陈霆锐,他本在上海当律师,后来到重庆。他通过同司法院院长居正的关系,获准"自费"(按官价汇率换取美元)来美国考察司法。他要求和我一起出去考察。因是我的法律启蒙老师之一,我不便拒却。同时还有一位原上海特区法院推事、后来改就资源委员会专门委员的向英华,这时也在华盛顿,听到我有环行美国考察司法之举,亦愿随同出发,以长见识。当时关于我的参观计划和行程,已由联邦最高法院分别通知前方的有关法院。我经过再三考虑后,商诸海尔密克。他本来也认识陈霆锐,知道向英华也是有来历的,同意去问庄德勒是否可行。回答是同意他们作为我的朋友同去参观,不必另行通知有关法院。就这样,问题得到圆满解决,大家非常高兴。

1945-1946年作者在美国进行司法考察。

七 实地观摩

1. 事先了解
2. 联袂首途
3. 遨游加州
4. 南国风光
5. 东北之行
6. 赴欧返国

1. 事先了解

前面提到,我在出发实地考察之前,浏览了美国最高法院给我提供的有关美国司法概况的资料和刊物,我已将主要内容摘录下来。由于美国司法制度情况比较复杂,宜先将这些内容的轮廓简单了解一下,以便对实地参观时所见所闻的庞杂现象,能更好地理解。我作这次考察距今虽逾半个世纪,但我下面所讲的是一些历久未变的或变动较少的情况。

美国司法制度的最大特点是法院分联邦法院和各州法院两套。同时同地并存,不过根据内容不同的法律,受理管辖不同的案件。我们所到之处,两类法院都去,不过总是先到联邦法院,因为我们是经设在华盛顿的联邦最高法院介绍的。联邦法院依法受理合众国为当事方的案件,依州际贸易法而涉讼的案件,有关人民基本权利的案件,阴谋内乱案件,对外国领事起诉的案件,破产案件,依专利法、著作权法及商标法而起诉的案件,海商法及海上捕获的案件,移民和劳工契约案件以及所有依联邦法律应归联邦法院受理的案件。联邦最高法院除依法受理上诉案件外,对:(1)州为当事方的案件;(2)外国使节为被告的案件;(3)外国使节及其随从为原告的案件可以行使第一审管辖权。

除上述各类案件归联邦法院管辖外,普通民事、刑事案件,诸如钱债命盗、家庭纠纷等一切案件,均归各州自设的法院受理。因此可以说,联邦法院的管辖权是法律明文列举的,除此之外,一切案件都归州法院管辖,因此可以说州法院的管辖权是根本的。但近年以来,由于联邦政府所管的事项越来越多,越来越重要,因此联邦法院的负荷越来越沉重。当我1945年考察时,我被告知,美国联邦系统的第一审法院(称地方法院District Court)共有八十四所,现在当然不止此数。联邦系统的第二审法院,称巡回上诉法院(Circuit Court of Appeals),那时候全国共有十一个巡回区,每区各设巡回法院一所,由法官三名组成合议庭审案,开庭地点不固定在一处。例如那时的第九巡回区,包括西部七个州及当时的属地阿拉斯加和夏威夷。巡回法院每年轮流在洛杉矶、旧金山、西雅图开庭。联邦系统的第三审终审法院就是华盛顿的联邦最高法院,法官九人同时参加审判,但以六人为法定人数。它受理的案件,大多数是书面审理,审理终结后开庭宣判,由主办该案的法官宣读判决。

至于各州的法制情况,实在是非常庞杂,这是有历史原因的。比如,西部的加利福尼亚,早年是西班牙属地,其法律脱胎于西班牙法典。新墨西哥州与得克萨斯州地多沙漠,居民又多墨西哥人及印第安人。路易斯安那州原系法国属地,一直沿用拿破仑法典,地地道道地属于大陆法系。而东部,特别是东北诸州,基本上仿照英国法制,但亦已有很多变动。当时美国有四十八个州和两个较大属地,法制既不统一,很难作有系统的描述。这里只能略为加以归类,简单地予以描述。

首先是州法院法官的产生。除东岸、东北诸州依法由州长任命外,其他诸州或者全部民选,或者一部分民选,另一部分由州议会选出,任期四年到八年不等。兼管法院行政事务的院长,一般于法官年度会议选出,连选得连任。其次是审级的不同,除个别的州比较独特外,大体上可以分为两大类。第一类是三级两审制:较轻案件由初级法院受理,不服判决可上诉至地方法院或高等法院;重大案件的第一审在地方法院或高等法院,第二审在州的最高法院。当时采用此制的有东部的特拉华、马萨诸塞,西南的新墨西哥、内华达等二十余州。第二类是四级三审制:轻微案件始于初级法院,第二审由地方法院或高等法院受理,第三审由上诉法院受理;重大案件第一审由地方法院或高等法院受理,第二审由上诉法院受理,第三审由最高法院受理。当时采用此制的有伊利诺伊、加利福尼亚、路易斯安那等二十余州。另外,在各州有多种多样的特设法院或法庭,如:妇女法庭、少年法庭、遗产法庭、家庭事件法庭、衡平法庭、破产法庭、小额欠款法庭等。它们办理特定的案件,有时适用简易程序。

  英美法系所适用的审判程序,其最大特点是它适用对质制度,而大陆法系则适用纠问制度。按照大陆法系,法官主持审讯,当事人及其律师只能在取得法官准许后,才能向对方或其所举证人发问,或者由法官根据所请调查之点,自己发问。但根据英美法制,则向当事人或其所举证人发问都由律师担任。一般先由原告律师简单陈述案情后,对其当事人或其所举证人发问,这个阶段称直接讯问(direct examination)。在这个阶段后,对方律师可以向对方当事人或对方所提证人进行反诘(cross examination)。反诘阶段一般是非常紧张的，发问常带辛辣味，目的是要否定受讯人陈述的可靠性。律师询问如超出范围或有其他不当之处，对方可以提出反对。这时才由法官裁定发问是否正当，如认为发问不当，可以予以制止。律师询问如有未详，法官可以自行发问。讯问完毕后，一般先由被告律师作总结发言，然后由原告律师总结。刑事案件中，检察官处于原告地位。

英美审判程序的另一特点是采用陪审制度。陪审制是宪法赋予的权利，其起源是为了防止君主的暴戾和官员的专断。英国早年设此制以保审判的公平。陪审员与法官之间的分工是，由陪审员认定事实，然后由法官在陪审员所认定事实的基础上，适用法律而作出判决。陪审员通常为十二人，在联邦法院，必须全体同意，但在有些州内，则过半数即可作出有关事实的认定。近今，有些州已废止陪审制，有大陆法基础的路易斯安那州即其一例。当事人也可以放弃实行陪审制的权利。我们所到各处参观时，亦很少看到实行陪审的现场。现在实行此制的更少，但未完全废止。

我们掌握了这些基本情况后，考察时大体上可以心中有数。我在后面记述实地参观时，亦可举一反三，毋庸一一作详细解释。

2. 联袂首途

1945年10月下旬的一个早晨，我和陈霆锐、向英华从华盛顿乘火车出发西行。事先，陈霆锐建议，我们在去芝加哥之前，顺路先在密歇根暂停，以便走访在密歇根大学任教的前东吴法学院教务长勃鲁姆（Blume）教授，向他请教我们考察时应行注意事项。经过事先安排，我们在动身当天的晚上见到了他，谈了整个黄昏。他知道我们当过多年的法官和律师，所需要进一步了解的是司法审判程序中的实践，特别是中美两国在审判进行中关于证据取舍的实践，差异较多。他认识到战后两国及其人民之间交往必多，应相互了解法律程序上的特点。他不厌其详地讲了一些实例，不愧为一位有名的证据法学教授。我也万万没有想到，他的这番谈话，结合我后来在美国各法院的实地观察，对我后来在东京审判日本战犯的过程中，起了一定的作用。

翌晨，我们在密歇根大学参观一番。对陈霆锐来说，他重返母校了。我们由此续乘火车前往当时仅次于纽约的美国中西部大城市芝加哥。我们按照预定计划，从旅馆内先给联邦法院专管法院行政的书记官长打了电话。他高兴地回答说，法院早已收到华盛顿联邦最高法院行政长官的通知，欢迎我们前去参观。联邦法院设在邮政大楼，我们后来所去各地都是如此，因为这两单位均属联邦系统。这里的法院有两级，即联邦地方法院和第七巡回区的巡回上诉法庭。书记官长把我们安排到地方法院的一个大法庭观审。他们知道我和向英华是法官，引我们到法官两旁就座，而我的老师陈霆锐反而坐在台下，我深感不安，但亦无法改变。法官致辞介绍我们来自盟邦中国，开始审案以前，还照了相。

那天所审案件涉及州际贸易纠纷，传讯了有关证人，由原告律师直接讯问和被告律师反诘,有如前面所说的那样,没有陪审员。经过双方律师辩论后,定期宣判。退庭休息时,书记官长引我们去见了院长,然后同去餐厅就餐,会见几位刚退庭的法官,包括我们在其法庭观审的法官。午餐后我们告辞回旅馆休息,约定翌日参观也设在邮政大楼的巡回上诉法庭。同时联邦地方法院又为我们安排参观伊利诺伊州法院审判实况,包括芝加哥地方法院以及一个少年法庭和妇女法庭。芝加哥当时以犯罪案件特多而闻名。我们在芝城地方法院参观了一件刑事案件的审判。我们看到检察官的座位与被告律师席并排,都是面向法官席,这与当时我们国内刑事审判推事与检察官并肩而坐的格局大有不同。那次芝城地院审理的案件的案情不很繁杂,没有陪审员出庭。

我们在芝城地院附近看到一处异乎寻常的"店面",门前悬有"保证人"(Bondsman)的大招牌。据了解这是为了保证刑事被告日后随传随到,办法是由被告缴纳一定数额的保证金,被告如不遵传到案,即没收其所缴保证金。这种"营业"后来在别处法院附近也都能看到,但一般在州法院附近,联邦法院附近不大能看到。

我们在芝加哥参观过一所少年法庭,它的房屋格局不像一个法庭。法官座位不是高高在上,而是像一般学校教室内的教师座位。法官是一位中年妇女,向被告问话如道家常。被告是年约十四五岁的学生,问题是吸毒,其父母和学校老师也都到场发言,主要是如何管教问题。我们也参观了一所妇女法庭,被告白人和黑人都有,主要是被控卖淫和"流浪"

(Vagrancy)。法庭上嘈杂不堪,几无纪律可言。法官形似高级警员,"审讯"快速进行,每案略问数语,即可作出处理,大多是罚款或收留管教。

我们在芝加哥逗留期间,还被邀参观一看守所,即是全国闻名的"库克县看守所"(Cook County Jail),它也是美国最有名的三处监所之一。其他两处是旧金山的阿尔卡特拉茨监狱(Alcatraz Prison)和纽约的新新监狱(Sing Sing Prison)。前者专门监禁已被判处死刑、正待执行的"死囚",以及被认为"无法感化"的重囚,位于金门湾小岛上,防范严密。新新监狱是最早用电椅执行死刑的所在,许多小说、电影都以此为题材。看守所拘押正在受审的嫌疑犯,而监狱是监禁已判决确定的犯人。芝加哥以犯罪人多著称,库克县看守所人满为患是可以想见的。那天,看守所所长邀我们除参观外,在看守所食堂共进午餐。我们去得较迟,几乎一到就要准备开饭。我们被邀和该所主要官员同桌。午餐内容是一汤一菜一咖啡和定量的面包,简单朴素,但尚可口。所长告诉我们,人犯的伙食,与此相同。事实上我们进餐的小室,其外面就是一般人犯所用的餐厅。我们参观时,看到了牢房的拥挤情况,难以想象。所长告诉我们,每年添建牢房,总是不够容纳,使他头痛非凡。一般来说,监狱都设有工场,看守所则因人犯流动性较大,没有人犯做工所在,唯有芝加哥和洛杉矶两看守所规模较大,设有从事生产的工场。

我们在芝加哥逗留多日后,于离别的前夕,出席联邦地方法院院长的送别便宴,出席的有我们遇到过的几位法官,包括巡回上诉法院的几位法官和两院的书记官长。我们感谢了他们的盛情接待,并表示希望以后他们也有机会来中国参观访问。席间我还介绍了当时中国司法制度概况,宾主尽欢而散。我们在芝加哥逗留期间,还接受了当地报馆记者的采访。

3. 遨游加州

我们离开芝加哥后,乘火车西行而去当时华侨华人最密集的旧金山。旧金山位于太平洋西岸,与上海在同一纬度上。陈霆锐家属在上海,战事结束已逾两月,他归心似箭,早做准备就在旧金山乘船返沪。我乘便托他带信及衣物给我离别多年的妻女,他亦乐于相助,我和向英华送别了他,然后继续我们的考察工作。我们照旧还是先找联邦法院书记官长,安排了参观日程,然后由他联系管辖西部诸州的第九巡回区上诉法庭。我们有过芝加哥的经验,一切安排都很顺当落实。还是先联邦系统,然后加州系统。在联邦地院和巡回上诉法庭参观的两次审判中,争论都涉及联邦法律的解释和适用,没有看到比较热闹的场面。

在州系统的旧金山地方法院,我们被邀去参观一个汽车伤人致死案件的审理。这次审判有陪审员参加,十二位陪审员设座在法官席的左侧,与法官席成直角。在法庭一隅有四周上下围住的铁笼,刑事被告在受讯之前被关押在内。后来我问过法院书记官长,何以有此特殊设备。他说多少年前,西部这里是个荒蛮的淘金地区,举行审判时常有凶犯"大闹公堂"事件发生,故有此设备,以防万一云云。开庭后我们看到检察官和被告律师的发问及互辩,正如我在前面所说那样,直至将近中午,法官宣布改期续审。

我在前面提到过旧金山海湾内孤岛上的专门监禁正待处决死囚及"无法感化"囚犯的阿尔卡特拉茨监狱。联邦地院书记官长建议我们去参观,并为我们做具体安排。我联想到《水浒传》中的水泊梁山,不过梁山不是防逃跑,而是防进攻。我们坐专轮过去,看到了岛上坚固的建筑物。我们被告知该监狱当时的容量是三百六十人左右,每年经费约四百万美元,依在监人数计算,这是当时全国最高的,因为必须配备训练有素的强壮有力的保安管理人员(据后来报道,1946年该岛上发生过犯人暴动事件,美军陆战队亦参加镇压,双方互有死伤)。

旧金山是我旧游之地,20年代,我曾就读于距此不远的斯坦福大学,前面已经提到。我不能"过门不入",向英华也决定同去。由于校园很大,我们雇车前往,原想拜访几位老师,不料相隔近二十年,又经过一场战争,想去拜访的老师均已亡故或调往他校,我只见到宪法教授卡斯加特的儿子华莱斯。他也是我的同学,在母校任副教授。他陪我们在校园内环行一周后,匆匆告别。斯坦福大学当初是一所新兴学府,现已被誉为"西部哈佛",不过我觉得,在物质条件方面,斯坦福已远远超过哈佛。

我们在旧金山逗留一个多星期后,准备去加州的另一大城市洛杉矶。临行前,两法院的院长、部分法官和两位书记官长也为我们设便宴送行,并进行座谈,尽欢而散。我们在旧金山还接受了当地报馆记者的采访。

我们在洛杉矶考察时间较短,因为它与旧金山同属加州,并在同一联邦巡回上诉区内,情况相似,本可不必停留。但由于它当时是个有名的新兴城市,当时全市有八十四个区,规模宏大,正在蓬勃发展。联邦巡回上诉法院每年9月在此开庭,因此当时正在休庭期间,我们大部分时间是在洛杉矶地方法院。法官有数十人,院长布莱克(Blake),年事不大,精力充沛,对我们前去参观,亦热烈欢迎。他当天就请我们共进午餐,并约其他法官数人作陪,席间纵谈天下事。他盛赞中国全面抗战八年之久,令人敬佩。他亲自安排我们在法庭观审的座位并几次留我们在法院食堂进餐,有时邀请几位法官作陪。我们也把中国的司法制度作了介绍和比对。我们参观了民事、刑事案件的审判实况,都未有陪审员参加。我们也看到了一所少年法庭,和在芝加哥所看到的相类似,着重教育感化,不过布置较为庄严,与一般法庭无甚差异。

我们在洛杉矶还参观了设在地方法院内的验尸室。验尸官在英美司法制度下是一位专职官员,有权传讯证人,决定死因,向法院提出。我们去参观时,没有看到传讯现场。但当时有两具尸体正在进行解剖。午休时刻,解剖员将这两具全裸的尸体直立存放在一有玻璃门的木柜内,状甚可怖。从那日起连续几天,我和向英华都感到有些恶心,不能进丝毫肉食。

4. 南国风光

我们告别洛杉矶后,到了新墨西哥州的首府阿尔伯克基。这里是海尔密克的家乡,我们在华盛顿动身以前,他早已通知他的老乡们我们到达的大约日期。我们到后同他们一联系,他们都到旅馆来看望我们。特别使我感到不安的是,他的一位老上司哈纳法官(Judge Hanna),年逾 80,早已退休,而且不良于行,还拄了拐杖前来欢迎我们,问长问短。据闻,美国南方人是比较守旧,但非常好客。新墨西哥州比较偏僻,地多沙漠。大概法院案牍清闲,他们有可能多花一些时间,陪伴我们这样的远来之客。我们照例参观了法院审案,进行了座谈,晚上几乎都有酬应。偶尔,哈纳法官还亲自熟练地驾车,陪我们去参观当地景物、古迹(我很感惊异,驾车几无年龄限制)。

我们下一站是美国南方得克萨斯州的埃尔帕索。这里原来是西班牙属地,还保留一些西班牙法制。我在离开新墨西哥州时,发了一份电报给在华盛顿的海尔密克,感谢他为我们在他家乡所做的安排,并请他为我们转致谢意。得州那时尚未经重点开发,地广人稀,法院受理的案件不多,且涉及的问题也比较简单。但由于埃尔帕索和墨西哥的华莱斯城仅一水之隔,有桥梁可通。因此常常受理美墨两国人民互控案件,即在国内的所谓"涉外案件"。这类案件是一般的民刑案件,大都不涉联邦法律,都在得州的地方法院受理第一审。我们和当地法官座谈时,特别注意听他们对管辖权以及法律适用问题的意见。因为案件既常常涉及两国国民,案件应归哪国法院管辖,判决时应适用哪国法律,是必须解决的问题。他们还特别为我们安排一同走过这座国际桥梁,"出国"去墨西哥进晚餐,以便观看餐馆内的墨西哥舞蹈表演。

我们再下一站是路易斯安那州的新奥尔良。前面已经提到,该州原属法国,有大陆法系的传统。我们照例参观了联邦法院和州法院。我们发现这里的州法院审理案件时,法官频频发问,较突出地主持审判的进行,不像在其他各州,律师较为活跃,虽然到头来还是法官作最后的判断。可能由于审判工作不很紧张,我们和法官们的接触较多。新奥尔良位于美国中部的最南方。几乎把美国划分为东西两大部分的密西西比河,在此流入墨西哥湾。这里物产丰富,民风淳朴。鉴于这里的一般情况比较独特,因此想多进行一些自由活动。我们决定在一假日乘坐巨型旅游船溯河北上,在中途一个小镇舍船登陆,稍事游览后,进饭馆就餐,和邻桌人交谈起来。由于那时在美国的华侨、华人远比现在少,特别是在比较偏僻的南方,当地人很高兴和我们聊天,问长问短。有些老年人还习惯于讲法语。他们的显著特点是悠闲自在,不像北方人那样不论做事还是说话,带着一些紧迫感。我们待原船返航时,搭乘该船回新奥尔良。

我们离开新奥尔良后,仍向东行而至佐治亚州的亚特兰大。那里的天气还是较暖,虽然已届初冬时节,却是鸟语花香,如同春夏之交。这里市内的主要街道,就称"桃花树街"。当时这里的华侨华人也是较少,但中国餐馆倒是不少。直到此时为止,我们对于美国西南一带联邦和各州法院情况,已获得一个初步的认识,因此我们在亚特兰大的考察就比较短暂。但是由于当时美国南方人士,对中国情况了解较少,我们就多花一些时间和法官们进行座谈。我们向他们介绍了中国为恢复法权完整所做的努力以及1943年美英率先放弃特权的经过,我们也介绍了中国当时所实施的司法制度,以及它和美国司法制度的异同。他们都很感兴趣。

5. 东北之行

我们环行美国西南,历时将近两个月,也已感到有些疲惫,准备先回华盛顿度岁,然后在美国东部、东北部继续考察。向英华因另有他事,不再继续参加。在此岁尾年初期间,曾应邀出席了当时驻美大使魏道明及其夫人郑毓秀在双橡园官邸举行的宴会,遇到了曾任国际联盟时期的常设国际法院第一位中国法官王宠惠。他们对我这次考察司法经过情况很感兴趣。在此时期,我的连襟罗家伦亦来华盛顿。他出席在伦敦举行的联合国教科文组织成立大会后,于返国前绕道来美国参观访问。他很仰慕曾任美国两任总统高级顾问、当时调任最高法院法官的法兰克福特,希望能安排一次会晤。由于我和这位法官曾在最高法院食堂晤谈过,再经法院行政长官庄德勒介绍和安排,他的要求很快得到满足。会晤之日我也参加,他们说古论今,在谈到罗斯福与杜鲁门这两位总统的特点和异同时,有重罗轻杜的倾向,相顾作会心的微笑,我也理会他们的意思。

罗家伦在华盛顿逗留几天后,还计划去波士顿剑桥镇的哈佛大学看望当时在哈佛讲学的挚友赵元任。我当时也有事要去哈佛,本来想在参观东岸诸州各法院后去,现在只能倒过来,先去东北,回来时再参观东部法院。1946年1月中旬,我们去哈佛那天,大雪纷飞,火车到达波士顿站时,积雪盈尺,赵元任教授自己开车来接,我们当晚宿于赵教授家。翌晨按计划先找政治系主任霍尔孔姆(Holcomb),联系有关邀他去中国讲学之事,然后找法学院前院长庞德(Roscoe Pound)。后者是我的任务,因为事前我接到国内司法行政部来电,要我邀请庞德教授去南京担任司法行政部顾问,并作几次法律学术演讲,事先已有初步联系,这次要我来和他谈具体安排,一切都顺利解决。庞德是吾师吴经熊的老师,长我两辈,他蜚声法界,誉满全球。此后,我和罗家伦就分道扬镳,各做各的事。

我这次考察就从东北的麻省波士顿开始,然后去纽约,再沿东岸南下,最后回到华盛顿。这些地区都是英国最早的殖民地,因此它们的司法制度也比较相近。联邦系统全国一致,即各州都有第一审的地方法院,第二审有巡回上诉法庭。但在州的系统内,法院的名称和管辖的划分互有差异。我在波士顿参观后即赴纽约。纽约州的法院系统比较复杂。民事案件以所争标的价值定其管辖,小额争端归市法院管辖,而大案则由最高法院直接受理第一审,因此最高法院实非真正"最高",不服最高法院的第一审判决,可直接上诉于设在纽约州首府奥尔巴尼(Albany)的"上诉法院",这才是纽约州的终审法院。刑事案件,分重罪、轻罪两类,重罪案件的第一审法院称"大审院"(Court of General Sessions,这里 General 不是"一般"或"综合",而是指"大规模")。第二审在"最高法院上诉庭"(Appellate Division of Supreme Court)。只有可处死刑的案件才能直接上诉于前述的纽约州终审法院"上诉法院"。

我在纽约的最高法院观审时,看到一位著名律师(记得其姓为 Ginsburg),在一件有陪审员的案件内,代表被告对原告所举证人进行"反诘",言词锋利,善抓矛盾,穷追不舍,证人如坐针毡。偶尔他的发问被法官认为与案情无关而被制止,他却辩称他还有下文,可以证明其发问不是无的放矢,法官只得任其继续发问。这次观审给我留下非常深刻印象,历久不忘。我也在纽约了解一下律师获准执行业务的条件以及律师业务的概况。纽约市内单是州系统的最高法院和大审院法官,当时就有四十八人,审理较小案件的初级法院法官尚不计在内,当然也不包括联邦法院法官。

我离开纽约后,先去宾夕法尼亚州(宾州)的费拉特尔费亚(费城),这是当时东岸仅次于纽约的大城市。费城是座历史名城,有很多美国独立时的历史文物,如《独立宣言》和"自由钟"等。我曾于1928年来此看望我的堂姊徽琮,那时她在费城的妇女医院实习。我这次照例参观了联邦系统和宾州系统各法院。这时我对美国法院的分布情况和审判程序已比较清楚,参观时也能有选择地进行,因此在各地逗留时间,也可适当地缩短。

我离开费城后,前往距此不远的特拉华州首府威尔明登。特拉华州是个很小的州,威尔明登也不是个大城市。我选择去那里,不是为了考察法院,而是另有原因的。我幼时家里订阅中国最早印行的大报《新闻报》,很少人注意到报头印有"台拉华登记"(台拉华是特拉华的旧译)几个小字。我后来才知道,这报馆是在美国注册登记的,主人是袁世凯的顾问美国人福开森(Ferguson)。据闻美国各州办理公司注册,特拉华州最便捷。考察美国工商法规也是我的任务之一,因此我就顺便前来特拉华州,以便了解该地成立公司所需履行的程序。我还通过当地法院,到公司登记机关去实地考察,并带回了有关该州公司注册的说明和表格等。

我在特拉华没有多作逗留,就去又是我的旧游之地巴尔的摩,因为约翰·霍普金斯大学就在那里。我除参观法院外,想顺便找找熟人,但时隔十五六年,中间又经过几年的战争,哪里还能找得到熟人?只能黯然神伤地独自回到华盛顿。

我这次回到华盛顿后,补了一堂"课",那就是实地参观法院。事实上,这是一个较为简单的课程,因为设在首都的法院,都属联邦系统,不像各州法院有并行的两套法院。联邦最高法院除审理依法律规定应由它管辖的第一审案件外,一般很少开庭,而只进行书面审理,待案件办结后才开庭宣读判决。

6. 赴欧返国

我从 1945 年 10 月到 1946 年 2 月在美国实地参观时期,除去中间一度回到华府度岁,历时逾三个月。一路上常有这样的想法:既然到了美国考察美国司法制度,就应当再去英国实地参观一番,特别是在东北和东部看到那里脱胎于英国的制度,更觉有必要深入一层,以便"探源"。经与国内联系,很快获得复示照准。我在前面提到过哈佛大学的英美法学权威庞德教授,他当时已受聘南京司法行政部顾问,尚未成行,我就请他为我向英方有关人士介绍。他立即复我表示同意,并附他写给曾在英国担任法界要职的莱德勋爵(Lord Wright)的介绍函,措辞十分恳切,我当即复函道谢,并希望不久在中国和他见面。

1946 年 3 月底的一个下午,我在纽约搭乘"玛丽皇后"号轮启程赴英。这是我一年内第二次横渡大西洋,不过上次是搭乘军用飞机,这次是坐船。"玛丽皇后"号本来是加拿大皇后号轮船公司的两艘豪华的跨洋轮之一,另一艘是"伊丽莎白皇后"号。这次经过战争曾被征用载运士兵和战争物资,已变得陈旧不堪,客房都已改装成为大众化的卧铺。在船上度过了比较沉闷的几天几夜后,到达伦敦口岸外的火车站,换乘火车前往伦敦市内。当天遇到我的外甥女婿涂长望,新中国成立后,他被任命为首任国家气象局局长,这是后来的事。那时,他正在伦敦开会,我们住在同一旅馆。五年前一次深夜,我们在遵义见面片刻后,这次又在万里外相遇。

我在伦敦稍事休整后,就按址往访莱德勋爵。他在英国外交部所属一个地点,正和另外几位法学家草拟有关纽伦堡审判纳粹战犯的文件。他已知道我在国内的公职及这次来访的目的。他放下了手头的工作,并热情地为我安排会见英国外交部法律副顾问菲茨莫里斯(Fitzma Mrice)(顾问倍克当时不在伦敦)和上诉法院院长德克尔勋爵(Lord Tucker)。对于前者,主要是礼节性访问,菲茨莫里斯后来曾任联合国国际法院法官。德克尔勋爵则很出力为我做种种安排。首先是参观法院的审判实况,其次是了解英国律师制度的特点。

在参观审判实况之前,必先知道法院的体系及其管辖范围。据我所知,现今英国法院的分布及其审判程序,大体上维持过去的一套。尽管英国的法院是单一制,就是说,它没有像美国那样有联邦法院和各州法院的两套,但其设置及名称,基于历史原因,非常不规律、不统一。虽然美国的制度,或多或少地近似英国制度,故有"英美法"体系之称。但是在法院的设置和审级方面,前面提过的纽约州情况,比较近似英国制度。首先,民事法院和刑事法院是分立的,只是到了终审阶段,在英国归贵族院管辖,殖民地和某些自治领的终审法院为枢密院司法委员会。在纽约州则归设在首府奥尔巴尼的上诉法院管辖。其次,不论民事或刑事案件,都是根据争执标的大小和犯罪的轻重而分别归不同的法院管辖。最后,所称的最高法院不是审级最高的终审法院,它受理民事的大案和刑事的重罪案件的第一审。它在英国也是审理大案、重案的法院的总称。在伦敦以外各地，分别有县法院（County Courts）、季度法庭（Quarter Sessions）、巡回法庭（Assizes）等机构处理当地发生的案件。我在伦敦曾数次参观民刑案件的审讯，包括德克尔勋爵自己在上诉法院主持的一次审判和在中央刑事法院进行并有陪审员的一起诈骗案件。英国法院审案比较形式化，法官和律师一般均穿法衣假发出庭。

英国司法制度的另一个特点是律师分两类，即所谓"大律师"（Barristers）和普通律师（Solicitors）。最近一位来访的英国大律师（名Tony Connerty）告诉我，这个制度至今依然存在。这两类律师的分工是，前者主要管出庭辩论，而后者则与当事人直接接触，讨论案情，缮写诉讼书状文件，办理非讼事件。大律师经常出庭，故与法官比较稔熟。他们之间在法庭外亦随意接触，不避嫌疑。有一次我在法庭观审后，被邀与法官一同步行至法院附近的"林肯律师协会"共进午餐。我在那里看到既有法官，也有大律师，他们在一起随便交谈，但不谈具体案件。伦敦共有四个律师协会，英文称"Inns of Court"，直译出来是"法院的小旅舍"。大律师在被允许执业之前，须在这种协会之一受一定期间的专业训练。大律师执业一定时期后，有资格被任命为法官。因此大律师与法官可以保持一定的联系。但一经发现有不正当关系，将受到"纪律委员会"的处分。

我在伦敦考察后，曾赴巴黎去"司法宫"作一次计划外的考察,事先经驻法使馆联系,由使馆参赞赵××陪同前往。我连续参观两天,所见审判实况,与国内的比较接近,又与在美国南方路易斯安那法院所见到的相类似。我回伦敦把所见情况稍事整理后,并去牛津大学看望了以编导英语《王宝钏》一剧著名的熊式一教授。我一方面在紧张工作,一方面又归心似箭。无奈航路虽然初通,班期特少。直至1946年6月1日才搭上从利物浦开往上海的一条旧船。该船起程后,又沿途发生故障而需修理。我幸经同船一位前往香港的英国律师,在船于新加坡进行大修理时,将我介绍给正在一条军舰上路过新加坡的英国战后第一任驻华大使斯蒂文森,把我们二人带到香港。由于这位大使将在香港逗留一时,他又把我介绍到将从香港开往上海的一艘美国炮艇,将我带往上海,终于在是年7月31日喜与相离将近五年的妻女在上海公和祥码头相会,返国行程整整用了两个月。

我在上海逗留几天后,就去南京,向司法行政部和实业部汇报考察经过,并提出书面报告。谢冠生准我回上海休息一时再来南京。那时,庞德教授已在南京,并已开始作学术演讲。我向他讲述我去欧洲经过情况,并感谢他的热情帮助。

七、实地观摩

1946年,作者拍摄于美国联邦最高法院前。

八 东京审判

1. 动极思静
2. 北平取证
3. 就地取材
4. "谈虎色变"
5. 迎头痛击
6. 最后风波

1. 动极思静

我回上海后,准备秋后再去南京。这段时期,可说是我和夫人张凤桢过了第二个蜜月。1942年初我离沪去渝时,夫人张凤桢独自扶养七旬老父和襁褓中幼女,还在东吴法学院教授英语,历时几近五个春秋,至此才算歇了一口气。

秋光易逝,我回沪已将一月,再去南京后,准备坐定下来工作。

当时谢冠生正准备出发视察江浙两地法院概况,邀我同往。这是我第三次随同视察国内司法。第一次是1932年和郑天锡等几位视察浙闽两省。第二次是1944年和夏勤在四川视察。不过那两次是沿途停留参观,比较郑重其事。这次因谢还有他事待理,仅去苏州、杭州两处。江苏的高等法院设在苏州,有它的历史原因。北洋政府期间,江苏省会设在南京,国民政府成立后,南京成为全国首都,江苏高等法院遂设苏州,后来江苏省政府改设在镇江,但苏高院仍留苏州未动。

我们先去苏州,当时苏高院长是抗战时期四川高一分院院长孙鸿霖,原属相识。庭长石美瑜和我曾在上海特区江苏高二分院民庭共事,同室办案,并起并坐,熟不拘礼。他知道我酷爱昆曲,特地告诉我城内玄妙观有昆剧演出,一定要陪我去聆曲,果然尽兴而归。后来我在东京审判日本甲级战犯,他在国内审判在华日本战犯。南京国民党命令他释放在华日本总司令冈村宁次。他忍辱负重,有苦难言,后赴台湾,抑郁而终。

谢冠生和我后来转赴杭州视察,对我来说,这是十四年内第二次去杭州视察,第一次是1932年和郑天锡同去。十四年后浙高院院长仍是上次见过的郑文礼。根据当时体制,高院院长应回避本省籍,郑文礼是浙人。以前据说由于一时没有合适的人选,暂由郑文礼担任。十四年后,仍然还是他当院长。据闻,这是由于浙江显要人物保举,蒋氏点头,故可以"有法不依"。这次"视察"徒有其名,事实上是复员后部长表示关怀,在"近畿"巡视一番而已。

我回南京后的另一桩事是参加司法行政部召开的全国司法行政会议。各省市的高等法院首长均被邀参加。据我所知,会议进程的安排大体上是:报告、发言、讨论,循序进行。当时,参加者踊跃发言,秩序有些零乱。我被邀请作出国考察报告。我首先叙述一百多年来我国司法权受列强侵害,最近才恢复完整。其次,我简述了出国考察经过。对于这些,大家都非常欢迎。但是到了最后,出了问题。我说,检察官是公诉人,严格地讲,他是刑事诉讼中当事人的一方,即使说他是代表国家,不同于一般当事人,但总不能与推事(法官)并坐,高高在上,给人印象,好像检察官说了,就可以算数。因此,我建议检察官在法庭上的座位,应当有所改变。这几句话伤害了出席人几占一半的检察官的感情。

当时担任最高检察长的郑烈首先表示异议。他大声说,民国初年,各地设审判厅和检察厅,地位对等,国府成立以来,审判厅改称法院,法院内设检察处,首长称首席检察官,地位已经下降,如再考虑改变检察官在法庭上的座位,那将真是"每况愈下"云云。接着又有几位检察官发表类似意见。我的建议就此搁浅没有进一步讨论下去。其实,这毕竟还是一个有待解决的问题。

回溯我从1945年7月至1946年7月环行亚非美欧四洲,几无驻足之时,又我离家多年,回国后家人团聚,亲友互访,诸事待理。我考察美英两国司法实况,虽已制作报告,后又改订成册,但头绪纷繁,不能概括一切。原拟稍事休整后,坐定下来,将带回资料,特别是对英美法制与大陆法制异同及其在诉讼程序上的应用详加分析比较,并附实例,作为学术研究的资料。但是,"树欲静而风不止",此后的两年多时间,不是伏案写作,却是及时地把这些观察所获心得体会,融化应用于即将来临的实际工作中,事实上是"战斗中",这是事先没有料想到的。浙江财经学院一位朋友,把我考察英美法制回来马上就运用起来,说成是"现炒现卖",真不愧为一位地道的财经学家。

事情是这样的,1946年初冬,当我回国后不久,当时在东京任远东国际军事法庭中国检察官的向哲浚回国述职。我和他曾两度共事:第一次是1932年当我初到司法行政部任编纂时,他担任部长罗文榦的秘书,后来我去上海特区法院任推事(法官)时,他是同院的首席检察官。他这次从东京回来,不仅仅是例行地汇报工作,而且是前来要求增派人员去东京支援,且急如星火。

远东国际军事法庭是根据:(1) 1945年7月26日中、美、英三国(苏联后来也参加)在德国波茨坦签署的《波茨坦公告》;(2) 同年9月2日的日本投降书;(3) 1945年12月16日苏、美、英(中国后来也同意)莫斯科决议这三个国际协议而成立的。这三个国际文书规定:对于日本战犯将处以严厉的法律制裁;日本承允忠实执行《波茨坦公告》的条款;盟国驻日最高统帅应采取一切必要措施,以使日本投降及占领和管制日本各条款一一实现。据此,盟国驻日最高统帅麦克阿瑟经与受降诸盟国磋商后,便在1946年1月19日颁布了《设置远东国际军事法庭的特别通告》,并于同日颁布了《远东国际军事法庭宪章》。

《远东国际军事法庭宪章》除详细规定法庭的组成、管辖权的行使、法庭的用语为英语和日语等事项外,虽有关于证据采纳法庭不受一般技术性的采证规则的拘束,但由于参与这次审判的十一个国家(中、美、英、法、苏、加拿大、澳大利亚、新西兰、荷兰、印度、菲律宾)的法官之中,有七位来自讲英语和适用英美法制的国家(美、英、加、澳、新、印、菲)。除此之外,法庭庭长来自实行英美法制的澳大利亚,检察长又是美国人。在此情况下,法庭的审判程序就自然而然地按照英美法制度进行。当时中国的法官是立法院外交委员会主席梅汝璈。

由于大陆法采取纠问制,审讯提问主要由法官主持,而英美法采取告诉制或称对质制,审讯提问主要由双方律师担任(刑事案件中的原告律师是检察官)。除此之外,在决定证据的凭信力时,大陆法采取"自由心证主义";而英美法采取"法定证据主义",即证据的提出是否合法,以及证据本身有无凭信力,由双方进行辩论,法官如认为提出不合法或证据本身无可凭信,可以当庭拒收。凡经接受的证据,一般应被认为是可供考虑的。从而可以认为,律师在英美法制度下,起着较大作用。

在审判纳粹战犯的"纽伦堡审判"中,辩护律师都是德国籍,更没有属于盟国国籍的。《远东国际军事法庭宪章》只规定法庭所用语言,而不提律师的国籍。一般来说,很难想象盟国国籍的律师会为日本被告辩护。但事实却正是如此。由于当时国际形势的发展,美、苏之间对峙形势已渐形成,美国方面从政治和军事需要考虑,已不拟对日本军国主义严加惩处,遂以日本律师不谙法庭所运用的审判程序为理由,给每一被告"配备"一名、甚至两名美国辩护律师。他们置日本辩护律师于一旁,喧宾夺主,态度嚣张,使审判进程受到重大影响。

东京审判是从 1946 年 5 月开始的,在第一阶段,都是涉及中国受侵略的问题。中国方面本来就没有估计到战犯审判会如此复杂,而满以为是战胜者惩罚战败者,审判不过是个形式而已,哪里还需要什么犯罪证据,更没有料到证据法的运用如此严格。因此,在东京审判的最初几个月里,正当中国提出主要的控诉事实时,美国辩护律师利用英美法诉讼程序的前述特点,多方进行阻挠留难,使中国检察方面工作处于很不利地位。例如:当时国民党政府军政部次长(副部长)秦德纯到庭作证时说日军"到处杀人放火,无所不为",被斥为空言无据,几乎被轰下证人台。

东条要处极刑,早已成为定局,美国更不会放过他。在南京大屠杀问题上,已经有国际难民组织人员、外国籍传教士以及屠杀中幸存的中国受害者到庭作证,甚至还有日本当时的盟国德国驻南京使馆人员对南京大屠杀的实况作了详尽的报告。因此,对南京大屠杀负直接责任的日军统帅松井石根罪责难逃,当时形势已比较清楚。然而自始策划"九·一八"事件、制造"满洲国"等傀儡组织的板垣征四郎,以及到处进行特务活动、罪行累累、国内几乎尽人皆知的土肥原贤二,则尚缺乏符合上面所述"证据法则"的确切证据,因此形势对我不利。

诚然,所有当时受审的被告,对侵华罪责,或多或少都是有的,但对这两人如不处极刑,受尽苦难的中国人民是万万不能接受的。为此,向哲浚回国告急,并请立即增员支援,而且还点名要我前往,因为我刚从美英两国考察司法制度回来。

谢冠生得报后,知道形势严峻,非立即解决不可。事实上,他对东京审判第一阶段的不利形势,亦早已有所闻。为了挽回这种形势,就必须利用被告答辩阶段中检察方面还可以对被告所提证人进行反诘的规定,见缝插针地提出一些有助于检察方面的证据,以便确定被告的罪责。而对这样迫切号召,我当然义不容辞,尽管当时动极思静,原想坐定下来进行写作,现在不得不改变初衷,准备立即投入到实际战斗中去。

参加审判的其他各国,对于人员的配置,大多有充分准备。就对日宣战仅一个星期的苏联而言,它原来计划有七十人参加检察工作,后来经盟军总部的劝说,派来三十多人。经过十四年抗战的中国,早先以为战犯审判不过是个"走过场",检察工作人员不过八九名。现在也不得不考虑适当增加。向哲浚经与我熟商后,决定建议增派四位顾问。具体人选为上海律师鄂森和桂裕以及南京中央大学法学教授吴学义,并以我为首席顾问。以上建议经谢冠生核准后,并得到外交部的同意,立即照办。

2. 北平取证

我们于危难之际受命,本拟即刻就道前往东京,旋经了解,检察方面陈诉,分几个阶段,关于中国部分,当时已告一段落。向哲浚回国时,正值太平洋战争阶段上场,主要由美国检察官担任。因此,我们可以利用这段时间,多做一些准备工作。

我决定首先走访曾去东京国际军事法庭作证的秦德纯。秦是国民党第27军宋哲元的部下,有些政治头脑,曾任北平市长,并与十恶不赦的土肥原打过交道,签订所谓"秦土协定",深知土肥原的狡猾和恶行。当时他任国民党政府军政部次长。当我问他对东京审判的感想时,他叹了一口气说道:"哪里是我们审判战犯,还不如说战犯审判我们。"谈到如何补提证据问题时,他说抗战进行中,没有一个司令官会想到应保存证据,作为日后控诉战犯之用。事实上,那时内战已经爆发,作为国民党军政部次长,他无暇处理东京审判所产生的问题,但是他总也在想如何设法补救。

我们回顾一下土肥原和板垣两人的罪行。土肥原主要是个特工,官衔虽不大,但他所用手段残忍毒辣,到处挑起"事件",趁机建立汉奸组织,从"满州国"起到华北的"临时政府"、南京的"维新政府"和后来成立的汪精卫"南京政府",以及在各级地方上的"维持会"。一系列行动是与日本的军事侵略行动密切配合的。至于板垣则除与土肥原狼狈为奸策划侵略外,还在战时当过日本的陆军大臣。对这两个"元凶",检察方面虽在东京审判的初期阶段,曾有伪满"皇帝"溥仪到庭作证,但细核溥仪的供词,大都是为他自己解脱责任,为被毒死的亡妻雪恨,很少提出控诉土肥原、板垣两人主要罪行的确切证据。事实上他"高高在上",任人摆布,并不洞悉日方的具体计划和暴行。

为了在没有办法中想点办法,秦德纯提到当时已被国内法庭判处死刑的伪满"立法院院长"赵欣伯、"华北临时政府"首脑王揖唐以及南京"维新政府"首脑梁鸿志等,都关在北平监狱。他们是垂死的老人,估计他们不能去东京作证,而且检察方面提证的时间也已过去,但是可以劝说他们写关于板垣、土肥原罪行的书面材料,待有机会在东京审判中提出,也可能减轻他们自己的罪责。鉴于这些人都是死囚,随时可以对他们执行死刑,也随时可能病死狱中,我们觉得事

八、东京审判

不宜迟,应当立即行动,而且我当时还想顺便前往土肥原、板垣两人长期待过的沈阳、长春等地,以冀有所收获。

经商得向哲浚同意后,我和鄂森即去北平,向则先回东京,吴学义和桂裕待我们从北平回来后,即同去东京增援。北平方面由谢冠生去电河北高等法院院长邓哲熙尽力协助。时值隆冬,我们还可能要去东北,就连夜赶制寒衣以应急需。于岁暮的一个早晨,我和鄂森搭上一架飞机,直飞北平西郊机场。邓哲熙派人在机场迎候,把我们送到东交民巷的六国饭店。事有凑巧,五十年后我现在所住外交部宿舍,恰巧就是在这个80年代被火焚毁的六国饭店原址上修建起来的。

第二天,我和鄂森驱车前往河北高院拜访邓院长,并请他为我们出出主意。他原来也是27军宋哲元的部下,同秦德纯等有旧。他已事先知道我们的来意,当即建议先去设在陶然亭附近的第一监狱,探访关在那里的几个前面说过的特大汉奸。他事先做过一些准备,暗示他们有人要来为东京审判取证,如果他们能够有效地合作,或许可以因为悔过表现而减轻他们自己的刑责。当我们到监狱里探访时,梁鸿志和王揖唐都已"昏迷不省人事",是真是假,亦难以辨别。唯有伪满"立法院院长"赵欣伯比较清醒,甚至精神矍铄,对答如流,似乎愿意考虑写些材料。

提到赵欣伯,当时中国特别是在北方法律界里是有些名气的。他早年留学东京帝国大学,写过一篇据说是有些内容的法学论文。回国后在东北历任高官。"九·一八"事变后,日本人想找一个中国人做"沈阳市长",因当时无人肯做,遂由关东军特务机关长土肥原担任。这段经过曾写进原国际联盟的《李顿调查团报告》。后来土肥原另有"重要任务",经日本人任命赵欣伯继任。此人聪敏机警,但反复无常,对日本人则唯命是听。当我和他初次谈话时,他满口答应合作,并表示愿立即写书面材料。但当我后来同他见面时,他忽而改变初衷,将其所写材料,投入正在燃烧的火炉之中。事后监狱中有人告诉我,他对写书面材料是否一定能减轻他的个人刑责,连日来将信将疑。后来或许他又听到"第三次世界大战"中日本人将有"出头之日",因此不愿交出已初步写就的书面材料。

由于邓哲熙的介绍,我和鄂森曾去北平东城什锦花园吴佩孚的公馆访问吴的遗孀张××夫人。吴佩孚本是北洋军阀的领袖之一,思想反动,但据称个人私德"高超",被认为有"号召力",年来隐息家园,靠他的老部下维持其日常生活。日本人认为可以利用,当时任陆相的板垣及其伙伴、著名的特务头子土肥原妄想让吴与曾任辛亥革命后民国第一任国务总理唐绍仪合作,成立较大规模的傀儡组织。当时曾在上海设立"土肥原机关",专为此事奔走。这个阴谋当时被称为"吴唐合作"。计划未实现,唐绍仪在沪被杀身死。吴本不愿"合作",后来也被日本牙医用药毒死。这一段历史,当时尚未广为透露。我和鄂森去访张夫人时,她还准备午餐招待,边吃边谈。她详尽地讲述那天日本医生在楼下为吴"治牙"时,注射一种毒剂,使吴立时晕倒,张夫人闻讯下楼,吴已气绝身死。我后来曾在东京审判中提出关于"吴唐合作"的阴谋,作为土肥原、板垣罪证的一部分。

关于我原来计划中的东北之行,我们被告知,由于国共谈判破裂,东北战事已起,去沈阳的火车已没有班点,一般是日间偶尔有不定点的班车,晚上则因沿途情况紧张,而完全停开。而且在沈阳和长春,已难找到可以联系、协助的人。在此情况下,我们不得不放弃此行。

由于计划的变更,邓院长又为我们安排几项活动。一是拜访市长何思源,他是早年留法学生,我和他谈了一些几个月前我去巴黎参观法院的情况。二是去西郊逛颐和园,由我的上海特区法院旧同事、当时任北平地方法院首检纪元陪同。颐和园当时给我的印象是一座荒园,那天游客稀少,阴风惨惨。纪元指着昆明湖外的西山告诉我们,在此山的那一面就是人民解放军。我们游了一下长廊,就回城里。

另一件值得记忆的事是安排我们去观看"美国军事法庭"审理美国士兵强奸北京大学女生沈崇的案件。此案的审理已进行多日,正在"调查证据"。经介绍,我们和北大校长胡适坐在一起,他是每天去的。胡适告诉我,他正在研究古书《水经注》,那书是讲对学说的考证,审案必须重视证据,这同研究学问要重视考证一样。我当时觉得,把沈崇案的审理,同《水经注》的学术考证联系起来,倒是很有意思的。新中国成立后,当我在东吴法学院担任教务长时,沈崇改名沈峻来东吴申请入学,成为我的学生,也是意想不到的。

我们去北平"取证",虽然没有获得预期的效果,但对这些"大汉奸"的狰狞丑恶面目,倒有了一些感性认识,还有什锦花园张夫人的一席话,对于日后我在反诘板垣及土肥原的证人时,还是很有用处的。

3. 就地取材

我和鄂森从北平南归时,已近旧历新年,当时东京审判检察方面立证阶段早已结束,被告方面陈述尚未开始。我和鄂森、吴学义即刻就道,桂裕则因有律师事务暂缓启行。我们一到东京,就投入紧张工作。当时审判已进行半年多,前阶段的过程,因为向哲浚回京述职请援,虽然已略有所知,但要掌握详细经过和决定下一步的具体步骤,还有待于阅读卷帙浩繁的审判记录。

我夜以继日地看过记录后,深深地感觉到,尽管东京法庭的宪章明白规定法庭将"尽最大可能采取并适用便捷而不拘泥于技术性的程序",但事实上,不论在审判程序和采证规则方面,无一不是地地道道按照英美法的条条框框进行的。比如说,审判一开始,先问被告是否认罪,如不认罪,审判才继续下去;问案由双方律师担任;原告、被告当庭陈述,也当做证人看待;被告可以拒绝作证;对证人讯问,先是直接讯问,即由举证方面的律师发问,然后由对方律师进行反讯问(或称反诘或质讯),接着还可以有再直接讯问和再反讯问(或称再反诘或再质讯),如此等等,可以没完没了。这些都是当事人的权利,神圣不可侵犯。

东京审判主要阶段有三:(1)检察官综合陈述和提证;

(2）被告律师综合辩护和提证；(3）各被告为个人辩护和提证。此后就是法官评议和宣告判决。我们到达东京时，第一阶段早已过去，正待被告方面就中国、苏联、日德意轴心国缔约、太平洋战争等问题逐一进行综合辩护。紧接着的是各被告个人辩护。摆在我们面前的而且必须立即解决的问题有二：一是如何在被告土肥原、板垣进行答辩时进行反诘和提出有力的新证据；二是由于审判开始时，中国检察方面力量单薄，对于土肥原、板垣两人的控诉任务，已分配给菲律宾检察官罗贝茨(Lopez)担任，而且他已进行准备，应如何向检察长交涉要求改由中国检察人员担任。这两个问题是有联系的。如果我们没有找到有力证据，即使这项任务能够要得回来，我们也决不能出庭去放空炮。

为了做好这次工作，我们不能等待找到有力的证据以后，然后交涉将土肥原和板垣两人的控诉工作归中国检察组担任，因为时不待人，被告的辩护阶段即将开始。所以当即由向哲浚向美国籍的检察长季南提出，中国检察方面力量较前充实，对土肥原、板垣两人的控诉工作，应由中国检察人员负责。他答称要待他同菲律宾检察官商量。翌日，季南回答我们说，菲律宾检察官认为土肥原、板垣两人在太平洋战事后期曾先后在东南亚地区任日本侵略军指挥官，犯有残害当地军民的严重罪行，而且他也已进行准备。季南建议我们直接去同罗贝茨商量。我和向哲浚立即去找到罗贝茨。我们说，即将开始的辩护阶段有两个内容，一是主要以战区为标准的综合性辩论；二是各被告的个人责任。我们向他建议，由他负责关于东南亚地区对该两被告的反诘,而由我们负责对该两被告为其个人辩护时的反诘。罗贝茨欣然同意我们的建议。对我们来说,也很有利,因为被告个人辩护是在分阶段的区域性辩护之后,我们从而赢得了很宝贵的准备时间。

若论证据,并不是说我们丝毫证据都提不出来。但是必须指出,首先我们在这样一个具体的环境中,提出的证据必须确切、有力而不能是广泛和空洞的。其次,检察方面提证阶段已经过去,我们在被告辩护阶段中,根据英美法的制度,本来没有再提证据的机会,只能在对被告所提证据或证人进行反驳、反诘时才能提出。我们要补提证据,必须有明确的针对性,而不是什么证据都可以在被告辩护阶段提出。

由于大家齐心一致,群策群力,中国检察组经过反复考虑后,决定通过中国驻日军事代表团,要求盟军总部让远东国际军事法庭的中国检察组人员进入已被封闭的日本前陆军省档案库,以便找寻日本对华侵略战争中有关土肥原和板垣等人的罪证。这个交涉很快就得到顺利解决。但是前陆军省档案库内卷帙浩繁,找寻"有力""有针对性"的证据,谈何容易。好在中、日两国文字有相似之处,辨别文件的类别和标题并非难事。加以中国检察组中有刘子健和吴学义两位素谙日文,可以胜任无疑。经过一段时间的昼夜奋战,竟然找出不少很有用处的文件。大家欢喜无比,都称这次奋斗是有收获的,赢得了"就地取材"的美称。

中国检察组决心要在被告个人辩护阶段中奋战,以便严惩侵华主要战犯,当时已为整个法庭所注视。这里必须着重指出,审判日本战犯,从国际法的意义来看,主要在于维护世界秩序、主张国际正义,而不是"以牙还牙"的单纯复仇主义。但是日军侵华战争所造成的死亡人数达三千万,财产损失难以胜计,若对主要战犯不予严厉惩处,还能说什么维护世界秩序、主张国际正义?我们还有何面目回国见江东父老?明乎此理,我们必须尽量揭露被告的阴谋诡计和暴戾罪行,为持久的世界和平扫清道路,为受了严重创伤的民族感情恢复尊严而披挂上阵,奋斗巨奸!

4. "谈虎色变"

被告个人辩护阶段是东京审判中最后一个阶段,对被告们自己来说,是一个关键性阶段,也是众人瞩目的阶段。审判开始时,被告原有二十八名,后来由于前外相松冈洋右和前海相永野修身在审判期间先后病死,极右的法西斯主义活动分子大川周明因经验明患严重精神病而免受审判。因此,到了后期,实际上仅有二十五名被告。根据各被告姓名的英文拼法,土肥原贤二被列为第二名,在前陆相荒木贞夫之后。土肥原在这许多曾任首相、大臣(部长)、将帅、大使等中间,若论官阶,根本不能同东条、广田、荒木、松井等相比拟。但是,若论他所起的破坏作用,单就中国来说,则可以说无出其右者。早在"九·一八"事变以前,他利用对旧中国政治、军事、社会情况的熟悉并谙中国语文和多种方言,活动频繁。

他以"顾问"的名义,同旧中国的军阀往来,进行挑拨、离间,而从中取利。他对军阀中的派系,无论是皖系、直系、奉系等莫不了若指掌。他与中、日两国黑社会人物也有联系。"九·一八"事变以后,他以日本关东军特务机关长的身份,到处进行威胁利诱,把偌大的一个中国,分裂成满洲、华北、冀东、内蒙、华中等几个不同地区,分别成立伪政权,又在无数的基层,成立"维持会",行使"地方政府"的职权。1938年,他在上海成立"土肥原机关",积极准备成立伪组织,他的这种所作所为,都是与板垣沆瀣一气、密切配合的,在个别情况下,他甚至不顾日本外交当局的劝阻,而是独断独行。但是他在公开场合,总是隐藏在重大历史事件的最深处。

各被告个人辩护阶段从1947年9月10日开始,土肥原个人辩护阶段则从9月16日起进行。在辩护律师简述案情后,由他所举证人受讯。土肥原提出的第一名证人是他任关东军特务机关长时的新闻课长爱泽诚,其供词大意略谓沈阳特务机关仅司采集新闻情报,并无其他秘密活动,并称土肥原为人忠厚坦白等。当我问他是否知道土肥原曾于1935年阴谋发动政治军事攻势,想在平津组织"华北五省自治",外国报纸均有报道,证人作为关东军特务机关新闻课长,难道一无所知?爱泽诚赧然尚未回答,我即进一步提出爱泽诚当时作为特务机关新闻课长自己签署的文件向上级报告外国报纸关于此事的报道。爱泽诚当时无法否认,只得垂头丧气地认输。

我当即乘势追击,提出一份关东军的名为《奉天特务机关报》(奉天是沈阳的旧称),该报告首页盖有土肥原的名章,其中一页载有"华南人士一闻土肥原和板垣之名,有谈虎色变之慨"等语。土肥原竟在报告中使用中国成语,不愧为有名的"中国通"。可惜弄巧成拙,自投罗网。土肥原、板垣两人本来都在中国作恶多端,中国人民对其恨之入骨,现在这两人的大名竟同时出现在一个文件之内,不仅是"自投罗网",而且也为我们创造了"一箭双雕"的机会。爱泽诚见铁证如山,如坐针毡,只得俯首无语,默认一切。此时土肥原的美籍辩护律师华伦(Warren)见势不妙,跳了出来向庭上说道,这个文件讲的是一只老虎,与案情无关,应请庭上拒绝接纳作为证据。我随即回到讲台,解释称"谈虎色变"是一句中国成语,意思是中国人一谈起土肥原、板垣两人,有如提到猛虎,足见这两人的凶恶。当时会场肃静,听我解释后,几乎哄堂大笑起来。我还进一步从提供证据的程序规则方面解释称,证人爱泽诚一开始就说土肥原为人忠厚坦白等,证据法内称"品格证据"(character evidence),我现在针对这一陈述,提出他的为人如同猛虎,完全符合证据法则内"反诘"时提出的证据必须有针对性的要求。华伦闭口无语地回到律师席。

土肥原提出的另一证人是日本前驻天津总领事桑岛主计。当土肥原于1931年秋去天津活动,旨在劫持废帝溥仪去东北做傀儡时,日本外务省担心外交上处于被动,指示桑岛就地劝阻,桑岛曾为此事迭电外务省报告。当土肥原不顾一切,挟持溥仪去塘沽后,桑岛又曾发专电,报告外务大臣币原,详述土肥原不听劝告,煽动天津保安队起事,将溥仪装在箱内运往塘沽登船去东北,历历如绘。桑岛竟于土肥原辩护阶段,出尔反尔,到庭供证,说什么当时向外务省报告,系听信流言,并不可靠云云。我在对桑岛进行反诘时,当场指出桑岛自己所发电报内亦载土肥原与桑岛自己会谈数次后,仍不听劝告,一意孤行等语,是否也是"听信外间流言",桑岛无词以对,灰溜溜地走下证人席。

土肥原所举其他证人,有的是避重就轻、软弱无力,证言是前后矛盾,毫无凭信力可言。至于前国际联盟于"九·一八"之后派来中国调查后所作的报告,因为调查团团长是英国的李顿爵士,一般把这份有名的调查报告称《李顿调查团报告》。土肥原的辩护律师因报告中述及"九·一八"事件发生后,当夜沈阳全市混乱,土肥原出任"沈阳市长",因此他就引以为土肥原维持秩序有功。这是一个非常笨拙的想法。一个受外国驻军委派的外国人当"市长",这还不是赤裸裸的侵略行为?

至于土肥原本人,除了东京审判开始时检察长宣读起诉书后当庭声明不认罪外,此后并未自为陈述。此次虽然可以让他作最后陈述,但他决定放弃。依法庭所采用的程序,不能强其当庭发言。土肥原甘愿放弃其亲自辩护的权利,从中国检察组方面来看,可以有两种看法。一是,土肥原自知恶贯满盈,不上证人台自作陈述,显系畏罪情虚,事实上将受到不利于己的推定。但从另一方面来看,土肥原本人既不上证人台,检察方面就无由当庭对他严予盘诘,从而失去提出有针对性证据予以反驳的机会。1947年9月18日出版的《东京新闻》对此曾有下述的评估："土肥原曾任奉天特务机关长,为关东军在华活跃之中心,此次采取特异立场,不自登台陈述,实为避免中国检察团于反诘时集中攻击,致遭不利。"可说是"一语道破"。

土肥原既不自为陈述,力避与我方直接交锋,自以为得计。但我方以其劣迹昭彰,不胜枚举,仍继续伺机予以揭露。由于土肥原与板垣同在沈阳日本关东军阴谋制造"事件",又在中国各地建立各级伪政权,与军事侵略相配合,直至1938年板垣任日本陆军大臣,土肥原受命来华,妄图造成"吴唐合作",以便控制全中国。两人始终勾结一起,其罪证大体上可以相提并论,有如前述。板垣刚愎自用,准备登证人台自为陈述,我们先有所闻,故准备于板垣为其个人辩护阶段,将其与土肥原勾结作恶的罪证,于反诘板垣时一并提出,以收"一箭双雕"之效。

5. 迎头痛击

关于板垣的个人辩护阶段是从1947年10月6日开始的。板垣在二十五名被告中,虽然比不上首相、统帅的地位那样"崇高",但也绝对不是一个无名小卒,因为他曾入阁担任过陆军大臣职务。他早年曾任日本驻中国使馆武官,被认为是个"中国通"。"九·一八"事变时,他是关东军高级参谋。他不仅精心策划和执行那次事变,还立意制造傀儡组织

"满洲国",而且还成为伪满"执政"溥仪的高级顾问。在30年代中日关系风起浪涌的年代里,他不仅与土肥原狼狈为奸,而且还是土肥原的幕后指使者。这次他准备亲自出马,登上证人台为自己辩护,并提出证人十五名为他遮掩解脱,而他自己则为殿军压阵,声势不可谓不盛。中国检察组人员同仇敌忾,准备予以迎头痛击。

板垣通过他的辩护律师所提出的文件,仿佛为东北事变时日本军阀共同辩护,或则空泛无据,或则自拉自唱,不着边际,一派胡言乱语,无凭信力可言。经法庭根据我们反对而拒收者,达四分之三以上。至于板垣所提证人,其第一名为"九·一八"事变发生时在沈阳附近柳条沟指挥日军的岛本联队长。他在叙述当晚事变经过时自称,是晚因赴友人之宴,酒醉而归,未几得报柳条沟发生铁轨被炸云云(事实上就是日本方面在柳条沟炸轨,作为攻打北大营中国军队的借口)。当他还没有继续说下去的时候,我立即向法庭声明,该证人既自称当晚酒醉而归,就没有作证资格,不应让他继续陈述当晚发生情况,应请法庭拒绝他继续作证。于是板垣所举第一名证人岛本败阵而退。

为板垣作证的另一证人是1938—1939年板垣任陆相时的次官(副大臣)山胁。他一出庭就说板垣在其任陆相时一贯整饬军纪,还说板垣坚定主张撤退在华日军,以便早日结束战事云云。我在对他进行反诘时,问他:"你身为陆军省次官,是必然在以陆相的意旨为意旨,换言之,你所经办的事情,是否也必须为陆相所认可?"山胁不假思索地答称:"那是自然。"我当即提出1939年2月间山胁以陆军省次官名义签发的《限制由支(那)返日军人言论》通令。该通令列举返国军人向亲友谈话若干种,明令禁止传播,用意在掩盖其罪恶,实则不啻明白承认中国战区内日军所犯暴行。事实上通令列举某些谈话内容,例如,"作战军人,如经个别侦查,无一不犯杀人、强盗或强奸罪";又如"强奸后如欲无事,或则给以金钱遣去,或则于事后杀之以灭口";又如"我等有时将中国战俘排列成行,然后以机枪扫射,以测验军火的效力"。凡此等等出于返日军人口中,群相转告,作为亲友间谈助,而为陆军省《通令》所引用,其流传之广泛,可以想见。陆军省为维护"皇军尊严",不图根本制止日军在华暴行,而只禁止归国军人吐露中国战场实况,因此发出此项堂堂禁令,实属不打自招,罪无可绾。山胁既承认他所承办的事,必经陆军大臣板垣认可,板垣放纵在华日军暴行的罪责,自亦难以否认。这次反诘,不仅对板垣个人不利,而且影响到其他有关被告,凡检方以前提出日军在华暴行,而为其他被告否认者,由此一纸《通令》,可以完全坐实,而无可狡赖。

  板垣所举其他证人所述,也都空洞无据,提不出任何有力反证。最后,他亲自上证人台,为自己辩护。他的辩护词达四十八页,内容不仅累赘空泛,而且有些内容简直颠倒是非、荒诞不经,一望而知其为无耻滥言。例如他说,"满州国"的成立是根据"民意";"七•七"事变后,他以陆相地位,始终主张撤军言和等。我在对他进行反诘时,问他,"日本占领广州、汉口,是否在你任陆相后才完成",他只好答称

"是"。当我追问他,这是"撤军"还是"进军",他无话可答。板垣的答辩词还自称日政府与德、意商讨《三国公约》时,他不主张扩大战事,关于中苏边境张鼓峰事件,他竭力设法就地解决等。我针对他所述的这两件事问他,是否曾经为此两事,受到天皇谴责。板垣认为受天皇谴责是莫大耻辱,他既不愿当众承认,又不敢当场撒谎,立即否认。他却反过来问我:"你如何知道?"事实上,我的发问是有根有据的,是从日本元老西园寺原田的日记中取得的,不怕他反诬我恶意套供。我严厉地对他说,"此时是我向你进行反诘,不是你来问我的时候,速即回答我的问题"。他迟疑一下,有气无力地答称"并无此事"。但当场窘态毕露。这时法庭上的人也都可以辨别出这一答案的证据价值,被告栏和旁听席中亦有窃窃私语,经法庭警员用木槌击案高声喊"Order"(秩序)后,才平静下来。

在我对板垣整整三天的反诘中,对他四十八页的答辩词中所提到的事情,几乎都仔细盘问到,但我同时也念念不忘地牵挂着板垣的同伙土肥原。因为土肥原自己龟缩起来,不敢出庭受讯,我只能在板垣辩护阶段,把他们两人共同策划和实行侵华时的罪恶活动联系起来。为了使法庭注意力不因土肥原不上证人台亮相而不加重视,我于板垣辩护阶段作最后总结发言时,再次提到土肥原,并指着被告席右端(土肥原的座位)问板垣:"你在陆相任内后期派往中国去拉拢吴唐合作的土肥原,是不是就是当年僭充沈阳市长、扶植傀儡溥仪称帝、勾结关东日军、阴谋华北自治、煽动内蒙独立、到处唆使汉奸成立伪政权和维持会、煊赫一时、无恶不作,而今危坐在被告席右端的土肥原?"言时戟指直向土肥原,怒目而视之。这时候,我觉得好像有亿万中国同胞站在我后面支持我的指控,使我几乎泪下。当时全场肃然。板垣对此一连串罪状,虽然直指土肥原,但也莫不和他有直接联系,当时如坐针毡,对我发问亦明知是最后促使全场注意,并非真正要他作答,因此也就赧然走下证人台。

东京审判中被告个人辩护阶段于1948年1月12日结束。按法庭规定的日程,检察方面可以作综合的最后陈述,接着是被告方面作总的陈述。全部辩论于1948年3月2日结束,宣判日期待定。这时我们才稍感松懈,如释重负,或则作短程旅游,略事调剂,或则基本上已无任务而作早日言归之计。向哲浚和我决定留下来。刘子健则因夫人王显大在驻日中国代表团尚有任务,亦未即时离开东京。在此期间,我们心情还是有点沉重,因为审理虽已结束,判决尚待宣告,心中总有点惴惴不安似的。

6. 最后风波

1948年11月4日,法庭开始宣读判决,直到11月12日宣读完毕。法庭最后对受审的二十五名被告宣告处刑,其中七名被判处死刑,依姓氏英文字的拼法,其顺序如下:土肥原贤二、广田弘毅、板垣征四郎、木村兵太郎、松井石根、武藤章、东条英机。其中土肥原、板垣、松井、东条四名罪恶昭彰,毋庸赘述。其他三名被告中广田历任外相、首相高位,与军阀密切配合。作为"广田对华三原则"的制定者,他提出:(1)禁止反日;(2)承认伪满;(3)合作反共。木村曾任关东军参谋长、驻缅甸日军司令。1945年在修筑缅甸铁路时,他犯有严重的虐待战俘罪行。武藤在南京大屠杀时任松井的参谋,后来在苏门答腊和菲律宾,犯有虐待战俘和屠杀平民的罪行。除以上七名被判处死刑外,还有被告荒木贞夫、桥本欣五郎、畑俊六、平沼骐一郎、星野宣树、木户幸一、小矶国昭、南次郎、冈敬纯、大岛浩、佐藤贤了、岛田繁太郎、铃木贞一、贺屋兴宣、白岛敏夫、梅津美治郎十六名被判处无期徒刑。被告东乡茂德被判处有期徒刑二十年,被告重光葵被判处七年有期徒刑。

　　这一历时两年又半的马拉松审判到此落幕。这是一次历史的审判;这是一个庄严的判决!经盟军统帅麦克阿瑟在征得各盟国驻东京代表同意予以核准后,正待执行之际,土肥原和广田两被告的美国辩护律师竟于1948年11月24日向华盛顿美国最高法院提出"上诉",要求释放被告。"上诉书"声称:麦克阿瑟无权成立审判日本战犯的军事法庭;任何美国法律或国际法均未规定侵略罪;被告所被指控的各项行为,均系遵守日本政府的命令等。继土肥原和广田二人之后,又有木户幸一、冈敬纯、佐藤贤了、岛田繁太郎、东乡茂德五名被告,也向美国最高法院提出上诉。麦克阿瑟随即下令,对所有被告,都暂缓执行判决所处刑罚。

　　对此突然行动,国际舆论哗然。当时人们还以为美国最高法院会立即拒绝。不料美国最高法院竟于1948年12月6日以五票对四票的微弱多数,决定受理日本战犯的"上诉"。这一消息公布后,立即引起强烈反响。尤其是在中国方面,抗战十四年,又经过两年半的国际审判,还要由美国法院来作最终决定,群情沸腾,义愤难平。远东国际军事法庭中国法官梅汝璈和中国检察官向哲浚均表示,根据国际文件与协议而成立的国际军事法庭所作最终判决,尚须经过一国法院单独予以复查,则今后国际间的决定和行动,均可同样由一国单独予以审查和撤销。这种危险先例对于未来国际间的合作和互相信任,将产生不良影响。《大公报》1948年12月8日发表的社评愤怒地指出:"美国最高法院受理日本战犯的上诉,是对'远东各国抗战死难平民的侮辱'。"

美国最高法院这一决定在其他国家方面,也引起强烈不满。苏联《真理报》载文谴责。英国驻盟国远东管制委员会代表认为,美国最高法院这一行动,是对远东国际军事法庭"法律地位"的打击。东京法庭的荷兰法官劳林也抗议说,美国最高法院的这一决定是"令人骇异的错误"。甚至在美国和日本也引起了指责和波动。美国参议院议员劳伦卓·塔纳达指责美国最高法院"没有法律根据可以这样做"。日本的共同通讯社对美国最高法院这一决定表示惊异。1948年12月8日《朝日新闻》社论指出:"东条英机等人死刑的执行,实已时机成熟。"

美国政府在国际舆论压力之下,也不得不表示反对美国最高法院这一不得人心的决定,由司法部出面向最高法院发出公文,要求最高法院不要干涉远东国际军事法庭的判决。司法部副部长柏尔曼还指出,最高法院的任何干涉,不仅会损害国际司法工作,损害国际法威信的继续增长,而且会破坏旨在达成合作的其他努力,尤其是联合国的工作。他还指出,最高法院无权重新审查美国总统在战时与各盟国共同达成的关于惩罚战犯的协定的一类决定。他所指的协定,就是前面提过的《波茨坦公告》等有关国际文件。美国最高法院本已定于1948年12月16日对土肥原等的"上诉"进行审理,后来不得不于1948年12月20日宣布不再审理。

美国政府向美国最高法院提出意见,在英美法制度下是有法律根据的。这项制度是用拉丁文"amicus curiae"表达的,译成英文是"friend of the court",中文是"法院之友"。意思是向法院提供诚恳的意见,绝不是私下说情,也不是行政干涉司法,而是为了公平、公正的利益。提意见者并不限于政府机关或公职人员,即使是私人,如他认为必要,也可以向法院提供意见,但采纳与否,权在法院。理论上虽然如此,事实上当然不多。否则法院将不胜其烦,而且究竟为公为私,谁能断言?但据我所知,这一制度在英美法内还保留,而且美国国务院近年来还曾根据这项制度向美国的法院提过意见。

再说最高法院内部,原来的五票对四票,赞成票之中包括曾在纽伦堡战犯审判中的检察官杰克逊。由于他的这一段审判战犯工作,本应自然地倾向于支持东京法庭判决的有效性。但是为了表白他的"客观"态度,他宁可表示要美国最高法院对此案进行审理。当时最高法院显然认为审理范围只限于(1)最高法院是否有权审查东京法庭的判决；如有，(2)东京法庭由麦克阿瑟设立是否合法的两个先决问题，而不涉及土肥原等是否有罪的实质性问题。其实，这完全是书生之见，以为作为一个法院，有案必问，不影响以后是否受理案件的实质性问题。殊不知远东国际军事法庭是由包括美国在内的有关国家根据国际协议成立的，对它是否有权审判进行复查，就是无视美国政府参加的国际协议及其对盟国承担的国际义务，而且把自己凌驾于成立东京法庭的其他主权国家之上。美国最高法院终于不得不重新考虑自己的立场，决定不再开庭受理土肥原等的"上诉"。

美国最高法院作出上述决定后，驻日盟军总部就准备对土肥原等七名被告执行绞刑。1948年12月23日凌晨，盟国代表被邀到东京郊外巢鸭监狱刑场监视执行，中国方面代表是驻日军事代表团团长商震。东京法庭的中国检察官向哲浚亦被邀参加见证。七名被告尸体随后被烧成骨灰，撒散于荒野。东京审判从起诉至执行，到此全部结束，历时两年又八个月。我是中间插入参加，连同去北平取证在内，亦逾两年。这场战斗，对我来说，是一场殊死战，因为我受命于危难之际，当时已把自身的生死荣辱，决定于这场战斗的成败。事后追忆，历历在目，既有酸辛苦楚，亦堪稍自告慰，有不可言喻之感慨。

我写到这里，已泪水盈眶，不能平静下来。

九 迎接解放

1. 辞官就学
2. 母校任职
3. 院系调整
4. 同济安度

1. 辞官就学

我和向哲浚于1948年底从东京回国后,即去南京司法行政部向谢冠生部长报告审判全部过程和最后结果。照说像这样一件大事,应当郑重其事地由向哲浚提出书面详细报告,并应同时向外交部提出报告。但是,当时辽沈战役已经结束,平津已被人民解放军包围,大规模的淮海战役已经开始,南京人心惶惶,不可终日,再也无心回顾东京审判。审判经过情况,中外报纸都已有所报道,不再是新鲜事物,因此简单口头报告,正是恰到好处。至于外交部,当时已无人专管此事,从而不再等待我们前去报告。

当时宁沪等地社会的许多混乱情况,当然报纸不会公开登载,我也还在国外,只是回国后听人普遍传说有凭有据,当然不会是虚构。据说,抗战胜利后不久,重庆派出到以前沦陷区的"接收大员",大部分是贪官污吏,气焰嚣张,到处掠夺,据归私有。当时上海人对此恨之入骨,又不敢得罪他们,背后称他们为"重庆人",带着浓厚的讽刺味道,但也不能说这个称呼不对,因为他们的确是刚从重庆来的人。对这种无法无天的贪婪现象,人们称之为"五子登科",指的是"房子""车子""女子""金子"和"票子"(指钞票)。再就是,1948年春季开始,当时的通货"法币"降值,物价飞涨,国民党政府发行"金元券"每1元折合"法币"300万元。市民普遍排长队去银行买黄金、美钞。不到几时,金元券又贬值,市民怨声载道。稍有积蓄的市民尚且如此，一般劳动人民更无法生活下去。沪宁情况如此，其他地方可能更甚。

我们从东京回国之前，曾用两大木箱装运数以百计的法庭审判记录本、书状稿件以及其他有关资料，收件人是上海高等法院。但这两箱珍贵资料，后来始终下落不明！这里既叙上海混乱情况，因而在此一并提及。

1948年底，我们见到谢冠生后，他要"论功行赏""当场发落"。当时全国最高检察长郑烈和上海高院检察长杜保祺都辞职，据说包了专机已带家眷飞往台湾。这两个检察官职位崇高，是全国数一数二的。谢要向哲浚继任郑烈，要我继任杜保祺。向已年老，早已逾退休年龄，这次东京审判下来，心力交瘁，但愿退休回家。我则以已接受母校东吴法学院之聘，从事教学工作，对谢的美意表示感谢。谢当时见我和向哲浚执意婉拒，未有进一步表示。至于鄂森、桂裕、吴学义早已各自返回原来的律师、教授职务，因此没有再提。当我辞别后应邀去司法行政部一些旧同事的宴请时，谢派他的同乡秘书王介亭来餐馆找我。王对我说，谢要他转告我，向先生既因年迈求退，不能坚留，我正值盛年，希望我考虑继任郑烈职位，即原来想请向哲浚担任的职位。我仍婉言解释说，既已答应东吴法学院，现在如因接受高官而出尔反尔，会对不起培育我自己的母校。王介亭本来和我很熟，深知事情不能勉强，只得领首回去复命。

据我当时回忆，曾在远东军事法庭任职过的人，几乎没有回到南京或去台湾的人。法官梅汝璈于东京审判事毕后，被南京任命为司法行政部长,他辞而不就,从东京前往香港,后来到北京任新中国外交部顾问。他的秘书方福枢早已辞退,继任者杨寿林曾因参加乙、丙级战犯法庭的审判而留在东京,不久亦回上海担任外国语学院教授。检察组方面,向哲浚和我们后来去的四名顾问,已如前述,都先后返回国内宁、沪两地。检察组其他回国人员,如高文彬现任上海海运学院教授,周锡卿现任北京第二外国语学院教授,张培德回国后历任几处外国语学院教授。曾任中国检察官助理的裘劭恒,回国较早,曾任"文革"后的全国人大法律委员会顾问及上海外贸学院院长职务。刘子健后来从日本去美国任普林斯顿大学历史系教授和东亚研究所所长。其他还有几位早就离职他去,这里不再叙述。所有上述诸人,除我和高、周、张、裘诸位以及现在台湾的现年96岁高龄的桂裕教授外,其余都已物故。回首前尘,追忆当时的坎坷道路,风雨同舟,不胜感慨。

2. 母校任职

1948年底从南京回沪后,适值年尾岁首,学校尚未开学。我忙过一阵,忽而闲散下来,简直感到若有所失。这种味道,和前面所说刚从美国考察司法回来时的动极思静,不是同一滋味,可能是有"如释重负""如越天堑"之感,而从前考察回来时没有这种心情。我当时家住上海陕西北路华业大楼,地点比较适中,有闹中取静的味道,因此我常独自出来散步。在附近的同孚路（今石门一路），我发现有演昆剧的地方，是新近开辟的像江南小镇上书场一样的所在，既不登广告，门口也不挂灯结彩。后来我了解这是原仙霓社几位传字辈演员为生活所逼，作此借以糊口的。我因离家较近，常步行前去聆曲，觉得他们的演戏，有若唐代天宝年间长安道上老伶工李龟年的边唱边说。后来又听到有的仙霓社演员甚至路毙，或为饿殍。金元券之残酷，竟有如是！但也有时代的侥幸者，如曾教我昆曲林冲夜奔、小宴惊变等剧目的方传芸，解放后受上海戏剧学院之聘，担任表演系教授。又如曾为方传芸"代课"，教过我唱昆曲的朱传茗和后来以演《十五贯》出名的周传瑛等渡过了难关，在新中国戏剧界闻名，使昆曲享有兰花之誉而得到保存和发展。现在这些人都已物故多年，其功绩则在党的正确领导下保存下来。

　　与此同时，还有许多亲戚故旧，关心我的安全和前途，认为我在国民党执政期间，虽没有做过高官，受过厚禄，但毕竟有十五六年在旧司法界度过春秋，而且我的亲戚故旧中，不无位高爵显者，万一追查起来关系，亦难说得清楚，因此劝我早走为妙。同时宁、沪一带还有许多谣传，说苏北一带解放区内，因斗争土豪劣绅，好人也受连累等。有些人还自告奋勇，主动提出可代为想法购买前往台湾的船票，因为当时沪宁一带准备去台湾的很多，尽管发生像"太平轮"因超载而在海上沉没的惨事，从而全家覆没、人物两空，但要去海外的人还是争先恐后，深恐落后被"抄"挨"斗"，从而船票供不应求。

我对这些好心肠为我着想的亲友,表示了真诚的感谢。但是我自忖我一向以"清官"自励,而且对收回领事裁判权,也尽过一份力量,最后几年在东京力控侵华日本战犯,几乎以自己的生命为"质",难道全国解放后我将被作为一般贪官污吏处理?再则是,我虽然在国民党治权下做过一段时期的法律工作,但我不仅没有做过对不起共产党的事情,而且还出力拯救过革命妈妈陶承同志的女儿杨本纹,也还亲自出过庭,为与邓演达同案的任援道儿子辩护而使他获得释放。我不是要为自己表白,但是我想自己总不会被指为做过一段官就是反共。我越想越坚决要与反动、腐败透顶的国民党反动派断绝关系,留在上海,迎接解放。我的夫人张凤桢也坚决同意我的主张,决定做好准备,等待上海解放。当时还有一个因素,就是不要让国民党在沪当局以为我与共产党已有默契,故而不作离沪去台或者穗(当时行政院已迁广州)的准备,从而可能受到迫害。这种事情当时已有发生。还有就是我的年老岳父张钧丞,他历代居住上海城里,"七·七"事变后,就迁来我家,他的其他子女都不在上海,多年来,住在我家,和凤桢相依为命。他也不满国民党政府多年来的统治,而且他的健康状况也不可能作任何远行。因此我对一般劝我离沪的亲友,就很自然地说老人家不能远行,只得留在原地。

事实上确有许多不满国民党反动腐败政权的人,虽然不是共产党员,也不甚了解共产党的政策和理论,但觉得对国民党的统治已无法继续忍受。他们当时的心情,可能和我前面所说无聊已极时逛逛同孚路一样。可以说,那时的普遍情绪是"人心思变"。但是,这样倾向的民主人士,也不满足于闭门静待。

于是,熟人串门之风大盛。秀才虽然不能造反,但也都想吐露一下自己的心声。东吴同学王艮仲、李文杰等出了主意,索性固定一个地点,熟人都可前去倾谈。这个地点在陕西南路一个小公寓,暗号是"稷社",即将皇朝的"社稷"两字颠而倒之。我因东吴法学院同学李文杰之介,也不时光顾这个秀才清谈之所。常来的还有杨显东、杨玉清、马伯煌、杨智信、姚曾廙等。上海解放后,这个地点就没有存在的必要,而且大家也都忙于学习,或走上各自的岗位,再也没有时间进行清谈了。

回过来讲一下我从南京辞官返沪以后,即就任东吴法学院教授兼法律系主任之职。当时院长是盛振为,教务长是鄂森,会计系主任是李文杰。没有多久,已是1949年的旧历新年,学校照例放寒假,那时候,平津两地先后解放,淮海战役也告结束,人民解放军大军直指江南,节节胜利,势如破竹。寒假后,学校按例开学,但是师生的出席率也不很正常。或则由于政治原因,有的是准备以行动迎接解放,相反地,也有的是准备离沪他去;或则由于经济原因,有的是兼职、兼差,以便略为增加收入,也有的是简直忙于柴米油盐搞家务活动。如此多种,各有各的心事和办法。这样的局面总算拖过了一个时期。4月底南京解放。5月27日上海解放。人民解放军进城,秩序井然。我从小就常逢战乱,早年是军阀混

九、迎接解放

战,后来是对日抗战,都必须逃难避乱。这次是迎接解放,心情大不一样,现实使人感奋。

3. 院系调整

1949年秋季开学,呈现了一番新气象。课程方面没有什么变动,因为有待于新政权的方针政策。师生呈现一派新面貌,不再有以前那样不安定现象。10月1日毛主席在天安门宣告中华人民共和国成立,大家欢欣鼓舞,热烈庆祝。上海律师界前辈沈钧儒出任最高人民法院院长,史良出任司法部部长,"稷社"旧交杨玉清任司法部副部长,另一旧交杨显东任农业部副部长。万象更新,生气勃勃。

1950年10月,中国人民志愿军为了抗美援朝,浩浩荡荡地跨过鸭绿江,支援朝鲜人民军。东吴法学院有好几位男女同学参加了这一壮举。全院师生为他(她)们举行了一个盛大的欢送会。与此同时,学院在人事方面,作了一些调整。由于鄂森的辞职,我在原来的教授兼法律系主任之外,又兼任教务长的职务。原来院长职务也改由东吴法学院老校友杨兆龙担任。我在前面提到过,当我即将出国考察之际,我曾推荐杨兆龙到前国民党政府司法行政部任职,他学业高超,且擅长行政,这次我再度推荐他,获得全体师生赞同。此后,我们共同花了不少时间研究如何进行课程改革,以便适合新中国的要求,并征求各方意见,然后报请教育行政当局批准。当时的主要问题在于,东吴法学院的老传统,是教授比较法。所谓比较法，应从广义着想，不应像过去那样，只重视英美法系一个方面，应同时顾到大陆法系、苏联和其他东欧国家法系。当然，由于师资教材等限制，不可能同时同等发展，但不应依旧偏重一面，而不及其他。根据当时我对外关系，应当增设有关苏联、东欧国家以及我在亚洲周边国家民、刑法律的课程。此外，还应增设一些有关国家法院组织及诉讼程序的课程，陆续予以实施。同时，北京成立了新法学研究会，招收全国各地有一定政治和法学水平的学员去北京集中学习，东吴法学院有若干名额。我极力鼓励东吴一些青年教师报名参加。决定前去参加的有讲师傅季重、助教黄毓麟。学院为他们开了一个热烈的欢送会。后来，傅季重成为社会科学院研究员，黄毓麟参加香港新华分社关于香港回归的法律工作，任务很重要，他作出了出色的贡献。

  1952年暑假，全国高等院校教师们，在党的领导下进行了思想改造，接着就进行院系调整。院系调整大体上就是说，把各高等院校的同样院系，适当地予以归并起来，以免重复而力量分散，只有少数的综合性大学或理工科大学照旧存在，保留原有的院系，不受影响，或者因吸收停办院校的系科而相应地扩展。

  思想改造是在党的集中领导下进行的。东吴法学院的专任教师较少，大多数是在各校或各处兼课或兼职的。思想改造期间，大家集中起来，住在校内。兼课、兼职的人则参加其主要工作所在地的思想改造运动。首先是听党领导的报告，然后分组讨论。东吴法学院比较年老的教师分为两组，每组十余人。此外,每组有一两位党员干部参加。分组讨论中,组员先后发言,先是自我介绍详细履历,然后倾谈解放后自己思想活动或转变过程。在此阶段,别的组员可以交叉发言,或者进行帮助,借此大家可以提高认识。有时可以临时休会,以便休息或整理思想。似此逐一轮流发言,不作结论。历时一个多月的思想改造,于1952年8月告一段落。

这时候,大家各自回家休息,"听候调遣",接着就要开始的院系调整将涉及不少人事上调动。首先,上海全市有十七所高等院校停办,包括东吴法学院、圣约翰大学、沪江大学、震旦大学、大同大学、上海法学院、上海法政学院、上海美专、立信会计学院等。东吴法学院法律系未毕业学生并入新设的华东政法学院,教师等待分配。停办十七高校的结束工作,除校产各在原校处理或归并外,关于教务方面的未了事务,包括发给本届毕业生文凭、移交在学学生的学业成绩、保管已毕业学生学业成绩和签发学历证明、涉及原校教师、学生的咨询工作等一切有关事务,各院留一定人员负责办理。停办十七院校结束联合办事处设在东吴法学院原址,其他十六院校文件资料,也都搬来集中存放。原沪江大学校长余日宣被指定为总负责人,并指定我为常驻代表,负责有关停办的日常协调工作,及同华东高教局保持联系,均不担任任何新的名义。就是这样,我继续留在原东吴法学院,负责办理结束事务,达两年之久。

余日宣因住在上海远郊区,仅开会或临时有事才来。我则几年来本是经常到此,就成了这个结束办事处的东道主。

我们虽然经常有些事做,但究竟不是很多。我本来就有自己的办公室,其他院校"留守人员"只得分室集体办公。我就有机会在空余时间看书和学习新知识。后来又想出学习俄语的主意,其他院校一些留守人员都有此意。集体学比单独学更好。我们并不困难请到一位俄语教师,每周教授两次。我以前曾有一段时间学过一些俄语。那时为了避难,曾在亨利路(今新乐路)住过。那里是俄国人集居之地,有"小莫斯科"之称。我出于好奇曾学过一些俄语,因此在解放后再学时,还可以同时辅助别人,更添兴趣。

当时我认真要学俄语,还有一个并非"不可告人"的"私心杂念"。思想改造告一段落后,东吴的法律系未毕业学生转到新建的华东政法学院,但前述两个小组的教师中没有一人分配到那里,都还在等待分配。这意味着什么?很显然是因为我们这种从旧社会过来的人,不免都有常受批判的"旧法观点"。当时各学校急需要俄语师资,而且已有一些本属社会科学的老教师,改教俄语。学俄语是为了不久可以教俄语。无论如何,多学一种外国语言,是有益无害的。

上海那时有一所俄语广播学校,每天中午讲授俄语半小时,课本在指定地点出售,两年后经过考试,及格后给予结业证书。我和邻居庞伯龙相约报名参加。庞是上海震旦大学毕业,习法文,上海解放后赋闲在家,想在学好俄语后另谋出路。我一方面仍在联合办事处,学习基础俄语,一方面和庞伯龙相约,除每天听俄语广播外,还同去陕西南路一位俄国老太太那里学习口语。再过一时,又有一位邻居加入,三人共同聘请一位俄国老师,在我家为我们讲解俄国文学,包括普希金、契诃夫、屠格涅夫的作品。

后来联合办事处的事务已逐渐减少,1953年冬,东吴法学院的原址让给新建的上海财经学院,联合办事处则迁至顺昌路原上海美术专门学校办公,我也不需要天天前去。我学俄语的兴趣则与日俱增。我还记得在1954年的初春,我偕女儿乃先去杭州游览西湖。日近中午,我记起学习俄语的时间到了,我不愿旷课,爬到玉皇山顶一家顾客不多的素菜馆里,商得店主同意,开无线电收听上海的俄语学校广播,当时学俄语的热情竟有如斯。

再过一段时间,我学俄语已满两年。我和庞伯龙同去参加俄语广播学校的结业考试。不久,我们接到通过结业考试的通知。这段学习虽属业余性质,时间短暂,但很有意义,我也认真对待。这份结业证书,连同我在东吴和斯坦福两校的毕业文凭,至今还完整地保存在我的书柜内。

4. 同济安度

十七高校联合办事处经过两年工作后,已无继续存在的必要。所有各院校的档案和有关文件,均由华东高教局接收保管。我随着接到通知,要我去同济大学报到,担任的职务是图书馆主任,兼教大学俄语,我欣然受命。在此之前,原圣约翰大学校长潘世兹调任复旦大学图书馆主任,原东吴法学院院长杨兆龙调复旦大学教俄文。我则兼而有之。同济大学经过院系调整后,由综合性大学改成建筑工程专业性大学。原来的文、法、医各学院调到复旦大学和上海医学院,而他校的建筑工程院系则调入同济大学。同济大学原来是德国人开办的,教本教材大部分用德文。院系调整后,这个传统不复存在。

同济大学那时的校长夏坚白是测量专家,教务长李国豪是有名的桥梁专家。他们作为我的顶头上司,都表示欢迎。我早就听说,图书管理是一项专门学问,现在必须很好学习。首先是分类,然后是编码,都有专书论述。同济大学图书馆有位魏以新老先生,他积数十年的经验对此道很熟悉,我表示愿意虚心向他学习。其次是采购,必须熟悉专业,知道各院系的需要。本来图书馆可以依靠各院系,让它们自己提出书名,以便采购,但是各院系也需要图书馆的建议。因此,图书馆必须广泛收集国内外书商的广告和说明,以便向各院系介绍。再其次是专业性期刊,它们出版较快,内容较新,如此等等。总之,这项工作不仅是保管好书、办办订购手续而已。但我并不因此气馁。偶尔想起一次中秋赏月,一位周教授同我谈得起劲,他半开玩笑地对我说,"你是同济大学唯一的法学家",我一时不知如何作答,只好对他说,我准备从头学起。

同济大学图书馆分编目、采购、期刊、流通等几个组,共二十多人,其中魏以新在职最久,且谙德文。还有一位学国际组织的年轻留美生,名王俊怡,苏州人,担任图书编目。他为人谦虚谨慎,擅长英语,熟悉各种国际组织的来龙去脉,

"文革"后,曾编写过一本《汉英成语手册》。我后来调职后,他也调到南京一家出版社工作。我本想设法介绍他担任更合适的工作。但在"文化大革命"时,我们失去了联系,至今不知他在何处。

1954年秋季始业的学期即将开始,我连忙去俄语教研室联系俄语教学计划的问题。系主任游××是一位年轻人,他已为我安排担任一个俄语中级班的课,每星期有三节课。这虽然是我的兼职,但我并不嫌多。我出席参加系里每次召开的教研组会议,彼此交流教学经验。我集中学习俄语虽然只有两年,但我同时三路进军:联合办事处集体学习;俄语广播学校每天听课;延师到家专门学习。而且还有强烈的目的性,因此这两年是不寻常的两年。我在图书馆工作以外,有此讲堂生活,也觉得很有劲头。

由于同济大学在上海郊区江湾五角场,离我家很远。学校分配给我适当住处,我在隆冬盛夏或风雨时日可以住宿校内,而免长途跋涉之苦。似乎我已作了长期打算,但是后来事实的发展说明,我在同济大学两年不过是一个过渡时期。由于我自己做好长期准备,这两年倒是安稳度过。

十 北京召唤

1. 告别上海
2. "安居乐业"
3. 伸张正义
4. 《领海声明》

1. 告别上海

1956年春季一天中午,当我正在同济大学食堂进午餐时,学校人事处黄处长喜形于色地过来对我说,北京外交部来文调我去外交部工作。他还向我解释道,向我校调人,照说应该通过高等教育部,但因外交部长是国务院周总理兼任的,当然就不用让公文"旅行"了。他也叮嘱我赶快准备准备。翌日,薛校长(当时夏坚白校长已调武汉测量学院)也找我谈调职之事。他说,照我的过去经历,调来同济大学本是权宜之计,现在外交部调我去办有关国际法案件,学用结合,似更相宜,等等。

我接到调令通知后,心里十分高兴。我虽然对长期继续在同济工作,有了足够心理上准备,但一旦能调在周总理直接领导的外交部做有关国际法的工作,那真使我感到非常欣幸。我的夫人张凤桢是土生土长、世代久居上海的本地人,最初听到即将移居北京,感到有些突然,但定心一想,即觉得这是无限幸福。女儿倪乃先还在市一女中高一下学期,转学应无问题。我们当即议定,由我先去北京报到,接上工作,等到暑期回沪结束上海的家,再举家同去北京。

我于1956年4月19日上午抵达北京,即持同济大学介绍函立即驱车前往外交部,首先是找人事处报到。当时接待我的人是至今还常见面的林中专员,略事寒暄后,他就派人陪我去见当时的条约委员会主任闫宝航,主任秘书董希白。

他们热情地接待我,并立即请了顾问周鲠生、梅汝璈和涂允檀以及专门委员刘泽荣、凌其翰和陆殿栋一起进来晤谈,情绪热烈非凡。我已有四五年没有同搞法律工作的人叙谈,这次在外交部同时会到许多前辈和同侪,高兴得几乎流出泪来。我和周鲠生曾于1945年在重庆会过,梅汝璈是东京审判时的中国法官,可以说是共过"患难"。凌其翰曾在上海东吴法学院任教,他的父亲和我的岳父又是世交。陆殿栋也是东吴法学院毕业,我和他于1945年曾在华盛顿晤谈甚欢,记忆犹新。涂允檀和刘泽荣都是外交界知名人士,也是法学界老前辈。这次短暂会晤,使我感到心情舒畅。

那天中午,条委会派车送我到东郊外交部招待所休息。午餐时,意外地遇到阔别了三十三年的原沪江大学附中老同学李春蕃,他后来改名柯柏年,这次从罗马尼亚大使任上回国参加"五·一"劳动节观礼。我们两人相见之下,不知话该从何说起,好在同住一个招待所,不愁没有畅谈的机会。那天也在餐厅遇到的,还有驻南斯拉夫大使伍修权、驻民主德国大使曾涌泉,还有新到职的国际问题研究所所长孟用潜。大家初次见面,经柯柏年介绍,以后又朝夕相见。

从翌日起,条委会每天派车接送我上下班。董希白详细告诉我条委会工作概况和规章制度。我还参加了一次到京郊周口店的春游活动,有机会和条委会的年轻同志在一起谈天说地,倒也轻松愉快。过几天,就要到天安门去参加"五·一"劳动节的庆祝活动,心情有些激动。那天一早起来等待车来接我们去天安门前观礼台。遥见毛主席、周总理等党和国家领导人在天安门城楼上向下面观礼台频频招手示意,大家鼓掌欢呼。那天的游行队伍,也吸引住了观礼人们的目光和心灵,历久难忘。

过了"五·一"节后,我立即把全部精力集中到条委会的工作上来。我逐渐认识到条委会的业务,远远不仅局限于订约、建交等大事。凡是外交部直属的司局以及国内外直属机关和驻外使馆所遇到的涉及条约、法律问题,都要交由条委会提供意见。那时,新中国还没有参加联合国,但已与不少国家建交,在交往中自然会产生一些双边或多边有关条约、法律的问题。即使在与未建交国家之间,虽然没有条约关系,但有时也会产生一些法律方面的问题或交涉,甚至斗争。因此,条法工作是相当繁重的。除此以外,还有培养年轻干部的任务,通俗称为"带徒弟",主要是指定读物、解答问题和带同办案。我们当时被称为"老专家",虽然我和凌、陆两位事实上还不算老。"老专家"们办案,比较重大案件集体商量;一般案件,可以分头办理,例如海洋法案件,涉及陆地边界、空间问题,均交刘泽荣办,涉外司法案件交由我办,有时在提出初步意见后,征求别位同意。因此,以上所说的分工,并不是绝对的。

条委会还有一项集体创作,那就是编译《国际条约集》,这项工作由凌其翰抓总。编译的计划是将1815年维也纳会议以来的国际条约分别编为若干集,但在编译的次序上,则为适应当时需要,先从1945年编起,至1957年为止,然后再编1944年以前的条约。由条委会年轻干部翻译,再由"老专家"校阅。这也是培训干部的一个好办法。《国际条约集》已出版从1917年到1957年共八大本,后来由于"文化大革命"而中辍。

我在北京待了近三个月、熟悉了工作情况之后,就专程回到上海办理搬家事宜。我和夫人张凤桢1930年从美国回到上海定居,直到1956年夏,整整二十六年,在我一生中,是个艰苦奋斗的历程。现在即将告别上海,开始一个新的起点,不无临别依依之感。我们的亲友,也不能免俗,纷纷设宴饯行。一个历时多年的家庭搬迁,的确不是一件易事。终于在一个初秋的下午,同夫人张凤桢搭车北上,女儿倪乃先因有事暂留。翌日傍晚到达北京前门车站。条委会派了秘书秦静到车站来迎,仍去东郊外交部招待所暂住。

2. "安居乐业"

1956年秋天,外交部通知我可以分配住房,地点在东城苏州胡同七贤里三号,是一座有假三层的旧洋房。分配给我的是楼下两间住房和假三层。其余的房屋已分配给条委会同事刘泽荣一家六口。我们很快就搬进去住,那时女儿倪乃先已从上海来到北京。她的转学问题,亦经外交部人事处派员去和东城灯市口女十二中联系,经过一次转学考试而办妥。

住处问题安排好后,工作亦已逐渐就绪。有如前述,工作主要是法律咨询。同条委会经常联系的有亚洲司、西欧司和领事司。当时同我建交的国家,除苏联和东欧国家之外,主要是东南亚和南亚国家。它们同我或者边界接壤,或者交往频繁。它们中有些初获独立,法制属于资产阶级体系。西欧司当时向条委会提出的咨询,大多涉及香港。至于领事司则对侨民、船舶、渔民、国籍、财产等许多问题,都经常向我们咨询。他们有时来人和我们商谈,有时请我们去开会讨论。还有一些外单位、特别是外贸部(那时还没有外经贸部)和中国国际贸易促进委员会,也常因在国外发生诉讼或法律纠纷,邀请条委会参加讨论。咨询大体上是口头进行的,但有时需要提出书面意见,而且还要作调查研究,详细说明意见及其依据,以供进一步研讨。

咨询工作大体上是被动的,一般是发生问题后再设法应付或补救,而传播国际法知识则是积极的、主动的。为此,周鲠生着手编写适合于新中国学者应用的整套《国际法》,接着还有刘泽荣编写的《领海法概论》,后来我也编写了《国际法中的司法管辖问题》。因为我在办理有关涉外司法案件中,首先要遇到的,大都是受诉法院有无管辖权的问题。梅汝璈着手编写《远东国际军事法庭》,尚未写完即已病逝,法律出版社把他已写成的四章付印出版,虽然不全,仍不失为一部有关史实和英美诉讼程序法则的珍贵作品。前面提到由凌其翰主编的《国际条约集》,虽然没有能按原计划出齐,现有的 1917—1957 年间条约译文,还是很有用的资料。

除此之外,我们还从事译书。我曾译过英国托马斯著的《国际私法》。此书的译本曾经人民大学陈立新教授指定为课本之一。后来，我曾和条法司的年轻干部合译路克·李著的《领事法和领事实践》。此外，我还为条委会和后来的条法司年轻同志的译稿，进行审阅，其中有英国尼科松著的《外交学》。

外交部内有些单位，特别是领事司和西欧司，由于常在业务中遇到西方国家法院涉讼之事，要求我举行一次座谈，讲讲一些西方国家法制概况。条法司年轻干部本来亦已有此要求。因此，我在条法司讲了一次，我记得曾在一块黑板上画了英、美、法等国法院系统的图表，加以解释，事后，领事司的叶强处长说，这样才弄清楚这些国家的法院名称和系统。我也曾在外交部办公厅编的《业务研究》1956、1957年第8、12、13期上发表了有关这方面的资料。

这里必须补叙一下，从1957年下半年起，原条约委员会改为条约法律司，简称条法司。第一任司长是曾任驻缅甸大使姚仲明。副司长董希白、邵天任。我们几位年长者，仍一如既往，分别以顾问、专门委员名义留在司内工作。条法司分三个处：一处主管条约，二处主管法律，三处主管边界和地图。主管条法司的副部长是章汉夫，他本来姓谢，和梅汝璈曾在清华同学，后因参加革命，改名章汉夫。

那时，外交部长已由陈毅副总理兼任。有一天，他邀我们条法司的"老专家"在外交部食堂共进午餐。他看到我们大多数人是年迈苍苍，最年轻的陆殿东也难免两鬓微白，就问我们是否还要"点卯"（旧时兵营里早操点名）。我们回答说，因事多，故天天来。他接着说："那就不用卯时就到啰。"

我们谈得比较轻松愉快。他知道我们有几个人是上海来的（凌、陆和我），也谈了一些上海见闻。

事实上我们确是天天上下班，基本上和年轻同志一样。由于和我建交国家日益增多，条法司本身的业务，也因国际情势的发展，不断扩大。我感觉到这样的趋势和压力，我们的队伍需要适当补充，就想起了东吴法学院的同班同学李浩培。当我1956年初到北京时，他曾两次前来外交部招待所看我。那时，他是在法制委员会工作，好像不很对口。1957年6月"整风运动"期间，我在中国政法学会召开的座谈会上，曾在发言中提到了他。我说"李浩培如在涉及国际法的部门，发挥的力量可能会更大些"，会议记录上有此记载。会后我曾和周鲠生提过，因为李曾在武汉大学任教。周也同意我的看法。后来终于把这个意见向组织上反映，获得部领导的同意。1963年李浩培从他当时任教的外交学院调来外交部条法司工作，同时调来的有同院的青年教师黄嘉华，80年代初期，担任条法司司长职务。

当时我的业余生活倒也丰富多彩。我住苏州胡同七贤里时，出行比较便利。附近台基厂有国际俱乐部。我们几位"老年人"，经外交部介绍，都是当然会员，享有特殊待遇，可以带家属看电影、打台球、参加星期舞会，至于游泳、打网球等也不在话下。但是对我来说，周末看电影是主要的。有时邀约熟人在俱乐部餐叙，也是一桩乐事。还有就是看京剧，这在别地是难以充分满足的，因此"吉祥""长安"是我业余时间的好去处。也就在那时，北京大学教授俞平伯等发起成立北京昆曲研习社,我也经常参加"同期",这是南方人对昆曲清唱会的称呼。迄今为止,我已参加了四十余年。北京著名昆剧老演员韩世昌、白云生等,偶尔在原刑部街口西单剧场演出时,我只要预先得到消息,总是不肯轻易放过机会。后来北方昆曲剧院成立,第一次排演《渔家乐》。上海仙霓社从未演过全本,能这样一气呵成,很不容易,我祝贺他们演出成功。

我的亲戚旧友,大多是在南方。当时寓居北京的近亲,则唯有外甥女王回珠。她的丈夫涂长望,我在前面曾经提过,他是新中国第一任国家气象局局长。王回珠是我大姊的女儿,只小我三岁。他们起先住西城护国寺,后来随着国家气象局,迁居西郊五塔寺。我后来从苏州胡同迁居东郊豫王坟,相距越来越远,但仍常有往来。我于假日去他们家时,总是顺便去逛西郊,不是颐和园,就是去香山,使我后来养成每星期日去西郊爬山的习惯。除了涂家之外,后来久居昆明的堂姊徵琮和姊夫刘绍光也先后来北京,定居于广安门内登莱胡同。徵琮因年龄关系,已不再行医,绍光则专心著书。他是北京协和医学院第一届毕业生,不仅精通医道,也喜涉猎自然科学中宇宙万象,学识广博,津津有味。我和他有时也同出游,兴趣盎然。

这样几年下来,我的生活、工作各方面,都已比较习惯,可说是已"安居乐业",并不夸张。

3. 伸张正义

我在外交部所担任的工作，大体上已在前面讲过，但对于办过哪些具体案件，则不可能一一回忆得起来。下面略举一些尚在记忆中的几桩具体案例，以便说明我们工作的性质和内容。

（甲）谴责侵略——1956年7月，当我来到外交部条委会不久，埃及宣布将早年大部分由英国和法国投资的苏伊士运河收归国有，并将该公司收益充作亟待修造的阿斯旺水坝之用。几经交涉，埃及反对苏伊士运河国际化的折中建议。是年10月31日英国和法国纠同以色列悍然向埃及发动侵略战争。11月1日我国政府发表声明予以谴责，同月3日我国政府向英法两国政府提出强烈抗议。同日条委会的周鲠生、凌其翰和我三人联名在《人民日报》发表长文，从国际法的角度支持埃及对苏伊士运河这一正义行动，谴责英法等国发动的侵略战争。

发展中国家对资本主义发达国家投资的企业予以国有化，是国际法所允许的。资本主义国家则千方百计予以抵制，称它为"没收""充公"等，在无可奈何的情况下，主张必须给予所谓"充分、迅速、有效"的补偿，这一主张，后来被修正为"合理的补偿"。实际上，有些发达国家从企业已获得的利润，早已远远超过它们原来投资的总额。何况有些外国企业，本来就是基于巧取豪夺而开设的。在第二次世界大战后的国际社会里,国有化已是常见之事。无论如何,国有化不能作为发达国家发动军事侵略的借口。其他一些国家,如苏联和新独立国家,都纷纷提出抗议。许多国家的人民团体也都发出谴责的呼声。迫于这样国际形势,英、法两国不得不于11月6日子夜实行停火。11月20日英国首相艾登提出辞职。这是通过法律斗争,反对武力侵略的实例,也是强权屈服于国际舆论的具体表现。

(乙)反对迫害——通过法律反对政治迫害的另一桩事件,也发生于50年代,值得追忆。1950年8月美国国会通过一项迫害进步人士的《国家安全法案》,就是臭名远扬的"麦卡锡"法案。接着,美国政府就大肆搜捕"共产党人",连年迫害许多进步人士。一位久居中国、后来返回美国的新闻界人士小约翰·鲍威尔(John Powell Jr.)也成为迫害的对象,竟在美国法院被无理起诉。小鲍威尔向法院申明他从未做过违反美国安全利益的事,并举出可以证明他清白无辜的证人。这些证人包括当时在中国福利会工作的耿丽淑(Gerlach)、在外文出版社工作的爱泼斯坦(Epstein)及在《中国建设》杂志工作的沙博理(Shapiro)等人。她(他)们都是美国籍,也都在宋庆龄女士创立的中国人民保卫世界和平大会(简称"和大")兼职。1956年的一个秋天,他们分别接到美国加州联邦地方法院寄来的传票,命令她(他)们向法院报到受讯,并称如不遵从,将被处罚等。

她(他)们收到美国法院传票后,感到十分恐慌和为难。她(他)们觉得作为美国公民,理应遵从美国的法律,而且

"抗传不到"是要受处罚的。去法院受讯，还有机会提供证言，证明小鲍威尔无罪。同时，她(他)们也有顾虑，因为自己也是民主人士，向来主张正义，当时"麦卡锡"法案来势汹汹，不少正直无辜人士都受牵涉连累，万一不能为小鲍威尔脱罪，反而把自己牵涉进去，后果将不堪设想。她(他)们处于"两难"的困境，于是找到当时在"和大"担任领导工作的唐明照。唐转商于当时外交部美澳司司长徐永煐和副司长俞沛文，美澳司将这事转请条委会研究。条委会领导初步研究后，问我怎么办较妥当。我认为最好先听听这些当事人即受传唤的本人的意见。于是大约在1956年底到1957年初时，我有好几次由当时美澳司处长张再陪同去"和大"，听到了前面所述的当事人的"两难"处境。

我经过一番考虑后，认为法院传证，是一项行使司法权的公法行为，如果证人在另一国居住，按照国际惯例，不论该证人属何国籍，都应当通过外交途径，委托该另一国的主管当局代为送达。有些国家之间，事先已签订这类"司法协助"条约，日后有需要时就可按照协定办理。美国法院直接传唤现在中国的证人是违反国际惯例的。证人本可置之不理。但是为了保护证人本人起见，可由她(他)们致函小鲍威尔，告以美国法院传证不符国际惯例，不能据此办理出境手续，除非中美之间有委托代送传票等问题的司法协助条约。这样做一是可以说明并非证人"抗传不到"；二是使法院不能马上就作出不利于被告小鲍威尔的判决，因为被告已提出可以证明他无罪的证人，美国法院已传唤证人，说明这些证人的证言是与案情直接有关的,法院也就不能在未听取这些证人证言之前,作出被告有罪的判决。这样既为证人解脱"抗传"的嫌疑,也可有利于小鲍威尔的案件本身。总的来说,可以把原来的"两难"变成"两利"。

耿丽淑等听了之后,觉得虽然这是一项有利的办法,但总有些将信将疑。就在这时,小鲍威尔的美国辩护律师魏埃林(Wirin)从洛杉矶来到北京,找到了耿丽淑等。他来的目的是想劝说耿丽淑等前去美国作证,以便为小鲍威尔脱罪。他并提出要求,想与外交部主管法律人员进行交谈。条法司和美澳司就让我和张再前往北京饭店与魏埃林律师会晤。经过一番讨论,最后他也同意耿丽淑等暂不前去美国法院作证。那时,中美两国正在进行大使级会谈。中方就在华沙举行的中美会谈时,由王炳南大使提出关于缔结司法协助协定以应需要的建议。那时朝鲜战争虽然早已结束,但中美两国并未建立外交关系,我方提出签订司法协助,明知对方不会同意,无非是为了要将它一军。结果是不签协议,谈不上司法协助,美国法院要传唤住在中国的证人,也就无法落实,其咎不在中国。过了一时,"麦卡锡"法案迫害进步人士的势头也渐趋缓和,小鲍威尔被诉一案,也就不了了之了。

(丙)"九颗红星"——1963年夏,中国国际贸易促进委员会组成以王耀庭为首的贸易小组,应邀去巴西举办展览并讨论贸易。当时的巴西总统古拉特是一位进步人士,对从新中国来的客人非常友好,曾在总统府设宴款待。古拉特与王耀庭等的谈话,除涉及展览和贸易外,还谈到进一步发展两国关系的问题,并曾考虑邀请陈毅副总理兼外长访问巴西。然而,不到两个月,巴西发生了军事政变,一片混乱,到处抓人。以王耀庭为首的中国贸易小组九人均被逮捕。他们被诬指为古拉特总统试图在巴西实行共产主义的"政治顾问",并被送上巴西军事法庭受审。1964年10月12日,军事法庭开庭,控诉王耀庭等九人犯有"间谍"和"颠覆"罪名。检察官要求判处九人各二十三年徒刑。王耀庭等九人坚贞不屈,七次上法庭进行辩护和斗争。当时他们和国内被完全隔离,无法得到直接援助,只能通过媒体予以舆论上的支援。

条法司的周鲠生、梅汝璈和我三人先后各自撰文在《人民日报》上发表,从法律观点谴责巴西反动派的蛮横无理,特别是对手无寸铁的外籍无辜公民在毫无证据情况下进行军事审判,以长期徒刑相威胁,逼使承认莫须有的罪名。当时国内报纸都称王耀庭等九人为"九颗红星"。我们当时和巴西既无外交关系,也无可以办理交涉的代表,只得用口诛笔伐的方式进行斗争,同时通过传媒,鼓励并感谢72岁高龄的巴西平托律师坚持真理,为王耀庭等仗义执言,反对巴西反动派的野蛮迫害。据九人中最年轻的张保生最近在国内发表的文章中写道,平托律师当时在军事法庭上宣称:"我当律师五十多年,从未见如此的无端陷害。你们强加在九名中国人头上的'罪证',是我平生耳闻目睹的最可耻的东西。本案的事实已昭然若揭,巴西舆论也很清楚了。现在的问题不是你们不懂得如何判决,而是你们不知道如何向你们的上司交代。"后来,巴西军事法庭仍判处九人各10年有期徒刑,中国政府对此提出严重抗议。未隔多时,巴西当局于1965年为了逃避国内外舆论谴责,将王耀庭等九人"驱逐出境"。1974年巴西在与中国谈判建交时,承认1964年对王耀庭等九人的判决是错误的,并保证采取措施予以撤销。

4.《领海声明》

历来国际法的理论和实践都承认沿海国家有权在海岸以外划定一定宽度的水域,通称领海,以别于公海,这个概念是被普遍接受的。但是对于以下两个问题,各国的认识和实践并不一致。第一,沿海国在其领海内,行使何种权利,换言之,它是否能行使主权。对此,有些西方资本主义国家学者曾认为海是公有的,因此沿海国即使在其领海内也不能享有如同对其领土一样的主权。第二,关于领海的宽度问题,各国的实践并不一致,而且差别很大。

关于领海的法律地位问题,即沿海国是否享有主权的问题,1930年国际联盟在海牙召开的国际法编纂会议基本上肯定了沿海国对其领海行使主权。至于领海的宽度问题,各国的实践并不一致。在1930年海牙国际法编纂会议上,英国和美国带头坚持主张3海里(每海里相当于1.852公里),但不少其他国家采用比3海里更宽的领海宽度,因此未能达成协议。英、美等海洋国家坚持3海里的主张,不但在自己的立法上规定这一宽度,而且在对外的条约关系和外交实践中也极力争取3海里的宽度得到广泛、甚至普遍的承认。它们这样做是基于战略上和经济上的利益和考虑，因为如果各国的领海宽度扩大，将影响它们作为海洋大国在公海上的优越地位，因为它们的军舰、飞机、商船、渔轮的活动范围将相应地缩小。1931年，国民党政府宣布领海宽度为3海里。

第二次世界大战后，联合国海洋法会议于1958年2月在日内瓦召开。新中国以及朝鲜、越南、蒙古和德意志民主共和国，因未获邀请而没有参加。会上情况与1930年国际联盟召开的会议情况已大不相同，主张3海里领海宽度的已属少数，而主张超过3海里的国家大大增加。会议虽然通过了关于领海、公海、渔业和大陆架四个公约，但是对于至关重要的领海宽度问题，由于没有一个具体的宽度获得多数通过，因此未能作出具体规定。会议决定请联合国再召开一次会议。这第一次联合国海洋法会议历时两个多月而于1958年4月底结束。

新中国虽然未能参加1958年的海洋法会议，但与我友好的国家，如罗马尼亚、苏联等国，在会议期间和会后，都和我保持联系，通报会议进行情况及其结果。对于这样一个关系到海上边疆的重大问题，国家领导人早已注意到必须尽早明确规定。那时，由于美国插手台湾海峡，风云险恶，与金门、马祖之间炮战正酣。1958年8月中旬的一个上午，外交部条法司领导通知刘泽荣和我准备当天下午去北戴河"开会"，下午2时在东楼乔冠华办公室集合后出发。届时刘泽荣和我去东楼，先遇到章汉夫副部长。他很关心地问我们，是否带了足够的秋凉后所需衣服。稍后，乔冠华和一位雷参谋来到，即乘车前往西郊机场。我们四人乘上周总理的专机后，即刻起飞。我还是第一次看到专用飞机，更不用说乘坐专机。我好奇地注意到这架飞机的特点。它是一架小型的草绿色飞机，外形并不华丽，内部酷似一个洁净的小型公寓，简单朴素。刘泽荣和我已体会到，我们即将出席的会，不是一般的会议。同时也料到，将讨论海洋法问题，后来知道果然是这样。不到半小时，飞机已到达山海关的军用机场，下机后我们乘车往南去北戴河，住在据说是前北洋军阀段祺瑞的公馆。乔冠华对我们说，毛主席和周总理将接见我们，谈谈海洋法问题，已在北戴河休假的周鲠生也将参加。他要我们好好休息，接见时间等待通知。

第二天下午，有车来接我们四人去毛主席住处。车停在滨海的一座小洋房前面。周老也随即到来。我们被引到二层楼一间三面有窗、光线适度的房间，里面摆着一张宽大的桌子，四周几张藤椅。毛主席和周总理已在那里。我们进去时，由乔冠华一一介绍。主席和周老似曾相识，大家就座时，总理坐在主席右首，周老、刘老和我坐在主席左首，乔冠华和雷参谋坐在主席对面。主席大概觉察，我们都带着一些南方口音，先后问我们的原籍所在，来京多久，是否习惯。

在谈到正题海洋法时，我们主要先就下述几个问题进行汇报：领海的概念和各主要国家的实践及惯例，领海的宽度问题及各国在最近召开的国际海洋法会议上对此问题的分歧，别国军舰、飞机在领海或其上空通过的权利及其限制，对下次可能举行国际海洋法会议的展望等。接着，大家在主席和总理的主持下,进行了交谈、提问和质疑。总理特别指出领海宽度差异以及外国军舰、飞机通过问题的重要性,并指出这些问题亟待解决。后来在谈到我国海岸线的总长度时,出现了两种不同的算法。一种是顺着海岸线的曲线计算,另一种是在海岸线很弯曲的情况下,可以选定一系列基点,在这些基点之间划出若干条直基线。如采用直基线计算的方法,海岸线总长度较短,但对沿海国较为有利。我当时提出的我国海岸总长度大体上是按照直基线方法计算的。这个按照直基线计算的方法为国际上所承认。1951年国际法院在英国和挪威渔业一案判决中认定挪威用直基线划定领海并不违反国际法。这一次接见历时两个小时。我们动身告别时,毛主席问:"你们同事中有没有年轻人?"大概主席看到周老和刘老都已古稀之年,我较年轻,那时也五十有二,两鬓微白,故提出此问。乔冠华答称,除"老专家"外,还有年轻的大学毕业生。毛主席频频点首。我们出门时,毛主席亲自送到车边。这次接见给我留下非常深刻的印象和巨大鼓舞,同时也督促我更严格要求自己。

我们回到招待所后,乔冠华告诉刘老和我:"今天谈过后,要看看主席是否还要续谈,我们先稍待几天再说,大家可以好好休息。"我这时才记起章汉夫问我们是否带了足够的衣服。当晚刘老和我因为听到可能主席还将接见,就不断地动脑筋,想想从初次汇报中,还可能引起哪些需要进一步考虑的问题。想来想去,还是总理指出的两个问题最亟待解决,就是领海宽度究竟采用几海里为宜以及对外国军舰和飞机应如何限制其自由通过。对于这两个问题,一是为了符合发展中国家的利益,讨论中似乎倾向于12海里;二是必须限制军事大国在别国领海和领空中的自由活动。对此,似乎大家看法比较一致。

第三天早餐后,彭德怀元帅来访乔冠华和雷参谋。乔冠华为刘老和我介绍。彭总布衣布鞋、诚挚谦和,几乎令人忘掉面前是身经百战、叱咤风云的抗美援朝总司令。我们略谈来北戴河的任务。他和乔、雷谈的似属台海金马战事实况。彭总离去后,我们四人乘车前往周总理住处,外交部第一副部长张闻天在座,我们向他汇报毛主席召见缘由和经过。他说周总理也已向他提到。总理和他都要我们好好休息,并建议我们出去游览或洗海水浴。我们对他们的关怀表示感谢。此后一两天里,乔冠华和雷参谋常出海游泳,刘老和我曾去外交部在北戴河的休养所看望周老和周老太太。后经通知毛主席不准备再度接见,我们四人就同乘火车回到北京。刘老和我在向条法司领导叙述这次召见时,没有忘记提到毛主席关于同事中有无年轻人的问话,说明了主席对培养后进的重视。

1958年9月4日,中国政府颁布《中华人民共和国关于领海的声明》,全文共四项,其主要内容是:第1项规定领海宽度为12海里;第2项规定用直基线划定领海的起算点;第3项规定外国飞机和军用船舶未经中国政府许可不得进入中国的领海及其上空;第4项规定前面第2、3两项的适用范围,包括台湾、澎湖、东沙、西沙、中沙、南沙等诸岛。声明最后部分说:"台湾和澎湖地区现在仍然被美国武力侵占,这是侵犯中华人民共和国领土完整和主权的非法行为。台湾和澎湖等地尚待收复,中华人民共和国政府有权采取一切适当的方法,在适当的时候,收复这些地区,这是中国的内政,不容许外国干涉。"

新中国在联合国海洋法会议框架之外所作出的上述《领海声明》,对于发展中国家起着巨大的鼓舞作用。联合国在1960年召开的第二次海洋法会议,虽然由于海洋大国的顽固态度,对领海宽度问题仍然没有能达成协议,但是接着声明采用12海里领海的国家,已显著地有所增加。关于领海问题和其他有关海洋法的许多问题,将于1973年召开的联合国第三次海洋法会议上作出规定。有关参加历时十年的第三次海洋法会议的情况,将在后面另章记述。

十一 会议频繁

1. 风云变幻
2. 海底会议
3. 联大会议
4. 海法会议
5. 起草会议
6. 会外活动

1. 风云变幻

早在1949年10月1日,毛主席在天安门城楼向全世界宣布中华人民共和国成立,并在公告中宣布:"本政府为代表中华人民共和国全国人民的唯一合法政府。"同年11月15日,周恩来总理兼外交部长致电联合国秘书长赖伊,作了同样内容的声明,并称所谓"中国国民政府代表团"绝对没有代表中国人民的任何资格。但是联合国在美国的操纵下,长期不能对中华人民共和国的合法权利作出合法的决定。同时,支持中华人民共和国的国家,特别是新独立的国家,越来越多。美国及其追随者只好用拖延办法来抵挡,或者说由于意见不统一,建议推迟讨论,后来又蛮不讲理地主张把中国代表权问题当做联合国宪章中所规定的"重要问题"处理,需要三分之二多数通过,借以抵制中华人民共和国的合法主张。

但真理总是要胜利的。1971年10月25日,纽约东河旁的联合国总部会议厅里一片欢腾,大会决定恢复中华人民共和国的合法代表权。一些非洲国家的代表竟互相拥抱在会场上跳起舞来。北京得到通知后,毛主席和周总理很快就决定了派出代表团的人选。除以乔冠华为团长外,还派出黄华、陈楚、符浩、唐明照、熊向晖、安致远、周南等以及翻译和行政人员,其中部分人后来留在纽约成为常驻代表团成员或联合国官员。乔冠华等一行于11月上旬抵达纽约,11月15

日乔冠华登上联合国讲台发言,会场上爆发了空前的热烈掌声。

那时,我在领事司工作。事情是这样的:1969年11月"大下放",条法司宣告撤销,全体人员下放江西上高,家属同去。所谓"老专家们"大都年迈多病,仅凌其翰和李浩培两家去江西。我和年轻同志李清元、贺锡嘉三人则调领事司工作。我在条法司时,本来就常同领事司打交道。但这并不是留我在外交部的唯一原因。据当时任外交部副部长的乔冠华告我,珍宝岛事件发生后,苏联态度转趋缓和,将派代表团来北京谈中苏边界问题,条法司要留人。我当时也觉察到,留下的还有李清元和贺锡嘉两位本来是管边界问题的。但是苏联代表团没有立即来。1970年爆发了钓鱼岛事件,我经常去国子监首都图书馆查看有关钓鱼岛的资料,并向科学院历史所的老教授们请教。周总理还在1970年12月25日夜晚召集有关部门人员去中南海讨论,兼及海洋开发问题,外交部军代表李耀文出席了会议,我同贺锡嘉亦前往参加,讨论热烈,通宵达旦。12月26日是毛主席诞辰,我们就把中南海为我们准备的早点当做"寿面"吃了才回家休息。周总理经常不分昼夜辛劳工作使我深感不安,又无限钦佩。

1972年初,中华人民共和国出席联合国大会的代表团部分成员从纽约回来后不久,领事司张灿明司长到我办公室里轻轻地问我身体健康近况。当我回答"还可以",他对我说,"你将有远行了"。接着,他告诉我联合国有个"海底委员会",将于1972年3月初在纽约开会,我国将派代表团参加，组织上有意让我作为代表团顾问前往，详细情况将由代表团负责人和我谈。我从1948年在参加东京审判回国后，到1971年底为止，已二十三年未出国门，调来外交部后也已十五年，专司内部咨询工作。一旦要我远行，倒是有些感到突然。过几天，和我同一年进条委会后来去荷兰当参赞的沈韦良找我谈前往纽约参加海底委员会会议的事。他告诉我，海底委员会已开了两年的会，这次同去的将有从事海洋业务的少数人员，外交部除他和我以外还有秘书和翻译，原条法司的贺锡嘉担任秘书。他要我做一些必要的准备。

1972年2月22日下午，海底委员会代表团出发赴纽约。当时中美两国还没有直接通航，我们是乘法国航空公司飞机先去巴黎，然后转往纽约。到巴黎时，我驻法使馆有人来接我们去使馆，当时代办是使馆参赞田志东，他是我在豫王坟宿舍的邻居，异地相逢，格外亲切。我们在巴黎候机两天，使馆安排我们游览巴黎名胜景点，甚感新鲜。两天后，我们仍乘法航飞机转往纽约。前面提到过的安致远代表前来肯尼迪机场迎接。我们和安致远都还是初次见面。他原来在铁道部担任国际联络部领导，人很机灵能干。他在这次出席海底委员会代表团里担任团长，沈韦良是副团长。我们分乘几辆车驶往纽约市中心曼哈顿。我和安同乘一车，他在大约半个多小时里，简单扼要地介绍了这次大会的经过和海底委员会的组成。我们很快就到了联合国中国代表团临时下榻的罗斯福饭店，见到了团长黄华和副团长陈楚等。他们都已来了几个月。代表团初到时，因临时仓促，经罗马尼亚常驻联合国代表团事先安排,暂租用曼哈顿中心罗斯福饭店的第十四层楼全部。为了安全和便利起见,我常驻代表团所有人员的食宿都包在这里,我们到了这里也不例外。

尽管代表团领导考虑到了安全问题,不幸事件还是发生了。我们到达罗斯福饭店后就被告知,在我们到达前不久,发生过公务员王锡昌猝然暴卒事件,要我们提高警惕。出事那天晚上,大家都在饭店十四层走廊里观看王锡昌放映的电影,到午夜才散。第二天早晨,不见王锡昌出来,房内电话也没有人接,经破门而入,发现王锡昌已半身僵硬,不治身亡。事后经医生查验血液,证明是尼古丁中毒。中国代表团到达纽约以来,不断接到反动的匿名信,要代表团成员"奔向自由"。有些报刊也不时刊登一些反华文章,台湾在纽约的某些反动势力也扬言要对付中国代表团等。美国执法当局对并不吸烟的王锡昌猝死事件的调查,迄无任何结果,鉴于这些从未料到的情况,我们不得不随时提高警惕,丝毫不能麻痹大意。

2. 海底会议

深洋海底的开发,以前很少有人问津。后来由于核资源的发现,其经济价值越来越被人们所认识,而且随着科学技术的发展,几千米水深的深海大洋底的矿产资源的开发将有可能在为期不远的时候得以实现。一些跨国财团正积极发展锰结核采矿技术,研制加工精炼过程,这一切引起广大发展中国家的注视,它们完全有理由担心一些发达国家利用目前所掌握的资金和技术优势,大肆夺取深洋海底的矿产资源。1967年第22届联合国大会上,马耳他常驻联合国代表阿维特·帕多(Avid Pardo)提出"关于国家管辖范围外海床洋底和平利用及其资源用于人类福利问题"的提案,主张制定一项公约,宣布各国管辖范围外海床洋底及其资源为"人类共同继承财产",该"区域专供和平利用,资源的开发由国际监督和管制"。尽管美国等海洋大国反对,由于提案得到大多数发展中国家支持,联大于1967年12月18日通过决议,成立一个"研究和平利用国家管辖外海床洋底特设委员会"。1968年联合国第23届大会根据上述特委会的报告,通过建立一个常设委员会,称"和平利用国家管辖范围外海床洋底委员会",简称"海底委员会"。1969年第24届联合国大会又通过了一项对国际海底不得进行开发活动的决议。

1969年和1970年,海底委员会进行两年工作后,向1970年度的联合国大会提出报告,联大就在1970年12月17日通过《管理国家管辖范围外海床洋底及其底土原则宣言》,成为后来具体制定国际海底开发制度、建立国际海底管理局所遵循的基本原则。1971年10月联合国大会决议恢复中华人民共和国的合法席位,另外并作出决议增加中华人民共和国等五国为海底委员会的成员国。至此,海底委员会成员国扩大到九十一国,我们就是在1972年3月开始参加海底委员会会议的。我们到达纽约后,拜访了海底委员会主席锡兰(后改称斯里兰卡)的阿美拉辛格(Amerasinghe)和三个小组委员会的主席,都受到了热烈欢迎。阿美拉辛格还认为中国代表团初次参加海底委员会全体会议,为了使中国代表团了解海底委员会过去几年中的工作情况,特请锡兰代表团成员平托(Pinto)为中国代表作了详细的讲解。这位平托先生后来同我常常在许多国际会议上见面,他长期以来担任设在海牙的伊朗和美国仲裁法庭秘书长,后来我也在海牙的国际法院任职,和他见面的机会就更多了。

在这次海底委员会全体会议上,初次到会的中国代表团受到了热烈的欢迎。中国代表团团长安致远在会上发了言,阐明中国政府关于海洋权问题的原则立场,主张:(1)大小国家一律平等,坚决反对一两个超级大国独断专行;(2)沿海国家有权根据自己的条件合理地规定自己的领海界限;(3)沿海国有权支配其沿海领域、海底和海床的自然资源;(4)各国领海和管辖范围以外的海洋及海底资源,原则上为世界各国人民所共有,决不容许一两个超级大国操纵和垄断;(5)各国领海和管辖范围以外的海床洋底,只能用于和平目的,不能为任何一国的军事侵略政策服务;(6)和平共处五项原则应成为国与国之间关系的准则。中国代表团所提出的上述各点,都受到广大发展中国家的热忱欢迎,曾有几次被响亮的鼓掌声所打断。但是当中国代表的发言提到钓鱼岛的问题时,日本代表小木曾竟然用铅笔敲着桌上的玻璃杯要求发言,表示不同意中国代表的发言涉及有争议的领土归属问题。安致远仍接着发言到讲完为止。许多国家的代表在散会时,对新参加委员会的中国代表所作发言表示热烈赞赏,都前来握手道贺,而对小木曾的无理干扰表示不满。

　　海底委员会的工作,除召开全体会议外,还分三个小组委员会进行讨论洽商。会外活动也很重要,就在这种会外活动中,可以广交朋友,交换看法,统一思想,配合行动,有利于形成建设性意见及同坚持霸权主义的国家作斗争。在这次会上,智利等许多发展中国家获悉日本、美国和一些西欧国家的私营企业计划在1972年夏季在太平洋进行勘探开发,显然违反了1969年联大会议上有关暂停勘探开发的规定。日本和美国则辩称,它们的私营企业所进行的活动仅仅是试验开发技术,并认为联大1969年关于暂停勘探开发的建议不具有法律的禁止效力等。中国和许多其他国家代表团则支持智利等国代表团的观点。关于这一问题虽然没有作出最后结论,但足以说明中国在国际会议中的一般立场和可以起的作用。

　　海底委员会一般每年召开两次全体会议,一次在纽约,另一次在日内瓦。这次1972年的春季会议,对中国来说,是一次尝试,收获不少,回国时带了许多有关过去几次会议的文件资料,作为准备下次开会时之用。以后的几次会议我都参加,中国代表团对于开发海底的国际制度及国际机构的组成等问题提出了看法和工作文件。由于国际海底问题涉及海洋法的各个方面,必须确定国家管辖的范围,首先是领海宽度、大陆架范围、捕鱼权问题等。1958年第一次联合国海洋法会议虽然通过了四个公约,但是对于许多有关的重要问题缺乏明确规定。1960年第二次召开的会议仍然没有达成协议。海底委员会内部也在酝酿召开第三次海洋法会议,以期通盘解决有关海洋法的问题,包括海底问题。1970年第25届联合国大会已决议于1973年召开第三次海洋法会议。会议的第一期会于1973年12月3日在纽约举行,这将是讨论海洋法一切问题包括海底问题的综合性会议,下面再予叙述。

出席海底委员会的代表团于1972年4月回到北京。在我们临近离开纽约之前,我参加了一件与海洋法不相牵涉的事,这里简单一提。中国常驻联合国代表团住在罗斯福饭店本来是临时安排,后来发生了王锡昌暴卒事件,又经人介绍,准备购买位于市中心西66街的一所大楼,原来是一个旅馆,业主因业务不振预备出售,经过数次商谈后成交订约。购房合同依照纽约州法律由律师拟订,长达一百余页,要求出售和购买双方在每页签字。常驻代表黄华要我先仔细审查一下。我学过美国的契约法,也见过许多律师所拟合同,但是这样繁琐的购房合同还是第一次看见。我虽然明知其内容有许多掺杂,这是有些律师想法多要报酬的诀窍,但既然履行审查,不能不逐字逐句地看了一遍,里面有些是照抄法律,有些是记载室内的装修和家具,杂零琐碎,无所不包,看得我眼花缭乱,最后总算完成任务。成交时黄华团长逐页签字。接着,代表团为答谢为买房出力的人和其他有关人员在罗斯福饭店宴客。我发现这次交易的捐客(中间人)是哥伦比亚大学的一位意大利籍年轻学生,他利用课余时间做地产捐客。"乔迁"之日,海底代表团随着搬进新购大楼。大楼共有十层，每层有二十多房间或套房，有地下室和车库，屋顶有游泳池和空地，早晚大家可以散步叙谈。我们搬进不久，支持台湾的一些反动分子还举行过一次"示威"，在西66街对面叫嚣多时。按照当地法律，示威者须离开示威对象五十米，否则违法，可以拘捕。海底代表团于搬进新楼几天后离美经过巴黎回国。

1972—1973年，海底代表团曾有两次在瑞士日内瓦参加海底委员会的秋季会议。联合国欧洲分部位于瑞士的第一次世界大战后成立的国际联盟原址，占地极广，房屋巨大结实，草地中央树立一个特大的金属地球仪，象征包罗世界各国，气魄雄伟，当地人称"万国宫"。瑞士国土不广，但语言有三种，北部用德语，中部用法语，南部用意大利语，都是官方语言，日内瓦用法语。日内瓦旁有莱蒙湖，波平如镜，湖边有珍珠公园，国际法学院设在其内。日内瓦有许多国际组织，除联合国设分部之外，有国际红十字会、国际劳工组织、世界卫生组织、世界气象组织、国际难民组织、世界贸易组织等，不胜枚举。以后联合国召开的第三次海洋法会议，还将在日内瓦举行几次例会。

3. 联大会议

1972年10月，就在我首次参加海底委员会那年的秋天，我作为代表团法律顾问再次前往纽约出席了联合国第27届大会。对中国代表团来说，已经是第二次参加联大，但对我来说，还属初次。联合国大会每年秋天开始举行一次，这是联合国会员国的全体大会。联大会议开始时先进行大会发言，一般由会员国的外交部首长发言，但也经常有国家元首或政府首脑出席发言。接着是分设的各委员会开会。联合国大会下面设六个委员会，分掌政治、经济、社会、托管、财务、法律事项。另外有一个称"特政"委员会，主管不属于上面各委员会的事项。经过数十年的实践，由于情况有些变动，委员会的名称和主管事项，也略有不同，但大体上是这样。1972年中国代表团团长仍是乔冠华，代表和其他成员分别出席上述的这几个委员会。

在1971年的第26届大会，中国代表团于11月才到达纽约，仅参加一段时间，因此在各委员会较少参加实质性问题的讨论。但在1972年的第27届大会及在各委员会上，中国代表团展开了全面的工作。我参加第六委员会（又称法律委员会）的会议，同在法律委员会的有姚广、毕季龙、何理良、黄嘉华等，但我同何理良和黄嘉华是经常参加的。第六委员会的主席每年改选，1972年的主席是比利时布鲁塞尔大学法学院教授艾力克·苏伊（Eric Suey）。由于我们初次正式参加法律委员会的会，他特别安排时间，为我们介绍第六委员会的任务和工作。他后来被任命为联合国副秘书长和法律顾问，并曾担任日内瓦联合国分部主任，现已卸任，和我经常有联系。我和他最近还在欧洲的国际法研究院双年会上晤面。

第六委员会的日程，一般先由国际法委员会的主席作工作报告，1972年并不例外。有时国际法院的院长也来第六委员会作工作报告。国际法委员会则每年来作报告，第六委员会展开讨论，然后对其他一些提案进行讨论和表决，其中包括关于召开第三次海洋法会议问题。按1970年第25届大会已通过的决议，定于1973年召开第三次海洋法会议，其任务包括：为深海底区域及其资源建立一项公平的国际制度，以及广泛讨论有关问题，包括公海、大陆架、领海、毗连区、捕鱼和公海生物资源养护、海洋环境保护和科学研究的各种制度等问题。在这个基础上，1972年第27届联大又通过决议，重申1973年召开第三次海洋法会议第一期会议，并于1974年4月至5月在智利圣地亚哥（后来改在委内瑞拉的加拉加斯）召开为期八周的第二期会议，从事实质性问题的讨论。

也是在这1972年的第27届联大会议上，我见到了联合国副秘书长兼法律顾问希腊人斯塔夫罗帕洛斯（Stavropolous）。他知道我在中国代表团里主管法律，我们开始谈到中国的法律界人士。他先问我是否认识曾在联合国法律部工作过的梁鋆立，我说他是我在东吴大学时的同学，听说他退休后住在台湾，他欣然地说梁是他的好友，和他同时进联合国法律部工作。他又提到曾任国际法院法官的顾维钧，并说国际法院自从顾任满离职后，已多年没有中国法官，另外，国际法委员会也因刘锴去职，有缺可补，请中国代表团考虑对这两个席位是否有意提名竞选。我曾向乔冠华提过，乔认为中国在联大合法席位才恢复，有待处理的事情千头万绪,对于前述的补缺竞选之事,只好暂缓考虑。我觉得当时情况确是如此,斯氏好意相告,也只能暂置不提。

我和黄嘉华除经常出席第六委员会会议以外,有时根据需要,偶尔也要出席其他委员会,对此我们称"听会"。这是由于本该出席该委员会的代表因有约会或其他要事不能出席时,临时代为出席,事后将会上经过告知。这种情况当然不多,而且也只在参加联合国的最初时期。我们也参看了安全理事会的开会情况。我们这次参加联大会议,主要是摸清情况、收集资料、结识朋友、互通有无。对我个人来说,得以认清联合国总的面貌和操作情况,为我即将参加的历时十年的第三次海洋法会议等工作打好基础,因此很有裨益。

4. 海法会议

联合国第三次海洋法会议于1973年12月3日在纽约召开,参加会议的除独立的主权国家外,还有大约五十多个未独立领土、民族解放运动组织以及各种国际组织的代表作为观察员参加。这是联合国系统内规模最大的国际外交会议。会议上选出斯里兰卡代表团团长、原海底委员会主席阿美拉辛格为会议主席。会议主要处理有关会议的组织工作事项,包括通过会议议程和议事规则以及成立三个主要委员会并选出主要委员会的主席。第一委员会审议国际海底开发制度和机构组成问题;第二委员会审议传统的海洋法问题,包括领海、毗连区、海峡、专属经济区、大陆架、公海、内陆国的权利、闭海和半闭海、群岛、岛屿制度等项目；第三委员会审议海洋环境的保护、海洋科研、技术转让等问题。会议选举了喀麦隆的恩戈（Engo）为第一委员会主席；委内瑞拉的阿吉拉尔（Aguilar）为第二委员会主席；保加利亚的扬科夫（Yankov）为第三委员会主席。会议还成立起草委员会，并选举加拿大的比斯莱（Beesley）为主席。经过多少年的共事，上述诸人后来都和我们建立了深厚的友谊。其中如恩戈于1996年当选为国际海洋法法庭法官；阿吉拉尔后来当选为国际法院法官和我共事了三年，他在我离任后不久因病去世；扬科夫后来和我在联合国国际法委员会共事三年，1996年也当选为国际海洋法法庭法官。1996年11月扬科夫还和前面提到过的平托等来过北京参加海洋和平会议，记得我陪他们在长安大戏院观看京剧《白蛇新传》，他们非常欣赏。

　　第三次海洋法会议期间，我除有一段时间因视网膜脱落进医院做两次手术后需要休养，基本上都参加。1973年的成立大会开过后，从1974年起的会议都是讨论实质性问题，最初是一年开会一次，从1978年起每年都开两次会议，直到1982年4月在纽约联合国总部以130票赞成、4票反对、17票弃权通过了由320条、9个附件组成的《联合国海洋法公约》。原来定于1982年12月在委内瑞拉举行签字仪式，后来因为委内瑞拉是四个反对该公约的国家之一，因此改在牙买加蒙特哥湾举行，中国由外交部副部长韩叙在公约上签字。

　　在这次历时十年的会上，有不少值得回忆的事情，由于我不记日记,只能就记忆所及,略载一二。至于会议上的协商、讨论经过,代表团另有报道和记述,这里将较少提到。

首先让我回忆一下我们海洋法会议代表团的组成。回忆到代表团的人事方面,我不能不补提一下海底委员会开会时期的地质部工程师张炳熹。那时海底开发还是一桩比较新鲜的事物。张炳熹早年留美,学有专长,可惜他未能继续参加后来的几次会议。1997年我在北京举行的中国大洋矿产资源研究开发协会年会上见到负责海洋开发事务高级顾问的他。回忆当年同在日内瓦开会时情况,仿佛如昨。第三次海洋法会议涉及有关海洋的所有问题,代表团成员代表性较广,除外交部的凌青、柯在铄、沈韦良、许光建、欧阳楚屏、厉声教、张鸿增等和我以外,有海洋局的罗钰如、刘汉惠、虞源澄,地质部的陈德恭,交通部的沈志成等,其中有些人参加了全部过程,个别的人只参加过几期。

在加拉加斯举行的第二期会,可算是最热闹,会期也最长,历时两个多月。会议是在当时对我们来说陌生的一个拉丁美洲国家召开的。我们先到伦敦转乘飞机前往,到达时东道国为了集中起见,一百几十个代表团被指定住在加拉加斯一个山顶上几座新建的大楼内,会场设在附近的一个大礼堂。熙熙攘攘,这新建山镇,忽然成为一个闹市。中国代表团分住在同一楼内的几套公寓,每一公寓约住四人,水电还刚接通。中国当时不仅同委内瑞拉尚未建交,对整个拉丁美洲,还比较陌生。中国代表团团长为第六(造船)机械部部长柴树藩,先由副团长凌青率团到达。大家分头住进公寓后，伙食自理，轮流买菜做饭。听说别的代表团也因没有思想准备，弄得非常忙乱。我们是过了一段时间后，才从纽约调来两位炊事员"接班"。

1974年在加拉加斯举行的第二期会议期间，在全体会议上进行一般性辩论，各国代表阐述自己的基本立场和主张。广大中、小国家强烈谴责海洋大国对海洋及其资源的控制和掠夺，批判旧海洋法制度和"公海自由"原则，要求建立符合广大发展中国家正当利益和主张12海里领海和200海里专属经济区已形成会议的一个基本趋势。中国代表团在发言中除支持发展中国家的海洋权益外，还主张外国军舰和飞机进入沿海国领海及其上空，须经沿海国政府有关当局批准。由于会议涉及的问题十分错综复杂，会议采用"非正式协商"方式，以便产生协商案文，加以修改、综合后，编成"非正式协商案文"，作为进一步讨论的基础。大会一般性发言结束后，转入三个主要委员会的专题讨论。由于加拉加斯会期较长，各国代表团住处都很相近，可以彼此进行访问，在闲谈中交换意见。这种开会环境，确是很少见到，对于像海洋法会议这样的大型国际集会，讨论项目又多，先经历一番"过滤"和"融合"的过程，倒是很有意义的。

这样的广泛协商会议，后来分别在纽约和日内瓦开到1977年。从1978年开始在"非正式综合协商案文"的基础上，就尚未解决的一些关键性实质问题分别成立七个协商组进行谈判。这七个问题是：(1)国际海底的勘探、开发问题；(2)资源政策问题；(3)国际海底管理局机构、职权和表决制度;(4)内陆国和地理不利国家分享资源问题;(5)争端解决办法;(6)大陆架外部界限及200海里以外大陆架的收益分享;(7)相邻或相向国家的海域划界问题。其中对第(7)个问题争执特别热烈,主张以中间线为界的国家和主张依公平原则解决的国家严重地对立。对立双方很多的代表要求发言。大会主席、新加坡的许通美(原来主席阿美拉辛格去世后的继任人)想出一个办法,由对立的双方选出每方十人为代表发言,发完为止。由于这样的决定,会场必须另行布置,在讲台上摆着相向的二十把椅子,侧向台下的"听众",如同举行大型的辩论会,热闹异常。双方依次进行雄辩,最后不作结论。

会议到了将近最后阶段,发生了严重的问题。1981年春,美国里根总统上台,新政府宣布要对在多年协商基础上拟订的公约草案进行重新审查,撤换了美国出席海洋法会议的代表团团长,并指示代表团在美国审查工作结束以前不让公约草案正式化。关于这一段事情的经过,有一件很特异的趣闻。1981年3月的某一天,原任美国代表团团长阿尔特立奇(Aldrige)正乘车前往联合国总部开会时,听到了美国政府撤换其出席海洋法会议团长职务的广播,不得不命司机掉转车头回到自己的住处。这段经过在联合国里成为笑谈。这位阿尔特立奇先生在80年代后期曾任设在海牙的伊朗—美国仲裁法庭美方法官,我还和他在社交场合常见面,他也知道我在80年代初出席过海洋法会议,但大家都不再谈起往事。

1981年8月再开会时，美国代表团声称审查工作尚未完毕，美国里根政府突然中止参加讨论，要求重新审查，主要是因为他们认为公约草案关于海底开发的规定对美国海洋采矿集团不利，特别反对草案内规定国际海底管理局企业部的广泛权限。1982年3月在纽约举行的会议上，美国代表团提出了有关海底开发的一系列修改建议，澳大利亚等十一个西方国家提出了折中方案，未为美国所接受。最后，会议主席又参照十一国方案，作了一些修改，但美国仍不同意，在此情况下，会议只好对公约草案进行表决，结果是130票赞成，美国和土耳其、委内瑞拉、以色列4票反对，弃权的17票，其中有苏联和一些东欧、西欧国家。有如前述，公约于1982年12月在牙买加正式签字。

　　按照国际惯例，公约虽经签字通过，并不马上生效。1982年《海洋法公约》本身规定须经缔约国批准，并自第六十份批准书或加入书交存于联合国秘书长之日后十二个月生效。据此规定，《公约》于1994年11月16日开始生效。同日，国际海底管理局也宣告成立。中国于1996年5月15日履行了批准手续，正式成为《公约》缔约国之一。回溯《公约》于1982年签字通过以后，由于西方国家和日本等发达国家对《公约》第十一部分有关国际海底制度的规定不满，经联合国秘书长从1990年起至1994年组织多次协商，联合国大会于1994年7月28日以121票对零票通过了《关于执行1982年12月10日〈联合国海洋法公约〉第十一部分的协定》，部分地满足这些国家的要求，从而获得了包括发展中国家和发达国家的广泛支持。

5. 起草会议

这里所说的起草会议是指海洋法会议上负责《海洋法公约》最后文本的起草委员会会议。由于这个委员会的工作性质和开会形式及其所适用的程序与一般会议不同,因此在这里另节叙述。

起草委员会在海洋法会议初期已经成立。当时起草委员会仅能讨论一些工作方法等初步设想,须待问题在三个主要委员会讨论成熟、案文已初步形成,才能进一步商讨用字的词义及章节和段落的安排等。我在会议的中期参加由加拿大皮斯莱主持的前段会议。起草委员会的实质性工作是在1981—1982年两年里做的,主要是在1981年。这两年的起草委员会每次会期扎扎实实达两三个月,不全在海洋法会议的开会期间内召开,而是单独举行的。

1981年1月还是严冬季节,我和条法司的厉声教两人乘中美两国建交后的中国航空公司首航飞机前往纽约,到达肯尼迪机场时受到中美两国友好团体代表的热烈欢迎。我们下机抵达时的镜头出现在北京、纽约两地的电视上。

我们休息一两天后,起草委员会开始工作。首先是开会的场所。主席台照样是高高在上。台下第一排从左到右是中文、英文、法文、俄文、西班牙文五种文字协调员(co-ordinator)及其助理的座位,每组前面有一小桌。这五组桌椅围绕着主席台成弧形,使每组都和主席座位保持相等距离。那时阿拉伯文尚未成为通用语言之一。中文协调员是我。英文协调员是美国佛罗里达大学的奥克斯曼(Oxman)教授;法文协调员是意大利罗马大学的特莱佛斯(Trevers)教授,1996年已当选为海洋法法庭法官;俄文协调员是前苏联外交部高级官员,不经常到会,一般由其助理代表出席;西班牙文协调员是西班牙外交部法律顾问拉克莱塔(Lacreta)。在这五种语文协调员座位之后是一般的会场形式,前面几排留给起草委员会委员。开会先一日由起草委员会秘书分发准备讨论的五种文字案文草案,有时在可能需要调整的地方做些记号。开会时逐行、逐句、逐字加以审查,有话尽说,无话通过或保留。所有会员国用中文的只我一家,新加坡把中文作为其三种官方文字之一(另两种是英文和马来文),不派代表参加。因此中文案文我说了算数,会上对其余几种文本讨论较多,特别是英文本。其他文字的协调员由使用这种语文的国家代表选出。参加讨论不限于协调员,坐在协调员后面的起草委员会成员理所当然地也可参加,但事实上发言较少。会议就是这样进行,不像一般开会时的发言,讲完后可以稍微轻松一下。在起草委员会上的讨论是短兵相接,唇枪舌剑,咬文嚼字,随时插话,有时互不相让,弄得比较紧张。

起草委员会有一次讨论公海捕鱼权的条文,我发现俄文本的用语有过分扩大沿海国捕鱼权的迹象,对大国有利,对发展中国家不利,而且针对着一般属于北方海域的鱼种。那样的译法,显然是有意识的。我前面提到过,我在全国解放后的一段时期,曾对学俄文下过苦功,拿到过两年毕业证书,后来请人专授自己,还教过俄文。由于久不使用,到这次开会时,俄文口语已难即时正确表达,但在文字的涵义和用法方面,还能辨别其正误和重轻。当我指出这段有问题时,俄文协调员的助理支吾其词,不能令人信服。后经送交联合国秘书处的俄文翻译组核实,认为译文确有错误,不得不加以改正。苏联代表在这次会议上,本来由于态度傲慢生硬,不得人心,这事一经传出,第二主要委员会主席阿吉拉尔满怀好奇地问我:"你什么时候学了俄文?"起草委员会的主任秘书、现已当选为海洋法法庭法官的纳尔逊(Nelson)对我说:"我险些被蒙混过去。"苏联代表不敢得罪发展中国家,在和起草委员会差不多同时召开的海洋法会议上,苏联代表曾在会上解释说这是出于一时疏忽,以示并非故意,对由此引起的混乱表示歉意。中国代表团副团长沈韦良接着发言时说"希望以后不要再疏忽"等等,引起了一阵笑声。

  还有一次在起草委员会的会上,我发现坐在美国协调员旁边有一华裔助理,有些面熟,经交谈后发现他就是五十年前和我们同在西雅图乘船回上海的加拿大籍中国牧师李培庭之子 Luke Lee,而且也是前面提过我们翻译的《领事法和领事实践》作者。他和我们同船时还小,后来取中文名为李宗周。他还戏称,把周总理三字倒过来念就是他的名字。我起先觉得他有些轻慢失礼,后来从他讲话态度来看,似乎还是对总理怀有敬意。这是我第一次发现他出席海洋法会议,可能是因为起草委员会有中文案文的缘故。会议中间休息时间,我把数十年前的旧事告诉同僚,大家觉得我和李宗周这次相逢可算是一桩难得的趣事。

6. 会外活动

这里所说会外活动，主要是指这一时期与亲友往来，而与会议本身无关。中美两国当时既已建交，亲友往来已视为常事。当我出席起草委员会的一段时间，会期较长，我有机会见到几位在美国的亲戚和朋友。1981年初春的一个周末，我的内侄女张瑜琳忽然来纽约代表团找我。她的父亲张沇长是我夫人张凤桢之弟，20年代姊弟二人同在美国约翰·霍普金斯大学就读，1929年我在加州斯坦福大学毕业后转往"约大"。这段经过，我在前面已叙述过。瑜琳这次是通过代表团成员蔡大任知道我来纽约，然后来找我的。她还带我到罗斯福岛上她的家里。罗斯福岛是联合国大厦对面东河里一个小岛，隔岸可以看得很清楚，有空中电缆车可通，如坐地面车则必须绕道到岛的南端，过一座桥才能到岛上。纽约有的是摩天大楼，很少自然风景，自由神岛是港口唯一有名景点，这个罗斯福岛倒是别有风味。岛上也有几条大街、不少公寓房屋，我很欣赏这个地方，因为是闹中取静。瑜琳已经结婚生有子女各一，后来离婚，子女都归她抚养。我们见面时，她担任一个公司的总经理。我们这次见面后，引起后来一系列的"会亲。"

也在这段期间，我三姊的两个外孙时安令和时安众亦曾先后来找我。时安令那时在波士顿一家食品公司做化验师。

我的姨妹张蓉珍一家也住在波士顿。有一次时安令出差来纽约,顺便邀张蓉珍同来代表团找我,相见甚欢。后来,时安令的二弟时安众也来找过我,他在纽约一家银行做事,曾开车带我去过他在新泽西州的家里。他们接到从中国大陆去的一位"老长辈",都觉得非常好奇和新鲜,问长问短地和我谈天说地。我也不厌其烦地向他们介绍新中国的情况。

回忆1946年,当我在美国考察司法时,曾受托去哈佛大学邀请庞德教务长访华和讲学,前面提到过。中美建交后不久,哈佛大学法学院副教务长杰隆姆·科恩(Jerome Cohen)曾来访问北京并与我会面。这次,哈佛大学东亚研究所知道我在纽约开会,邀我顺便前往演讲。当我应邀前往时,科恩和冯·梅伦(Von Mehren)教授等以及几位中国留学生也都在座。我讲了一些有关中国在国际法教学和实践中的情况。冯·梅伦教授是现代国际私法方面的权威教授,直到最近,我们还在欧洲国际法研究院的双年会上经常遇到。留学生中有我女儿的从小同学赵稼,她原来在外交部美大司任职,后来去哈佛大学进修。我这次到波士顿,还见到前面提到过的姨妹张蓉珍一家和久居西雅图休养的姨姐张维桢,还有在北卡罗来纳大学执教的张沅长。维桢、沅长和我的夫人张凤桢是一母所生,幼失慈母,相依为命。维桢和罗家伦所生的两女久芳和久华,都在美国执教著书,沅长就是前面提过的张瑜琳之父亲。这次他(她)们都从远地赶到波士顿来和我相会,就缺张凤桢一人。好在不久以后,还有姊妹叙首之日,后面将予叙述。

作者参加联合国海洋会议时,在日内瓦莱蒙湖畔留影。

十二 湖广债券

1. 退回传票
2. 坚持立场
3. 严正交涉
4. 逆流顺转

1. 退回传票

1979年11月,美国阿拉巴马州公民杰克逊等九人代表三百多其他美国公民,通过集体诉讼方式,向该州联邦地方法院对中华人民共和国起诉,要求偿还1911年前清政府发行的湖广铁路债券欠款。美国法院寄来传票被告栏列名"中华人民共和国",受送达人是"外交部长黄华先生"。传票载明,限被告于传票送达后20日内提出答辩,否则将依原告请求进行缺席判决。同传票一起寄来的原告诉状副本载明原告要求被告偿还债款一亿多美元。传票等件被退回后,美方分别又向我外交部和我驻美大使馆寄送上述文件,但仍被我方退回。我方曾多次向美国国务院交涉,声明我方不能接受上述文件的立场。

我在前面谈到50年代美国人小鲍威尔被迫害案件里美方曾想传唤住在中国的美籍证人前去美国法院作证的经过。我当时就主张,美国法院要传唤住在中国的证人,必须根据中美两国签署的司法互助协定,不能直接传唤证人。这是国际间的通例,因为传唤证人也好,传唤被告也好,都是司法权的行使,不能跨国行使。对于证人尚且如此,何况对于列为被告的一个主权国家。

1941年瑞士曾向美国提出一份备忘录,提到了美国不止一次通过邮局向设在瑞士的公司送达诉讼文件,并强调指出,向住在瑞士的人送达司法文件,是行使属于瑞士主管当局的政府职权,因此这种行为是"对瑞士主权的侵犯,与国际法相抵触"。美国不得不复照表示歉意。后来,美国的一个政府机构"贸易委员会"将传票寄给住在法国的人,法国方面对此也提出抗议,美国哥伦比亚特区(首都)上诉法院在其1980年作出的判决中承认这样做违反了国际法的原则。以上两个例子,足以证明美国明知这样做是有问题的。对于一个在外国的公司或个人尚且这样,何况对一个外国主权国家。现在美国几经交涉还是坚持错误做法,实在难以理解。

对于一个外国主权国家,除非它自己明确表示同意,不得对它行使司法管辖,这在国际法上称司法豁免权,历来为各国所公认。美国不顾公认的国际法原则,竟然传唤另一个主权国家,并以缺席判决相恫吓,其唯一"论据"是它在1976年所颁布的《外国主权豁免法》。根据这项法律,外国的商业活动不享受豁免,商业财产可以扣押,对外国提起这样的诉讼,可用邮递方法把传票寄给有关外国的外交部长。这种用国内法来否定国际法和国际惯例的做法是历史上罕见的。1961年《维也纳外交关系公约》第31条第1款规定:"外交代表对接受国之民事及行政管辖亦享有豁免。"外交代表(指使节)尚且享有豁免,何况使节所代表的国家反而不享有豁免,岂非咄咄怪事?再就是设在荷兰海牙的国际法院是联合国的主要司法机关,《国际法院规约》规定,国际法院只有在联合国会员国依据规约第36条声明或以其他方式表明自愿接受管辖的基础上,才能对有关国家行使管辖权。国际法院尚且需要有关国家自愿才能接受管辖,何况另一国的国内法院。美国竟能以国内法规定对别国行使强制管辖,岂非更是咄咄怪事?

这一件震动法律界的涉外大案,名正言顺地送到条法司来研究对策。平时经常办理涉外诉讼的我首当其冲。我方退还传票及所附文件,在对方看来,不过是表示我方的反对态度,不能就算是未受送达。虽然对方办事粗糙,疏漏的地方很多,比如按对方所依据的"1976年法令"规定被告答辩限期为收到传票后六十天,而来文竟缩短成为二十天。又如该"法令"规定所附文件应译成被告国的文字,来文未附译文等。但是,这些都是次要或细节问题,我们如在这些方面加以考虑或指责,将给对方一个印象,似乎我们在抗议管辖问题的同时,还在考虑退一步的防御论点。因此,我们必须集中地、重点地驳斥对方所依据的管辖问题。对此问题,我越想越想不通,如何一个泱泱大国竟制定这样一项有悖法理人情的法案。

在举行多次的讨论和研究后,大多数的意见是拒绝前去出庭应诉,只有极少数人、甚至个别的人认为可去应诉,以免受到不利于我的缺席判决。由于这个问题的重要性,后来还邀请了许多学者、教授们和其他部门的有关人员参加讨论,意见倾向于拒绝应诉。

最后决定拒绝去出庭应诉,重点放在外交交涉。当然可以料到,如提出外交交涉,对方必定会推托说,这是法律问题,还是要通过司法途径解决。事实上,不是每桩事情都可以这样轻描淡写地推掉的。我在前面记述过在东京审判最后阶段时,被告土肥原等7名战犯向美国最高法院上诉,最高法院亦已定期开庭审讯,后经美国司法部根据"法院之友"(amicus curiae)程序提出意见,最高法院才取消原决定,不受理土肥原等的申请。案件情节虽然不同,但"法院之友"这一制度在美国是存在的。这不是一般的仗势干涉司法,而是在面对重要问题时向法院进行劝告。事实上,通过《外国主权豁免法》时,美国国务院法律顾问曾于1976年11月2日致函司法部长表示,美国国务院对于在法院诉讼涉及美国重大利益的外交关系问题时,仍将以"法院之友"的身份进行干预。可见,即使美国在实行所谓《外国主权豁免法》后,国务院并不是绝对没有发言权的余地。掌握了这一点,我们在同美国就湖广债券案件交涉时就有了一张底牌,美国外交当局不能简单地用"1976年法令"和所谓"三权分立"等老一套轻易地推掉不管。我们决定不去美国法院进行司法诉讼,就必须抓住这一点进行外交交涉。但是,美国阿拉巴马联邦地方法院偏听原告杰克逊等主张,竟于1982年9月1日悍然作出缺席判决,"命令"中华人民共和国偿付原告41,313,538美元,外加利息和诉讼费用。对此,中华人民共和国无论如何不能接受。原告还扬言要强制执行中华人民共和国在美国境内的财产。

我方此后的工作,包括调查研究、抗议抵制、反复交涉,任务之繁重可以想象。我在这段时间以前,曾两度患视网膜脱落而住院进行手术,接着又去纽约、日内瓦参加海洋法会议的起草委员会工作，正好告一段落时，又自1982年起参加联合国国际法委员会工作。但我对湖广铁路债券一案的研究、处理和交涉，是从头就参加的，特别是在调查研究、提供意见及为交涉预作准备方面。这一案件不仅涉及国家主权问题，而且接踵而至的是，又在美国纽约和宾夕法尼亚两州的法院内当时还有三件向中华人民共和国诉请偿还旧中国政府发行的二十六种债券，本息都达亿万美元。这种滥诉之风如不及时制止，后果将不堪设想。即使退一万步而言，中美两国在1979年建交前后，曾就双方互提的"要求"（claims）提出数字，例如中国公民在美国银行的被冻结存款等和美国公民所有在中国被国有化或根据其他原因被冻结的财产，根据当时估计，中国公民的要求约计8千万美元；美国公民的要求约计2亿美元，其中并没有美国公民所持旧中国发行的债券款项。中美两国于1979年5月11日缔结《解决请求协议》，并且早已执行完毕。现在忽而跳出杰克逊等九人代表三百多美国公民，根据久已不在市场流通，事实上一文不值的旧中国债券向美国三个州的法院告状，岂非咄咄怪事？不过我们首先必须从原则立场出发，维护我们国家的主权，这是主要的考虑。这事引起了中美两国建交后一次尖锐的法律、外交斗争。

2. 坚持立场

一个国家不受另一国家的法院管辖，是从国家独立、主权、平等这些国际法基本原则引申出来的一项重要原则。这一原则早经确立,并为各国所承认和遵守。根据国际法律文献,首先明确承认国家豁免原则而有案例可考的不是别国,恰巧就是美国。早在1812年,美国最高法院在"交易号"游艇(Schooner Exchange)案中认为一艘由法国政府改装为军舰的船舶享有司法豁免,美国法院对它不能行使管辖权。美国最高法院法官马歇尔指出:

> 由于世界是许多享有平等权利和同样独立的主权国家组成,一切主权者基于相互交往和良好关系而产生的互利,在实践中都同意对通常在其领土内可以行使的绝对和完整的管辖权加以变通……这种同意已成为惯例,并且形成为公认的意见……法院一旦以不符合文明世界所接受的惯例和义务行使领土主权,该国将被公认为违反信义。

这一判决经常被援引为给予国家豁免的法律依据。以后,英国从1820年起通过受理"弗莱德里克王子号"(Prince Frederik)一案所作判决,也以主权平等原则为根据,拒绝受理对外国国家及其财产提起的诉讼,并认为"否则将不符合主权者的尊严,不符合其崇高权威的绝对独立性"。在欧洲大陆方面,德国从1815年起,法国从1827年起,比利时从1840年起,也都根据与美国"交易号"游艇案同样理由,对外国国家给予司法豁免。

美国的国际法学者和高级法律官员也一贯地主张外国

主权者享有司法豁免。美国著名法学家海德(Hyde)说得十分明确肯定:"公认的学说认为,国家不受另一国家管辖,并且非经其同意,另一国法院不得对其提起诉讼。"另一个著名美国国际法学家、曾任美国国务院法律顾问和海牙国际法院法官的哈克沃斯(Hackworth)写道:"……这种豁免现在可以说是基于普遍接受的习惯和惯例,即国际法。"哈克沃斯就是1945年我去美国考察时经海尔密克法官介绍我去会晤的国务院法律顾问。他在其1941年《国际法资料汇编》第2卷第393页还引述了美国宾夕法尼亚州最高法院"吴尔夫桑诉苏俄"一案中的部分判词称,对外国国家起诉"是违反国际法的,是一种侮辱,使它有理由感到愤慨",是"扰乱国际和平的","对于一个主权者以主权资格所作行为加以究问,就会成为谈判、或报复、或战争的问题"。这一美国法院判决说得多么明确、清澈,如不遵从,可以引起多么严重的后果,早已被美国政府中最高级法律官员引用证明为对外国主权者的司法豁免原则,问题还不是一清二楚吗?

从20世纪初期起,国家参与通常属于私人经营范围的事业逐渐增多,第二次世界大战后,欧洲大陆有些国家开始实行限制,只对外国国家的主权行为(或称国际公法上行为)给予司法豁免,而对其非主权行为(或称私法上行为)则不给予豁免,并于1972年签订了《欧洲国家豁免公约》。同时,美国亦在改变原来办法。为了与美国作针锋相对的斗争,条法司必须着重地对如下一些问题,作深入的调查研究,以便向美国提出交涉。这些问题包括:美国对此问题的最新动向；如何区别主权行为和非主权行为；世界上其他各国对此问题的态度等。条法司不仅要自己加紧调研，而且要同其他有关单位加强联系，以冀统一认识，共同对外。我回忆起1956年条法司为支持埃及保卫苏伊士运河所引起大搞调研的经过，还有1961年为保卫在巴西的"九颗红星"而掀起的投稿揭露，但是这次湖广铁路债券案关系到我国主权受到侵害的问题，比较起来严重得多。特别是在1982年9月1日美国阿拉巴马联邦地方法院根据原告请求竟对中华人民共和国悍然作出缺席判决之后，大家夜以继日地查阅有关资料，写成专题研究，阐述我们的主张和观点，在报章和国际法刊物上发表，让国内外读者了解我们的观点和根据，以便配合我当时正在进行的外交斗争。

条法司法律处用"傅铸"化名，在1983年2月25日的《人民日报》刊登题为《美国法院对"湖广铁路债券案"的审判严重违反国际法》的大幅文章，严责美国当局负有不可推卸的责任。我在1983年《中国国际法年刊》上发表了《关于国家豁免的理论和实践》一文。此文最后部分阐述了到那时为止有资料可查的五大洲三十一个国家对主权豁免问题的主张和实践，并指出限制豁免只对发达国家有利，对发展中国家不利。已故外交学院教授陈体强在1983年《中国国际法年刊》上发表了一篇论断极其精辟的文章，题为《国家主权豁免与国际法》，副标题为"——评湖广铁路债券案"。他根据各种有力论点来批驳美国1976年《外国主权豁免法》违反国际法。湖广铁路债券案经阿拉巴马法院无理判决后,原告方面一直在叫嚣要对中国在美国的财产进行扣押,以便执行该无理判决,使中国在美国的企业不无忧心忡忡。陈体强在文中强调指出,美国国际法学家和案例一向承认"管辖豁免"与"执行豁免"之间的区别,并指出美国1976年法律违反国际法。条法司除大兴调研之风、坚持主权原则、坚持法律斗争外,还经常和有关单位联系,如同外经贸部、国际贸易促进委员会等,互通情报、交换意见,为维护国家主权而努力。

追溯美国从带头维护绝对主权豁免到转向限制豁免,也有一个过程。1952年,美国国务院代理法律顾问泰特(Tate)致函司法部,在主张今后采取限制豁免时写道:"促使实行国营贸易的国家更加强硬坚持绝对豁免的原因,正是美国必须改变其政策的最有力的理由。"到了1976年,美国对此问题正式立法,在其《外国主权豁免法》中明白、具体地规定了对外国国家实行限制豁免。这分明是对社会主义国家和实行国营经济的发展中国家实行歧视。通过调查研究可以发现,有关是否给予国家司法豁免的案件,集中在少数发达国家,而在其他国家极少。发展中国家常在发达国家法院当被告,当原告的事例极少。1982年8月亚非法律协商委员会的一份备忘录指出,限制豁免的实践,"如果不完全是,也主要是西方国家的实践,是否符合发展中国家的利益……是大有问题的"。

实行所谓"限制豁免",即对一个国家的主权行为或称公法上行为可以豁免,如果发生争端,不受另一国法院管辖,而对一国的非主权行为或称私法上行为,不能豁免,如果发生争端,要受另一国法院管辖。这就是所谓"限制豁免"的区别原则。但是在实行时,什么是公法上行为、什么是私法上行为,各国认识很不一致。根据有关的文献,各国一般认为政府经营铁路运输是公法上的行为,如果发生法律纠纷,不受另一国法院管辖;而比利时却认为这是私法上行为。又如经营烟草贸易,美国认为是公法上行为,罗马尼亚则认为是私法上行为。购买军靴的贸易,法国和美国认为是公法上行为,但意大利认为是私法上行为。英国法院认为供应煤气是公法上行为,但出售焦炭则认为是私法上行为。希腊对一外国领事馆租房认为是公法上行为,但对另一外国代表迁让房屋案件则认为是私法上的行为,不予豁免,显然出现前后自相矛盾。至于外国政府发行债券案件,荷兰和俄国认为是公法上行为,应给予司法豁免,但美国则认为是私法上行为,从而出现这个湖广铁路债券案件的缺席判决。可见实行限制豁免,不仅违反外国国家主权原则,而且在实行中又会矛盾百出。条法司在世界各国案例方面作了广泛、深入研究,可供交涉时引用,不拟再在这里详述。

3. 严正交涉

正当历时十年的联合国第三次海洋法会议宣告结束而且我也已初次参加了国际法委员会在日内瓦举行的会议之后,美国阿拉巴马州联邦地方法院对湖广铁路债券案宣告了要中国偿还债券案款的缺席判决。这个判决的作出并不是出乎意料的,但从原告起诉时算起,事隔几近三年而现在突然作出此项判决,有点像是"死灰复燃"。其次,案件一经判决被告败诉,此后,要么败诉者上诉,要么胜诉者可以申请执行。虽然按例对于外国国家财产一般不得强制执行,但是依1976年美国国会通过《外国主权豁免法》时司法委员会的报告,对此可以作灵活的解释,不能认为绝对可以免予强制执行。事实上原告杰克逊等所聘律师已扬言将申请扣押中方财产。在这样的紧迫情况下,必须立即向美方提出交涉,而交涉的对象是美国主管外交事务的国务院。

美国法院的缺席判决一经公布后,我方立即向美国国务院提出严正交涉。美方知道中国政府和人民被这一判决所激起的愤懑情绪非同小可,而且两国建交未久,即面临这样尴尬问题,也感到非常棘手。问题当然不仅是这几千万美元的债款,而是中方坚持这是一个涉及国家主权的原则性问题。但这一案件既经美国法院判决,已非一页空文白纸,想画什么就可以画什么,即首先要对付这个"缺席判决",以免引起强制执行的恶果。美国主管外交事务的国务院也为此感到不安,有如国务院助理法律顾问于1982年9月8日对美国《商业时报》记者所说的,应采取积极步骤,及时制止任何有损中美两国关系的不友好行动,以免情况"失去控制"。

在美国法院作出缺席判决后的一段时间里,我驻美使馆曾不断地向美国国务院提出交涉。当时面临的问题是如何对付这个缺席判决。有人建议由美方协助中方与债券持有人的原告代表进行对话,以便消除这个疙瘩。这当然不能为中方所接受。经过反复磋商,美国国务院法律顾问罗宾逊认为根据当时情况,美国法院不是有案正待审理,而是已经作出缺席判决,中方如要求国务院根据诸如"法院之友"这样的程序介入,为中方提出主张,必须中方自己委任律师出庭,然后由美国国务卿提出"利益声明"和"宣誓书"。所谓"利益声明"是指美国政府基于与中国的外交关系,认为对这起诉讼案件是非常关心的。至于中国的所提照会等文件,亦可由美国国务院转送法院,但同时申明,即使这样做,不能保证能一定生效。国务院法律顾问同时还指出,如中方不委任律师出庭,只会增加对方申请扣押中方财产的可能性,但同时又说原告要求执行中方财产,也要经过一定程序,并不等于立即实行扣押,中方企业如一旦被扣押,企业将采取法律行动出庭抗辩。

谈到这里为止,情况比较明确,焦点集中在中国要不要委任律师出庭的问题。如果委任律师出庭,可以仅仅是抗辩法院不应管辖,而不对实质性问题进行辩论。美国民事诉讼法"特别出庭"(special appearance)就指这个意思。正好1983年初美国国务卿舒尔茨访华,中美双方就两国关系中的有关问题会谈商讨,湖广铁路债券案也在其内。会谈中,吴学谦外长递交了外交部对该案的备忘录,邓小平同志严正地驳斥了美方的错误观点与做法。舒尔茨回答是,只要中方"(向法院)提出看法(present views),不难转入外交途径",其态度似乎有些松动,意思是尽管中方不承认美国法院的管辖权,但只要中方委托律师向美国法院表态,美国政府才能介入,这种介入我们理解即是"法院之友"这类程序。此后,美方多次指出中方对美国法院可用英美诉讼法规定的"动议(motion)"方式,从而避免使用法院惯用的"申请"或"请求"等字样,以示中方始终不承认美国法院有权受理这件诉讼。其实质即是英美诉讼法所称"motion to dismiss",与前述"特别出庭(special appearance)"相吻合。

舒尔茨中国之行,在湖广债券问题上,打开一条进一步交涉途径,没有明显进展。舒尔茨对吴外长面交的中方备忘录深感不安,一再要求中方暂勿公布。我方未同意,仍于1983年2月9日在《人民日报》上全文发表如下的备忘录:

> 中华人民共和国外交部谨就湖广铁路债券案申述如下:
>
> (一)1979年11月,美国公民杰克逊等9人在美国阿拉巴马州地方法院对中华人民共和国提起诉讼,要求偿还他们所持有的清政府于1911年发行的湖广铁路债券的本息。对此,中国政府曾多次照会美国国务院,提出交涉,申明中国根据国际法,享有主权豁免,不受任何外国法院审判;中国政府对历届反动政府的旧债概不承认,也不承担偿还的义务。但美国法院置中国政府的严正立场于不顾,竟然于1982年9月1日作出缺席判决,要求中国向原告偿还4千多万美元。美方甚至声称,如果中国政府对美国法院的判决置之不理,原告将要求美法院强制执行上述判决,扣押中国政府在美国的财

产。这就使问题发展到了十分严重的地步。

（二）中国政府对于历届的政府的外债，一概不予承认，也不承担偿还的义务，这是我国政府的一贯立场。恶债不予继承是国际法久已公认的一项原则。在世界上，革命政权在推翻旧政权后对旧政权为维护其反动统治而借的外债不予偿还，也不乏先例。在半殖民地半封建的旧中国，帝国主义、封建主义、官僚资本主义给中国人民造成了深重的灾难。所谓湖广铁路债券是丧权辱国的清朝政府，为维护其反动统治和镇压人民，勾结在华划分势力范围的帝国主义列强，加紧压迫和掠夺中国人民的产物。对于这类旧外债，中国政府理所当然地不予承认。中国政府这一立场完全符合国际法原则，有充分的法理根据。

（三）国家主权豁免是国际法的一项重要原则，其根据是联合国宪章所确认的国家主权平等的原则。中国作为一个主权国家无可非议地享有司法豁免权。美国地方法院对一个主权国家作为被告的诉讼，行使管辖权，作出缺席判决甚至以强制执行其判决相威胁，完全违反国家主权平等的国际法原则，违反联合国宪章。对于这种将美国国内法强加于中国，损害中国主权，损害中国民族尊严的行为，中国政府坚决拒绝。如果美方无视国际法，强制执行上述判决，扣押中国在美国的财产，中国政府保留采取相应措施的权利。

（四）中国政府一贯主张在和平共处五项原则的基础上发展中美两国的关系。对湖广铁路债券案，中方从一开始就表明了自己的立场，要求美方作出妥善处理。但美国国务院却一直采取推卸责任的态度，致使事态发展到目前的地步。中国政府希望，美国政府切实负起责任，严格遵照国际法原则行事，采取积极步骤，制止事态发展，妥善处理此案，不使它给中美关系以及两国间正常的经济贸易往来造成损害。

1983年2月2日于北京

对此美国国务院发言人亦于2月10日宣读了国务院就湖广铁路债券问题的声明。声明说，美国的法律承认"在发生公民与政府之间的诉讼时外国享有主权豁免的概念"，但是转过来又说，"根据国际法，外国并不享有绝对的豁免权，人们可以就其商业方面的行为对之提出诉讼"。美国国务院的声明还说，国务院"对这起诉讼的是非曲直没有表态"，它"从未直接卷入此类案件"，同时表示希望"中国按照美国的司法程序解决这一问题"。

美国国务院方面尽管对我1983年2月的备忘录进行辩解，但仍不断和我维持联系和接触。1983年3月，美国国务院法律顾问罗宾逊前来访问中国，同年6月美方又派人来北京对此案前景进行磋商。同时，作为债券持有人的原告律师则又屡次扬言要申请法院扣押中方财产。中方则已在上述备忘录中明白说明,中国政府"保留采取相应措施的权利"。这无疑给美方一定的压力。到了1983年7月,中美双方开始再次考虑这一问题。中方仍坚持国家主权豁免原则,美方则认为如中方自己不先采取行动,美方不能率先主动干预。后经双方商定的解决办法是,中方委任律师向阿拉巴马联邦地方法院提出动议,目的在于撤销缺席判决和驳回原告提起的诉讼,并声明中国这样提出动议绝不影响其始终坚持的主权国家享有豁免的原则立场。至于法律不溯既往原则(即解决本案应适用诉讼原因发生时的法律而不应适用后来美国于1976年颁布的《外国主权豁免法》)、时效问题以及法律程序上其他缺陷等问题,中方在其动议书内将不予置辩,以免被误认为中方既就实质性和程序性问题全面展开辩论,会被认为冲淡中方对国家豁免的原则主张。所有上述这些法律问题,都由美国国务院在行使"法院之友"程序时提出。

中美双方于1983年7月中旬基本上已明确作出如上安排,议定中方的"动议书"以及美国国务卿向法院提出的"利益声明书"和"誓证"均将于8月中旬送到阿拉巴马联邦地方法院。回溯这一事件,正好发生在中美两国建交未久,双方各执一词,明枪交战,反复交涉,形势紧张,中美双方的报纸都有记述。双方最后达成谅解,则尚待采取具体步骤。

4. 逆流顺转

中美两国政府对于湖广铁路债券案缺席判决的处理虽

已达成谅解，但条件尚待履行。美国方面早就声明，即使国务院采取步骤，亦不能保证一定生效。虽然这是一句门面话，但我不能不保持高度警惕，而且对原告律师强制执行的叫嚣，亦有待美方采取措施加以制止。为了撤销美国阿拉巴马联邦地方法院的无理判决，中方虽已聘请美国"贝克 & 麦肯思"(Baker & Mckenzie)国际律师事务所的索陆(Eugene Theroux)律师向美国法院提出动议书，我驻美使馆方面仍希望国内有熟悉美国法院诉讼程序的人员去美国，以便随时和律师联系并了解美方履行提出"利益声明书"的情况以及美国法院的反应等。

为此，我同条法司司长黄嘉华和条法司法律处处长周晓林三人于 1983 年 8 月初前往华盛顿。我们抵达华府后，即会见了章文晋大使和胡定一公使等，此后并经常同他们进行会晤和交换意见。我们会见了索陆律师和他的助手比尔(Peele)律师。他们正在草拟准备向阿拉巴马法院提出的动议书。为了便利他们即将在阿拉巴马法院出庭，他们还准备复委任阿拉巴马的华伦·赖特福特(Warren Lightfoot)律师协助办理。

中方委任律师所拟动议书以及美国国务卿的利益声明书和誓证均于 1983 年 8 月中旬递交阿拉巴马法院。美方文件是通过美国司法部送交法院的。法院开庭的翌日，即 8 月 19 日，美国的《华盛顿邮报》刊登了关于此案的报道，除指出中国一贯主张主权国家享有绝对豁免之外，还提到舒尔茨国务卿在其宣誓的声明中所述他 2 月间在北京同中国政府领导人的会晤，报道还说舒尔茨在其向法院提出的声明中指出此案将成为美中两国"双边关系中的重大刺激因素"（major irritation in bilateral relations）。法院开庭之后，我们本以为不久即可得出结果，因此还继续留在华盛顿，同时也警惕着，以防发生任何意外之事。

华盛顿夏天很热，但秋天非常美丽，使馆为我们安排郊游，但我们还是日日夜夜，担心着"湖广、湖广"。有一次，使馆主管法律的彭××告诉我们，他认识一位在美国国会图书馆任外国法律书籍部门领导的华人名叫夏道泰，曾问起过我。彭问我是否想得起来。我顿时记起40年代在重庆时，当时司法行政部次长夏勤曾请我为他的儿子道泰补修英语。我曾在部内防空洞里让他站在一条凳上背诵英语文章，防空洞里声音比较集中，有利于高声朗诵，对他英文口语的提高很有帮助。夏道泰后来进美国耶鲁大学学法律，并得到博士学位。美国国会图书馆也是我留学时旧游之地。我们这次在华盛顿会见后，他曾邀我和黄嘉华到华盛顿郊区他的家里度周末。他的夫人又是我东吴同学王健的妹妹，说起来又是熟人。最近武汉大学韩德培教授告诉我，夏道泰还告诉他曾向我进修英语的经过。

也是在这一段时期，我和黄嘉华曾应邀去纽约出席一些演讲会和招待会。一次是在纽约大学法学院。当主席的弗兰克（Franck）教授首先介绍了我的学历，并说我留学美国后回到中国已逾半个世纪，要我讲些留学美国时"有趣"的故事。我一开始就说，"我当时并不是不想来著名的纽约大学上学，实在因为纽约市生活标准过高"，引起了一阵笑声。

然后我告诉他们,当时由于"海上大学"学生会主席的推荐,我决定去新开办的斯坦福大学。这段有趣的经过,前面已讲过。至于我后来去约翰·霍普金斯大学的理由很简单,那是因为我的未婚妻当时在那里学习,又是一阵笑声。然后我继续说,当我回国后拿出斯坦福大学颁发的博士学位文凭时,有人发现文凭上大书校名 Leland Stanford Junior University 字样。此人注意到 Junior 这个字,便似懂非懂地问,这所大学既能授予博士学位,何以还称"初级大学"。由于当时有些非正规大学只有一、二两年级,相当于现在的大专程度,英语称 Junior College。事实上 Leland Stanford Junior 三字连在一起是一个人的全名,我们现在通常可以译为"小里伦·斯坦福",这是那所大学的全称,以纪念小斯坦福的,这个 Junior 一字是联上面的 Leland Stanford,那位先生把 Junior 一字同后面的 University 联在一起,就得出一个错误的结论。至于我后来进的约翰·霍普金斯大学,英语拼法是 Johns Hopkins University。约翰是基督教圣经上的人名。后面没有 S,但这所大学的校名恰在约翰后面带着 S 字母,确是罕见,但是由来如此。即使在美国,也常常有人以为加 S 是错写,硬是把 S 去掉,结果反而失真。约翰·霍普金斯大学在美国是一所具有相当历史的有名大学,曾有不少中国学生去求学,但是在校名的拼法上,始终存在着混乱。这两所学校的校名问题,恰巧都发生在我一人身上。这种由于外国文字的读法和拼法上造成的混乱,中国人看来没有多大吸引力,但美国人却引以为有趣的笑料。我后来在海牙任职时,弗兰克教授曾前来访问他在国际法院的旧友,他曾把我上面所说有关两所校名的故事原原本本地重述一下,又一次引起了一阵笑声。

我和黄嘉华在纽约还出席过一次纽约律师公会的聚餐会以及一些华侨为我们举行的招待会,这里不拟详述。我们这次在华盛顿和纽约待了一个多月。虽然不像一般出席会议时那样忙忙碌碌,但是心情还是比较沉重的。应做的事情已做了,结果如何,未见分晓。这样旷日持久,岂能守株待兔,因此引起早日言归之意。经与章文晋大使商量,我们暂先回京,由使馆与律师维持联系,我不与法院直接打交道。我和黄嘉华于1983年10月离美返国,周晓林已于早些时候先回北京。返程中,我顺便在上海停留了几天,去过离别多年的家乡黎里,探望了胞兄徵时及其一家,隔宿就回上海搭机返回北京。这次在上海会到了今已物故的前沪江大学同学徐焕明,以及曾在东京国际军事法庭共事过的东吴校友杨寿林和高文彬。

直至1984年2月27日,在我和黄嘉华返回北京将近半年之后,美国阿拉巴马联邦地方法院才作出判决,撤销其于1982年所作的缺席判决。克雷蒙(O. W. Clemon)法官在其判决意见书开首就说,中国于1983年8月12日提出"特别出庭"(special appearance)声明,这种声明是美国诉讼法里专指被告仅为争辩管辖而出庭,不涉案件中实质性问题,前面已略提到,这恰好是我们特别要强调的立场。判决意见书接着说"本法院的管辖权严重地被认为有问题",并就法律不追溯既往原则,发行债券是否商业行为、诉讼文件是否合法送达、起诉状中文译文有无舛误等提出了问题。1984年的判决书还引述了舒尔茨国务卿利益声明书中有关他在1983年2月访问北京时同中国政府领导人进行的谈判以及中国方面历次提出的外交照会等。判决书最后说："国务卿所估计这个案件在外交政策上的影响应予以相当重视。"1982年的缺席判决终于被撤销。依照美国诉讼程序法的逻辑，杰克逊等提起的案件将因此而回复到法院作出缺席判决以前的状态，按例仍可重新继续进行。但法官在撤销缺席判决的上述意见书中对于这个案件所涉及的法律问题已有论述，加以舒尔茨国务卿提出这个案件对美国外交政策上的影响，前景已很清楚。虽然克莱蒙法官在同日的一个"命令"中指出任何一方可以在一定的期限内提出重新审理的书面申请，但是1984年2月27日的判决已经说得很清楚。原告杰克逊等虽一再提起上诉，结果亦不能得逞，以失败而告终。

回顾一下这个历时几乎五年的湖广铁路债券案件，我们始终坚持国家主权豁免原则。特别是在美国法院对我进行了缺席判决这段时期，原告方面叫嚣要申请强制执行，风声鹤唳，不可终日。我在向美国国务院进行交涉的同时，也公开声明如果美方采取执行措施，我方准备采取报复，对方才有所收敛。1983年3月20日的《纽约时报》刊载，我们不承认"三权分立"政制的文章，还引述了1983年2月《人民日报》上傅铸文章的有关段落，暗示我们对美国政情存在隔膜。其实我们早就了解所谓"三权分立"不是绝对的公式，前述"法院之友"就是一例。

我们在这次斗争中由于领导坚强，群策群力，一方面坚持原则，另一方面进行紧张的调查研究，为我批驳对方的主张提供论据，也起了一定的宣传作用。事后，我们回想一下，如果我们当时顺从对方的主张前去应诉，还会有美国国务卿的利益声明和誓证的支持否？而迄今还坚持国家主权豁免的其他发展中国家又将作何感想？我们委任律师提出"动议书"不承认美国的司法管辖，这样的法律斗争，正是为了表明我们的原则立场，同时也是进行了一场有理、有利、有节的外交斗争。

十三 思想改造

1. "整风反右"
2. 十年"文革"
3. 参加政协
4. 光荣入党

1. "整风反右"

我出生于前清末年,从旧社会带来许多旧思想。全国解放后,先在上海这几年里,经历了"三反""五反""土改"以及教学改革和院系调整等运动,已在前面提到。1956年我调到北京,截至80年代前期为止,我都在外交部工作。在此期间,我经历了动人心弦的"整风反右"和史无前例的"文化大革命"。从1959年起我参加了第3—6届政协全国委员会的政治协商活动,对我这样的民主人士,起着思想改造的作用。1982年9月,我在外交部条约法律司党支部大会上光荣地加入了中国共产党。下面我将分段予以叙述。思想改造贯穿于终身,不论在出国工作期间或退休回来以后,总是在不断进行的,自不待言。

1956年下半年,有些东欧国家里发生闹事,就是所谓"波匈事件"。1957年春,中国共产党开始"整风运动",邀请党外人士对党提意见,机关团体都不例外。有些整风会上,群众提了不少意见。中国政治法律学会于1957年的五六月间,也举行了几次这样的座谈会。在6月17日的座谈会上,我也发了一次言。当时政法界不少人有这样的看法:对法制不够重视,执法者无法可依,不能挖掘旧法人员潜力,人事调配不尽得当等,我也大体上同意这种看法。我还具体地指出戴修瓒和李浩培如经调配得当,可以发挥更大潜力,并指出前次法学界座谈会上雷洁琼所说上海洪文澜被闲置情况。我最后提出三条具体建议:(1)抢救人;(2)抢救书;(3)抢救课。最后所说要抢救的课是指国际法和比较法。同一天座谈会上发言的还有北京政法学院教授曾炳钧、国际关系研究所研究员陈体强、青年出版社的罗耀培和司法部法令编纂司司长曹杰。陈体强在那次座谈会上,除谈了一些有关法制方面的问题以外,着重地呼吁要重视对国际法的学习,既要学习苏联作家的国际法,也要学习西方作家的国际法和国际私法。最后,他强调国际法学"存在危机",我国国际联系日益频繁,将来联合国、国际法院都得有合适的人去等。

"整风运动"开始后,"提意见"的浪潮日益扩大,社会上有些人,缺乏"与人为善"的态度与精神,言辞激烈,越出常规。旋而,运动迅即转入不同性质的"反右斗争"。

"整风运动"和"反右斗争"也在当时的外交部条约委员会持续了一个时期。在这两个不同的阶段里,我经历了很不平常的日子。在整风期间,我讲了一些有关1952年院系调整的过程,对学法律的人不够重视等。至于调来外交部后的这一阶段,我也指出工作上我认为有待改进、改正的地方。到了反右阶段,我对过去带着旧法观点看问题和过于强调法制建设作了检查和自我批评。我明确承认,对于1952年上海东吴法学院停办,被分配到别的岗位工作,确有情绪,对于过去从事法律工作人员的同样遭遇也有看法。但我后来被调到外交部办涉外法律事件,则完全符合我的意愿和要求。这次运动在条约委员会没有搞得很久,即告结束。条约委员会也随即改为条约法律司。在这次反右过程中,社会上有很多法律界人士被打成右派,其中有不少人和我相熟、相识,还有个别的平素被认为是立场非常坚定的党员司法干部,也不免因这样那样的原因而划为右派。我在这次运动中受到了一次深刻的教育,虽然没有被当做重点批判,但是深深感到思想改造对于旧知识分子来说,是一个漫长和艰苦的历程。

1958年在农村里推行人民公社、实施公共食堂制度。为了进行劳动锻炼和体验当时正在农村实行的新制度,条法司的领导建议让"老专家"里比较年轻的人下乡体验生活。当时周鲠生、刘泽荣、涂元檀三人属于年长一辈,只有梅汝璈、凌其翰、陆殿栋和我还算是老年人中比较年轻的,但持锄下地还算是初次。我们是由条法司法律处处长司马骏陪同一起下乡,到了北郊昌平的一个事先接好头的人民公社。我们到达后,首先在公社食堂里进午餐,吃了一大盘炒鸡蛋和米饭,觉得比预期的还好。公共食堂的家具,听说是由各家搬来拼凑而成的。前来进餐的农民不多,有的是到公共食堂打饭回家吃,看来在试办阶段,许多人还不习惯,意存观望。我们在一个较大房间里休息后,由司马骏陪同下地劳动,因为秋收时节已过,主要是锄草、松土等轻劳动。由于筋骨受到锻炼,晚上睡得很香。以后,日复一日,大约连续一个星期后,就辞别农村,进城回家。有了这次突破,我后来就有几次参加集体劳动,我当时正值五十开外,体力劳动虽不习惯,但还可以支持。一次我去北京南郊一个叫杨各庄的地方,参加麦收,时值初夏,烈日之下弯腰割麦,确是一个考验。还有一次是插秧，工作比较细致，在静静的水田里，还听到由驻外使领馆回来的人讲述驻在国的奇异故事，有如天方夜谭。一位从老挝回来的亚洲司同志讲起老挝杀牛宴请贵宾的习俗。据说隔夜先把牛喂饱，次日宰牛后由厨师将牛的臀部连同里面的粪便割下在火上烤，经过一定火候，粪便烤干后从臀部落下，这时肉质鲜嫩，"香味"四溢，可以宴请上宾，但客人不一定知道准备这"烤牛肉"的全部过程云云。我们听了不禁发哚，觉得很新鲜、可笑，于是又连锁反应地引起了一系列问题和谈笑，这时候几片秧田也差不多已插满了。

1960年起连续有三年形势困难，供应匮乏，高级知识分子受到特殊照顾，每月可领到配给的定量食用品。是年冬，我的二哥徵昕在家乡黎里病故。1961年初，我去黎里看望大哥徵旸及在震泽的三姊徵璠，旋即回到北京。两年后，徵旸、徵璠先后因病去世。1961年秋冬之交，我家从苏州胡同迁至建国门外豫王坟外交部新建宿舍，先在10号楼，次年迁至4号楼，一直住到1983年才又搬迁，历时二十二年之久，在我的一生，算是住得最长的期间，因此左邻右舍都很熟识，至今仍有来往。女儿与北京篮球队教练白金申结婚，两外孙白念恩、白云也都在那里出生。外孙白念恩后来习法，并在北京当律师。他曾先后在荷兰海牙及英国伦敦学习有关业务。外孙媳罗冰亦毕业于中国政法大学后，在国家体育总局水上运动管理中心工作。外孙女白云则在荷兰鹿特丹大学肄业。他（她）们都各有所事，一切比较顺利，我和乃先也都放心。我们搬到豫王坟时，那里是一片荒郊，改革开放以来，那里起了很大变化,现在到那里看看,已成一片闹市,商店到处皆是,顾客中外都有,熙熙攘攘,路为之塞。与当年我们搬去时相比,已大不相同。

2. 十年"文革"

史无前例的"文化大革命"是从1966年正式开始的,但是早在1965年便发生对《海瑞罢官》的批判,接着畅观楼、"三家村"等事件连续发生,紧锣密鼓,到了1966年6月1日发表了毛主席对聂元梓等大字报的批示,"文化大革命"可算是全面展开。当时我在外交部条约法律司,机关刚刚从外交部街"老部"搬到东交民巷,尚未坐定,运动即已开始。几位老人如周鲠生、刘泽荣,已不大上班,只有我们几个较年轻的人经常到部听报告、学文件和"参加"惊心动魄的批斗会。最早受批斗的有孟用潜、陈翰笙、符浩等。有的老干部竟被打得眼镜失落,人身倒地,我们看了简直发呆。部内出现许多战斗队,"联络站"的人最多,态度最激烈。稍后,陈毅、姬鹏飞、乔冠华被当做斗争主要对象,后来竟发展到包围印度大使馆和火烧英国代办处。周总理日夜操劳,防止运动蔓延激化,以致造成难以收拾的局面,而且还要考虑对外影响。1967年8月在人民大会堂召开批斗陈毅大会,姬鹏飞陪斗,周总理亲自到会。红卫兵乘周总理有事暂离会场之际,蜂拥上台劫持陈副总理,意欲押离会场,正值总理回到会场,立刻予以制止,并大声申斥红卫兵的这种行为。经过这场惊涛险浪之后,陈毅还在部内继续被批斗。

当时外交部在东交民巷正义路口,即今华风宾馆及其北面现已重建为外交部宿舍楼的地方。这片房屋原址,曾经是北京著名的"六国饭店"。解放后,南部改建新楼,作为苏联专家及其眷属的招待所。后来苏联专家离开后,南部新房和北部原六国饭店旧房都作为外交部办公之用。文化大革命开始时,外交部就设在这里。这里的房屋本身就不宽敞,条法司的办公室不敷使用。当时办公时间既不正常,到值的人员也不齐全。我记得到了后来,所谓"老专家"中,经常到部的只有凌其翰和我以及1963年才来条法司的李浩培三人。当时"工作"情况极不正常,临时有事抓到就办,没事就看书自学,大部分时间用于开会、听报告、看大字报。我们没有成为斗争的对象,但也有自知之明,出身于旧社会的人,随时都可以成为批判对象或被告知写交代。我记得有一段时期,我们三人几无固定的办公室,常常被指定在东交民巷台基厂转角原比利时、后来的缅甸使馆、现为紫金宾馆西首的一座小洋楼内学习、"办公",倒也清静自在。开大会则到外交部礼堂,即今华风宾馆的地方。

回忆当时情景,要么惊心动魄地在正义路参加热火朝天的斗争场面,要么在台基厂过着近乎隔离的沉思和学习的日子,也有点像"闭门思过"。到了星期休假,总想换换环境,最好的办法是远离城市到郊外深山去呼吸新鲜空气和锻炼身体。我在调来北京后,遇到我小学时的同龄同学孙家堃,他当时在邮电部工作。我们从小就喜欢"远足"郊游,在北京相遇后,偶尔相约游园、爬山,到了1966年后,就变得经常化,甚至是制度化。几乎每个星期日在西单约定地点和时间上车去动物园,换车直达香山,风雨无阻,寒暑不辍,几近二十年未变,直到我出国任职为止。我们一般从香山东门进去,穿过"松林",直上山腰里的玉华山庄。那里有茶座,我们一般就在这里吃自备的午餐。由此可以向西直登阆风亭。秋日一片红叶,灿烂如锦,由此再上,经过几个构筑清雅、但已断墙颓垣的"山庄",可至位于半山的"平台",约有网球场那样大,对面是一片峭壁的"森玉笏",形势险峻。再上去都是羊肠小道,盘旋而上可至山顶"香炉峰"又叫"鬼见愁",高550米。那时顶峰上面一无所有,但可环顾四周崇山峻岭和香山全景。现在设置缆车后,山顶有"重阳楼"及其他建筑物。下山如走另一路线,可过乾隆题字的燕京八景之一的"西山晴雪"。我们游香山,并非每次都到鬼见愁,但玉华山庄和阆风亭则每次必到。过去逛香山的人不多,因为路远、车少,但每逢红叶季节,则游人众多,我也常常可以遇到熟人。我遇到过上海东吴法学院毕业后分配在北京工作的同学,我能记得的如钟复生、刘振坤等。有一个星期日,阴雨天气,我照例还是去香山,在玉华山庄遇到当时任外交部美澳司司长的郑为之和他的孩子。他告诉我,他们在中途遇雨,但觉得香山很美,雨天亦有雨景。我说我是风雨无阻的,他说今后还想再来,我说玉华山庄是适当的会合地点。后来他去过一次,但没有再继续。我还在玉华山庄遇到过北方昆曲剧院主要演员李淑君。李淑君是经常和她的女儿一起上山的。我看过她好几次的戏,但因台上、台下装束不同,我竟历久没有认得出来。孙家堃不大看戏,更不知李淑君是何许人。后来因常在玉华山庄遇到而开始交谈起来,才知道她就是昆曲名演员李淑君,我是她的经常观众。她因患病,觉得爬山可以治病,因此常带着女儿爬山。过了一段时期,北方昆曲剧院另一主要演员白士林也来香山过周末。有时兴之所至,他们也引吭高歌,由于山里有回音,虽无伴奏,仍很好听。后来,他们也要我随便唱唱,我为了助助兴,唱了一段"林冲夜奔"。白士林本是文武老生,一听就说这是"南派"。昆曲有南曲和北曲之分,南曲只有五音,北曲则有七音,多了凡字和乙字,即简谱里的4和7。所谓"南派"不是指南曲,而是指唱法和北方唱法不同。昆曲虽始于江苏的昆山,但流行到国内各地,有北昆、苏昆、上昆、浙昆、湘昆等,各地唱法大同小异。北京的北方昆曲剧院代表北方的流派,始于河北省的高阳,故亦称"高阳腔",著名的韩世昌、白云生等都是高阳人。南方的仙霓社和北方的高阳集对于昆曲这一宝贵剧种的保存和发扬是有功劳的。

在此期间,我基本上是每星期爬香山,但偶尔也有所调整、选择。我记得有几次,为了避免红叶时节的拥挤,曾改道而至戒台寺、潭柘寺、黑龙潭、鹫峰、小汤山等地。有一次和孙家堃先从西单乘车到云岗,然后步行至大灰厂,在小馆子吃过午饭后,走到戒台寺游览,薄暮时开始走另一条路的回程,拟步行到河滩再搭市内公共汽车回家,不料走了一段,天已全黑而无路灯,又无星月,原来是晚这里停电。我们只好摸索前进，但是郊区路旁既无人行道，如被疾驰而过的自行车撞倒，后果不堪设想。于是我就引吭高歌，让骑车人以声辨形，唱完几段昆曲，渐近河滩，总算脱离险境。潭柘寺和戒台寺一样都在门头沟区，据称有一千七百年和一千四百年历史，"先有潭柘，后有北京"。黑龙潭和鹫峰是在北京西北郊的一条路线上。我们去小汤山是为洗温泉浴。我们去过京郊各景点，觉得自然风景还是香山最好，比较合乎老年人锻炼身体的要求。我学唱昆曲是为了养性陶情，昆剧中不尽是风花雪月，才子佳人，也有描写气吞山河的爱国壮志，坚贞不移的思国赤忱。关汉卿、汤显祖、王实甫、洪昇等同样值得称赞，东方朔、李龟年何尝不是英俊？取其精华，去其糟粕，乃是正道。

1969年林彪发布"第一号命令"，外交部和其他机关一样，实行"大下放"。我因有任务留部，当时条法司实际已取消，我是调在领事司，未下去。次年早春一个下午看到通知，所有留京人员当晚"黑夜行军"，去郊区劳动，目的地到时宣布。我急忙回家带些替换衣服，就到东交民巷外交部门前候命，没有编队，也不点名，左右无一原来认识的人。晚9时整，大队人马出前门向南经大红门，过南苑后，转入农村小路，黑夜无星月，又像前面所说从戒台寺到河滩一样，大家都不作声，犹如古时行军，"衔枚疾进"。我们中途休息过两次，拂晓时才进入一个村庄。这时我环顾一下周围的人，才认出那位一手好字写"九十二人大字报"的葛绮云。她睁大眼睛看着我，似乎在惊异地想我居然也能参加这样的"黑夜行军"。当天上午大家休息,午后下地劳动,三四天后乘车回到北京。

1972年后,我常出国开会,很少参加劳动锻炼。1976年是我国大殇之年,周恩来、朱德、毛泽东诸位最高领导人、新中国缔造者先后去世。是年7月发生历史上空前的唐山大地震,北京亦受影响。大家都搭棚棚,露宿在外,又逢连日风雨,惶惶然不可终日,人人情绪低落,有如世界末日之将来临。我们住的豫王坟4号楼又发现裂痕,我家搬到光华里小学走廊里暂时安身。到了10月里,听到"四人帮"被逮捕入狱的消息,大家欣喜告慰。

3. 参加政协

1959年,我开始参加中国人民政治协商会议全国委员会,当时周恩来总理兼任主席。我连续参加四届,一部分时间是在"文化大革命"之前,中断一段时期,"文革"结束后继续参加,直至1985年我因出国任职而辞退。为使叙述连贯起见,我把这两段时间连在一起讲。

政协委员来自全国各党派、各团体、各界。代表"各界"的有"科技界""文艺界""新闻界""宗教界"等。我不属于上述各界,作为"特邀人士"参加,同组有条法司的梅汝璈、凌其翰,其他同组委员,我记得还有梁漱溟、王力、赵宗燠、吴世昌等。政协以"长期共存、互相监督、肝胆相照、荣辱与共"为宗旨,对于党外人士,特别是旧知识分子,起着鼓励、

十三、思想改造

帮助、督促和教育的思想改造作用。政协每年举行一次全体会议，大部分时间是同一年一度的人民代表大会在一起听报告，分组讨论则按政协自己的小组举行。我参加政协是在"反右运动"结束之后，除出席大会和有时开办的学习小组之外，还有我们比较"年轻"的人，组织参加在京郊的短期劳动。劳动较轻，食宿条件也较照顾。我记得有一次去京郊模式口劳动，附近有以壁画著名的法海寺，我们劳动之余，参观寺庙和附近景点，晚上还举行联欢会。同组有几位黄埔军校毕业生，特别热情活跃，要每人担任节目。轮到我时，我旁边坐着中央美术学院教授常任侠。我就说我可出一谜语让大家猜："爱打抱不平，请打现代人名一。"话音刚落，常任侠就接着说："不用猜了，让我来自首吧。"大家都笑起来。

1961年春，政协组织一次去三门峡参观，三门峡当时算得上是特大的水利工程，顺便还参观了古都洛阳。我们的一组三十来人乘火车前往洛阳，下榻于国际饭店。第二天乘大轿车去三门峡。三门峡位于河南、山西、陕西三省交界，是黄河流入大平原前一座大峡谷，水流甚急。所谓"三门"，据说是指神、人、鬼的三道门。我们从大坝上向下面看养育我们祖先的黄河，波涛汹涌，气象万千。施工的大队人马在那里建设这一巨大工程，我们向他们慰问，并表示敬意。这一工程主要是处理大量的流沙，使其不积累成灾，而变为有利条件。我们留住洛阳期间，还参观了郊外的关林。据传三国时，东吴击败蜀国的关羽后，将关羽首级割下献给曹操，曹操念及华容道"义释"之恩，特命用檀香木制成体形，同首级合葬于洛阳郊外,后来称关林。洛阳城外又一古迹是东汉永平十一年(公元68年)最初兴建的白马寺。据传这座寺庙是为来自天竺(印度古称)的僧人迦什摩腾和竺法兰建造的。因他们用白马驮佛经而来,故庙名白马寺。后来1985年我去印度时,在提到中印早年关系时,曾提起我在洛阳亲眼看到为印度僧人所建的白马寺。洛阳另一世界有名的古迹是龙门石窟。龙门石窟沿着伊水共有石洞一千三百多个,大小石像十万尊,洋洋大观。最大佛像在奉先殿,这里所谓"殿"不是有门窗可关闭的建筑物,而是自然的山坳,上面石头突出如屋檐,下面三尊大佛像,中间最大佛像高十七米,气象万千,蔚为奇观。

1962年初政协组织部分委员去广东、海南参观,同去的有叶圣陶、顾颉刚、载涛等几位老先生,梅汝璈、凌其翰和我也参加。我们先到原名广州湾的湛江,曾于1898年被法国强行租借,实则等于割让。在此之前,法军已使用武力强占,中国守军奋力抵抗于桥头堡,并称此桥为"寸金桥",死伤惨重。我们在此凭吊一番,追念先烈。湛江是在雷州半岛尖端,过海峡往南就是海南岛,那时还属于广东省,我们飞渡琼州海峡,到达海南首府海口,未作停留,乘汽车到达附近的那大,在此休息。这里有很大的植物园,据传也是宋代苏东坡贬官时"日啖荔枝三百颗"的地方。我们在此稍事休整后,取道海南岛中部的通什,直趋海南岛的最南端三亚。这些地名比较特异,比如"那大"不知何意,"通什"据称是通往少数民族区域的起点。我们在路上望见有名的革命山区"五指

十三、思想改造

山"，因形同五个指头故名。时值隆冬，三亚温暖如春。三亚外面是我国海军基地榆林港，有人还在海水里游泳。我们回程走东路，过兴隆、嘉积、文昌等地，仍在海口乘飞机渡过海峡换乘汽车向东走，车过广东省的滨海城市阳江时，顾颉刚教授忽而喊出："这里就是宋末陆秀夫背着宋幼主投海殉国之处。"回京后曾查考一下，陆秀夫背宋帝赵昺于文天祥兵败被俘后两个月，在粤海蹈海而终，那是公元1279年2月。当时顾颉刚教授还给我们讲述宋末有关文天祥殉国的事迹，闻者动容。我们在广州期间，参观了黄花岗、越秀山等，去了从化温泉休息一宵后乘火车返京。

  1963年政协又一次组织部分委员去福建考察。1932年我曾和郑天锡去过福建，那时是去考察司法工作，因尚未有铁路，故从上海乘海船去的。1963年，我们从北京乘火车前往福州，隔宿即至。福建比较保守，我隔三十年后再到福建，情况完全不同，但突破程度，比起广东来，似乎还是有限。福建文风很盛，据悉那时高等学校统一招生，福州第一中学毕业生考取率连年居全国第一。福州的"旧家"很多，都有不少藏书。当地戏剧有许多种，以闽剧为最典雅，剧情婉委曲折，唱词如泣如诉，与昆曲不一样，但有异曲同工之妙。我记得北京京剧四团的吴素秋等曾把一出闽剧改编为京剧"父子恨"，我特地去看过，卖座历久不衰。我们在福州主要是了解近年来福建同外省人的接触和合作以及归国华侨情况。福建话比广东话更难懂，可能由于福建同外省相隔崇山峻岭，火车开通还是近年来的事。福建人侨居南洋一带最多，因此在福建的侨眷亦复不少,这些都是福建的特殊情况。我们在福州待了几天后,就乘车南去泉州。

泉州又名晋江,是旧时通向海外的要津。这里有唐代的开元古寺,构造特殊,画梁飞檐,展示着我国古代建筑的精美雅致。泉州又是我国明代从海上通往外国的枢纽。明永乐年间三宝太监郑和七次渡海下南洋,有几次也是从泉州出发的。这里还有一个清真寺和伊斯兰教的遗迹石笋,都说明泉州对早年海上交通的重要性。我的侄女倪炜40年代参加"南下",后来就在离泉州不远的龙岩成家定居,知道我要去福建,特地和夫婿陆国奇及女儿小红来泉州找我,离别十几年,相见甚欢。也在泉州这个古城,我们听到有名的福建"南音"。这是"闽剧"以外又一个新发现,当地政协为我们安排一次演奏,低声慢唱,宛如昆曲,据说这里能唱"南音"的人很多,我大为欣赏。我们最后经过著名侨领陈嘉庚多年经营的集美而到达闽南的厦门。这是一个重要商埠,那时还没有建立特区。我们在厦门对面的鼓浪屿看到当年郑成功的观操台,是在海上一块突出大岩石上,郑成功在此练兵抗清廷、御外侮。我们看到观操台时,正好是郑成功三百年前的忌辰,我们恰来此,能瞻望民族英雄的遗迹,可称是巧合。

后来几年,由于"文化大革命",政协停止活动。1978年,中国共产党第十一届三中全会召开后,拨乱反正,人心振奋。在是年早些时候召开的政协会上,有些老年人相叙时,私下庆幸自己还活在人间。我在一次小组会上,被推举宣读一个文件,因过于兴奋及疲劳,以致右眼的视网膜脱落,一片

十三、思想改造

昏黑,随即被送至北京医院求治。主治大夫张尧贞主任认为应做手术,由于当时我的双眼发炎,嘱先住院休养消炎。当时海洋法会议即将在纽约续开,我每次都出席,这次只好缺席,引以为憾。我在北京医院休养一段时间后,即将做手术。我早年曾在上海做切除盲肠手术,因部位不同,并不可怕,这次要在特别敏感的眼睛上做手术,顾虑重重。我曾听刘思慕和吴半农说过,他们当年因视网膜脱落住北京医院,但手术则请同仁医院眼科主任张淑芳做。我不揣唐突向张尧贞提出要求,蒙她慨然允诺。张淑芳应邀来为我做手术后,已满二十八天,再过几天,本来即可出院,这时却发生了意想不到的憾事。7月初的一个晚上,医院里广场上放映露天电影,我在病房内休息,同室的一位外地病人忽然神经失常,滚到地下来,我急忙打铃,一名护士过来,我不假思索地和她把这外地病人从地上抬起来安放到床上。翌晨医生来病房查看时,发现我右眼视网膜再度脱落,显然是头一天晚上因抬同室病人上床用力过猛所致,势必要待休养一时后再做手术。张淑芳大夫慨然应允要负责到底,建议我先回家休养,过了夏天,索性就住同仁医院再做手术。同年9月我住进同仁医院,张淑芳大夫朝夕检视,并有于秀芬大夫协同每日查看,做手术之日,她们两位共同在场操作。过了国庆,我已恢复原来视力,平安回家。接着是党的十一届三中全会决议发表,人心大定,我感到无比兴奋。

1979年我基本上在职养病,未有任何重要活动。1980年,国务院海洋局在大连召开全国海洋工作会议,我作为当时的中国海洋国际问题研究会会长应邀参加。海洋局的局长罗钰如和我经常一起参加联合国召开的第三次海洋法会议,这次他和我同乘火车前往大连。会上遇到了清末历史上有名的严复之子严恺,当时他在南京水产学院任院长。会议持续了不到一个星期,我在会上致辞。会毕,我仍和罗局长一起乘飞机回北京,一个多小时即到。在这次开会期间,我曾参加去旅顺考察,那里有高山雄踞湾口,形势险要,易守难攻,当年被日军攻陷。因为我们会上有严恺,我便联想到严复当年第一次被派留英学海军,回国后却以译书办学成名。虽然单靠严复是不能挽回当年海军颓势,但当时的人事安排、学用相悖可见一斑。我国的外侮始于19世纪中叶的鸦片战争,但东邻日本对我国的侵占,始于甲午战争,从此就连续发生1915年的"二十一条",1919年的侵占胶东,1931年的"九·一八"事变,1932年淞沪战争,直到1937年卢沟桥展开了全面的侵略战争,都是甲午战争的继续和扩大,而且日本多少年来一直盯住我国,愈演愈烈。我这次看到旅顺,联想起上述一系列我从童年起直到世纪中叶亲身经历的岁月,不禁悽然。我回京后曾在政协一次小组会上提起对这次旅大之行的感受。此后几年里的政协活动,我因出席海洋法会议和国际法委员会年会,未能经常参加,有时只能参加一年一度的大会。1985年起,我于前往海牙国际法院履任之前,正式辞去政协委员职务。

十三、思想改造

4. 光荣入党

我出生于地主家庭,虽然早年因逢火灾,家道中落,又是多子女家庭,但总还可勉强温饱度日。在旧社会里,书香门第子弟,只知修身养性,远离邪恶,但求独善其身,绝少思及兼善天下。我后来接触到社会现实,想做个清官,开始要学法律,基于单纯的爱国思想,参加过上海的"五卅"游行。抗日战争期间,全国一致对外,胜利后专心对付日本战犯审判,绝少考虑个人出处。东京事毕回国后,我看到宁沪一片乱象,蒋氏独裁,孔宋巧取豪夺,办理接收的大小官员,竞相"五子登科",民心尽失。我决定留沪等待解放,别无选择。全国院系调整后,我暂不从事法律专业,只是力求适应,调京完全符合个人愿望,而且学用结合,感到心情舒畅。不期"反右""文革"先后来临,虽未引火烧身成为斗争对象,但惴惴不安,似临深渊,如履薄冰。1976 年 10 月,粉碎"四人帮",结束"文化大革命",邓小平同志恢复职务,强调实事求是,思想路线拨乱反正。1978 年 12 月,党的十一届三中全会会议公报发表,提出解放思想、开动脑筋、实事求是、团结一致向前看的伟大方针。我因经过两次较大手术,在家休养,看到这个大好形势和动人前景,兴奋到了顶点。当时任国际条法司副司长的凌青来我家探望我的病,我向他提出要提前上班,他婉言劝阻,让我安心在家休养。后来联合国海洋法会议已接近最后阶段,起草委员会进行紧张工作,我开始恢复出席会议,休会期间仍返条法司工作。外交部副部长仲曦东曾不时来条法司和老年同志晤谈。仲出身军旅,参加过解放上海战役,但儒雅倜傥,谈笑风生,调来外交部后,与乔冠华常有往来。他喜爱文学,谈锋甚健。我曾在前门广和剧场看昆剧《西厢记》时遇到过他。有一次他来条法司谈党对知识分子的政策,我听了深有所感。

我过去不是没有考虑过入党的问题。我曾看到周鲠生、刘泽荣两老耄耋之年光荣入党,亦曾心向往之。后来经历了"反右运动"和"文化大革命",我就没有再考虑这个问题。但在1976年粉碎"四人帮"后,接着党召开十一届三中全会,提出了一系列正确政策,令人十分振奋。1981年6月,党的十一届六中全会又通过了《关于建国以来党的若干历史问题的决议》。这一公正严肃、实事求是的历史性文件以及三中全会以后各项政策的落实,确使我思想上起了激剧和根本性的变化。我强烈地认识到,自己既有热忱爱国之心,就不应停留在同情和赞助党的事业的水平上,而应以积极行动,拥护无产阶级先锋队的党的纲领,参加党的组织,加强学习,献身于党的事业,服从党的组织纪律,改造世界观,在本职工作岗位上为四个现代化而奋斗。我随即提出入党申请书。1982年9月29日,条法司党支部开会讨论我的申请,许多党员和群众热忱地提出意见。后来出任我驻圭亚那大使的张愉还在会上即席赋诗,给我很大鼓舞。诗的大意,说我年逾古稀,白发逢春,腰腿尚健,可上战场。周恩来总理曾说过,外交干部是不穿军服的解放军。我那时年已76岁,后来还继续工作了十二年,到了 1994 年退休,没有辜负大家对我的殷殷期望,会上一致通过我的入党申请。1984 年 4 月 27 日,条法司党支部按例再度开会,考虑我入党转正问题,由我先作了汇报,然后大家再提意见,最后一致通过,继而转正。

思想改造不仅是一个长期过程,而且是终身事业。入党不仅要组织上入党,而且更要思想上入党。回忆童年入学时,月曜日(星期一)和木曜日(星期四)的第一堂课是"修身",讲的是修身、养性、洁身自好,只知独善其身,不知兼善天下。1919 年"五四"运动,我在家乡到街上组队摇旗呐喊,呼吁救亡,当时有的父老们认为这不是学子当做的事。1925 年 5 月 30 日,我参加上海南京路游行,也不为学校当局所赞许。直至"九·一八"事件发生,全国人民奋起抗日,《义勇军进行曲》成为"不愿做奴隶的人们"的共同呼声和心愿,而蒋氏竟以"安内攘外"为借口,压制民主,扩大内战,使日寇肆无忌惮,日益壮大。如无西安事变和中国共产党的积极抗战,后果难以想象。抗战胜利后,京沪一片混乱,贪污遍地,民不聊生,全国人心思变。新中国成立后,乌云消散,正气昂然,令人心服。后来虽然也曾走过不少弯路,但是十一届三中全会会议公报的发表和落实,以及十一届六中全会通过的关于历史问题的决议,不仅振奋人心,令人折服,而且使广大人民受到真正的启发和深刻的教育。我虽已年耄,但不忘党的前辈所说:活到老,学到老,改造到老,永无止境,永不自满,永不停步。

十四 瑞士赴会

1. 莱蒙初夏
2. 劳逸结合
3. 负伤出席
4. 提名竞选
5. "京丰"座谈

1. 莱蒙初夏

19 81年下半年,联合国第三次海洋法会议虽因美国代表团临时变卦而出现波折,但公约总的框架已经具备,除关于海底部分尚待磋商外,大体上会议已近尾声。至于湖广铁路债券案件,中国坚持国家司法豁免,拒绝前去美国法院应诉,仍不断地调查研究,为自己的立场提供论据,这是一项持续的斗争。就在这个时期,外交部领导考虑到我恢复联合国席位后不久联合国法律顾问向我提出的关于国际法委员会和国际法院的两个席位问题,认为现在是应该采取行动的时候了。同时也认为可以先竞选国际法委员会委员,稍后再竞选国际法院法官席位。1981年是国际法委员会选举年,我被提名为中国方面的候选人。是年11月,我在联合国大会上当选为委员,任期五年。

国际法委员会成立于1951年,其根据是联合国宪章第13条第1款(a)项:"大会应发动研究、并作建议,以促进政治上的国际合作,并提倡国际法的逐渐发展与编纂。"而此条文是以旧金山会议时中国代表团提出的 Doc.1, G/I(a) 3U. N. G. I. O. Docs. 25(1945)号文件为依据的。这一经过可能是鲜为人知的。国际法委员会最初成立时,委员会成员十五人,任期五年,后来由于联合国会员国的增加及各会员国法制的差异,逐渐增加至1956年的二十一人、1961年的二十五人和1981年的三十四人。国际法委员会的宗旨是促进国际法的逐步发展和编纂,更具体地说是,整理广泛存在有关国际法的国家实践、案例和原则,以及对国际法尚无规定或者尚不明确的主题拟订公约草案。如果像有人所说的,联合国大会是联合国的议会或立法机构,那么,或者也可以说国际法委员会是联合国大会下面的"法制委员会"。许多国际公约,例如1961年《维也纳外交关系公约》、1963年《维也纳领事关系公约》、1969年《维也纳条约法公约》等国际上不少重要公约,都是经由国际法委员会编纂和制定成草案后递交外交大会上讨论通过的。

1982年初夏,我准备前往日内瓦参加为期三个月的国际法委员会会议。虽然委员会是以个人名义参加,不代表国家,但毕竟这是新中国第一次参加这样性质的国际会议。领导特别重视,还派条法司法律处处长孙林和青年干部刘振民陪同前往,既可观摩学习,也可随时帮助照料。又鉴于当时我已76岁高龄,组织上安排我的夫人张凤桢同去,以便生活上有所照应。回忆我俩早年留学美国时,留美学生,特别是清华公费生,学成回国时,都有一个共同愿望,通常用英语表达是"by way of Europe",意即"经由欧洲",这样算是完成一次环球旅行,沾沾自喜。我和凤桢1930年在华盛顿结婚后返国,本来也有"by way of Europe"之意,后来由于应聘学校开学期近,只得选择最短路程,取道西雅图直接返回上海。这次由组织上安排一同前往瑞士,固然聊偿宿愿,但也感到任重而道远。我在此以前几次来过日内瓦出席海底会议和海洋法会议,都是随着集体参加,这次前来,却有所不同。因此初到的一段时期,埋首于业务上准备,悉心体会,不稍懈怠。

国际法委员会每年 5 月初至 7 月底在日内瓦召开,这是一年内最好的季节。莱蒙湖初夏风景宜人,前面已经提过。日内瓦市内居民院里,都是鸟语花香,引人入胜。在北京很少看见的紫玉兰随处含苞齐放。很多人家门前还都有红蓝双色的绣球花,争妍斗艳,使我想起汤显祖《牡丹亭·游园》一折中名句"良辰美景奈何天,赏心乐事谁家院"。凤桢亦心领神会,暗自欣赏,尽在不言之中。由于接着就要开会,我们大部分时间还是待在代表处。外交部在日内瓦原来只有领事馆,大使馆在首都伯尔尼,自从 1971 年恢复联合国席位后,因须参加联合国及其他一些设在日内瓦的国际组织的活动,就在原领事馆所在地划出一部分土地建造一座大楼,以供"中国常驻日内瓦国际机构代表处"之用。我们四人就住在这所新建大楼内。当时代表是俞沛文大使,参赞是田进、顾于佶,都是熟人。

1982 年 5 月 3 日,经改选过的第 34 届国际法委员会在"万国宫"举行首次会议,然后逐日开会,先后遇到了不少出席过海洋法会议的熟人,如保加利亚的扬科夫(Yankov)、印度的贾戈达(Jacota)、西班牙的拉克莱塔(Lacleta)、肯尼亚的恩京加(Njenga)、挪威的埃文森(Evensen)以及在联合国其他场合见过的塞拉利昂的库鲁马(Koroma)、埃及的布特罗斯·加利(Boutros Ghali)和希腊的原联合国法律顾问斯塔弗罗帕洛斯(Stavropolous)等。著名国际法学家、法国的保罗·勒泰（Paul Reuter）教授当选为本届主席。会议室比较宽敞，这是"万国宫"的特点。委员会的主席台面向群众，除主席、副主席、报告员、起草委员会主席在主席台就座外，还有联合国法律委员会秘书。一般委员们则依姓氏字母拼法为序由左到右成曲尺形三面围着主席台就座。后面是旁听席，和我同去的孙刘二位，就经常坐在那里"听会"。第一次会议主要是礼仪性的，除选举职员外，也谈些工作安排，以后就转入对专题的讨论。

2. 劳逸结合

1982年届会议议程是相当繁重的，待议的项目计有八个，其中主要的是主席保罗·勒泰自任特别报告员的"国家与国际组织之间或者国际组织之间的条约问题"，以及我特别关心注视的"国家及其财产的管辖豁免问题"。

第一个议题事实上是1969年制定的关于国家与国家间的《维也纳条约法公约》的补充和发展，主要是为了适应国际组织在国际上日益发展的需要而编纂的。委员会从1970年开始讨论这个专题，到1982年为止，已接近于完成，正待通过最后条款和附录，但是由于委员会经过改选，因此还可以进行全面讨论。国际组织在国际社会里蓬勃出现，以适应实际需要，这是时代的特征。有些发达国家逐步联合起来，以加强它们的竞争地位；发展中国家也以各种不同方式进行联合以自强。这种国际组织同国家缔结条约时，国际组织的成员国就不是条约的当事国。但在这些国际组织内部,就存在着大国与较小较弱国家间控制与反控制的矛盾。这在制定"国家与国际组织之间或者国际组织之间的条约问题"时都有所反映。

讨论时,我提出主张,在制定这类条约时,应尽可能给予国际组织以与国家平等的地位,又应在两者之间作必要的区别,制定的规则既应有利于国际组织开展工作,又应保障国际组织成员国的主权和基本利益。我并对国际组织缔结的条约如何对其成员国产生拘束力的条款提出了修正意见,得到了巴西、委内瑞拉、塞内加尔、扎伊尔等十几个国家委员们的支持。最后,起草委员会草拟的条款也反映了我提出的修正案的某些内容和用语。这个项目在本届会议完成"二读"。国际法委员会建议召开外交会议以便制定公约。

这里我想补充一点,就是国际法委员会会议上的用语。联合国大会、安理会等主要机构都是五种(现为六种)语言并用,同声翻译。国际法院则在其规约中明文规定只用英语和法语两种。国际法委员会规约既不采用大会、安理会的办法,也不明文规定只用英语和法语,事实上是和国际法院一样,只用英语和法语,但不排除可有例外。联合国秘书处中文翻译组曾通知我,如果需要会场上口译,请先通知他们大概时间,以便届时派员前来服务。这是特约的,我很感谢他们的合作,但实际上在这种会上发言,有时短兵相接,很难事先确定时间。为了答谢他们的好意,我在会议后期,当我准备作综合性的发言时,请他们翻译成英、法文书面资料,以便在会场上分发。

"国家及其财产的管辖豁免"是在1977年联合国大会上通过交议的项目。我在前面叙述湖广铁路债券案时已提到,一些欧洲国家于1972年签订《关于国家豁免的欧洲公约》,1976年美国国会颁布了《外国主权豁免法》,随着,英国的《国家豁免法》也已于1978年生效。这些公约或法案名为"国家豁免",事实上主要目的是为了要规定国家"不豁免"。西方国家热衷于在联合国的国际法委员会内讨论国家及其财产的管辖豁免问题,其用意就是想制定一项符合他们国内立法的合约。

对这个项目的工作于1978年即在国际法委员会开始,翌年1979年由特别报告员泰国的素差伊库(Sucharitkul)提出初步报告,并于1980年、1981年、1982年先后提出其第二、三、四次报告,每次报告都附有他草拟的条款。到1982年我初次参加国际法委员会的会议时,这个项目的主要草案条款,已大体上形成。这时草案计有十二条,其中最关键性的是第6条和第12条。第6条规定:"除本条款另有规定外,国家免受另一国家的管辖。"明人不必细说,"除本条款另有规定外"一句的背后,大有文章。至于第12条竟堂而皇之规定下列事项不享有豁免。

(a) 贸易或商业活动;

(b) 雇佣合同;

(c) 人体伤害和财产损坏;

(d) 财产的所有、占有和使用;

(e) 专利、商标和知识产权；

(f) 财务负债和关税；

(g) 股份持有和法人团体成员资格；

(h) 用于商业服务的船舶；

(i) 仲裁。

以上情况说明，国际法委员会从 1978 年开始对此项目进行研究编纂时起，到 1982 年第 34 届开会时止，已经沿着限制豁免这一西方国家路线走了相当长的一段道路。回顾我们自己，从 1979 年拒收美国法院传票以来，一直在与美方僵持之中。我们在这段时期也作了不少调研、宣传工作，有如前述。我们也需要像国际法委员会这样的国际讲台，提出我们的主张，宣传我们的观点。但客观事实是，所谓"限制豁免主义"这股势力，在迅速得到发展。可以说《国家及其财产管辖豁免》这一议题，从 1977 年由联大决议提交国际法委员会时起，形势就是要走限制豁免的路，因为如果大家主张继续走绝对豁免的原来道路，事情非常简单，就没有必要当做一个议题，交国际法委员会来研究和编纂。阵容非常清楚：欧洲国家和美国已制定公约和颁布国内法，实行限制豁免，这对发达国家有利，而不利于广大的发展中国家，因为这类案件，通常都发生在发达国家的法院。尽管这一趋势看来不是一阵风，而是要持续下去的，但作为一个发展中国家，是应当尽量顶住这股逆风，还是及早随风使舵，顺从"大流"？我觉得可以借鉴亚非法律协商会议的经验。它曾鉴于"限制豁免主义"这股势头，认为会员国今后对于某种"非主权行为"不宜再提出主权豁免抗辩,但后来还是认为"限制豁免主义"不利于发展中国家,不宜采取。我在前面讨论湖广铁路债券案时提到过,这里不再详述。由于1982年的会议是刚刚经过改选后举行的会议,我作为新参加的委员,在会上对此问题还是作了全面性的发言,不只限于新提出的第6条和第12条。发言得到苏联委员乌沙科夫(Ushakov)和保加利亚、罗马尼亚、塞拉利昂等国委员的支持。

我对1982年交议的其余几个项目,如"国家责任""国际法不禁止的行为所引起损害的国际责任""外交信使和外交邮袋的地位"等项目,也都作了发言。我在最初的几个星期,工作直至深夜,孙、刘两位和凤桢都觉得不能长此下去,建议我要注意"劳逸结合",因此我在后来几个星期里,适当调整我的工作方法和工作时间。首先是减少熬夜和保证周末休息,如非必要不加班、加点。我们曾参加代表处组织的一次周末赴伯尔尼、洛桑、蒙特娄的旅游。蒙特娄处于莱蒙湖边绝佳地段,群山环水,堆锦叠翠,美不胜收。我们也在平常周末看到莱蒙湖上"滑水"游戏,朗布伦山边"飞人"表演,晚上在电视边观看那年世界足球锦标赛,精彩非凡。代表处的伙食也比较适合,有一次炊事员去法国买来海螃蟹,光是蟹黄已足果腹而有余。代表处有位吴保禄女士,在我外出开会时,常来看望凤桢,并多方照顾,我们很感激。

前面提过很多国际组织设在瑞士,特别是在日内瓦。我和凤桢常有机会应邀参加各种招待会。为了答谢这种盛情,同时也为邀请国际法委员会委员们和职员们及其家属,我们也在会期过半时候,举行一次招待会。别人家的招待会,一般都是"小吃"和饮料。所谓"小吃"就是饼干或小片面包上加些鱼子、鸡肉之类的食品,而中国人举行的招待会是遐迩闻名的,既有美味佳肴,还有精致点心,春卷、八宝饭之类,脍炙人口,因此"出席率"总是很高。我们第一次举行的招待会亦不例外,而且很晚才散。

凤桢有胞姊维桢、胞弟沅长及小妹蓉珍都住美国。1981年,我在纽约参加海洋法会议时,曾于周末去波士顿看望他(她)们。这次他(她)们知道凤桢来欧洲,邀她趁便去美相叙,并寄来机票。办过一番手续后,凤桢于1982年6月底一个早晨离开日内瓦去美国。是日一早大雨滂沱,雷电交加,我以为航班可能取消,不料稍停一会,雨过天晴,我送她到机场,起飞后几个小时得报她已安然到达西雅图,再过十来天,她已安渡太平洋回到北京,两个月内,完成了她的一次"环球旅行"。

到了1982年7月,国际法委员会会议已接近尾声,这时候大部分工作是对本届会议上讨论的专题条款加以系统化和文字化。这是起草委员会的工作,咬文嚼字,非常细致,我参加了这个起草委员会的工作。我在海洋法会议后期,也参加过《海洋法公约》的起草委员会工作。由于国际法委员会每年只在夏季三个月内举行,委员大都是兼职的。不少发达国家的委员常在自己认为是重要的或者有兴趣的项目"上场"时,或者在会议快将结束时出席几天。因此,我们感觉到,作为一个从发展中国家来的委员,为了从法律上维护发展中国家的利益,应当联合其他发展中国家的法律工作者,努力加强团结和合作,要有自己的立场和主张,要有所作为,不受发达国家的操纵,这将是我们共同努力的方向。

3. 负伤出席

第35届国际法委员会定于1983年5月3日在日内瓦召开,这将是我第二次出席这个委员会的例会。3月中旬的一个下午,当我乘坐班车从外交部回家经雅宝路时,为避开横过马路的另一车辆而紧急刹车。我在猝不及备的情况下用臂向前座靠背扶手猛靠,左臂骨折受伤,疼痛难熬。当晚我由女儿陪同去北京医院急诊治疗,敷了石膏,把左臂弯起来放在纱布折成的"三角巾"里,回家休养。我原以为过几天就可伤愈照常办事,不料延至4月底还只能除去石膏,左臂还必须放在"三角巾"内养伤。由于国际法委员会会期临近,我仍于5月初由刘振民陪同前往日内瓦赴会。孙林因有事于开会后几天到达。凤桢因准备搬家,这次没有陪同赴会。

会上选举牙买加的劳雷尔·弗朗西斯(Laurel Francis)为本届会议主席。这次会议准备讨论的项目有七个,即:"危害人类和平及安全治罪法""国家及其财产的管辖豁免""国家责任""外交信使和外交邮袋""国际水道非航行使用法""国家和国际组织间的关系"和"国际法不加禁止的行为所产生的损害"。这些专题绝大多数是过去几次会议正在讨论的项目,只有"危害人类和平及安全治罪法"是已经中断讨论二三十年的老问题。

"危害人类和平及安全治罪法"这一专题,早在1949年国际法委员会第1届会上就决定的。它与第二次世界大战后举行的纽伦堡审判和东京审判有一定的联系,因为这两次重要审判都涉及被告所犯"破坏和平罪"和"违反人道罪"。国际法委员会对这个项目的审议,曾由于联合国大会成立另一特别委员会草拟"关于侵略定义"的草案而推迟。1974年联大通过了《侵略定义》。1981年联大决议将"危害人类和平及安全治罪法"重新列入国际法委员会议程。1982年国际法委员会指定塞内加尔的杜杜·提阿姆(Dou Dou Diam)为特别报告员。委员会在1983年届会上讨论了特别报告员所提出的专题报告。比较有争议的问题是,国家能否负刑事责任。当时不少委员主张应将国家的刑事责任写进治罪法草案。他们认为危害人类和平及安全的罪行,常常是由国家犯的,且有很多是只能由国家犯的,例如侵略、种族隔离或兼并(见国际法委员会1983年报告第29页第44节)。我当时听了觉得这样论断有些像在纽伦堡和东京审判中被告所主张的个人不负责论。侵略这类严重罪行明明是个别的野心家僭用国家或政府的名义所为,很难想象把国家当做犯罪主体予以惩罚。这样做是便利了真正犯罪的个人,把责任推给国家而逃避其个人罪责。这个道理早就在纽伦堡和东京审判中阐明,没有任何正当理由可以否定这个结论。我觉得这个问题实在很明显,也很重要,因此在会上作了发言,但也补充说,国家不是绝对没有责任,而是应负赔偿和道歉的义务,有时还会受到制裁。1993年起,联合国已先后在海牙和卢旺达设立国际刑事法庭,就是要追诉罪犯的个人刑事责任。我国有李浩培和王铁崖两位教授先后出任法官。1998年6月,联合国在罗马召开外交会议,考虑建立常设的国际刑事法院,各国政府对此都给予高度重视。这个计划将包括较广的范围,国际法委员会所讨论的"危害人类和平及安全治罪法"是国际刑法里最严重的罪行。

其次,国际法委员会1983年继续讨论"国家及其财产的管辖豁免"。特别报告员泰国的素差伊库提出他的第五次报告,内容是第13条、第14条和第15条,继续说明国家管辖豁免的例外。对此我持根本反对的立场,因为我们认为国家管辖豁免是绝对的,除自愿受诉外,不能有任何例外。我不能对特别报告员提出的例外参加讨论,以免被认为有松动的余地。我在1982年会上已经阐述我的立场,这次本来没有必要重复我的发言,但是我还是补充说明,对于国营企业提出要求,如果协议不成,可以进行仲裁,如果没有仲裁的协议,亦可进行诉讼。但对于另一个主权国家,则未经它的同意,不得进行诉讼。本专题是针对国家及其财产,至于国营企业的法律地位,原来就不属于本专题讨论范围以内,我提到国营企业,无非指出一条我们所能接受的退路。

另一个讨论项目"国家责任",已在国际法委员会断断续续讨论了二十多年,特别报告员换了人。1983年开会时的特别报告员是荷兰鹿特丹大学里普哈根(Riphagen)教授。

"国家责任"问题过去一般是指外国人受到损害时引起的"责任",并往往成为帝国主义国家对弱国进行武装干涉的借口。国际法委员会研究的"国家责任"这一项目,包括所有国际不法行为,甚至像侵略、殖民主义、种族主义等国际罪行。这样,"国家责任"专题的内容,就有可能与前面提到的"危害人类和平及安全治罪法"发生部分重复。不过上述"治罪法"的对象是国际上最严重的罪行,而"国家责任"则涉及所有国际上不法行为。其次是"治罪法"的犯罪主体,基本上还只限于自然人,而"国家责任"所引起的法律责任则由国家承担。"国家责任"这个项目的内容可以由三个部分组成:第一部分规定国际责任的起源,也就是确定国际不法行为的构成;第二部分规定国家对国际不法行为所应承担的后果,例如赔偿和制裁;第三部分规定条款的实施和争端的解决。1983年开会时,第一部分已经完成,共有三十五条供委员审议。委员会还要讨论第二、三部分的具体写法。大家承认这个项目实际上涉及整个国际法领域,不啻是一套国际行为准则。我在发言中指出这个议题的重要性,并指出有些类似或近似的条款可以适当归并。至于待议的其他条款中,我指出应对条款的实施作出合理和有效的规定,否则整套条文将成为"道德规范"或"行为守则",但同时也要注意是否实际可行。

对其他几个项目,我也都参加讨论。有些项目不大有吸引力,进展很慢。大家似乎有这样的想法,即一些重大和国际生活中常遇到的问题,如同海洋法、条约法、外国使节、领事关系等，都已制定成公约，其他的国际法问题，比较而言，没有像前述一些问题的紧迫性和普遍性，因此讨论的劲头不大，出席率不高。其实，紧迫感不应成为一定的动力，有些问题随时可以成为"热门问题"。例如"危害人类和平及安全治罪法"中断过二三十年，后来出现南斯拉夫和卢旺达的种族主义暴行，新成立的国际刑事法庭不得不花大量时间和精力来临时草拟它成立时需要的规约和规则。

套在我左臂上的"三角巾"直至我这次到日内瓦后一个多月的时候才去掉。我在会上新旧朋友渐多，除了前面提过在海底和海洋法会议上的熟人外，有同我并座的左邻、美国的斯蒂芬·麦卡弗里（Stephen McCaffrey），还有伊拉克的里亚德·阿尔凯西（Riad Al-Qasi）、委内瑞拉的迪亚斯·冈萨利斯（Diaz Gonzales）、英国的伊恩·辛克莱（Ian Sinclair）、泰国的颂篷·素差伊库（Sonpong Sucharitkul）等。其中有的同我后来常有联系，有的经常在欧洲国际法研究院双年会上碰头叙旧，有的是在讨论专题时经常交换意见，这里不一一详叙。

我先谈谈和我常常坐在一起的人。前述我的左邻麦卡弗里是美国加州太平洋大学的一位教授。他年龄不大，但留了满脸胡子，好像上了年纪，其实不然。他同一般美国朋友不一样，沉默寡言，但看起来也很愿意交朋友。我同他常常在会外进行交谈，逐渐了解他的身世。他的父亲是太平洋大学的创办人之一，并兼任教务长。斯蒂芬早年结婚后生有三个子女，后来他的夫人忽然离家他去，对子女也不加过问。

他从此过着寂寞的单身生活，还要照顾无母爱的三个幼年子女。后来他遇到一位名叫苏珊（Susan）的善良妇女，她愿意负起对三名子女的教养，这在美国社会里是不很多见的。斯蒂芬的年迈双亲对他也很关心，他们有一次来"万国宫"参观国际法委员会开会，在中间休息喝咖啡时，斯蒂芬介绍我和他双亲会面。他的父亲轻轻地对我说"请你照顾照顾我的儿子"，我回答他"我们已是好友"，他颔首表示感谢。这种情况，我在外国朋友中也是首次遇到。斯蒂芬在会上发言不多，但言必中肯。我也曾在《美国国际法杂志》上看到过他写的一篇关于国际法委员会开会讨论情况的报道。他在国际法委员的五年任期届满后仍回太平洋大学任教。1993年秋，当我在国际法院即将任满时，他偕同苏珊和四个子女（包括他和苏珊后来所生之女）来荷兰旅游。我和女儿乃先请他们在海滨的望海楼餐叙，餐后他们要我挽着幼女在海滨走了一段，他们说这个孩子平时不要生人挽的。最近我在国际法院刊物上看到斯蒂芬在国际法院关于匈牙利和斯洛伐克水坝案中代表一方出庭，知道他还活跃在有关国际法的事业上。

　　我介绍了我左手座位上的朋友，还没提到右手座位上的同事。原来他就是1972年春季海底委员会上用铅笔敲着玻璃杯打断安致远发言的日本代表小木曾。我早晨见到他时，除互相点头外，从未和他握手言欢，这倒不单是因为有过"安致远事件"，而是由于他的态度非常傲慢不驯，他对别人也是如此，我也不必主动对他表示"亲善"。前面提到过伊拉克的阿尔·凯西是一位非常精明能干的年轻法学家,反应敏锐,能言善道,但后来就"不见经传"了,不知何故。委内瑞拉的冈萨利斯后来当过驻北京大使,曾邀我一家参加他们在使馆举行的宴会。英国的辛克莱和泰国的素差伊库都是欧洲国际法研究院的院士,我每次参加研究院的双年会时,常和他们及他们的夫人聚首。辛克莱夫人常来中国旅游,每次见面总是兴高采烈地和我及我的女儿畅谈中国文化。泰国的素差伊库就是"国家及其财产的管辖豁免"专题的特别报告员,并草拟这个专题的条款,这些条款是我所不能接受的。但是尽管我们在会上对立,在会下还是朋友。据说他是泰国王室的亲戚。1983年前后他是泰国驻意大利大使,夏天来瑞士参加国际法委员会的例会。这次开会期间,他曾举行过一次小型招待会,我和其他十几位同事应邀前往。这次招待有两个特点:一是招待会是在瑞士境外法国领土上举行的,我们必须事先办好出入境手续,到主人临时租住的一个法国山间别墅;二是招待会的厨师和服务员都是从泰国驻意大利使馆临时调来工作,做有泰国风味的烤肉。招待会于深夜尽欢而散。过了几年,当我在海牙国际法院任职时,他也来荷兰的莱顿大学任客座教授,我们曾不止一次聚首。1997年我又在国际法研究院双年会上遇到他,那是在法国斯特拉斯堡举行的,他当时是在美国旧金山金门大学担任教职。他的活动能量很大,年纪也比较轻,但我听别人说,近年来他政治上不很顺遂。

第35届委员会会议于1983年7月底结束。当我一回到北京,因湖广铁路债券案有了新发展,就偕同黄嘉华和周晓林两位同去华盛顿,历时近两个月才回北京,前面已有叙述,这里不再详述。

4. 提名竞选

我第三次参加国际法委员会会议是在1984年5月,会期还是三个月,更准确地说是十二个星期。会议选举保加利亚的扬科夫为主席。我在这里补叙一下,联合国大大小小的会议,都是按照五个地区轮流当主席,这五个地区是亚洲、非洲、拉丁美洲、苏联及东欧、西欧及其他(包括北美、澳新等)。但轮值期间的长短不一,比如安全理事会每月轮换,国际法委员会每年轮换,国际法院(院长)每三年轮换,依各个机构具体情况而定。这次会议将讨论的七个议题完全与上届相同,不过先后次序略有不同。

对于"危害人类和平及安全治罪法"专题,大家意见是要列出一项最严重危害人类和平与安全的罪行,因为这是本专题的特点,否则所有国际不法行为都被包括进去,这个专题将与另一专题"国家责任"相重复和混淆,虽然后者是针对国家的责任,不涉个人的责任。这样,本专题所应包括的罪行,第一类是侵犯一国主权和领土完整的罪行;第二类是危害人类的罪行;第三类是违反战争法规和习惯的罪行。有人指出战争现在已被宣布为非法,还有什么"战争法规"可言?但是纽伦堡和东京审判的判决书都提到"违反战争法规的罪行"。还有,如果说战争已被宣告为非法,那么,历来国际间制定的战争法规,特别是1949年的日内瓦四公约,是否也都应取消?后来大家认为这不过是提法问题,不影响问题的实质,如果发生战争,战争法规还是战争法规,不能为所欲为。这是个理论问题,尚待继续研究。

"外交信使和外交邮袋的地位"是一个比较通俗易懂的问题,而且内容可以部分地参照关于外交关系、领事关系的公约规定和惯例,因此进行得比较顺利。这个专题从1979年起由扬科夫担任特别报告员,并于1980年审查他的初步报告,以后他每年提出新条款,到1984年已草拟了四十二条案文。联大第六委员会讨论时,没有提出什么新的实质性问题,大多数意见是属于文字和安排方面,一般认为,本届国际法委员会任满时(1986年)可以完成对这一专题的审议。

对于"国家及其财产的管辖豁免"专题,特别报告员在这次会上提出五条案文,即:"专利、商标和知识产权"(第16条);"纳税责任和关税"(第17条);"股份持有者及法人团体成员资格"(第18条);"商业使用的船舶"(第19条);"仲裁"(第20条)。其中以涉及商用船舶的第19条最为重要,因为它涉及面广,而且经常会遇到。在讨论这条案文时,有人指出,发展中国家的海运贸易基本上是由政府经营或控制的,其经营的动机并不总是为了营利,因此对第19条持反对态度。在审议这条案文的过程中,特别报告员曾三易其稿,讨论未能按时结束。对我国来说,当时海上运输统归中国远洋运输公司经营,不过是否另有例外情况,有待向中远公司和国际贸易促进委员会了解。我国总的立场是不赞成对国家管辖豁免加以限制，因此在发言中仍持原来立场。

对于其他一些议题的讨论，大体上都是继续审议新提出的案文，这里不拟详述。这次会议的主席团提出一个建议，成立会议的"规划小组"，我也被推举参加。规划小组在1984年第36届会上，开了五次会议，审议了国际法委员会的工作安排。问题常常是委员会能否在一届年会上详细审议计划中的全部专题。专题不在于多，是要针对目前迫切需要解决和国际间有足够实践以凭讨论的问题。还有，并非所有讨论完毕的专题，都要制定成国际公约。事实上，有关国际法委员会工作的问题确有不少。除选题之外，还有诸如委员会的会期应否只限于三个月或十二个星期，委员应是专职还是兼职，开会地点应否只限于一处。选题当然是很能引起争端的问题。有人认为现代科学技术飞速进步，对于涉及太空、环境等类的法律问题，应进行专题研究。但也有人认为不能希望所有委员都能具有跨专业的本领，因此国际法委员会还是只能编纂传统国际法的项目，酌量考虑增加一些迫切需要解决的其他问题。

1984年是国际法院法官的选举年，更正确地应该说是"补选年"，因为按例每三年有三分之一的法官任期届满而需要补选。1985又轮到了这样一年，但补选的法官必须于1984年底选出。自从1967年中国国籍法官顾维钧任职期满退休后，到1984年止，国际法院已历十七年没有中国国籍的法官。1972年联大开会时，原联合国法律顾问斯塔夫罗帕洛斯曾向我提起这个空缺和国际法委员会的空缺。按规定这两个空缺并非必须由中国人来递补，但由于中国是联合国的创始国之一，又是五个常任理事国之一，受到许多友好国家的重视和尊敬，参加竞选是在人们意料之中的。但由于当时刚恢复合法席位，诸事待理，才把这事暂时搁置起来，前面已经提过，现在距那时已有十多年，中国实行改革开放，建交国家日益增多，而且在国际法委员会的席位亦已恢复近三年，国际法院的席位亟宜争取，我就在这时被正式提名为将于1984年秋季举行补选时的国际法院法官候选人。外交部为我向所有建交国家发出提名我参加竞选的外交照会，得到非常良好的反应。最突出而且意想不到的是，当时任国际法院院长的尼日利亚法官伊莱亚斯（T. O. Elias）于是年6月派国际法院的书记官长西班牙人圣地亚哥·贝尔那狄斯（Santiago Bernades）专程从海牙来日内瓦找我，为我带来许多国际法院的最新刊物，并预祝我竞选胜利。这位书记官长已经任此职多年，他本人是一位有名的欧洲法学家，他同国际法委员会的许多委员也都熟识。他来会场时正值委员会上午会议休会时间，他的到来使上午后半段会议推迟了不少时间才能续开。

还有一次，也是在1984年国际法委员会开会期间，国际法院的印度籍法官纳金特拉·辛格（Nagendra Singh）有一天前来日内瓦访我。他知道国际法院院长派书记官长来找过我，并称他和国际法院其他一些法官也都因为中国参加法官竞选而高兴，并预祝我胜利。他来日内瓦找我也为了他翌年年初自己竞选国际法院院长之职做准备。由于1985年是院长改选年。院长每三年改选一次，1985年应轮到亚洲法官当院长，他认为我当选法官必无问题，因此要求我于次年2月到任时支持他任下届院长。辛格法官是有名的法学家，著作很多，在国际法院已任职多年，为人谦和，工作认真，我早有所闻，过去也曾在日内瓦法律界招待会上见过。这次他和夫人同来日内瓦，适逢休假日，我曾在代表处请他们共进午餐，同时也了解不少有关国际法院的情况。

国际法委员会里的荷兰籍委员是"国家责任"专题的特别报告员里普哈根，平时我们也常有接触，不时聊天，同去参加过素差伊库举行的"跨国"招待会。他知道我参加国际法院法官竞选，也认为必然可以当选，因此告诉我将来合家迁居荷兰时，他可以根据需要做一些必要的安排，以尽荷兰地主之谊。每天和我并起并坐的美国委员斯蒂芬·麦卡弗莱听到我要竞选国际法院法官，亦认为我可以当选而为我高兴。他不时和我倾谈，从工作到家庭，从思想到现实，几乎无所保留。我觉得他有些像东方人的气质，性情比较内向，他在西方社会里一般很难找到能够不时倾听他由于家庭离散所产生抑郁心情的同侪。他后来的际遇还算圆满，我也为他高兴。到了那年的7月底，当国际法委员会即将休会时，大家在互相道别时，都已意识到我们这届的任期虽然还有两年，但我大概不会再来参加今后的会议，因此分别时有些像一次欢送会。

在我离开日内瓦回国之前，驻日内瓦的中国代表处同志们也为我竞选国际法院法官而高兴。我这次离开瑞士后,恐怕以后再来的机会不多。莱蒙湖和蒙特娄风光旖旎,伯尔尼和洛桑典雅幽静。高山积雪、尘埃不染;流水潺潺,情似家乡。代表处同志们问我这次回国之前想看看什么地方,我当即想起了这里有一"国中之国",名叫列支敦士登。欧洲由于历史原因,有几个面积虽然很小的国家,但历史悠久,风情独特。瑞士东北方的列支敦士登就是其中之一,它的面积只有150平方公里,曾经是奥地利的附属国,后来宣告独立,由于它在群山环抱之中,不是军事上必争之地,因此在两次世界大战中都能保持中立。它外交上由瑞士代表,国内通用瑞士法郎,邮电也由瑞士管理。国内只有几十名警察,没有军队。欧洲还有几个这样的国家,如法国南面的安道尔和摩纳哥。意大利东面的圣马力诺等。出于好奇,我很想看看这样的"微型"国家,最近的就是列支敦士登。

7月底的一天,我坐车到了列支敦士登的首府瓦图兹(Vaduz)。这里一点没有西方都市的风味,路上行人稀少,但都很有礼貌,街道整洁,随处可见花鸟和树林。因为临时起意,事先未经联系,没有到任何政府机关或团体参观。我找到一个公共图书馆,或者说是公众阅览室,看看那里的刊物和画册。管理员讲德语,但也能讲一点英语和法语,商店经营的货品不多,都市里的时装和奢侈品几乎看不到。电气用品不多,农机种类不少。皮革和陶器是有名的产品,瓦图兹以印制精致的邮票著称,我酌量买些当做纪念。午餐时进入一家整洁的餐馆,品味不多,但新鲜可口。午餐后本拟上山参观王宫和展览馆,但由于上下山坡费时,而且天气也有变化,因此只得稍事休息后,赶回日内瓦。我对这一小国总的印象是它像一个世外桃源。我后来在荷兰任职期间,曾于假日旅游时到过卢森堡和梵蒂冈。但前者是大国中的小国,小国中的大国,它是欧洲的一个金融中心,市面繁华,绝非世外桃源可比。至于后者位于罗马城市西部,是个政教合一的实体,它的面积仅0.44平方公里,教皇掌握全部权力,国务秘书负责行政工作和对外事务。至于其他几个小国,或则位于深山之中,或则以赌城著称,难与世外桃源相比拟。

5. "京丰"座谈

讲过三次瑞士赴会后,容我补叙一下1984年应最高人民法院之邀去丰台参加全国经济审判工作会议的座谈会。事先当时最高法院任建新副院长和我联系,要我对这次与会的审判员们讲讲涉外经济案件中的国际法问题。会前,最高法院曾派员来与我接洽,以便了解我想讲述的内容提要。座谈会于4月3日在北京丰台区的京丰宾馆举行,到会人数约有二百人,来自全国各地,特别是几个特区和直辖市。最高法院郑天翔院长亦到场,会议由任建新副院长主持。

办理涉外法律案件是我30年代最初参加司法工作时起的本行,以后也陆陆续续没有离开过。我当时已知道即将竞选国际法院法官,如果当选,将长期在外工作,很少有机会和国内同行在一起,觉得有此机会相叙一堂,实属非常难得。

在座的有不少熟人,有的是原上海东吴法学院的学生,也有的是华东政法学院毕业的,都已成为司法界的精英,特别是在办理涉外案件方面,使我由衷地感到高兴。我深信司法经验的积累,主要靠实践,多办一些案件,可以触类旁通、相互为用,那时就不会觉得无所适从,但也必须实事求是,不能生搬硬套。必须悉心体会,既要辨别是非,又要合乎情理,既要符合政策,也要顾到具体情节。有人说,审判是一种艺术,虽有描述过分之嫌,但亦无可厚非。

至于我那天所讲涉外经济案件中的国际法问题,主要分下面五个方面:一、国际经济法的概念;二、国际投资问题;三、对涉外经济案件的管辖;四、外国处理经济案件的概况;五、关于国际司法协助的问题。我现在略记内容如下。

关于第一个问题,我们在办理经济案件时,经常遇到一些涉外问题,有时需要运用国际法。人们经常提到所谓国际经济法。国际经济法属于公法范畴还是私法范畴,有两种不同说法或概念。一种是认为国家对经济事务近年来日益广泛参加(或称干预),形成所谓国际经济法,而且主要是由国家通过条约来调整,例如贸易互惠,成立关税和贸易总协定,设立国际货币基金组织和世界银行等,因此国际经济法是以国家为主体的,主要涉及国际投资、技术转让,以及国际贸易、国际货币、金融和财政制度公法方面的问题。另一种说法认为现代国家间经济交往并不限于国家间公法上关系,还有大量个人、法人、特别是跨国公司的经济活动,其内容包括公法关系,而且也涉及国内法中的涉外经济法规。我认为这是一个有争议的理论性问题。就法院审判工作而言,我们经常遇到的主要是有关合同法、公司法、保险法、海商法等方面的私法性质问题,因此不一定要受国际经济法概念和性质方面的理论上限制。

第二,关于国际投资问题,我国自从实行改革开放以来,先后于1979年和1980年公布了关于中外合资经营企业和设立经济特区的法律和条例,其后还有不少立法可资依据。外国投资者所属国家经常要求订立保护其国民投资的双边协定。以美国为例,其具体办法是由外国投资者向"海外私人投资公司"投保,约定将来如果发生征收、国有化、战争等风险而受损害时,由该公司赔偿后,再由美国政府根据上述"保护协定"向投资东道国交涉求偿。后来,我国与西德、瑞典和罗马尼亚等国也订立了关于投资保险的协定。根据1974年联合国《各国经济权利和义务宪章》,如果发生争议,应在投资东道国法院依该国法律解决。

第三,关于涉外诉讼的司法管辖问题。在国际贸易的过程中,可以想象有很多问题可以引起争端,诸如对合同的解释以及交货、付款等问题。在海运案件之中,可能发生船舶碰撞、海事救助、共同海损等问题。一般而论,首先引起人们关心的是诉讼管辖,因为这是一开始就必须解决的问题。凡是涉及合同的争端,一些国家的诉讼法都规定诉讼应由合同的履行地法院管辖。但什么是合同履行地,各国的实践很不一致。欧洲不少国家法律规定,合同履行地是债务人或被告的居所地。但依荷兰的法律,是指债权人的居所地。英国最高法院规则规定，合同案件可向违约地法院起诉。此外，特种行业中对"履行地"有特别习惯。例如，在远洋运输行业中，发货人有义务将货物交付买货人，这是没有问题的。但习惯上发货人如将货物交付船公司，并将交运文件寄给买货人，义务已算履行完毕。这时，合同履行地就在债务人所在地或装船地。至于合同成立地如何理解，英国、美国、加拿大、日本等国认为是承诺函电寄发地，但苏联和东欧国家一般认为是承诺函电到达地。还有关于船舶碰撞案件的管辖，也不尽一致。凡此种种，说明各国的法律和习惯及其解释不尽相同。一般诉讼当事人都争取由其本国法院管辖，而其本国法院也都倾向于作出有利于自己管辖的决定。

第四，外国有关处理经济案件概况。在外国，经济案件一般由法院民事庭审理，但也有一些国家，特设专门法院或法庭审理经济案件。南斯拉夫设经济法院，审理有关劳动组织、经济纠纷和海事纠纷。法国有商事法院，审理商业及财产案件，此外还有劳工法院，审理劳资间工资、工作条件、非法解雇等纠纷。英国最高法院内设审理破产、海事等案件的分庭。美国设有关税法院，审理税则、税率和有关货物进口案件，此外还有海关及专利上诉法院。美国法院经常对在外国设有子公司的美国公司或在美国设有子公司的外国公司就其在外国进行的某种商业行为行使管辖，尽管这种行为在行为地国家是完全合法的。这种无限扩大自己管辖权的法律在美国被称为"长臂法律"（long-arm statutes）。近来一些西方发达国家无视主权国家享有司法豁免的原则，对外国国家实行管辖。我因对美国法院受理湖广铁路债券案已提出严正的交涉,法院不得不撤销其先前所作对我不利的缺席判决。另外还有一案,即所谓"焰火案",一个未成年美国人玩弄中国制造和销售的焰火而使一目失明,由其父母出面在美国法院起诉,以中华人民共和国为被告,要求赔偿六百万美元。我不承认美国法院对我行使管辖。但从人道主义考虑,并顾及我国产品在国外的推销,最后由中国国际贸易促进委员会从中调处,由我有关企业赔偿十万美元了事。这样的案外了结,绝不意味着承认美国法院的司法管辖。

第五,国际司法协助问题。我们办理涉外诉讼案件,特别是民事、经济方面的案件,有时需要有关外国的协助,例如向住在外国的当事人或证人送达传票,或者嘱托代为调查证据,或者需要在外国执行中国法院所作民事或经济案件的判决。反过来,外国法院也有需要嘱托我方代送传票、调查证据或执行判决。这在实践中称国际司法协助,或者是根据条约,或者是根据相互原则。不过嘱托执行判决问题,受托一方实行时比较慎重,有必要审查判决不违反受托方的法律或其公共利益。我国加入的《国际油污损害民事责任公约》第10条规定关于缔约国之间相互执行法院判决的问题,有这样两项例外规定:(1)判决是以欺骗取得的;(2)未给被告合理的通知和陈述其立场的公正机会。在外国,时常有以要求执行的判决违反受托执行国的"公共秩序"或"公共政策"而被拒绝代为执行。我国民事诉讼法规定,司法协助根据条约或互惠原则进行,但也规定了限制,即外国法院委托的事项同我国主权、安全不相容,或者不属于人民法院职权范围内,应将请求退回外国法院。

我在京丰宾馆这次座谈会,讲了两个多小时,中间休息十几分钟,讲完后并回答几个问题,散会后自由叙谈,尽欢而返。

十五　海牙九载

1. 和平圣地
2. 竞选前后
3. 行程万里
4. 宣誓就职

1. 和平圣地

国际法院设在荷兰的海牙,其前身是第一次世界大战后由国际联盟设立的常设国际法院。我前面所说的一句非常概括的话,恰需要两点说明:第一,海牙只是荷兰政府所在地,它的首都是阿姆斯特丹,而不是海牙;第二,国际常设法院虽然是由国际联盟设立的,但它不构成国际联盟的一部分,而是独立存在的。第二次世界大战后设立的即目前在海牙的国际法院则是联合国的"主要司法机关"。现在的国际法院既然是联合国的一个机关,为什么不也设在联合国总部所在地纽约而在海牙,这是基于历史原因的。19世纪末,欧洲一些国家和美国为了想法消弭战争祸害,维护持久和平,于1899年在荷兰海牙召开和平会议,中国、日本、波斯(伊朗)、暹罗(泰国)和墨西哥也应邀参加。会议宣称:"愿为保持和平大局计,决心尽力谋求国际纷争之和平解决,……深信于独立诸国之间,设立一各国都可赴诉之常设仲裁法院,最能达到此目的。"常设仲裁法院于1900年在海牙宣告成立。1907年召开了第二次海牙和平会议,与会的国家,除1899年参加者外,有更多的中美州国家。会议修订了仲裁公约和仲裁规则。常设仲裁法院于1913年迁入新建的办公大厦,通常称"和平宫"(Peace Palace)。第一次世界大战后成立的常设国际法院和第二次世界大战后成立的联合国国际法院先后设在这里。直至今日,宏伟肃穆的和平宫大楼前一大片葱绿苍翠的草坪边,总是迎候着一批又一批来自世界各地的旅游者等待分批入内瞻仰这所象征和平正义的殿堂。

和平宫由美国的"钢铁大王"安德鲁·卡内基(Andrew Carnegie)出资建造,发出招标通知后,有二百一十六家建筑公司投标,经过严格审查选择后,奠基典礼于1907年7月30日举行。部分名贵的建筑材料由各国捐赠。1913年8月28日举行落成典礼,由第二次海牙和平大会主席将和平宫钥匙交给常设仲裁法院行政理事会主席、荷兰王国外交部长范·斯温特灵(Van Swinderen)。和平宫的结构是一个四方形的两层高大楼房。正前方九开间宽的大厅和走廊,宽敞明亮,其右边是钟楼,左边是大法庭。通往二楼的大理石楼梯休息台上,一尊用白玉石雕塑而成的和平女神像,端正挺立。二楼正中一大间存放各国致送的礼品。进门两旁就可看见当年中国政府所赠两个巨型景泰蓝香炉,每个有一人高,像卫士般站立于进门两旁。名贵的纪念礼品到处皆是。除这个房内陈列的精致礼品外,楼上、楼下、宽大走廊内,也都存放着各种罕见物品,以供浏览。还有一个庞然大物是当年俄国沙皇所赠巨型铜质容器,雕琢精细,单独存放在一楼右边小法庭外面。凡此种种,或用文字、或从意义上都表示和平象征。至于和平宫左右两侧和后面的楼上、楼下房屋,大体上右边的由常设仲裁法院使用,左边的则先后由"一战"后成立的常设国际法院和"二战"后成立的联合国国际法院使用,作为办公室、会议室、阅览室、接待室、休息室、新闻发布室等。

根据1899年海牙和平公约成立的常设仲裁法院迄今仍继续存在。它在20世纪初期办了一些有名的案件，如迦太基和马诺巴扣船案（1913）、帝汶岛疆界案（1914）和巴尔马斯岛主权归属案（1928）等。它现在仍维持一个常设的秘书处。每个参加常设仲裁法院的国家可以提名四位仲裁员，作为仲裁法院成员登入名册，由秘书处保管，以备有国际仲裁案件时供当事国选择。犹忆旧中国时代曾提名王世杰、程天放等四人。新中国成立后，有一段时期，并未提名，直至1993年才通知常设仲裁法院秘书处提名邵天任、李浩培、王铁崖和端木正四人为仲裁员候选人登载入册，他们曾于1993年夏出席了在海牙和平宫举行的一次纪念会。

第一次世界大战后成立的常设国际法院，于1921年8月14—15日在海牙和平宫选出法官十五人，其中有中国方面王宠惠当选。王宠惠，广东东莞人，早年留学美国和欧洲，1912年孙中山先生在南京成立中华民国政府，王宠惠任外交部长，后来又在北洋政府任司法部长、大理院院长等职。1939年常设国际法院改选，曾任司法部次长的郑天锡当选为法官。他和我于1932年同去视察浙闽两省司法，已在前面叙述。他任职不久，第二次世界大战在欧洲爆发，常设国际法院停止办公，直至1946年1月31日常设国际法院法官全体辞职，随后法院正式宣告解散，另行成立现在的联合国国际法院。回溯在这常设国际法院成立未久，曾有中国被起诉一案，这里简单叙述一下。1926年当时中国政府宣告废除不平等条约，比利时认为它与前清政府曾于1863年签订的《通商条约》应继续有效，不得单方声明废止，遂首先发难，向常设国际法院起诉。由于主权国家一律平等，不得单方面未经对方同意擅自起诉，当时的中国政府未予置理。后来中比两国于1928年11月22日签订新条约，这个案件即被注销。

1946年2月5日，联合国大会选举了新成立的国际法院法官十五人。当时国民党政府外交部次长（副部长）徐谟当选为法官。徐谟是江苏苏州人，早年就读于天津北洋大学（现天津大学），毕业后留学美国乔治·华盛顿大学，返国后曾任江苏镇江地方法院推事（法官），后来转入国民党政府外交部，逐步提升为政务次长。1946年他当选为国际法院法官，任期一般应为九年，但按规定，第一次当选法官十五人中，应有五人任期三年，五人任期六年，还有五人任期九年，以便每隔三年有三分之一的法官任期届满而补选新任法官五人，但连选得连任。这样可使法院的组成每隔三年部分更新一次，第一次任期若干年用抓阄办法来决定。徐谟于1946年抓阄时获得三年的任期，但他在三年后改选时获得连任九年，前后可有十二年。1946年徐谟最初赴任时，当时任上海高等法院院长郭云观因与他是北洋大学同学，在家设宴为他饯行，也邀我参加。1957年，徐谟在任第十一年时因病去世，所剩一年任期由顾维钧竞选补递，翌年顾维钧以自己名义竞选成功，继续任职九年后，于1967年任满退休。顾维钧，江苏嘉定（今属上海市）人，早年就学于上海圣约翰大学，后留学美国哥伦比亚大学，回国后在北洋政府外交部任职,第一次世界大战后出席凡尔赛和会,此后历任外交部长和国务总理,1945年出席旧金山会议,历任国民党政府派驻英、法等国大使,1957—1967年任国际法院法官。

以上概述和平宫的建成、三个不同历史时期的法院以及中国与和平宫内前后三个法院的关系。常设仲裁法院自始迄今是和平宫的主人,国际联盟时期的常设国际法院和联合国国际法院则先后"租用"和平宫部分房屋,每年支付一定数额的租金,成为常设仲裁法院的"房客"。事实上由荷兰政府参加的委员会负责管理和平宫房屋。这一并非保密的事实,我在国际法院任职后才知道。从使用房屋的面积来看,似乎国际法院是和平宫的主人。1978年,国际法院在和平宫后花园空地上添建新楼,作为法官办公室和评议室之用,开庭和法院书记处职员办公仍在和平宫大厦内。和平宫内设有资料丰富、管理完善的图书馆。还有国际法学院于每年夏季在和平宫内开办国际法讲习班,学员来自世界各地,教师都是闻名遐迩的国际法学家。国际法院的大法庭是人们注意的中心。

2. 竞选前后

我前面提到过,国际法院每三年改选五名法官,即全体法官的三分之一。1984年是法官选举年,选举定于11月初在纽约联合国总部举行。我从1982年起参加国际法委员会会议,截至1984年夏,已历三年。国际法委员会和国际法院都是联合国组织内职司法律的机构,但具体任务各异。一般认为国际法委员会的工作是参加国际法院法官工作的准备,是竞选国际法院法官的前奏。据当时有人统计,历届当选为国际法院法官的人,其中有三分之二的人曾先在国际法委员会任委员。1971年中华人民共和国在联合国恢复席位后,要办的事千头万绪,没能顾及和积极参与国际法委员会及国际法院的工作。不仅联合国法律顾问曾经为此提醒我们,已如前述,当我80年代初因参加联合国各种会议留在美国,应邀去哥伦比亚大学、哈佛大学和纽约大学演讲时,也常有人问我:"中国为什么不参加国际法院法官竞选?"可见这是个国际上法律界非常关心的问题,而且似乎也认为中国应有人代表参加。

我在联合国范围内,因历年参加各种会议,认识各国一些法律界人士。特别重要的是,国家自十一届三中全会以来,确定了改革开放政策,社会安定,经济稳步上升,中国应当更多地参加国际事务。国际法院职责在于解决国际争端,从而调整国与国之间的关系,有利于国际间友好和合作。中国人士参加进去,可以更积极地参与国际事务,对国际和平作出贡献。

按照《国际法院规约》第4条第1款,候选人不是由其所属国家的政府提出,而是由该国向常设仲裁法院提出的备选仲裁员的国家团体(national group)提名。即此一点可说明国际法院与常设仲裁法院之间的有机联系。但《国际法院规约》第4条第2款也补充规定,未参加常设仲裁法院的联合国会员国,可由该国政府专为提名竞选而委派的国家团体提名国际法院法官候选人。1984年我被提名为法官候选人时,中华人民共和国尚未参加常设仲裁法院,因此就根据《国际法院规约》第4条第2款由专为法官选举而委派的国家团体向联合国提名我为国际法院法官候选人。

按照当时形势,当选似乎鲜有问题。但是鉴于各国候选人一般都于选举前在联合国总部安排各种活动,包括介绍、交谈、互访、宴请等。有人称之为"亮相",而且这是新中国第一次参加国际法院法官竞选,不能掉以轻心。我于1984年10底前往纽约,由中国常驻联合国代表团凌青团长举行一次招待会,约见一些友好国家驻联合国的代表,到场的有些是不久前参加海洋法会议的代表,也有的是国际法委员会的同事,他们都表示支持。有些国家的代表单独请我并表示支持,其中有法国外交部的吉育姆(Guilloume),他于几年后也当选为国际法院法官。我还参加了一次有关西欧地区法官候选人问题的座谈。这是由于荷兰的马尔藤教授和挪威的埃文森都参加竞选,势均力敌,两国代表团举行友好协商,也邀请第三国人士参加,以便从中调处,我也受邀参加,结果是马尔藤教授自动退出竞选。这种选前活动我是很少经历的。选举虽然不是分区进行,但关于国际法院法官席次的地区分配,大家是有谅解的,前面已提过。至于亚洲的席位,竞选者有来自中国、日本、泰国、叙利亚、孟加拉、黎巴嫩、斯里兰卡和以色列的八人。我记得也曾进行过协商,但结果是没有人自动退出竞选。中国驻联合国代表团还为我邀约一些尚未明确表态的国家代表进行晤谈,我记得其中有些是拉丁美洲国家的常驻代表。通过这次竞选活动,了解不少现场情况。

这次国际法院法官竞选于1984年11月7日在联合国大会和安理会两处同时分别进行,候选人必须在大会和安理会都获得绝对多数票方能当选。选举前,由主席提请注意《国际法院规约》第9条的规定"务使法官全体确能代表世界各大文化及各主要法系"。这是一项非常重要的规定。选举结果是三位任期即将届满的法官获得连任,我和挪威的埃文森当选接替任期即将届满的叙利亚和德意志联邦共和国的法官。这是新中国成立以来第一次在国际法院有了中国国籍的法官。这不仅是我个人的荣誉,从根本上说是我们国家的荣誉。联合国前副秘书长兼法律顾问斯塔弗鲁帕洛斯说:"中国的权利是绝对的,不能有任何异议。"国际法院院长埃利亚斯说:"如果在国际法院里没有占世界人口四分之一的中国法官,那是不可想象的。"他们的话代表了世界上许多国家的看法。

我当选为国际法院法官的消息,在国内外都引起了普遍的重视和热烈的反应。新华社当天发了电讯,国内《人民日报》《北京日报》《解放日报》《文汇报》等几乎所有主要媒体都做了报道,强调这是中国从1971年恢复联合国席位后第一次当选参加国际法院的司法工作,因而受到人们的普遍重视。台湾、香港等地区也反应强烈。纽约的《华侨日报》等报刊登载对我采访的长文,充满着热情和希望。嗣后国内的《光明日报》《工人日报》《法制日报》《新民晚报》以及一些杂志刊物也都发表报道和祝贺,强调我的当选是世界各国对中国实行新政策的赞扬以及对中国走向法治的肯定。美联社评述说:"自从北京十三年前获得联合国承认以来,中国第一次在国际法院赢得了一个席位。中国外交部法律顾问、在美国受过教育的78岁的倪徵㠺被联大和安理会同时选举为国际法院五名成员之一。……一位西方国家代表私下里说,中国提出一位候选人的决定,是在世界舞台上逐步扩大中国作用的又一步骤。"*

我当选后,当时已届96岁高龄寓居纽约的前任国际法院法官顾维钧听到我当选的消息后,也让他当时正在联合国总部工作的女儿顾菊珍托人向中国驻联合国代表凌青表示,希望转告我能前往他的寓所和他会晤。我们考虑顾老虽在台湾窃据联合国席位时期出任国际法院法官,但国际法院法官不是由各国政府出面向联合国提名的,已如前述,而且他是中国外交界、法律界耆宿,我也应当向他请教致意。恰好他的夫人严幼韵又和我的夫人张凤桢曾是沪江大学同学。1929年我和凤桢在约翰·霍普金斯大学时,她来过"约大"所在的巴尔的摩,我们还曾招待过她,这虽已是半个多世纪以前的事,她总还能记得。1984年11月中旬的一个下午,我和凌青应约前往纽约市中心公园大道顾寓,除顾老夫妇外,女儿顾菊珍也在座。顾老知道我也曾留学美国,略述他早年在哥伦比亚大学学习时景况以及后来在国际法院工作的经过。顾夫人还留我们品尝她自制的中式点心。就在那时,大家谈

---

* 这里所说五名成员是指每三年改选的五名。

到北京景色,顾老豪兴勃发,他说曾在北洋外交部任事时,邀游嘉峪关,"当天来回",大家相顾愕然。顾菊珍就插话说:"爹爹,你是不是说去居庸关当天来回?"顾氏最初似乎还不承认,后来才颔首称是。那天,我和顾老虽属初见,但有许多共同语言,到了薄暮才告别回常驻代表团。翌年,当我已在和平宫任事,接到顾老因病去世的消息,我和凤桢联名致电严幼韵女士表示慰问和哀悼。

前面提到过的东京审判时同事刘子健后来在美国普林斯顿大学任历史系教授兼东亚研究所所长。中美建交后,他曾不止一次地来纽约代表团找我和他的前燕京大学同学周南。他屡次邀我去他家过周末,我都因故未能前往,我当选为国际法院法官后,终于前往看望他和他的夫人王显大,都是三十多年前东京审判时的旧识。普林斯顿大学在美国是很有名的,第一次世界大战后,呕心沥血地为成立国际联盟而操劳致疾的美国总统威尔逊曾是普林斯顿的校长。我的连襟罗家伦也是该校校友。但是,每个有名的大学都有法学院,唯独普林斯顿只有政治系,从未办过法学院。子健以博学历史见长。这次我还因有事当晚回到代表团,仍未能在他家"作竟夕之谈",诚属遗憾。为此他书赠我下列热情洋溢的诗句:

久别重逢难剪烛,新生事物恒河沙,
十年浩劫宁如梦,万里枝栖便是家。
尚记黄龙审战犯,闲招明月看樱花,
沧桑历尽翱翔去,淡泊从容莅海牙。

近悉英才早逝,遽尔与世长辞,闻之不胜痛惜。这次我写回忆录,即以此诗末句为题,藉志纪念。同时,海牙也是我最后工作岗位的所在地。

1984年11月下旬我从纽约返回北京后,受到了有关各方面的祝贺和鼓励。11月30日中国国际法学会在国际俱乐部举行招待会,会长宦乡作了热情洋溢的讲话,并宣读了国务院给我的贺信。吴学谦外长亲自到会致词称:"倪教授的顺利当选,引起了世界各国和法学界的普遍重视。它表明中国作为一个世界大国,不仅在政治上、经济上,而且在法律上正在越来越多地参与国际事务,发挥自己的应有作用。"国际法学会副会长芮沐随后在会上发言,表达了同行们对我当选的喜悦和祝贺。那天前来参加到会的还有王炳南、韩念龙、张友渔、雷洁琼等约计二百多人。条法司的同事有的和我相处几近三十年,还在会上共同摄影,以留纪念。

1984年12月起开始准备翌年2月初赴海牙履新。国际法院法官是个专职,不得兼任他职,学术团体等当然不在此例。依照《国际法院规约》第16条,法官不得行使任何政治或行政职务,或执行任何其他职业性质的任务。我当时担任中国人民政治协商会议全国委员会委员职务。参加政协工作,虽然不同于外国参加政党或其他互相对立政治活动,但毕竟是一种从政议政的政治性质活动,因此我在赴任之前,向政协全国委员会辞去委员职务,蒙复函允许。

国内还有许多人不了解国际法院所司何事,误认为国际法院可以受理任何申诉,因此不少鸣冤叫屈的信都从外交部转来,因为他(她)们知道我是从外交部出去竞选国际法院法官的。他们不知道国际法院只受理国家与国家之间的争端,而误认为国际法院是高于国内任何级别的法院,也是可以受理任何上诉案件的法院。就在这时,国际法院为了使新当选法官早些了解国际法院正在受理的案件,寄给我国际法院当时正在受理的案件卷宗。我正昼夜用心研读,不稍懈怠,但对这些不明真相的来信,亦不能不以礼答复。还有几位集邮迷要求我在寄来的"首日封"签字寄回,我也欣然一一从命,因为我知道人民对我的信任和厚爱,不能让他们失望。我准备离京前往荷兰的几天里,不少亲戚朋友赶来我家看望,座客常满,有的是来自家乡的子侄辈。他们看我当时将届79岁高龄,任期九年,今后见面机会不多,不无依依惜别之感。

3. 行程万里

按规定我的九年任期应于1985年2月6日开始,并于是日宣誓就职,因此我必须于期前到达海牙。我在出发前决定夫人张凤桢陪同前往,同时也考虑要有两位助手,一位管文书业务,一位管生活杂事。从工作的需要出发,经与外交部主管人事部门商定,决定借调华东政法学院教师施觉怀和外交部谷向愚两人同行。施觉怀毕业于前东吴大学法学院,学过比较法,当时在华东政法学院任教;谷向愚在我驻外使馆工作过,对国外情况较有经验,就这样决定四人同行。

1985年2月2日晚从北京首都机场出发。自己一生多次远涉重洋，但这次出行因负重任而非同往常，当与前来送行的外交部副部长朱启祯道别时，深感任重而道远。

时近午夜，飞机翱翔天空，凝视窗外，但见上空辽阔，星夜灿烂，一片淡泊宁静，顿感心旷神怡。同舱的乘客中有出国开会的全国总工会主席倪志福和中联部副部长李淑铮，互通款曲后，各自休息。凌晨飞机到达阿拉伯联合酋长国沙迦国际机场，停留一小时。机场灯火通明，免税商店则交易旺盛，很多人在购买金银饰物，还有钟表玩具等，琳琅满目。休息室布置成阿拉伯宫殿形式，陈列许多奇花异草，还有一些巨型琉璃壁画，后面用灯光照亮。这种绚丽的场面，平时很少看到。机场外面则是一片漆黑，伸手不见五指。飞机续行数小时后，才到达联邦德国航空大站中枢法兰克福。从北京出发，经过十多个小时才初见晨曦，这是由于时差关系。法兰克福是这次航班的终点站。我驻德大使安致远从首都波恩前来迎候倪志福等和我们一行。他曾和我一起出席海底委员会会议，又曾任外交部国际条法司司长，大家已熟不拘礼。他告我们，再过一两个小时，国务委员陈慕华一行也将乘另一飞机到达。那天他黎明前从波恩赶到法兰克福迎接三批来客，真是贤劳备至。我们在机场贵宾休息室闲聊，谈到我们姓倪的共同祖先、汉朝的名臣、与董仲舒齐名的倪宽。当时在座的人，除安致远外，几乎都是江浙一带的南方人，大家索性用上海话交谈，偶尔翻译成普通话，诙谐百出，忘记了旅途的劳顿。

我们去荷兰一行人于当地时间午前转乘荷兰航空公司的飞机去阿姆斯特丹,仅一个多小时到达。当时中国与荷兰还没有签订航空协定,因此必须由德国等地中转。现在中荷两国已可直航,从北京到阿姆斯特丹飞行时间不到十个小时,可无昼夜颠簸之苦。我们下机时,在机场迎接的有我驻荷大使郭洁及其夫人梁楠、使馆办公室主任谢寅公及其夫人李淑芳,国际法院书记官长贝尔那蒂斯及职员范德米尔,华侨代表梁鸿基等,其中郭大使夫妇和我们在北京是邻居,法院书记官长曾于1984年奉院长之命来日内瓦和我相晤,都已成为熟人。大家走进预先订好的贵宾室休息,等候提取行李,原来寂静的贵宾室里忽然出现热闹场面。荷兰地处欧洲西北海滨,平时多雨多雾,尤其是在冬天,这天倒是阳光普照,景色宜人。使馆事先为我们预定与法院不远的星级旅馆"Bel Air",意为"好空气"。我们略事休息后即与使馆和法院人员乘车直驶旅馆,华侨代表则先告辞回去。机场位于阿姆斯特丹和海牙之间。荷兰全境都是平原,腊尾岁首,公路两旁都是葱绿田野,已是春意盎然。不过四十来分钟后,车已抵达旅馆门前。我和凤桢的房间在九层楼,有套房可以接待来访宾客,施、谷两位也都安排定妥。晚上,即将接任国际法院院长的印度法官纳京德拉·辛格打电话来表示欢迎。使馆参赞卢秋田和夫人王银焕来访,卢是浙江人,擅长德文,后来调任驻卢森堡大使,现在则任我驻德大使。我们虽属初次见面,但他和我在条约法律司的一些同事很熟,又几乎是同乡,因此一见如故,晤谈甚欢。

翌晨，我很早起来，先在旅馆附近园地散步，回旅馆后，四人一同下楼进早餐。荷兰餐饮比较简单，有各种腊肠和蛋品，我则喜爱甜食，蛋糕和各种蜜饯水果非常诱人。正在品尝时，侍者报告客来，一看是日本法官小田滋，我和他是在70年代海洋法会议上相识。70年代中期，他准备竞选国际法院法官，因为中国和日本同属亚洲地区，出于礼貌上的考虑，小田滋专程来北京，由日本驻华大使馆参赞渡边出面宴请中国外交部条法司的几位熟人，包括出席海洋法会议的中国代表和顾问。中国方面那时没有想参加竞选，对日本方面这一决定并无异议，而且也表示支持。他后来当选，任期满后还得到连任。那天，他和我略事寒暄后就告辞，他说这是一次礼节性的拜访，日后再作长谈。

这天上午在旅馆休息，下午去使馆看望郭大使夫妇和使馆其他人员。郭大使夫妇和卢参赞夫妇热情接待，并建议我们去参观海牙市容。海牙市并不大，那时市郊人口一共不到二十万，房屋古朴，而且式样很少变化，没有高楼大厦，更说不上摩天大楼。海滨是唯一游乐的风景区，但时值隆冬刚过，也没有多少游客。海滨有一座大旅馆，内设赌场，据说19世纪末李鸿章来欧洲时，曾寓居在这里。归途中，在一宽阔广场拐弯时，忽然看到一座宏伟建筑，前面一大片草坪，两旁钟楼和尖塔，形同轩昂的卫士。凤桢高呼"大教堂"，陪同的使馆人员笑着说："这就是和平宫，国际法院就在里面。"我们大家笑起来，真是"有眼不识泰山"。

国际法院定于2月6日在和平宫举行新任法官的宣誓

就职仪式。我决定在宣誓之前一日去法院拜访几位法官,并顺便瞻仰一下这块"和平圣地"。我特别想要拜访的法官,首先是即将卸任院长的埃里亚斯。他就是当我要竞选的消息传出后就派法院书记官长来日内瓦找我的法院院长。我们这次还是第一次会面。此外,还有印度的辛格法官和法国法官,他们即将分别就任院长和副院长。法国法官也曾参加海洋法会议。日本法官小田滋在我刚到海牙,即到旅馆来看我,礼尚往来,我也应当回访。和我同时当选的挪威法官埃文森也已来到法院。我经书记官长陪同和所有其他法官晤面后,即被引到一间洁净幽雅的办公室,除桌椅沙发外,多层的书架上放置法院历年的判决和参考书,邻室是秘书的办公室,组成一个套房。至于整个和平宫的构造和环境,我在前面已略有描述。我观赏一番后即返旅馆。

那天晚上,我们决定出来逛街,又因飞机上和旅馆里吃的都是西餐,觉得有点腻味了,希望出来换换口味。我们兴之所至,到了一家叫"羊城酒楼"的餐馆,从招牌一看就是广东菜馆。这里的中菜馆主人大多数是从印度尼西亚过来的。印尼以前是荷兰的殖民地,所以彼此很早就互有往来。由于华人华裔比较勤劳耐苦,经济上处于优势,印尼于50年代获得独立后曾一度排华甚烈,很多华人华裔都设法去荷兰另谋生计,不少人在荷兰经营饮食业,竞争较为激烈。羊城饭店规模不大,但对使馆人员特别热情,店主蔡德培为人勤恳和气。他一家人都有一定文化程度,因此使馆也乐于介绍。羊城饭店和荷兰的其他中国菜馆一样,口味接近西方人所好,什么柠檬鸡、菠萝鸭等。有的菜馆还经营粤式早茶,顾客各国的人都有。我后来曾见到一位早年来荷经营几十年餐饮业的侨领钟心如,他告诉我,历来和平宫的中国法官都曾经是他的主顾。他历历如绘地提了王宠惠、郑天锡、徐谟、顾维钧的名字,并称郑天锡自己还能掌勺。

4. 宣誓就职

2月6日是新任法官宣誓之日,法院预先柬邀了驻荷的各国使节以及荷兰当地官员,不少华侨侨领也因多年来第一次有中国法官就任,前来观礼祝贺。是日下午,我和凤桢以及施、谷两位都提早出发。和平宫内大法庭熙熙攘攘,挤满一堂。具体的安排是法官与开庭审案时一样,一字形地都坐在离地略高的讲台上的长桌后面,以到任先后为序,由中间分向左右两侧,但院长和副院长总是在中间就座。因此,刚到任的我和埃文森将坐在讲台上左右两端。来宾都坐在讲台下面平日开庭时律师的座位以及律师后面的旁听席。是日下午3时整,院长和副院长引导全体法官们进入法庭在讲台上就座,先由院长宣读我和埃文森法官两人的履历,然后我和埃文森各自宣读誓词如下:"本人郑重宣言,愿秉公竭诚,必信必忠,行使本人作为法官的职权。"宣誓仪式完毕,即宣告散会。法官和来宾均退入休息室,共进茶点。我感谢前来参加仪式的郭大使夫妇和使馆其他人员。我作为新到任的法官,也被分别介绍给其他国家派驻在海牙的使节和法律界人士。我很高兴地见到我最初到纽约参加海底委员会时遇到的斯里兰卡代表平托先生。他当时就任设在海牙的伊朗—美国仲裁法庭秘书长,他和埃文森、小田滋和副院长拉夏里埃也都曾在海洋法会议共过事,我们几个人就自然而然地纵谈往事了。

茶话会后,我和凤桢及施、谷两位都到我的办公室休息。专门为我配置的秘书亦已到职。她是一位英国籍妇女,问我有什么事要做。我就问她上下班时刻以及图书馆开放时间等。她回答说除假日外,她一般上下午都在法院,至于法官则只要没有开会、开庭,可以自便。图书馆除假日外,全天开放,中午不休息。国际法院人员的配备,大体上和我以前在美国和欧洲英、法等国所看到的相类似。除法官专司审判外,法院一般行政事务设书记室,由书记官长主持。书记官长任期七年,由法官会议选任。每位法官配有秘书,协助处理一些公私事务。秘书必须懂得速记和打字。法官起草的法律文件或公私函稿,由她先用速记记录下来,然后打印成稿签发。有些西方国家的法院,法官都有书记员(clerk)帮同办案,如找寻判例和参考资料、草拟判词等。我所认识的有些美国名律师和名教授中,早年也曾在美国联邦最高法院担任过法官的书记员。但在海牙国际法院,法官历来都是自己动手,只有秘书,没有书记员。我听说设在海牙的前南斯拉夫刑事法庭曾有书记员协助办案,但他们不是由法庭雇用,而是由欧洲法律家委员会提供费用,可能是寓有培训人才之意。海牙国际法院除法官外,行政人员和管理人员共有六七十人,主要是欧洲人,其中绝大部分是荷兰和法国人,少数英国人。也有过极个别的亚洲人和非洲人,都是打杂的,从未有过美国人。我曾同书记官长谈过,是否可以雇用中国人。他回答说,书记处人员极少变动,几乎是终身职,事实上亦确是如此。

和平宫里的图书馆确是规模宏大,藏有古今世界各国的法典、判例和其他法律书籍及各国出版的法律杂志,其中亦有一部分中国历代法典、书籍和杂志。据说珍藏的古本中有三千多年前巴比伦的汉谟拉比(Hamurabbi)法典影印本,平时不对外展出。图书馆全日开放,效率较高,管理人员不多,但阅读者的随身书包物品,必须存放在入口处。书库很大,但阅览室较小,不相对称。我在国外所看到的图书馆,以华盛顿的国会图书馆为最大。纽约大学的图书馆很别致,整个图书馆的阅览室分布在一座四方形九层楼各层。我从第九层楼走廊里往下看,像在一个巨型水井的井口往下看着。国际法院也有自己的图书馆,古籍较少,各国的法典不多,主要是国际法院自己的判例和最新的国际法书籍和刊物,是以法官和法院其他有关人员为服务对象。和平宫图书馆搜集的书籍和材料比较广泛,适合一般国际法学者的需要,因此常有欧洲各大学的教师和研究生特地来此借阅和参考。

我在法院宣誓就职后,就经常去法院浏览有关案卷和文件,有时还找熟识的法官聊聊天,以便较深地了解情况。那时法院正在审理利比亚和马耳他大陆架划界案件,我作为新上任的法官,按例不能中间插入,而那时已满任的法官,也不能中途退出,因此在这为时约五个月期间,法院就有十七位法官,专案法官还不计在内。我当时就想,我应当乘此空隙,解决我生活方面的问题。衣食没有问题,需要解决的是住行,首先是住的问题。

我们按照当地习惯去找房地产公司,准备租用合适的房屋,他们问清我的大概要求后,就陪我们去看房。我们看了四五个地方,结果选中一所有假三层的楼房,与海滨较近,距法院也不远。一楼用作客厅和餐厅,二楼有起居室和大小卧室各一间,三楼两间正好可容施、谷两位居住。这样一个格局,在国外虽算不上豪华,也还舒适合用。我们告别了住过半个多月的旅馆,迁进新址后,觉得除近海风大和朝北少阳外,大体上还满意。生活上还有一个有待解决的问题是交通问题,需要购买合适的汽车,因此就商于驻荷使馆。他们本来准备要将一辆半新不旧的奔驰230型轿车送回国内,后来就将这辆车作价转让给我。我们有房有车后,生活上便利得多。谷向愚原来就在我驻日内瓦代表处开过车,驾轻就熟。我们在买车后第一个周末就开车前往距海牙不远的世界第一大港鹿特丹参观游览。我到荷兰后,连续忙了近一个月,这次总算松了一口气。午后我们到有名的"欧洲桅杆"(Euro Mast),坐电梯登上高达百余米的瞭望台,看到港内巨型货轮到处皆是,起重吊车紧张操作。我们在"桅杆"顶上俯视,诚是洋洋大观。归途中,大家惊叹荷兰还有这样一个"世界第一"。

我以前从未到过荷兰,它位于欧洲西北部,不过像我国浙江省那样大小,全国均为低洼平原,有很多冲积地,它的国名原来就是低地的意思。荷兰最大的城市是阿姆斯特丹,其次是港口城市鹿特丹,再其次是荷兰政府所在地海牙。距海牙不过十余公里的莱顿市设有有四百多年历史的莱顿大学,它是欧洲最古老的大学之一。也是距海牙十余公里的台尔夫特市广场上则矗立着人称"国际法之父"格劳秀斯(Grotius)的铜像。由于荷兰国土不广,而且都是平地,因此不论从南到北,还是由东到西,坐车都能当天到达。荷兰的海岸线因有很大内海而较长。它早年就是一个海洋国家,17世纪后期与英国争霸一时,并曾侵占我台湾,1661年被郑成功逐出,签署有名的《赤嵌降书》。后来荷兰在欧洲政治军事中保持中立态度,因此1899年和1907年两次和平会议都在海牙举行,国际法院也就设在海牙。第一次世界大战时,荷兰保持中立,战争结束时,德皇威廉二世投奔荷兰,协约国方面准备以战犯罪名组成国际法庭审判德皇,由于荷兰女王不允交出未成。第二次世界大战爆发,荷兰仍宣布中立,但德军还是于1940年5月入侵,荷兰女王逃往伦敦,成立流亡政府。第二次世界大战后,荷在亚洲最大的殖民地印度尼西亚宣告独立,经过两次大规模的战争后,荷兰终于承认印度尼西亚独立。印度尼西亚历来就是东南亚华侨最集中的地方。由于华侨善于经营,经济上趋于优势,人口比率较大,因此曾在印度尼西亚不止一次发生排华运动,使华侨难有立足之地。印度尼西亚曾与荷兰有过几百年的关系,文化、语言、习惯相通。在最近几十年里,很多印度尼西亚的华侨都来荷兰居住谋生。我们后来在荷兰所接触到的华侨,绝大部分的人来自印度尼西亚,我后面将会叙述。

十六 案牍劳形

1. 紧张准备
2. 首次办案
3. 拉美阴云
4. 南洋北海
5. 大事简述
6. 咨询意见

1. 紧张准备

我到国际法院的最初三四个月是紧张准备的时期,我抓紧时间系统地了解法院历年来所办案件的内容及其在审判程序问题上的一切过程。我觉得国际法院受理的案件有一个特点,这就是很多案件首先要解决的是法院有无管辖的问题。这与国内法院办案有所不同,主要是因为国际法院只受理主权国家之间的争端,除非当事国表示同意,国际法院无权受理。因此在国际法院受理的案件中,常常首先要解决国际法院对某一特定案件有无管辖权的问题。或者有人会问,国际法院有无管辖,只要看被告国家是否表示同意,似乎问题并不很复杂。不错,依照国际法院的规约和规则,国家可以通过国际条约、双方共同协议、或者单方表示接受管辖或者事实上参与诉讼的进行而可被认为同意接受国际法院的管辖。但当事国间对什么情况构成同意常互有争执。"二战"后国际法院受理的第一个案件"英国诉阿尔巴尼亚科孚海峡案",国际法院在判决时就必须首先解决阿尔巴尼亚1947年7月2日给法院的信是否构成对法院管辖权的接受。又如"尼加拉瓜诉美国军事行动"一案,首先要解决的问题也是美国于1984年4月6日撤销其于1946年所提出的接受国际法院管辖的声明在法律上是否有效。这个管辖权的先决问题不先解决,案件的实质性问题就无由进行。

在国际法院所受理的诉讼中,也经常有必要采取临时措施,以保全暂时状态和避免事态扩大或产生不能回复的损失。这在旧中国时代称"假处分"和"假扣押",这种用语来源于日本的法制。我国现行民事诉讼法有关于"财产保全和先予执行"的规定,但适用范围较广。国际法院受理的案件涉及国家间关系,有时问题甚至影响国家间关系或地区的和平。我任期内有不少案件的原告提出临时措施的要求,即如"尼加拉瓜诉美国军事行动案""利比亚诉英国和美国关于炸机嫌疑犯案""波黑与南斯拉夫互控灭种案""芬兰诉丹麦海峡通行权案"等,原告都以情势紧急,可能造成不能回复的损失为理由申请采取临时措施。只有海洋或陆地确定边界案件,一般没有必要申请采取临时措施。此外,还有一些案件,第三国认为它在法院受理的某一案件涉及它的法律上利益而申请参加,即如1984年意大利对"利比亚诉马耳他划分大陆架案"申请参加,再如1984年萨尔瓦多申请参加"尼加拉瓜诉美国军事行动案"。但经审理后,法院都认为不合条件,未予准许。

我在了解过程中,觉得国际法院受理的案件,首先要遇到的大率是程序性问题,最后才涉及实质性问题。以"尼加拉瓜诉美国案"为例,第一个回合就是尼方要求命令采取临时措施,第二个回合则是解决法院管辖问题,最后一个回合才是诉讼的实质性问题。我称这个过程是处理案件的"三部曲",不少案件都是照这个步调走的。国际法院办案的另一特点是,争论都是法律或其解释问题,很少涉及事实问题。我在国际法院的九年工作中,开庭不下数十次,只有一次对证人进行讯问,那就是在"尼加拉瓜诉美国军事行动"案中,证人是前美国中央情报局官员,由尼方提供,因被告美国认为它已撤回接受管辖的声明而拒绝出庭,因此未受到被告反诘(cross-examination),也没有什么精彩表演。总之,国际法院受理的案件,大多数是法律上的争端,很少到了法庭上还对事实问题展开争论。在美国和有些普通法国家,法院有时要求双方开庭审理前,举行所谓"审前会议"(pre-trial conference),双方先将事实问题尽量弄清,以免在正式开庭时对许多鸡毛蒜皮的事实问题纠缠不清,从而可以集中精力解决法律上的争端。国际法院处理案件的法律依据,按照《国际法院规约》第 38 条的规定,是:(1)国际协约;(2)国际习惯;(3)一般法律原则;(4)司法判例和法学家学说。对其中所谓"一般法律原则"究竟指的是什么,学者之间常有一些议论。但这一规定至少对该条其他规定起补充作用,这里不再详加讨论。

国际法院的诉讼程序可以从诉讼双方共同向法院请求处理某一争端而开始。不论诉讼是由双方提出,或由单方提出,法院都应定期要求当事国提出各自的诉状。法院正式用语是英语和法语。这一规定同样适用于法院工作的全部过程。经过上述书面程序后,法院定期进行口述程序。这就是正式开庭,由双方代理人和律师依次进行辩论。双方辩论完毕后,法官进行初评,在一个有巨大的马蹄形半圆桌的保密房间里,法官的座位依到任先后为序,大家初步发表意见或感想,不作结论。初评结束后,法官各自回去写出自己对案件的详细意见和初步判断,事实上等于写一判决书初稿,提交书记处印发给所有其他法官,征求他们的意见,其他法官提出的意见即发给所有法官。经过一段时期后,法官举行再评。再评不同于初评,发言顺序由年资最浅的法官开始,循序进行。发言后,其他法官可以发问或加以评论。最终由副院长和院长先后发言。这样的讨论有时需用几天时间。经过这样书面和口头两次详尽交叉后,法官的意见就比较集中,可以看出正反两面和主流所在,然后由院长主持发票选举两位起草委员,加上院长共三人组成起草委员会,院长任主席。如果院长不属于主流派,则由副院长担任,如果副院长也不是主流派,则由资深法官担任,依此类推。起草委员会草拟好判决初稿后,印发给所有法官,再召开法官全体会议,读一段后审查一段,审查时可以提出意见,意义上、文字上都可以提,由大家讨论解决。这样的审查也可以讨论几天,先是初读,继以再读,分两次进行,最后进行表决通过,以超过出席法官人数的过半数决定判决的主要内容。法官投票时必须表示"可"或"否",不得含糊其辞,也不得弃权。判决最后作成后,指定日期宣告。法官不同意判决结果,或虽同意判决结果,但不同意判决所述理由,可提出个别判决表示不同意或个别意见。国际法院判决作出后,当事国有义务遵照判决履行,一方如不履行,他方可向联合国安全理事会申请执行。国际法院审理案件,一般是十五位法官全体参加,但可根据当事国的要求设立分庭审理,由法官三人或五人组成,审判程序基本上同全体法官出席时一样。但这种事例较为个别。

国际法院除受理国家之间的争端以外,还有权发表咨询意见,但只有联合国大会和安全理事会以及经大会授权的联合国其他机关和各种专门机关,对于其工作范围内的任何法律问题可请求国际法院发表咨询意见。依此规定,经大会授权有资格请求发表咨询意见的联合国机构有经社理事会、托管事会以及大会的临时委员会。各种专门机关包括国际劳工组织、粮农组织、教科文组织、世界卫生组织、世界气象组织、世界银行、国际货币基金组织、国际海事组织等一系列专门组织都可以经联合国大会授权申请国际法院发表咨询意见。法院行使关于咨询意见的职务时,可以参照有关处理诉讼案件的规定。就程序方面而言,法院可以以开庭方式听取有关方面的意见。法院作成咨询意见后开庭宣告,全体法官出席。国际法院所作咨询意见与判决不同,没有拘束力,但实际上一般都予以遵守。

  我在紧张地准备接受新任务的时候,忽然记起当我在50年代参加外交部工作不久,条法司的"老专家"们各自选择题目做调研工作。我记不起出于什么动机,也可能是由于"兴之所至",选择了《联合国国际法院诉讼程序》这一题目,根据当时找得到的材料,写了这份调研稿件。那时中华人民共和国被拒于联合国的门外,我写这份材料,似乎还是为时尚早,可能有点"不合时宜"。没有想到,事隔三十年后,这个任务落在自己肩上,不禁感到任重而道远,自忖应该认真对待,不稍懈怠。

2. 首次办案

国际法院当我到任时正在受理"利比亚和马耳他大陆架划界案",此案于 1985 年 6 月宣告判决。随后法院进入休假期间,我和凤桢决定返回北京。行前我向海牙书店买了一套国际法院判例,准备送给外交部条约法律司。凤桢放心不下外孙白念恩和外孙女白云,决定暑假后暂时留下来,由女儿倪乃先在假期后陪我同去海牙,以资照料。乃先清华大学毕业后,任职北京市交通局,因这次行将伴我出国,有可能不止一年半载,为此商得外交部和北京市的同意,将其工作关系暂时调入外交部。我和乃先于是年初秋同去海牙。

我回到海牙后就开始正式办案,下面将予叙述。但我在这里不可能逐案详细叙述,只能选择一些比较典型的案件,简述于下。那时法院正待审理一个"新案"。事实上这个案件并非真正的新案。三年前国际法院受理"突尼斯和利比亚大陆架划界"案件,1982 年 2 月 24 日法院所作的判决有利于利比亚。1985 年法院审理的案件是突尼斯对 1982 年前述大陆架划界案件的判决申请法院"复核"。国际法院受理的诉讼案件,一审终结,不得上诉。但《国际法院规约》第 61 条规定可以申请法院"复核"。这是有条件的,不是一经声明就可以进行复核。首先,申请一方必须证明发现具有决定性的事实,而且此事实为法院及申请复核的当事国判决宣告时所不知,也不是因自己的过失而不知。其次,申请复核最迟应于新事实发现后六个月内提出，而且申请复核从原案判决日起不得超逾十年。申请复核不同于上诉，条件很严格。我记得30年代在上海和40年代在重庆任法官时，这类案件是经常有的，但被称为"再审"，而不是复核。复核这个词另有一种涵义，它一般是指例行的复查。我国的民事诉讼法有关于"再审"的规定，指的就是这种情形，不过规定可以申请再审的范围比较广泛。这种案件在国际法院还是第一次。据我所知，直到如今，也没有再发生过。国际法院当时在任法官大都是法学教授、终审法院法官、法律顾问等，只有我担任过几年的基层法院法官，而再审案件都是发生在基层法院的。院长辛格了解我过去的经历，他嘱咐我准备一份关于再审程序的材料，作为参考文件分发给同僚，后来大家都认为很有用处。我初到国际法院任职，就遇到这样一个性质特殊的案件，在国际法院历史上还是绝无仅有的，顿时感觉到责任重大，只能以"勤慎"两字自勉。

为了了解案件的来龙去脉，首先简述一下突尼斯要求复核的1982年"突尼斯和利比亚大陆架划分"的原案情况。原案判决事实上不过是根据双方当事国的要求，确定了几条划分大陆架的原则，例如划分大陆架应根据公平原则，顾及一切有关情况。再如，两国的沿岸海底地区如果位于同一大陆架上，就不能适用自然延伸的原则等，然后根据这些原则划定两国大陆架的范围。原案判决并没有考虑当事国以前发给石油勘探许可证时所主张的两国大陆架界限或范围。后来突尼斯请求复核的根据是，原案判决后发现了利比亚未在原案审理时提出涉及两国海底边界的1968年3月28日利比亚部长会议决议,该决议附有关于第137号石油勘探许可证适用范围的地图,以致原案判决对突尼斯不利,以此作为请求"复核"的理由。

这是国际法院第一次受理申请"复核"的案件,因此我前面说这是个"新案",也可以说法院第一次对于同一案件举行第二轮审判,但又不是上诉。对我来说,这是第一次在国际法院出庭,开庭之日,法院除全体法官出席外,还有当事国突尼斯和利比亚各自选派的两位专案法官。突尼斯选派的专案法官是法国巴黎大学教授巴斯蒂特夫人(Mme. Bastid),利比亚选派的专案法官是已卸任的国际法院法官阿雷契格(Arechaga)。当时本来在任的法官有:印度的辛格(Singh)、日本的小田滋和我(以上属亚洲);尼日利亚的埃里亚斯(Elias)、阿尔及利亚的贝乔维(Bedjaoui)、塞内加尔的姆巴叶(Mbaye)(以上属非洲);巴西的塞特·加玛拉(Sette Camara)、阿根廷的鲁达(Ruda)(以上属拉丁美洲);苏联的莫洛佐夫(Morozov)、波兰的拉克斯(Lachs)(以上属东欧);意大利的阿果(Ago)、英国的詹宁斯(Jennings)、美国的施威贝尔(Schwebel)、法国的拉夏里埃(Lachariere)和挪威的埃文森(Evensen)(以上属西欧)。辛格作为院长主持了审判。

审判结束后举行了初评,大家对案件提出初步看法,但不作结论。我在初评时表示"复核"是一特殊的补救办法,以补充原案审判中的不足,只有在严格限制的条件下才能引用,这在国内法院如此,在国际法院更应如此,否则国家与国家之间权利义务不能长期稳定,随时可以朝令夕改,这决不是《国际法院规约》第 61 条的原来用意。我认为根据突尼斯提出的主张,似乎不足以证明其申请复核符合法定的条件,但我声明这不过是初步意见。其他法官的发言,也都表示了初步看法。

初评之后,大家回去各自草拟书面意见书,这是国际法院法官办案过程中的一个重要环节。即使在案件办理完毕后,这种意见书被法院当做绝密文件永远存档。我在意见书中首先强调国际法院判决"既判力"的重要意义。这个词的拉丁文(res judicata)原意是说已经判决过的事项,此处指的是经过法律裁判后所发生的确定效力。国际法院对于"复核"是没有前例可援的,前面我已说过。但在近代国际法实践中可以找到它的来历。美国在 1899 年第一次海牙和会上曾建议国际仲裁法院可以对已经裁决过的案件举行"重审",当事方可以在一定时期内提出新的证据或以前未提出的法律论点。这个建议被认为有损于"既判力"而未被采纳。1907 年第二次海牙和会上通过的公约才在第 83 条内规定有关申请"复核"的权利,各当事国可以在接受仲裁时声明保留这项权利,还不是当然有此权利。《国际法院规约》的起草者法律家顾问委员会在报告中还小心翼翼地说:"复核权是一项很重要的权限,它不利于为了国际和平必须最后确定的既判力。""一战"后成立的常设国际法院以及"二战"后的联合国国际法院在规约中关于复核的规定,大体上是以1907年海牙公约中相应条文为蓝本的。由此可见，申请复核不宜轻易准许，必须确实符合《国际法院规约》第61条的要求，即新发现的事实是否具有决定性的作用，如果在原审时提出，可以使原审作出有利于突尼斯的判决。但是突尼斯案复核的结果说明，即使这个1968年3月28日利比亚部长会议决议及其所附第137号勘探许可证和附图已在原案审理时提出，也不能使突尼斯在原案胜诉，因为这项所谓新发现的证据并不能在划界中起决定性作用。不仅如此，利比亚部长会议决议和附件并非保密文件，已在1968年5月4日利比亚《官方公报》以及同年8月9日的《中东经济调查》公开刊出，突尼斯亦曾被告知可以在公开场所买到，为突尼斯所不否认。因此，即使退一步认为这项证据能起一些作用，突尼斯由于自己的过失，未能在原案审理时提出，也应自负其咎，不符合申请复核的条件。

我将上述意见写成书面，按例与其他法官所写意见书互相交换，经过一段时间，以便互提意见，然后法院全体法官，包括专案法官在内，举行形式比较隆重的再评。再评主要讨论突尼斯的关于复核的申请，同时也就突尼斯依《国际法院规约》第98条对1982年判决某些段落请求解释，因并非重要，这里不予置评。最后大家投票选举两名起草委员，塞内加尔的姆巴叶和我当选。院长辛格法官为当然委员。我们三人边商量、边起草，奋战了几天后，拟出一个判决初稿，印发全体法官征求意见，再经全体法官讨论定稿后，于1985年12月10日开庭宣判。这是我第一次参加国际法院办案的经过。

3. 拉美阴云

80年代初,中美洲尼加拉瓜左派上台后,与邻国洪都拉斯、萨尔瓦多、哥斯达黎加等国关系紧张。美国力图遏止尼加拉瓜的影响,直接或间接地在其邻国采取针对尼加拉瓜的军事行动和其他敌对行动。尼加拉瓜的邻国指责尼意图扩张而成为这个区域安全的威胁。一时间拉丁美洲这一地区风云变幻,剑拔弩张,陈兵边境,形势严峻。尼加拉瓜于1984年4月9日向国际法院对美国起诉,指责美国使用武力、干涉内政。这个不同寻常的案件也经过了我前面所说的"三部曲"。尼加拉瓜起诉后即申请采取临时措施,以免事态扩大,无法收拾,法院准其申请。其次是法院审查对该案的管辖权问题,后经判决法院有权管辖,也没有其他不宜受理的原因。以上阶段都是1984年的事,当时我尚未到任。直至1985年底,法院对突尼斯申请复核案进行判决后,才对尼加拉瓜诉美国一案的实质性问题进行审理,因为案件进入一个新的阶段,我就在这时参加了此案的最后一部"曲",也是最重要的阶段。

法院于1986年上半年开庭审理"尼加拉瓜诉美国案"的实质性问题。美国因坚持法院对此案无权管辖,声明不再到庭参加对此案的审判。按照《国际法院规约》第53条的规定,尼加拉瓜虽可请求法院对自己主张为有利之裁判,但法院仍必须先查明尼方的主张在事实及法律上均有根据。

这与一般国内法院可依到案一方主张而作"缺席判决"的情况,实质上有所不同。正是由于另一方不出席审判,国际法院在处理时特别慎重,对人证、物证均进行详尽的审查,对法律上各点作细心的分析。法院连续几天开庭审讯,审讯结束后按例举行评议、起草等项程序。我提出了五十六页的意见书,详论美国的行动违反《联合国宪章》《美洲国家组织宪章》和习惯国际法。法院于1986年6月27日宣告判决。判决内容分十六项,对每项单独进行表决,其中最主要的是认定:美国对尼加拉瓜的反政府力量提供军事援助,包括组织、训练、配备、提供情报等各方面;美国直接插手在尼加拉瓜港口不加警告敷设水雷;破坏尼港口贮油设备;对尼实行禁运;侵犯尼领空权等。判决认为美国违反了国际习惯法中不得使用武力、干涉内政、侵犯国家主权的规定,违反了两国1956年签订的《友好通商航海条约》的规定。判决拒绝采纳美国在管辖问题阶段中提出的关于"集体自卫"的主张,责令美国立即停止足以构成违反国际义务的行为,并应负责赔偿损失。关于赔偿数额问题,如双方不能协商解决,日后再由法院进行程序,以资确定。

以上是关于尼加拉瓜诉美国一案全部过程的缩影,是简而又简的。对于案件中有一法律问题,我和法院多数法官的意见不尽一致,但也另有三位法官在这个问题上,和我持同一见解。这个问题就是:美国使用武力,干涉尼加拉瓜内政的事实,虽已证据确凿,不容否认,但美国应根据什么法律负责,法官们的认识不很一致。一般来说一国不得使用武力干涉他国内政。这不仅在《联合国宪章》有明文规定，尼加拉瓜和美国所属的美洲国家组织也在其宪章中有同样规定。这样一个普遍性的法律规范，不论是多边公约还是双边条约，还是传统的习惯国际法，规定都是一致的。国家与国家间如果发生这类事情，多边公约、双边条约、传统的习惯法都可以引用。但对于国际法院来说，在判断某一国家是否违反不得使用武力干涉他国内政时，自应首先适用最有权威的国际公约，那就是《联合国宪章》。

美国在这个案件的初步阶段就主张所谓"多边条约保留"，意思是，凡涉及多边条约案件，除非美国同意应诉，必须通知该多边条约所有当事国参加。按照美国这样的主张，凡是根据《联合国宪章》或《美洲国家组织宪章》的规定对某一会员国提起诉讼，必须所有一百几十个会员国都参加进去，岂非不合情理？况且美国所引"多边条约保留"是指将来可能受到判决影响的国家都应参加。案件尚未判决，如何能预知哪些国家将受判决的影响？正当的理解是，凡是自己认为将受到影响的国家可以自动申请参加。很有讽刺意义的事是萨尔瓦多已向法院申请参加，但法院已决定暂不考虑萨尔瓦多的申请。对于美国关于"多边条约保留"的主张，法院多数法官认为，即使不根据《联合国宪章》或《美洲国家组织宪章》的规定，美国使用武力干涉别国内政的行为也违反习惯国际法的原则，同样应负责任，而且尼加拉瓜还引用尼、美两国于1956年签订的《友好通商航海条约》主张美国也应负责。我认为这是"退一步"的设想，立论比较软弱，正当办法还是应使美国对具有普遍有效性的《联合国宪章》负责。美国在法院就管辖问题审理过程中曾主张它的行为符合《联合国宪章》第51条关于"集体自卫"的规定。它既然以《联合国宪章》为自己的行为辩护，就不得出尔反尔在管辖问题上又提出"多边条约保留"的主张，以此对抗尼加拉瓜引用《联合国宪章》对它起诉。《联合国宪章》是一个整体，不得把它肢解开来，任意取舍，对有利于己的规定，引用来为自己辩护，对不利于己的规定，则主张保留。我根据上述理由认为美国"多边条约保留"的主张不可取，尼加拉瓜有权根据《联合国宪章》起诉，因此在这个问题上与多数法官意见有所不同。我根据《国际法院规约》第57条的规定提出了我的"个别意见"，按例附在判决正文之后。但对于判决中其他各项，我完全同意多数法官的判断。另外三位法官，即尼日利亚的埃利亚斯、阿根廷的鲁达和巴西的塞特·加玛拉，也在这个排除适用《联合国宪章》问题上，提出个别意见。

法院于1986年6月27日宣告判决。美国拒绝执行，虽经联合国安全理事会提出，亦未有结果，尼加拉瓜的赔偿要求未能落实。事隔数年后，尼加拉瓜的政权产生变化，与美国的关系得到改善。关于美国应负赔偿责任问题，由于尼加拉瓜请求撤诉而未进行审理。

1988年下半年，我参加审理"尼加拉瓜诉洪都拉斯边境武装侵扰"一案。尼、洪两国之间的这个案件与前述"尼加拉瓜诉美国军事行动案"有牵连，尼加拉瓜的反政府力量由美国支持，并以洪都拉斯为侵尼的基地，为此就在这里叙述尼、洪边境武装侵扰一案。

此案主要是解决法院有无管辖权问题。尼加拉瓜和洪都拉斯都是《波哥大条约》的缔约国,该条约第 31 条规定各缔约国接受国际法院强制管辖。此外,两国曾依《国际法院规约》第 36 条第 2 款单独声明,对接受同样义务的国家,同意国际法院的强制管辖。但洪都拉斯则辩称,《波哥大条约》第 31 条不适用,因该条约另有第 32 条规定,就是,当案件正在进行调解程序时不得起诉。另外,洪都拉斯依《国际法院规约》所作的单独声明,已因洪都拉斯于 1986 年 5 月 22 日提出的保留而不适用于"涉及武装冲突或类似性质行为"的本案。法院审理后,认为洪都拉斯的两点论据都不能成立,因此法院有权管辖。

此外,依国际法院惯例,即使法律上法院对案件有权管辖,但如有其他重大原因,亦可认为受理该案不适当而予以拒绝(程序上称 inadmissibility)。洪都拉斯在此案中提出诸如尼加拉瓜基于"政治原因"、起诉事实"空泛无据"等,但都被法院认为不足以构成拒绝受理的正当论据。

洪都拉斯还主张,尼洪两国间的争端是整个中美洲各国间纠纷的一部分,目前中美洲国家正在进行调解,因此法院不应受理尼加拉瓜的起诉。但法院认为尼加拉瓜起诉时,中美洲国家调解的努力已告失败,尼加拉瓜当时起诉并无不当。至于起诉后中美洲国家进行的调解程序并不限于尼洪两国间的关系,而是涉及中美洲整个区域的和平建设,因此从性质和目的来看,都不是最初对尼、洪两国调解的继续,法院从而认为洪都拉斯的抗辩主张都不能成立,应继续受理尼加拉瓜提起的诉讼。

法院于开庭审理听取双方辩论后,循例进行评议,然后选举起草委员两人,波兰法官拉克斯和我当选为起草委员。当时法院院长是阿根廷的鲁达法官,为起草委员会当然委员。法院于 1988 年 12 月 20 日宣告判决。如上所述,此案与"尼加拉瓜诉美国使用武力干涉内政案"有密切联系。尼美案件最后对赔偿问题并未解决,尼加拉瓜诉洪都拉斯一案经法院认为有权管辖后,由于双方无意继续对案件的实质性问题进行审判而不了了之。

4. 南洋北海

我在介绍自己在国际法院办案经过之际,这里简单叙述一下大洋洲的一个涉及破坏领土权案件和另一个邻接北冰洋的涉及海洋权案件。

1989 年,中太平洋岛国瑙鲁状告澳大利亚违反托管国义务,因挖掘磷矿石资源,破坏瑙鲁大片耕地,应负损害赔偿之责。瑙鲁和澳大利亚在涉讼前曾先后声明接受国际法院管辖。但澳大利亚辩称:(1) 瑙鲁和澳大利亚之间托管关系已经结束;(2) 瑙鲁已放弃对澳大利亚的赔偿请求权;(3) 瑙鲁和澳大利亚之间托管关系的终止排除瑙鲁事后再提赔偿请求的权利;(4) 瑙鲁在托管终止后 11 个月才提出的赔偿请求不应受理。

经过多次书面互辩,国际法院于 1991 年 11 月 11—22 日八次开庭听取双方辩论,并提出问题让双方律师回答,然后退庭评议和准备判决。1992 年 6 月 22 日法院开庭宣告判决,认为澳大利亚对法院管辖权的抗辩理由不充分,不能成立,法院有权受理此案,并定期让双方律师提出下一阶段关于实质性问题的诉状。1993 年 9 月 9 日瑙鲁和澳大利亚共同具状通知法院,双方已和解了结,请求撤诉。

可以由此看到,瑙鲁以一弹丸之地从 19 世纪末年起,先后曾被德国、日本、澳大利亚、新西兰等占领成为殖民地和托管地,面积仅 22 平方公里,人口当时不过 5000 人,独立后敢于向大国起诉,讨还公道,终于在管辖问题上胜诉。足以证明,国家不论大小强弱,在国际法院面前一律平等,法院根据事实,适用法律,作出关于管辖权的判决。

1993 年 6 月 14 日,国际法院就"丹麦诉挪威关于划分大陆架和渔区案"作出判决。1988 年 8 月 14 日丹麦向挪威起诉,请求确定两国在格陵兰海域的分界线。两国对国际法院的管辖权并无争执。丹麦所属格陵兰位于有争执的海域西岸,挪威所属扬马延岛则在该海域的东部,离挪威本土较远。格陵兰和扬马延岛之间的海上距离为 250 海里。格陵兰与扬马延岛海岸长度的比例是 9.2:1。丹麦主张分界线应从其所属格陵兰海岸线向东量起,至 200 海里为止,其结果将是挪威扬马延岛的西岸只有 50 海里的海域。挪威则主张以格陵兰东海岸与扬马延岛西海岸线之间的中间线为界。

法院考虑了一切有关因素,包括双方海岸线长度的比例、资源、渔业、防务、冰冻季节等,特别强调双方海岸线长度的比例。至于人口的多寡,并没有被认为有任何决定性意义,因为这个因素是可以变动的。格陵兰共有人口五万多,而扬马延岛则只有在夏季才有二十五名气象工作人员前来暂住。同时,双方的贫富差异,也不被认为是可靠标准。国际法院曾在 1982 年"突尼斯与利比亚大陆架案"判决中说过,"今天穷国可以明日富",指的是油气的发现可以扭转乾坤。

丹麦和挪威一案经法院具体判定:根据丹麦的上述 200 海里的主张和挪威的中间线主张,第一步先确定两国有争议区的范围。由于两国主张的差异,这个"争议区"当然更靠近挪威的扬马延岛。第二步是把这个"争议区"划分成上、中、下三段。最南的下段由两国平分。至于中段和最北面的上段挪威得三分之二,丹麦得三分之一。

这个判决考虑了各种因素,区别了永久性的和非永久性因素的差异,特别强调了双方海岸线 9.2∶1 的巨大差异。这点对我和邻国之间的海洋划界很有借鉴意义。我国海岸线较长,在与邻国谈判海洋划界时,这点对我较为有利。事实上国际法院历来判决,特别是 1984 年"加拿大和美国关于缅因湾划界案"以及 1985 年"利比亚和马耳他关于在地中海划界案"的判决,虽然没有把海岸线长度的比例作为绝对标准,但都在判决内明确指出这是一个不可忽视的因素。这一点在丹麦和挪威海域划界案件中又得到了确认。不仅在国际法院判例中有此看法,1977 年"英国和法国关于海峡群岛和大陆架划界仲裁案"中亦认为双方海岸线的比例是一个重要的考虑因素。

5. 大事简述

这里我简单叙述一下媒体经常报道的两件事情：一是1988年美国泛美航空公司103客机在英国苏格兰洛克比上空爆炸事件所引起的利比亚1992年在国际法院状告美国和英国的案件；二是1993年波黑共和国向国际法院状告南斯拉夫违反《联合国宪章》《灭种公约》《世界人权宣言》等的案件。这两事件本身都是震惊全世界的，涉及范围较广，但我在这里只能简单地叙述一下当我在国际法院任职时所经历的片段经过，而不涉这两件事情的全部过程，因为这两案件在我写到这里时尚未结束。

首先叙述一下1988年美国泛美航空公司飞机爆炸事件。此事发生后，美国和英国一直要求利比亚引渡涉嫌作案的两名利比亚人，由美国或英国对其进行审判。1992年1月21日联合国安全理事会一致通过决议，要求利比亚在处理此案过程中采取积极合作的态度。同年3月3日利比亚向国际法院状告美国和英国，声称此案根据《关于制止危害民用航空安全非法行为的蒙特利尔公约》应由国际法院管辖，美国和英国无权催促其交出涉嫌炸机的案犯。同日，利比亚还向国际法院申请采取"临时措施"，即法院应禁止美英两国采取任何威胁行为迫使利比亚交出两名嫌疑犯。按照国际法院规则，临时措施的申请应作为紧急事项优先提前处理。法院当即于3月26日起开庭审讯。同时联合国安全理事会再次通过决议,如利比亚不于4月15日以前交人,即将对其进行制裁,中国出席安理会的代表在表决时声明弃权。

此案不同寻常,安理会和国际法院同时对同一事件各自行使职权。但也不乏先例。国际法院在1984年尼加拉瓜诉美国一案关于管辖问题的判决中曾说:"某项案件正在安理会处理中,这一事实并不妨碍该案件由法院处理,两种程序可以并行不悖。"对"利比亚诉美英两国不得强其交出嫌疑犯案",法院经过两周审讯、评议后于4月14日作出裁决,拒绝了利比亚关于临时措施的申请。法院作此决定主要是根据《联合国宪章》第103条,该条规定:联合国会员国在本宪章下的义务与其依任何其他国际协定所负的义务有冲突时,其在本宪章下的义务应属优先。国际法院作出决定时,法官必须明确表示同意或不同意,不得像在安理会那样可以声明弃权,但可提出个别意见或作声明(declaration),说明自己的立场。我就作出声明,也引用了上述蒙特利尔公约第14条第1款的规定,说明争端双方必须先申请仲裁,只有在请求仲裁之日起六个月内不能就仲裁达成协议,才可将争端提交国际法院,现在这个条件尚未满足即向法院申请采取临时措施,殊有未合。这样是从程序方面处理,撇开应否交出嫌疑犯的实质性问题,其效果相当于投弃权票。这一阶段不过解决应否采取临时措施问题。根据最近报道,法院已对此案管辖问题进行判决,认为法院有权管辖。那么,法院最后还将

十六、案牍劳形　329

对该案的实质性问题进行审判。这案子至今还在枝节横出，争论不休，这里不再叙述。

1993年3月20日，波黑共和国向国际法院状告南斯拉夫（塞尔维亚和黑山国）违反《联合国宪章》《世界人权宣言》《防止及惩办灭种罪公约》（简称《灭种公约》）、1949年《日内瓦公约》等，提出十八点申诉，并为了防止事态扩大，请求采取临时措施，唤起所有国家提供援助，以保卫波黑共和国。国际法院于1993年4月1—2日紧急开庭听取双方意见，并于4月8日宣布采取临时措施，命令南斯拉夫政府应根据《灭种公约》立即采取一切措施，以防止灭种罪行的实施；应命令其军队或由其指挥或支持的非正规部队不得犯灭种行为或阴谋、指挥、鼓励或参与这种行为；不得采取任何足以加重或扩大目前有关灭种的争端或使其更难解决的行为。

1993年7月27日波黑共和国再次申请临时措施，吁请："制止南斯拉夫设法瓜分、瓦解或兼并波黑领土；《灭种公约》的所有缔约国有义务防止灭种行为及通过灭种行为来达到瓜分和瓦解波黑国家和人民……"1993年8月5日国际法院呼吁双方克制，并声称同年4月8日法院的临时措施命令仍继续有效。

1993年8月10日南斯拉夫也向国际法院状告波黑共和国对塞尔维亚民族犯灭种罪行，并要求命令立即予以制止。国际法院于同年8月25—26日连续开庭，听取双方意见，并于同年9月13日开庭宣读命令，详述两案经过，并认为只要立即认真执行同年 4 月 8 日法院的命令,不需要另作规定。双方既然互控灭种罪行,1993 年 4 月 8 日的命令既适用于南斯拉夫,也适用于波黑,没有必要由法院发布新的命令。法院随即定期要求双方对案件本身提出各自的书状。几个月后,我的任期已届满,这个波黑与南斯拉夫互诉案件也只局限于申请临时措施阶段,到此已算告一段落,我的任期毋须延长。根据近来所得到的报道,法院已于 1996 年 7 月 11 日判决认为对波黑共和国诉南斯拉夫一案有权管辖,并已正在进行有关该案实质性问题的书面程序。

6. 咨询意见

国际法院除处理国家间争端外,还有权发表咨询意见,有如前述。在我九年的任期内,法院曾几次受理过这样的申请,下面略举一两个例子,以资说明。首先简述一下法院于 1988 年 4 月 26 日宣告的有关巴勒斯坦解放组织纽约办事处的咨询意见。

1974 年起,巴勒斯坦解放组织根据联合国大会的决议,有权以巴勒斯坦解放组织观察员名义在联合国总部所在地纽约设立办事处,已历十三年之久。1987 年美国国会通过一项法案,宣告巴勒斯坦解放组织在美国境内设立办事处为非法。联合国向美国提出交涉,认为美国这项措施违反美国与联合国 1947 年所订立的《总部协定》。尽管美国国务院也认为上述法案违反美国所应承担的条约义务,但法案终于在美国国会通过,并于 1987 年 12 月 22 日经美国总统签字,九十天后生效。

1988 年 3 月 2 日联合国大会通过决议,认为美国作为《总部协定》缔约一方,如对协定的适用与联合国发生争端,应依协定第 21 条的规定,将争端提交仲裁,因此提请国际法院发表咨询意见。美国司法部于 1988 年 3 月 22 日,即在法案生效之日,向纽约法院诉请关闭巴勒斯坦解放组织办事处。联合国大会于 3 月 23 日又通过决议,要求指定仲裁员进行仲裁。

国际法院经依法进行咨询程序后,认为双方间存在《总部协定》第 21 条所规定的"争端",如不能通过谈判解决,应提交仲裁。此案涉及国际法与国内法孰为优先的问题。法院援引了常设仲裁法院案例,认为根据一般接受的国际法原则,国内法不能优于国际条约的规定。法院全体法官,包括美国法官在内,同意上述意见。

1989 年 5 月 24 日联合国经济社会理事会经联合国大会授权提出关于《联合国特权和豁免公约》第 6 条第 22 节能否适用于特别报告员马齐鲁(Maqilu)的问题,请国际法院发表咨询意见。该案的简单经过如下:1984 年 3 月罗马尼亚公民马齐鲁被选为上述经社理事会所属防止歧视和保护青少年小组委员会委员;次年该小组委员会请马齐鲁准备一份关于人权和青少年的报告,准备于下次年会上提出讨论。按一般惯例,马齐鲁即被称为"特别报告员"。1987 年小组委员会开会,马齐鲁未出席。1988 年开会,马齐鲁仍缺席,但据马齐鲁给小组委员会及有关方面的信,他是由于罗马尼亚当局的阻挠而未能出席会议。为此,经社理事会申请国际法院就上述《联合国特权和豁免公约》能否适用于特别报告员的问题发表咨询意见。

为了具体解决马齐鲁是否享有《联合国特权和豁免公约》第 6 条第 22 节的权利,法院认为首先必须确认他所担任的小组委员会"特别报告员"是否属于该案中所称"正在执行任务的专家"一类人员。法院认为《联合国特权和豁免公约》第 6 条第 22 节的目的在于保证没有联合国官员身份而正在执行联合国任务的人员享有独立行使其职权所需要的特权和豁免,马齐鲁担任防止歧视和保护青少年小组委员会特别报告员,在其任务尚未终了以前,理应享有这种特权和豁免。根据这项咨询意见,联合国所属各机构担任特别报告员的专家们,在其执行任务期间,享有前述公约所规定的特权和豁免。

前面简单叙述了我在国际法院任职期间经办的几个典型案件,都是示范性质,在这些案例里,有的是火药味很浓的,有的甚至已经发生屠杀、灭种行为,法院发出的临时措施命令,至少产生促使收敛的效果或缓和一下当时非常严重的局势。但我在任期内也办过一些风平浪静的海洋划界和岛屿耕地的诉讼以及申请复核和咨询的案件。除前面叙述过的案件以外,我还办过"丹麦和芬兰海峡通过权案",一些非洲国家间海洋和陆地划界案件以及苏联公民对联合国行政法庭判决申请咨询等案件,这里不再一一叙述。从地理位置来看,已办过涉及欧洲、非洲、美洲、大洋洲的案件,独缺发生于亚洲国家之间或涉及亚洲国家的案件。从国际法院迄今所受理的案件来看,亚洲国家间或涉及亚洲国家的实例也极少,仅有60年代"柬埔寨和泰国关于隆端寺案"和70年代末"美国诉伊朗关于使领馆被占案",但最近据悉有"卡塔尔和巴林海上边界案"和"印尼与马来西亚岛屿争端案"正在国际法院受理中。

十七 开会出访

1. 中印交流
2. 再访南亚
3. 国际例会
4. 法律大会

1. 中印交流

  我在荷兰期间，除法院工作外，曾有不少次开会出访活动，平时在海牙，也常有接待应酬，驻荷的各国使馆一般在各自国庆日举行鸡尾酒会，国际法院法官亦都被邀参加。我除每年参加自己的"十·一"招待会外，一般也都应邀参加。

  1985年春，教皇保罗二世来访国际法院，法院法官穿上法衣开庭以礼相迎。教皇并发表演说，称道国际法院就和平解决国际争端所作出的贡献。会后教皇又在法院接待室接见每一位法官，并赠送银质和平纪念章。1986年4月18日是国际法院成立40周年纪念日，法院开庭举行庆祝，荷兰女王贝阿特里克斯陛下（H. M. Beatrix）亲自到院致贺，与各位法官会见，并作亲切交谈。1993年9月，国际仲裁法院举行成立80周年纪念会，邀请各会员国仲裁员参加，中华人民共和国的四位仲裁员邵天任、李浩培、王铁崖、端木正应邀前来海牙参加，国际法院法官亦均出席。1991年秋荷兰女王陛下和其夫婿克劳斯亲王在王宫举行晚宴，邀请国际法院法官及其夫人或者家属参加，那时凤桢已辞世，由女儿乃先伴我前往赴宴，参加宴会的还有几位荷兰有名的音乐家和在王宫办公的"女官"，宾主共四十多人。宴会用圆桌，每桌八人，国际法院院长英国詹宁斯爵士和我坐在女王和亲王的一桌，席间有音乐演奏助兴。

  下面我将简单回顾一下走出荷兰的几次开会出访活动。

首先是 1985 年底到 1986 年初的印度之行。由于当时任法院院长的印度法官辛格介绍，印度文化交流协会来信邀我访问印度，并作学术演讲，授予荣誉学位。我第一次经办并担任判决起草委员的"突尼斯和利比亚大陆架划界复核案"已经宣判，顿觉心理上略为轻松。当时凤桢尚在国内，遂由女儿乃先伴我前往。1985 年圣诞节日刚过，我们踏上征途，飞机跨越欧、非、亚三洲于次日清晨到达新德里。诚恳友善的辛格院长已先期返印，在晨曦中候着我们的来临。到机旁迎接的还有我驻印使馆的参赞和办公室副主任李清元，以及印度文化交流协会的人员。李是我在外交部条约法律司的老同事，"文革"期间又同被调到领事司和国际条法司，异地相逢，倍形亲切。我们先在机场贵宾休息室安排一下初步的访问日程，然后被迎至阿休加旅馆（Hotel Ashoka）的一个大套房。稍事休息后，即去辛格法官的寓所，他们夫妇俩殷勤招待。午餐后，即赴我驻印大使馆拜访并浏览新德里市容和景点红塔。

我们抵印后的第二天早晨，由文化交流协会的夏尔玛先生陪同乘车前往位于新德里东南方向的阿格拉。一路上看到吹笛引蛇和伸手行乞的本地人，为之凄然。被评为世界七大文化遗迹之一的泰姬陵（Taj Mahal）就在阿格拉郊区。泰姬陵是印度一位邦主为他的已故妻室和他自己建造的陵墓，全部用洁白无瑕岩石砌成，墙壁上嵌有宝石，周围溪水长流，树木成荫，环境幽雅，气息宁静。室内棺椁用精细雕刻的玉石和宝石镶嵌，巧夺天工，观者莫不啧啧赞叹。我们观赏良久,赞叹之余,同时不无暗自感慨。当晚在阿格拉旅馆住宿,次日向西行至拉贾斯坦邦的首府斋浦尔。拉贾斯坦是个比较富有的邦,斋浦尔位于新德里的西南,和东南的阿格拉一起成三角形。由于辛格的事先通知,拉贾斯坦邦的司法界领导人物和他们的夫人在斋浦尔一家豪华饭店举行盛宴招待我们。宴毕,我们被引至该饭店的一个颇有特色的房间,高大如中国旧式的厅堂,陈设豪华讲究,使我想起颐和园的乐寿堂,但还要宽敞。我们各自的床前则有帷幕相隔,如同室内有室。据说这样居室,该饭店内只此一间,饭店的其他客房则在后面大楼里,陪同我们来的夏尔玛先生等就住在那里。翌日早晨,我们忽然听到窗前院子里有巨鸟飞翔之声。起身后看到一对孔雀正在低飞觅食,见到有人也不回避,真是奇观,历久难忘。古语云,"有凤来仪",那是吉祥之兆。我想孔雀与凤凰相类似,以此类推,尚无不可,然否?

我们进早餐后,即去参观市容,市内有一古迹彩楼接连数十椽,均染成粉红色,称绯色宫(Pink Palace)。我联想起京剧《斩黄袍》唱词里有"孤王酒醉桃花宫",不如就称它"桃花宫"。据说楼里曾经是美女如云,为旧时土皇帝们玩乐之所。美女不准出户,只能在窗口眺望,每当晨装初罢、临窗眸盱时,下面的游蜂浪蝶就如醉如痴起来,跳舞作乐,这里因此成为闹市。现已人去楼空,成为古迹,但市中心也在那里,我们徘徊片刻后就离去。在从斋浦尔返回新德里的路上,我们也经过几所城堡和古迹。城堡大多是在山上,气势雄伟,想见当年印度各邦也都尚武,但因各邦割据称雄,不能共御外侮,更由于其他原因,以致文明古国长期沦为殖民地,一路上我浮想联翩。当天回到新德里后,印度最高法院院长设宴,司法界的上层人士几乎都在座,我驻印大使李连庆也被邀参加。

宴会后,我应邀出席印度国际法学会为我召开的欢迎会,并即席致辞。我回溯了中印两国传统友谊及中印两国领导人之间亲切友好往来,然后引述我国宪法序言内所称:"中国的前途是同世界的前途紧密地联系在一起的。中国坚持独立自主的对外政策,坚持相互尊重主权和领土完整、互不侵犯、互不干涉内政、平等互利、和平共处的五项原则,发展同各国的外交关系和经济、文化的交流……"这五项原则是中印两国的共同创造和遗产,是现代国际交往的典范。我致辞毕,学会赠我锦旗,以资纪念。我欣喜地遇到了和我多年一起参加第三次海洋法会议的印度代表贾柯达(Jacota)教授。1985年除夕我们应邀参加一次就在阿休加旅馆举行的迎新晚会,热闹异常。

1986年元旦过后,辛格夫妇和我们同从新德里乘飞机前往印度南方的海德拉巴(Hydrabad)。他们是去靠近那里的一个佛教"圣地"进香,让我们先在海德拉巴游览,等他们进香回来后一同参加奥斯曼尼亚大学(Osmania University)授予辛格院长和我两人荣誉法学博士学位的仪式。我们到达海德拉巴后,住进那里的总督府宾馆。宾馆和总督府是连在一起的,因此我们在宾馆安排定妥后就去拜访总督。总督乔希(Joshi)是位中年妇女,兼任奥斯曼尼亚大学校长,谈吐文雅,态度端祥。辛格夫妇当日下午即出发前去拜佛烧香。当天晚上我在宾馆饭店稍事休息后即就寝,待夜深人静时,听到远处传来可能是广播电视里播放的印度当地歌曲,凄凉苦楚,如泣如诉,我竟不能成眠。翌晨,总督府备车送我们去参观动物园,看到一只世间已很少见的孟加拉白虎,它被安置在一个四周围水的土墩上,观众可从水的外围岸上远眺,甚是难得。下午我们参观当地的博物馆,里面有历代的兵器和在墙上挂起的巨幅精制壁毯。当我们看到观音佛像时,讲解员说人们都以为观音佛是女性,事实上是男性,但他也没有作进一步的说明。那天晚上,辛格夫妇已在进香后回到海德拉巴,提起路上香客拥挤,常有踩死人的惨事,使我联想起麦加朝圣常常发生严重事故的报道。

1986年1月4日下午,当时已有八十年历史的奥斯曼尼亚大学对辛格院长和我授予荣誉法学博士学位,举行了隆重的仪式。下午2时整,大学的全体教授和其他教学人员均穿大袍集合在礼堂外大厅。辛格和我穿着紫色锦袍由校长和副校长陪同步入礼堂登上讲台就座,学员与其他来宾均坐在台下。首先由主持仪式的副校长宣读辛格和我的详细履历和学术成就,然后由校长分别发给辛格和我每人一面精致锦旗和荣誉学位的文凭。最后由辛格和我先后分别致辞。

我首先叙述了中印两国很早时候的文化交流。早在公元65年,中国东汉朝明帝遣蔡愔赴印度取经。两年后蔡愔取佛经回,两位印度高僧迦什摩腾和竺法兰同来,翌年,即公元68年,在当时东汉帝都洛阳城外建寺供他们驻节超度。

据说,他们骑白马而来,这寺即称"白马寺",直至今日还在那里,当然已几经修理重建。我于1960年到过洛阳,并亲自看到白马寺里两位印度高僧的塑像。在中国的魏晋和南北朝时期(公元3世纪至6世纪),中印两国佛教界还是不时互有往来。例如公元385年印度著名佛学家鸠摩罗什到中国收徒,并将部分佛经译成中文。又如公元399年,晋安帝派中国僧人法显等五人到印度学梵语和佛经。法显著的《佛国记》,详述旅途经过和印度等国风土人情。尤为中印两国几乎家喻户晓的文化交流是公元629年唐僧玄奘(原名陈祎)赴印取经,前后十三年。为访求名师,玄奘到过印度各地,除翻译大量佛经外,还著有《大唐西域记》,详载西域和印度一百三十八个邦国的风土人情和名胜古迹,为两国人民相互了解和文化交流作出重大贡献。然后,我就谈到中印两国近代的友好交往。我首先说,科技的发展使人们感到地域缩小了,世界人民不分种族和政治制度,不可避免地互有往来,互相依存。1954年中印两国总理缔结历史性的和平共处五项原则条约,在印度称潘查希拉,成为世界人民和平交往的典范。散会后,学校还设宴款待。散席后,校长和部分教授还同我们在校园里举行"乘凉晚会",我想起这时在北京正是冰天雪地。

我们和辛格院长夫妇于次日即乘飞机返新德里。原定1月6日印度总统接见,后因总统忽患严重眼疾需动手术,取消那天一切约会,改由副总统文卡塔拉曼接见。我对印方邀请表示感谢,并对这次参观访问表示极大兴趣,最后并摄影留念。李清元于是日陪我们去老德里参观，翌日我和乃先告别辛格夫妇，乘机北返，在香港作短暂停留。东吴毕业的黄毓麟为我们安排住新华社香港分社，遇到前来开会的原条法司司长邵天任。晚上社长宴请基本法法律小组部分成员，也邀请我们参加，遇到吴建璠、肖蔚云、乔宗淮等。翌晨，我们参观了香港市容并登山俯视全港景色，下午游海洋乐园，次日告别香港，乘机回北京度春节后，旋即返海牙。

我在这次从印回京后，即与外交学会韩念龙会长商定邀请辛格夫妇于是年秋季访华，并商得国家教委学位委员会同意由北京大学授予辛格以荣誉博士学位。1986年6月底，国际法院刚办结情节非常复杂的"尼加拉瓜诉美国案"，我偕乃先从海牙回京，为辛格夫妇来访做好准备。9月初他们从日本先到上海，我们在上海机场迎候，把他们安顿在当时独步春申的锦江饭店。次日，我们先去华东政法学院，辛格作了演讲，下午伴他们去玉佛寺，辛格亲自燃烛烧香。当天晚上我们同去红都大戏院看昆曲表演，剧目有《荆钗记》《扈家庄》等，上海昆曲剧团团长俞振飞陪同观赏。翌日，我们参观规模宏大的宝山钢铁公司，又参观了上海高级法院。我回忆起半个世纪以前我曾在上海租界的第二审法院任法官，审级虽同，法院的管辖范围已完全异样，现在已不再是在过去那种半殖民地上行使不全面管辖权的"特区法院"，因为那时候外国在华还享有领事裁判权。

我和乃先后来陪辛格夫妇去杭州，首先参观了有名的灵隐古寺、三潭印月和岳王庙，但因下雨，有煞风景。最后，陪同他们参观了杭州丝绸厂和友谊商店,辛格夫人选购了不少丝绸服装和衣料,高兴地离开杭州。我们从杭州乘飞机到了北京,他们下榻于北京饭店,外交学会韩念龙会长和许寒冰副会长当晚设宴招待,我的夫人张凤桢亦应邀出席。翌日,全国人大常委会彭冲副委员长和吴学谦外长先后接见。接着,北京大学举行隆重仪式,授予辛格荣誉博士学位,校长丁石荪和副校长朱德熙都出席讲话,最后辛格致辞。他们在离开北京之前,畅游了长城和十三陵。

2. 再访南亚

1987年我又两度出访南亚,先去泰国首都曼谷,后去孟加拉首都达卡,两次都是代表国际法院出席会议,现分述如下。

1987年1月,亚非法律协商委员会在曼谷举行第26届年会,循例邀请国际法院院长出席致辞。辛格院长因另有要事,委托我前往代表参加。我于1月上旬偕同女儿乃先由海牙出发,当日到达,住帝国饭店,会议即将在此举行。凤桢二弟张沅恒善于摄影,三四十年代曾任有名的《良友》杂志社经理,60年代和他的夫人张秀娥由香港移居曼谷,已历多年。他们的长女芝琳亦已在那里成家。我们抵达曼谷经联系后,他们就来访谈甚久。次日,亚非法律协商会议开幕,我国代表团由外交部条法司司长王厚立出席,唐承元、徐宏、王月华等同来。参加会议的除亚非国家代表团外,还有其他国家法律团体的代表,我发现其中有不少人参加过联合国第三次海洋法会议,如肯尼亚的恩京加(Njenga)和两位美国代表。异地相逢,大家晤谈甚欢。亚非法协的秘书长是印度的皮·申(B. Sen),从会议成立时起二十多年来都由他主持日常工作。我和他是1982年在日内瓦见过,当时他来访问国际法委员会。他表示即将退休当律师,大家对他多年来的工作精神表示赞赏。

会议开幕日,主席由东道国泰国一位亲王担任,我被邀在主席台就座,并于主席致辞后,发表了讲话。我首先祝贺亚非法协二十多年来的卓越成就,它在多次制定公约的外交会议上所作的贡献,它在国际法院40周年时倡议更多地通过国际法院和平解决国际争端,最近又在联合国总部举行为同样目的的研讨会。这些都说明亚非法协和国际法院之间的紧密联系和合作。最后我指出亚非国家过去大都是在苦难中成长,现在为了争取提高生活水平,全民就业及经济和社会发展,必须有一个和平与安定的环境,不同社会制度的国家之间,也可以和平共处,只要大家提倡法治,和平解决争端,就可以共享和平与进步的果实。我最后预祝亚非法协本届会议成功,并感谢东道国的友好接待和合作。

我在会议期间,曾宴请亚非法协秘书长皮·申及其女儿和中国代表团全体成员,此外还有亚非法协助理秘书长胡文治。胡是东吴法学院50年代初的毕业生,曾在上海华东政法学院执教,后来转入亚非法协工作,并兼任我驻印使馆参赞。我初次前来泰国,不了解泰国饮食业情况,经沉恒之女芝琳介绍一家中国餐馆,专做鱼翅大菜。我们平时很少吃到鱼翅,就是吃也是分量有限。那天,我们吃到的鱼翅,不是一丝一丝或一片一片,而是"大块文章"、大量供应,而且美味可口,真是大享口福。我们留在曼谷期间,沅恒一家经常伴我们出游。泰国风物近似中国,庙宇前面的门神都像京剧里赵子龙等人的形象。我们看到曼谷的卧佛寺,在非常高大的殿堂里只容一个大若鲸鱼的卧佛。管理人员告诉我世界上最大卧佛在斯里兰卡,曼谷的卧佛只是"亚军"。沅恒一家还陪我们去人称"古城"的地方,距曼谷市区较远,我们在那里看到寺庙、竹楼、茅亭、花苑、水上市场等泰国著名景观的缩影。沅恒指给我看泰国和柬埔寨相争的古寺。我顿然记起泰、柬为两国边界上隆端寺的归属在国际法院争讼,法院于1962年判归柬埔寨。两国都是佛教国,对此佛寺的归属都非常重视。法院判决后,柬埔寨人民欣喜若狂。我当时在外交部条法司,没想到二十五年后几乎身历其境。我们在曼谷约留一周,就乘飞机回北京度春节后重返海牙。

  1987年7月,孟加拉国总统艾沙德倡议,为了纪念国际法院成立40周年,在孟加拉首都达卡举行"世界正义日"(World Justice Day),鼓励和平解决国际争端,借此消弭武力对抗与战争,并邀请辛格院长出席致辞。辛格因已事先应约将赴拉丁美洲,遂商得孟方同意由我代表前往。我仍由女儿乃先陪同期前到达卡,住喜来登饭店,也就是开会地点。次日开会前,喜来登饭店门前戒备森严,应邀各国代表陆续来到。艾沙德总统到达后即开会,我和少数贵宾被邀登上讲台就座。总统宣告开会后，由阿訇高声诵经，历时很长。诵经毕，总统致辞，宣布开会宗旨。他提到，联合国大会每年开会，由会员国代表轮流担任主席，本年度的联大主席是孟加拉国外交部长乔特勃莱，孟加拉国对联合国宗旨一贯表示支持，要求各会员国和平解决争端，以保世界和平与安全，并定于下午召开研讨会，请到会贵宾抒发意见等。上午的会纯粹是礼仪性的，阿訇诵经和总统致辞是主要内容。散会时，贵宾先从讲台下来，巴勒斯坦解放组织主席阿拉法特走过来用中文向我说"您好"，我感到突然，马上也答以"您好"，大家相视而笑。

是日下午举行"世界正义日"研讨会，由孟加拉国最高法院院长慕尼姆主持。我发现当我1984年竞选国际法院法官时，他就是亚洲八位候选人之一，当时在纽约联合国总部见过面，一别已是三年了。这次研讨会，以和平解决国际争端为主题，由我首先发言。我历史地回溯了世界各国为和平解决国际争端所作的努力，从争端双方组成混合委员会到由第三方仲裁直至建立世界性的常设国际法院，是一个渐进的过程。现设海牙的联合国国际法院，从1946年开始到1986年7月1日止，已受理了五十三件国际诉讼案件，并发表了十八件咨询意见，涉及内容很广，包括陆地和海洋以及大陆架边界问题、渔业、外国人和外国公司地位、国籍、外交和领事法、庇护权、领空权、核试验、边境冲突、使用武力、干涉内政等。国际法院的主要目的是以法律解决代替强权政治和武力冲突。为了更有效地处理国际争端，《国际法院规约》

还规定可以成立分庭处理案件,法官人数一般是三人或五人,到1986年底,已在"加拿大和美国关于缅因湾海域划界"以及"布基纳法索和马里边境争端"两案内实行,效果良好。另外还有"萨尔瓦多和洪都拉斯领土争端"以及"美国和意大利赔偿要求"正在法院的分庭处理中。世界事务不断变化,科学技术快速进步,国与国之间接触频繁,国际争端不仅增多,而且案件的性质也起了根本变化。顾名思义,国际法院的职责在于维护正义与保卫和平。我们高度赞赏孟加拉国政府召开这次会议,举行"国际正义日"这样的活动。当晚孟加拉副总统举行宴会。

翌日,最高法院院长举行家宴,下午我们去我国驻孟加拉使馆,并参观了达卡市容。我在达卡期间,有几次会见孟加拉妇女,她们都彬彬有礼。当我伸手向她们握手时,她们都立即避让,并鞠躬致意。当我们即将离开达卡的前一晚上,我们被告知翌日清晨达卡大罢工,市内断绝交通,而且不知何时能恢复正常。有人提议翌晨由孟方派急救车把我们送往机场,我觉得这样做过于惊动招摇,我们宁可天未明即起,去机场后让汽车尽早回城。后来我们就这样做了。

我们乘机离开达卡后,先到香港停留,仍住新华社香港分社。黄毓麟事前为我和乃先安排会见香港首席大法官杨铁樑。杨原在上海东吴法学院肄业与黄毓麟同级,后来去英国深造,回香港后担任法官,陆续升迁至现职。他的祖父杨梅南早年任英商太古洋行华经理,后由其子、即铁樑之父少南继任。铁樑的两位姑母瑞卿和月卿与我的四姊徵玗和堂姊徽琮都在上海圣玛利亚女校同学,时相往来。铁樑的叔父润钧于1928年和我同船去美国留学。因此我和铁樑可称是有通家之好,又是东吴法学院先后同学。那天会见是在香港半山上的乡村俱乐部,风景优美。同被邀请前往的有新华分社副社长李储文和黄毓麟。李曾在上海国际礼拜堂任牧师,做党的地下工作,和常去做礼拜的铁樑的母亲也熟识。我们在席间纵谈往事,倍觉亲切。铁樑回忆起他的两位姑母后来遭遇不很顺遂,特别是月卿的两次婚姻都是失败,抑郁而终。我因凤桢和瑞卿、月卿互有往来,故而也常见面,听到铁樑的诉说,不胜唏嘘。我们由港乘机回北京作短暂停留后,即返海牙任所。

3. 国际例会

我在海牙任职期内,曾先后以自己个人名义参加几次有关法律方面的每年或每两年举行的例会。下面我将首先叙述一下我参加总部设在瑞士的国际法研究院(L'Institut de Droit International)的双年会。国际法研究院成立于1873年,院士主要是欧洲的国际法学者,章程规定院士只限一百二十人,每两年开会一次,如遇院士辞退或死亡,才能投票补选,当选者为候补院士,必须出席三次双年会后,才能补正。直到20世纪初,研究院才逐渐吸收来自其他各洲的法学家为院士,仍必须出席三次会议后,才从候补院士补正为正式院士。国际法研究院每次会议讨论的成果,不少被后来的国际会议采用并制定成国际公约。我国直至1983年起先后有王铁崖、李浩培和我三人参加。我于1987年9月该院的第62届会上当选,接到通知后就去参加。该次会议在埃及首都开罗举行,埃及副外长、后来当选为联合国秘书长的布特鲁斯·加利任主席。我和他曾在国际法委员会共事,后来也曾在北京钓鱼台宾馆会晤过,这次再度在他主持的国际法研究院双年会上相见。他既祝贺我当选为国际法院法官,又祝贺我当选为国际法研究院院士,我向他表示感谢。国际法院其他法官出席这次双年会的有意大利的阿果、阿尔及利亚的贝乔维、波兰的拉克斯、日本的小田滋、塞内加尔的姆巴叶、巴西的塞特·加玛拉和书记官长贝尔那地斯等。其他熟人还有以前在国际法委员会的委员、海洋法会议的代表以及几位过去认识的美国和欧洲的律师和教授。

  学术讨论分组举行,讨论项目最多时有二十余个,各人可以选择参加。但最多不得超过三个组。讨论的项目除国际公法、国际私法外,也有属于国际法教学方面的。我在开罗是第一次到会,主要是了解情况,会晤朋友。后来几次开会时,才参加小组讨论,涉及国家司法豁免、国家与外国企业之间的仲裁、环境保护等专题的讨论。为了劳逸结合,东道国在大金字塔区以人面狮身像为背景的临时露天剧场举行大型歌剧阿依达(Aida)的演出,参加观看的人"人山人海",极盛一时,我们到午夜才返旅馆。翌日我驻埃及大使詹世亮在大使馆邀宴王、李二位和我们父女,并安排我们去参观金字塔,随后又到1943年开罗会议旧址,事隔将近半个世纪,花园草地上的四把椅子还完好地保存在那里。这四把椅子是为罗斯福、丘吉尔和蒋介石夫妇而设的。这时已近深秋，开罗还很炎热，我未待会议结束，即搭机返回海牙。

1989年9月，国际法研究院的第63届双年会在西班牙西北部圣地亚哥·德孔波斯特拉(Santiags de Compostela)举行。这里是一个天主教的圣城，人口不多，但有建筑非常宏伟的教堂，欧洲各地的许多虔诚教徒，不分季节，都来朝拜。双年会的开幕式于1989年9月5日举行，先由西班牙司法部长代表其政府致辞道贺，然后由国际法研究院院长，西班牙的卡斯特罗·里亚尔致辞，研究院的秘书长、希腊的瓦尔地柯斯报告会务。院士的补选从9月5日起举行了三轮才告产生。我在1972年初次参加海底委员会时认识的斯里兰卡的平托博士在当选之列，但是由于这次开会地点比较偏僻，他于当选后的下届开会时才出席参加。我仍由女儿乃先陪同住在教堂为外地来此朝拜的香客开设的三藩旅馆(Hotel San Francisco)，李浩培已从北京先我到达，住在同一旅馆。王铁崖因有事，这次未来参加。开会在附近另一旅馆举行。我和浩培常一同步行前去，他参加有关国际私法的讨论，我则"公私不分"，乃先则参加"家属组"，会议派专人带领她们到近处参观旅游。我们没有专题讨论时，也被邀同去，以"家属的家属"身份参加。我们平时午餐常光顾会场附近餐馆，他们供应当地风味的饭菜，这种饭菜很别致，可能是西班牙北方特有的。它是在一盆米饭上添加各种鱼虾海味，特别是章鱼的须，像面条一样，我们不大习惯，后来听我驻西使馆人员戏称之为"八宝饭"。餐馆里的菜单都用西班牙文，我们不甚了了，也来开会的国际法院阿根廷法官鲁达和他的夫人常充当我们的临时翻译。

我和乃先在会议即将结束时乘火车前往西班牙首都马德里。我驻西班牙大使原涛及其夫人孙女士和我们是老邻居，我们事先和他们联系，他们两位都到车站相迎，我们就下榻于使馆。使馆馆舍宽敞，且有广阔场地，有利于体育锻炼。他们为我们安排参观日程，由参赞高学明陪同，一位姓殷的青年同志驾车，我发现他的口音和我近似，经问后知道他老家在距黎里不远的北圩。我们在距马德里不远的地方看到了有关纪念30年代西班牙内战时期的建筑物和古代西方水利通渠的遗迹。西班牙人有百分之九十四信奉天主教，因此我们所到之地，随处可见大小天主教堂。我们在马德里西南的托莱多(Toledo)看到世界上罕见的天主教堂。我们回到马德里后，大使夫人还亲自陪我们参观了西班牙的"故宫"，看到了不少珍奇稀有的饰物和其他工艺品，其房屋建筑亦相当古老。我们在马德里住了几天就乘飞机返回海牙。

1991年国际法研究院的第64届双年会是在瑞士北部、莱茵河边的巴塞尔(Basel)举行。我们这次是由女儿乃先从海牙驾车前去赴会的。那时李浩培的女儿凌岩正在荷兰进修，还有我的外孙女白云，我们一共四人同车前往巴塞尔。李浩培和王铁崖亦从国内到达，由条法司处长朱文奇及北京大学王蕙分别陪同。我以前多次去日内瓦开会，也去过中部洛桑、伯尔尼、苏黎世等地，但从未到过瑞士北部边境地区。

巴塞尔不是一个像日内瓦那样的国际都市，民风比较朴素。8月26日开会，瑞士联邦委员会主席和巴塞尔大学校长先后致辞。是年院士选举中，我以前已认识的纽约大学教授弗兰克（Franck）、莱顿大学教授柯伊曼斯（Kooijmans）和曾来北京访问的南斯拉夫教授富加斯（Vukas）都被通过为候补院士。我和李浩培因均已出席过三次院会，照章成为正式院士。平托博士上次在西班牙双年会上当选为候补院士，这次他初度前来参加在巴塞尔举行的例会。

我们住的旅馆对面有个医院，屋顶上可停放直升飞机，起落时其声隆隆然如同雷鸣，影响附近居民的休息，我们也大受其累。飞机停在屋顶上，我还是第一次看到。瑞士是有名的旅游胜地，环境秩序历来安静良好，这次是出乎意料。我每天去开会，乃先和白云同凌岩、朱文奇等相约同去瑞士首都伯尔尼参观，看到了伯尔尼的城市风格不同于其他欧洲城市，很感兴趣。由于朱文奇同我驻瑞使馆有过联系，他们又同去使馆访问，并在归途看到了养在市里某一桥底下的供路人观赏、象征该市并为伯尔尼市民深爱的几只黄色大熊。他们从伯尔尼回来后，我们接到蓉珍姨妹长女青芝的电话，告诉我们，她和夫婿伍法岳已来巴塞尔。伍在美国波士顿东北大学任物理学教授，这次去瑞士洛桑大学讲课。他们预知我们将去巴塞尔开会，并且知道我们将住的旅馆。我们联系上后，就相约安排叙晤两次。我们带白云同去，他们带幼女平平同来，我们与平平是初次见面，这样的海外相逢，殊不容易。

1993年秋,国际法研究院的第65届双年会在意大利米兰举行,李浩培和王铁崖都从国内前往参加,我因有事未能出席。1995年秋,国际法研究院在葡萄牙首都里斯本举行第66届双年会,又于1997年秋在法国斯特拉斯堡举行第67届双年会。这两次开会时,我已退休,是从北京前往参加的。开会情况也是开幕式、选举、小组讨论、参观旅游等,我在这里叙述国际例会,先顺便提及,较详情况待我在谈到退休后生活时适当补充。

4. 法律大会

1990年4月我参加了另一个国际性的例会。这一次会与前面记述的例会有所不同:第一,这个会不在国外开,而是在北京举行的;第二,我除参加这次国际例会外,还有另一任务,即接待国际法院院长鲁达,他应中国外交学会邀请访华并接受北京大学授予荣誉博士学位。

4月中旬,我和乃先到达上海,鲁达夫妇随后到达,我们都下榻于新锦江饭店。翌日上海市外事办公室人员陪伴鲁达夫妇在上海参观,我和乃先则前往家乡黎里镇看望我四哥徵时兄嫂,参观了柳亚子纪念馆,当晚即返上海。次日我们和鲁达夫妇同游上海城隍庙,下午乘飞机同去西安。我们在西安游览了市内的大雁塔和碑林,又去临潼参观闻名于世的兵马俑和华清池。西安的文物古迹很多,但有些景点,如展览古代名人书法的"碑林"等,并非一般外籍人士所能领略欣赏。当晚我们受到省市领导人员的款待。我们在西安前后待了三天后,搭机飞到北京参加前面提过的一个国际性大会,即第14届世界法律大会。

　　大会是由"通过法律维护世界和平中心"在轮值担任会议东道国政府赞助下举行的,这个"中心"的主席是美国人查尔斯·赖恩(Charles Rhyne)。世界法律大会每两年举办一次,我记得前条法司司长黄嘉华和北大教授王铁崖曾先后分别出席过在马尼拉和汉城举行的世界法律大会。这次在北京举办,由最高人民法院院长任建新担任大会主席,司法部长蔡诚、中国法学会会长王仲方等担任副主席,最高人民法院副院长华联奎担任秘书长。出席者包括中外法律界许多知名人士,盛极一时。我们从西安到达北京机场时,任建新亲到机场迎接。大会于4月22日开始,第一天是纪念"世界法律日",在北京中山公园音乐堂举行,由蔡诚部长主持,国际法院院长鲁达主讲。4月23日上午世界法律大会在人民大会堂正式开幕,中华人民共和国主席杨尚昆亲自到场致辞。是日下午起,各专题讨论会在人民大会堂分组举行。专题共有二十一个,其中包括和平与发展、人权、外贸与投资、法学教育、核武器和军备控制、国际仲裁、宪法等。大会还收到法律论文一百数十篇。我在会上见到很多久未谋面的中外老友。

　　1990年4月25日晚,在长城饭店举行"模拟法庭"。案情大略如下:非洲A国经过数十年殖民统治,在"第二次世界大战"后获得独立。在未独立前,一个由欧洲B国派来的考察团曾将许多文物带回 B 国,其中有一枚非常名贵的 A 国前国王佩带过的钻石指环,后来被陈列在 B 国历史博物馆。A 国获悉后,要求 B 国归还。B 国认为该指环被发现时,A 国的领土上不存在任何主权国家,因此它的发现者可以把它合法带走。而且,这枚指环如未被带往国外保管,必然在后来 A 国的内战和殖民战争中丢失,因此拒绝返还。模拟法庭由菲律宾、津巴布韦、芬兰、加纳、坦桑尼亚、土耳其的最高法院大法官和我共七人组成,大家都穿着各自的宽袍大袖法衣。双方律师有中国的陈朱成和意大利的阿尔佩多等四人。双方辩论后,经法官评议,原告 A 国获胜。这一节目当时大家难得看到,引起了很多人的兴趣。

也在我们从西安到达北京后,中国外交学会曾举行一次讲座,由鲁达院长主讲。接着,北京大学举行了授予鲁达荣誉博士学位仪式,我和乃先陪同前往。仪式由校长吴树青主持,副校长罗豪才和中国国际法学会会长王铁崖和外交部条法司司长孙林等均到场。鲁达夫妇在京期间,受到了全国人大常委会副委员长王汉斌和外交部长钱其琛的接见。还有一次,根据我的建议,外交学会邀请我前驻民主德国大使张海峰和鲁达会面,并共进晚餐,这是因为我国和阿根廷于 70 年代建交,是由张海峰和当时任阿根廷副外长的鲁达议定签约的。事隔十多年,他们相见之下,回忆往昔,觉得很有意义。

我们和鲁达夫妇于世界法律大会即将结束时离京前往桂林。人称"桂林山水甲天下"。我们主要是游览了从桂林到阳朔的漓江风景,山明水秀,确是诱人。我对阳朔很感兴趣,但由于时间安排,只有片刻停留。我们在桂林看到一个山洞,已忘其名,较诸江南的善卷、桑庚更大、更奇。我对桂林的象鼻山也很感兴趣,因为30年代我曾应郑天锡嘱为国民党前辈陈树人画册的说明译成英文,而开卷第一幅就是象鼻山。这次我们只在汽车驶过时遥瞩瞬息,未能近看而感到遗憾。晚上,当地人大常委会副主任设宴款待,尝到形同龟鳖的广西名肴小山瑞,供应每人全只,这尚属初见。

我们随后从桂林乘飞机前往广州,并在这里参观了每年春秋两度在这里举行的"广交会",又游览越秀山,下午乘汽车前往附近的佛山市,参观了一个美术陶瓷厂,后来还到了类似江南一带城隍庙的"祖庙"。我很欣赏"祖庙"里的一座大戏台,前有很大广场,两旁包厢,气派宏伟。我看到广场上长着青草,意识到这里已历久未有演出。我对这种古香古色的戏台很感兴趣,因为我对昆曲和京剧的爱好,就是从黎里、平望的这类戏台前培养出来的。鲁达夫妇对在两广所看到、吃到的,出于好奇心地感到饶有兴趣,而对于人情、风俗方面的差异,则难以体味到。

我们在广州待了两天后,乘火车前往深圳。前来车站相迎的有深圳特区的党政领导人和深圳中级法院院长王常营等。我们被送到宾馆后,就应邀赴王院长的午宴。下午我们被邀去中级法院参观、座谈,并摄影留念。这个法院不同于国内其他法院,但也不同于以前上海的特区法院。它的主要特点是受理案件大多为涉外经济案件。那天晚上,当地党政领导干部在群山中一个别墅"银湖度假村"举行晚宴。翌日上午,我们参观了"锦绣中华"。这是把祖国的文化遗产和古今建筑制成缩影,以供观赏,其中有如天安门、天坛、故宫、长城、十三陵、人民大会堂、中山陵、井冈山、岳王坟、黄鹤楼、黄花岗等,散布在一大片场地,有小电车环行,并设站,供游人上下。这是一项很有意义的爱国主义教育,也很适宜于供外国客人参观,能使他们不费很大气力,观赏许多中国各地文物景点的缩影。

我们当天下午送鲁达夫妇过罗湖去香港搭机回海牙后,又参观了深圳的国贸大厦。翌日正逢5月1日,我们搭机回北京过劳动节。

1986年国际法院成立40周年,荷兰女王莅临祝贺。

十八 血浓于水

1. 国内来客
2. 莘莘学子
3. 华侨联谊

1. 国内来客

下面我将简述我在荷兰期间同国内来客及同当地华侨、华裔和留学生的联谊。长时期在国外工作,总觉得有机会同华夏后裔在一起是无比的乐事。这里我先回忆一下来自国内的客人。我所见到的从国内前来荷兰的人,大多是访问学者为学术交流、参观考察或开会过境而来荷兰,也有少数政府首长和干部来荷,根据记忆所及,略述如下。

1985年是我到荷兰的第一年,从国内来海牙和我会晤的先后有社会科学院研究员盛愉和徐崇温以及北京大学教授邵津和芮沐等。他们都是为学术交流而来,在荷兰有各自的邀请单位。我除略尽地主之谊外,没有能同他们有更多接触。盛愉早年留学法国习政法,新中国成立后,她因参加妇女团体活动,常陪同蔡畅等老一辈女同志出国参加会议和访问。她对欧洲情况很熟悉,这次在荷兰时间不长,即转往他处。徐崇温是江苏无锡人,早年在上海东吴法学院学习,曾听过我的课。1952年全国高等院校院系调整,他们班提前半年毕业,后去山东淄博法院工作。后来他忽而告我已转攻哲学,调入中国社会科学院哲学研究所,写了不少哲学方面的著作。1985年他应荷兰一个学术团体的邀请来荷兰访问,到海牙就在我寓所暂住。在海牙我们陪他参观,不久即返国。邵津在北京大学教授海洋法,我们在国内都参加过中国海洋国际问题研究会,他这次是应荷兰社会科学学院(Institute of Social Studies,缩写 ISS)之邀来海牙进行交流。芮沐多年来在北京大学教授民法,他来荷兰交流可能已是 1986 年。邀请他的单位是荷兰的比较民法学会。他初到海牙的一天晚上,我也应邀前往参加欢迎他的晚宴。后来我也邀他和他的夫人在羊城酒家小叙,不久他就离荷。

欧洲有不少学术团体,经常组织与别国的学者交流,进行互访、考察或讲学等活动。在荷兰有设在海牙的前述社会科学学院,在比利时有根特大学的法学研究所。我们有不少学者和留学生根据这种安排前往考察、讲学、求学。1986 年有上海社会科学院的郭思永应海牙社会科学学院的邀请前来讲学,他的父亲郭云观是中国法学界和司法界的老前辈,我在前面提到过。郭思永在海牙约有半年,到过我家里,相叙甚欢。也是在 1986 年,从中国来的一个代表团,先在比利时进行了为期两个月的考察研究,然后前来海牙国际法院访问。团长是天津市高级法院院长王永臣,团员中有青岛市海事法院庭长冯立奇等。他们事先和国际法院联系好,他们来到法院后,先由法院秘书陪同参观了和平宫各处,包括一楼左侧的大法庭,然后前来法官办公楼会见法院院长辛格和法官们,进行了亲切友好谈话。他们和我谈了这次组团在比、荷等地考察情况,对这次访问感到很满意。他们回国后还以冯立奇名义在报上发表一篇关于这次访问国际法院的较详报道。

1987 年前来荷兰的访问学者,大体上根据前述一些交流计划,也有的是应邀前来开会的,人数逐渐增多。据我记忆所及,和我有过接触的,有北京大学教授王以真、厦门大学教授陈安、中国社会科学院研究员刘楠来、最高人民法院庭长杨富年和费宗祎、华东政法学院院长史焕章等。王以真是我在东吴法学院的学生,近年来专攻比较刑事诉讼法,颇有成就,这次她和陈安教授前来荷兰乌德勒支大学出席有关刑事诉讼法学方面的国际学术会议。刘楠来、杨富年、史焕章都在国内和我相识,这次因来欧洲考察,分别到过国际法院参观并对我进行访问。也在1987年,中央电视台国际部孟广嘉和强巴(藏族摄影师)等一行五人曾来海牙拍摄我在国际法院执行职务的实况,除办公、开庭、开会以外,也涉及我公余的养身、社交和其他业务活动,制成了一大盘录像带,名为"九州方圆",曾在国内电视台放映。由于外交部法律顾问贺其治的介绍,1987年也来过两位香港客人,即黄金鸿和梁定邦大律师,当时香港虽尚未回归,但他们对内地情况都很熟悉。他们是为办案前往伦敦枢密院司法委员会出庭,道经海牙,先来国际法院参观,约定在回程时仍到海牙晤叙。他们回程再过海牙时,我本准备宴请他们,不料他们早已预定在香港人开设的兰香酒家邀请我和女儿乃先,席间我们谈了一些关于香港的司法制度以及香港回归的准备工作等。

80年代来过荷兰的访问学者还有民法专家、中国政法大学校长江平。那时正好我国宣布实行改革开放,荷兰的工商界人士于1988年春在阿姆斯特丹自由大学举行座谈会,邀我前去致辞。江平由比利时根特大学前往参加座谈,详细讲述了世界经济贸易形势和中国改革开放政策,颇受重视。

1990年夏,外交部法律顾问李浩培和北京大学国际法教授王铁崖先后前来海牙国际法学院分别讲授国际私法和国际公法。他们除常和我同出席国际法研究院的双年会外,又曾于1993年和邵天任、端木正同来参加国际仲裁法院80周年纪念活动,有如前述。90年代前来荷兰考察、研究并和我会晤的,先后有以王常营为首的深圳法院考察团、参加知识产权会议的高卢麟、柳谷书、秦小梅等,考察海洋管理的陈德恭等。此外还有前常驻联合国代表凌青以及香港首席法官杨铁樑和夫人谭爱濂先后因过境顺便访问。他们都远道而来,我以礼相待,并在分别宴请王常营一行和杨铁樑夫妇时,特邀近期内到过深圳香港的鲁达法官作陪。杨本来就是来自上海,前面已提到过。在我1994年任满回国以前,设在台湾的东吴大学法学院院长程家瑞曾不止一次前来看我,有时还偕他的夫人和女儿同来。我曾任东吴法学院法律系主任兼教务长。50年代,台北恢复东吴大学及法学院,先后由陈霆锐、石颍、端木恺担任院长。和我两度同学的端木恺去世后,由程家瑞接任,已历有年所,颇有建树,最近曾邀我前往台北参观并讲课,下面将另予叙述。

  前面我主要是叙述了来荷作客的学者和考察代表团。下面我将记述前来访问的政府首长和干部。1986年春,全国人大外交委员会符浩、程思远、张致祥来荷访问。符浩曾任外交部副部长,和我较熟,程、张两位也是一见如故。1987年春,全国人大常委会副委员长荣毅仁来访,我和夫人张凤桢曾在驻荷使馆不止一次见到荣毅仁夫妇。我们都是江苏人,而且30年代我和凤桢还在无锡梅园做过荣德生老先生的客人。后来我在国内也和荣毅仁一起开过会。荣毅仁和他的随行人员曾到国际法院参观。1993年夏,钱其琛副总理兼外交部长应荷兰外交部长柯伊曼斯邀请前来荷兰访问。柯伊曼斯原任莱顿大学教授,1991年在瑞士巴塞尔当选为国际法研究院候补院士,和我本来很熟,他在举行晚宴接待钱其琛和夫人周寒琼时,邀我和他们同桌就座。翌日我们又在我驻荷使馆见到。1993年冬,在我即将任满回国时,司法部长肖扬来访,我们也在我驻荷使馆宴会上晤谈甚欢,同来访问的还有法律出版社总编辑贾京平。另外,还有几次全国人民代表大会的领导成员来访。有一次是全国人大组团来荷访问,其中有我第一任驻美大使柴泽民及王楚良等。他们曾到国际法院参观,受到了热忱的接待。当时任外交部副部长、后任国务院外事办公室主任的刘华秋因公路过海牙,亦曾在使馆代办沈惠梁陪同下到我寓所访谈。外交部的其他人员因出来开会顺便看望我的,先后有条法司司长王厚立、孙林和唐承元、张克宁、高燕平、段杰龙等。他们参加的会议主要是每年两次在海牙举行的国际私法会议。外经贸部的条法司司长袁振民亦曾来看望过我。这样的穿梭访问,也使我不断地了解国内有关方面的动态。

2. 莘莘学子

留学生既不是国内来访,又不是久居国外的华侨华人,但我在荷兰时间较长,认识不少在荷兰留学的莘莘学子,因此在这里简单回忆。

中国人赴欧留学,一般都去英、法、德诸国,很少有人前来荷兰留学,主要原因是荷兰语文比较独特,不像英、法、德语比较通行。荷兰几所大学,例如莱顿大学、乌特勒支大学、鹿特丹大学、赫罗宁根大学都有一二百年甚至数百年的历史,并有自己的特长。距海牙不远的台尔夫特(Delft)大学,历史没有前面所说的大学悠久,但以理工科著名,特别是水利、航运、造船、化工、机械等科。"二战"后,有些大学改用英语讲授课程,外国学生增多。中国留学生大部分在台尔夫特大学,共约二百人,有专用的宿舍楼,我驻荷使馆特设留学生管理处,对他们的学习和生活等方面给予指导和帮助。和我有些接触的都是社会科学方面的学生,特别是政法方面的研究生。他们主要是在莱顿大学、乌特勒支大学和一些学习周期较短、比较集中的学院,例如前面提到过的社会科学学院,还有以自学为主的阿塞尔学院等。

有四百多年历史的莱顿大学附设一所汉学院。荷兰在西方国家中,同中国接触较早,这个汉学院在欧洲是有名的,不少欧洲的汉学家和这个学院有些瓜葛。汉学院的前任图书馆馆长是浙江温州人马大任。他听到我来荷兰海牙任职,特地从莱顿前来看我。他说起他的父亲是国内有名的书法家马公愚,抗战前曾在上海大夏大学任教。恰好我和我的夫人张凤桢也都曾在大夏大学担任过教职。特别是凤桢曾任大夏大学的专职教授,曾与马老先生经常见面。马老又是我前面提及的原上海特区法院院长郭云观的妻舅。我们不禁相顾愕然,觉得地球确实缩小了,到处可以遇到"熟人"。他告诉我们莱顿汉学院的学员大多是欧洲人,但职员中有较多华人。他邀我们去莱顿汉学院参观,但当我隔了一段时期去参观时,马大任已因任职合同期满离荷前往美国。事隔数年后,我们认识一位荷籍印尼华人刘美清,她在莱顿汉学院学习时,写了一篇以秋瑾为主题的有关中国妇女革命运动史的论文,于1988年获得哲学博士学位。我们是在后来才认识她和她的丈夫黄伟雄大夫,她曾将这论文借给我看过。此后我们和她们还常有来往,后面将再叙述。

我初到海牙时,最早遇到的政法方面留学生有罗祥文、刘昕生和李玉文,他们先后都是在社会科学学院学习。罗祥文较早就回国,刘昕生回国后在外交部工作,李玉文后来进入乌特勒支大学,旋与社会科学学院的荷兰教授尼科·希莱凡尔结婚,在鹿特丹海洋乐园举行婚礼,双方均有亲属、朋友到场,非常热闹,听说已生有二孩,堪称美满良缘。1985年夏,当我和凤桢回京度假,阎宝航的孙女阎兰事先同我联系,希望能于夏天参加海牙国际法学院暑期学校学习时在我的海牙寓所暂住。我当即表示欢迎。当时她是从日内瓦来的。从欧洲各地来海牙学习的还有两位武汉大学毕业的黄丹涵和黄进,后来又有北京大学毕业的李兆杰、秦娅和外交学院毕业的段杰龙、王海等。黄丹涵后来在法国斯特拉斯堡大学学习,获得国际法博士学位,回国后当律师、开设咨询公司。

我的外孙白念恩1991年毕业于中国政法大学后即赴海

牙社会科学学院进修,在希莱凡尔教授直接领导下学习国际组织和国际法。和他同班学习的侯梦涛还到过我在国际法院的办公室来参观访问。还有我的外孙女白云后来在鹿特丹大学攻读经济。我不止一次看到她的同学傅国立、赵伟等。1990年李浩培的女儿凌岩来莱顿大学学习一年后,转入社会科学学院,1992年4月回国。后来李浩培就任前南斯拉夫国际刑事法庭法官,她就一直随任陪同到1997年冬她的父亲去世后才回北京。

我在荷兰接触的留学生,绝大多数是学政法的,但也有一个学美术的,他还和我有点亲戚关系。他名周乐生,是黎里镇上"周赐福堂"的后代。他先在日本学水彩画,已略有成就,然后他带着几年来卖画所得积蓄,买棹前来欧洲深造,在海牙的一所艺术学院学习,有时来我寓所闲谈。不久他认识一自称是美国籍的西方人"罗杰斯",常相过从,后来这个"美国人"知道周乐生在日本时因卖画略有积蓄,骗他将存款四万多荷盾移存比利时银行,可以获得更多利息。乐生信以为真,结果是一个骗局,人去楼空,杳如黄鹤。乐生投诉法院,申请荷兰社会法律援助,获得缺席判决,将"罗杰斯"所遗杂物拍卖,只能勉强支付律师费和其他杂费。他经此打击后,并不气馁,一面继续在艺术学院学习,一面在阿姆斯特丹的华侨社会中教画。我1994年任满回国后,他还留在荷兰。

3. 华侨联谊

这里所称华侨,不是单指侨居国外的中国人,也兼指出生于国外的华裔和久居国外并入籍的华人。他们向往祖国，我们也乐于和他们联系，所谓血浓于水，相亲相爱。我1985年初第一次到荷兰，就受到侨领梁鸿基老先生等的迎接，后来也常有机会见面，或则应邀出席演讲，或则共度节日，有时共迎来自国内嘉宾，其他集体、个人之间互邀相叙，更不在话下。由于国际法院有十八年没有中国法官，1985年当我到任的第一年秋天，就有印尼来荷的许多华裔法律工作者邀我给他们讲些国内法制情况。他们大多数是律师和公证师，也有个别的人是检察官和法律教授。有的律师是荷兰政府机关或公司、团体的法律顾问，他们来自荷兰各地，绝大多数人不懂华语，但能听懂英语，我就只好讲英语。这次开会是在华人知识分子比较集中的莱斯维克（Rijswijk）举行，有近百人到会。

我那天讲中国法制是由古到今。古代法律以刑法为主。我先讲一段前面已提及的一鹅为两邻相争由县丞裁决的法律故事。我们现在来看，这样断案，民刑不分，而且作为诉讼标的物的鹅也不再是原来所争的活鹅了。大家发出一阵笑声。然后我开始讲中国近代法制概况，始于前清末年，中国制定民刑商法和诉讼法等法典，但由于帝国主义的存在，外国人享有领事裁判权，直到1943年才恢复法权完整。新中国成立后，制定了新的法典，男女一律平待。改革开放以来，制定经济合同法、商标法、专利法、法院组织法、国籍法等。中国也参加了许多有利于国际合作的国际公约。中国还在深圳、珠海、厦门、汕头等地设立经济特区，有利于外来的投资和开发。这些地方同时也是主要的侨乡,欢迎华侨、华人回去看看。至于设在海牙的国际法院,我估计他们作为法律工作者,而且国际法院就设在荷兰,历有年所,可以不必详谈。讲毕后,有不少人提出许多有关的问题。我也在这次会上,初步认识了荷兰华裔法律界人士,后来常有来往。

1986年春,就在我和荷兰华侨、华裔法律界人士座谈后不久,我又应荷兰华人联谊会的邀请,也在莱斯维克一个大餐厅"亚热带乐园"内举行讲座。那天到场的人各界华人知识分子都有,大多数是从事教育、科技、经贸等职业,当然也不乏法律界人士,共约二百多人。我驻荷使馆一秘、办公室主任谢寅公也应邀参加。我首先向他(她)们介绍一下国际法院概况和我的任务,然后介绍国内情况,特别是改革开放以来的政策和实践。在谈到新成立的经济特区时,我提到福建的厦门和泉州、漳州,因为我了解在荷兰的华人或其先人,大部分是来自福建,也有很多的从福建到印度尼西亚,再从印尼前来荷兰。我曾两次到过福建,知道一些福建的情况。尤其是当我谈到郑成功在厦门和鼓浪屿的历史事迹时,他们都很感兴趣和兴奋。讲毕后提问时,有人问我为什么外国人称中国为"China",我说可能因为首先一统中华的帝国是二千年前的秦朝,西方地名后面常有"a","秦"字拼作"Chin",后面加"a",就成"China",确否有待考证。也有个别的老年人提起曾在和平宫任法官的王宠惠、郑天锡、徐谟和顾维钧,我说我都认识,我当选为法官后,还在纽约见到顾维钧老先生。会后大家就在"亚热带乐园"聚餐,热闹非凡。

前面讲的,是和华侨华人中知识分子的接触,特别是法律界人士。每逢"十·一"国庆或春节,则可遇到更多的各界人士,特别是过春节时,经营餐饮业的华侨、华人,总是兴高采烈地开展各种文娱活动,龙灯狮舞都有,我有时应邀到场助兴。为庆祝"十·一"国庆,我驻荷使馆经常举行两次招待会。第一次主要是邀请各国驻荷使节和东道国的政要。第二次主要是邀请有代表性的华侨、华人。我经常两次都应邀参加。每逢佳节,常有从国内应邀去荷表演的艺术家,如董文华、姜昆、宋丹丹、黄宏、范瑞娟、傅全香等,我和凤桢、乃先都曾欣赏过。

华侨、华人的团体不止一个,其中人数最多的是华侨总会,先后担任过会长的有梅旭华、胡志光、叶世顺等,都是浙江温州人。梅旭华及其夫人孙雨澄都是吉林大学历史系毕业生。孙雨澄还是一位画家,曾送我一幅自己绘有玉兰花的佳作。他们家住荷兰北方名镇吕瓦屯,曾邀我们一家在他们开设在那里的皇城酒家午餐。我们去时,沿着32公里长的闻名于世的拦海大堤行驶,堤外是大海,堤内成为内海。这是荷兰的有名巨型建筑物,来荷访问参观的人,都不免要在这长堤上驻足"望海兴叹"。还有一些祖籍闽粤或客家的华人大多数是从印尼过来的。其中有一位胡鸿基老先生曾任印尼国家邮电总局局长兼华侨大学校长,人很儒雅风趣,我乐与来往。他以前的忠实助手苏恩、陈玉兰夫妇俩同我们也很熟。我首次在莱斯维克与法律界华人座谈时,有位曾宝贝律师,她早年曾任荷兰教育部法律顾问,她的父亲曾膺章曾是一位很有威信的侨领,已去世多年。我们后来发现曾宝贝的弟媳钮绮云是我们吴江盛泽镇人,异地相逢,真是亲同乡。和我家还有来往的,实业界人士有林惠群、张国强等;科技界人士有美国密歇根大学毕业的李廷科博士和荷兰交通部工程师陈端风等;医药界人士有韩飞霜、肖美丽、李恒茂、方介通、林竹兰、黄伟雄等。黄伟雄大夫的夫人刘美清是莱顿大学汉学院的哲学博士,前面曾提到。他们住在离海牙市较远的一个乡村大院,无子女,家务都是自理,置有四辆汽车,两人轮流使用,又养两条狼犬和一只绿色鹦鹉。他们非常好客,我喜欢那能言的鹦鹉,不喜欢那一有"风吹草动"就狂吠不已的狼犬。从事法律工作的 Ko Swan sik,历代侨居印尼,后来在荷兰,连他自己的中文姓名都不知道如何写,也不能讲中文。他对从中国来荷的法律界人士,都亲自驾车迎送如仪,他为人谦逊老实,后来接任鹿特丹大学法学院教授,按例在接任前要宣读论文,邀请法学界人士到场,我亦应邀出席。他的夫人魏璇柳曾在复旦大学进修,后从事荷中友协的旅游工作,有时来中国。中国远洋运输公司在荷兰鹿特丹与荷方合办的"跨洋公司"总经理张宗周及其夫人康蝶依大夫也常和我家往来。张宗周的后任是张志复,他的夫人庄素雯是我女儿乃先的中学同学。张宗周离荷后调任汉堡我远洋公司欧洲分公司总经理,退休后住广州,张志复则先后调往驻英使馆和设在波兰、阿联酋的中国远洋公司分支机构工作。

1991年我曾又一次应邀在莱斯维克讲中国国籍法。这是华侨、华人很关心的问题。长期侨居在外的华人,特别是具有双重国籍的华人,常常面临这样的问题:如选择中国国籍,则对继续居留和自己的事业可能要带来不利和困难;但如选择居留国的国籍,则恐被认为忘掉祖国。这个问题早已为旅居国外的华侨、华人所关心。我那次讲演,首先追溯一下中国从清末以来国籍法的演变。1909年前清政府颁布的国籍法采取血统主义,子女的国籍从父。1914年北洋政府和1929年国民党政府先后颁布的国籍法保持血统主义。但1929年的国籍法规定,具有双重国籍的人,如愿放弃中国国籍,须经内政部的同意。新中国成立后,曾与印尼政府订立关于解决双重国籍问题的条约。到了70年代,中国先后和马来西亚、菲律宾和泰国订立条约,不承认双重国籍,凡是选择了一个国籍,就自动地丧失另一个国籍。1980年中国颁布的国籍法承认"一人一籍",不承认双重国籍。这样,不仅长期侨居国外的中国人,可免受我在前面说过的困惑,同时也缓解了同华侨比较集中的东南亚国家之间由于侨民而引起的紧张关系和麻烦。凡选择居留国国籍的华裔可以在居留国安居乐业,同时仍旧可以同祖国及亲友亲切往来,不受拘束或歧视。特别是在荷兰有大量的华人是从印尼来的,这个问题对他们来说是特别关心的。组织这次座谈的是我们熟识的吴南山老先生。不久后痛悉他因车祸暴卒,不禁悽然。

1992年,有些华人组织在国务院侨办的帮助下开始排演荷语话剧,名《灰阑记》,据说是从前一位汉学家根据《包公案》里一桩故事编写的。剧本大意是说:某人一妻一妾,对所生一子,妻和妾都说是自己生的,告到官府,亦无法判断。后经包公命在院子里用石灰划一圆圈,命孩子居中,妻与妾各执孩子一臂用力紧拉,谁把孩子拉出圈外,孩子就该属谁。结果是,妾怕孩子被拉因伤致死,不愿用力紧拉,妻则用力把孩子拉出圈外。包公看出真情,把孩子判归妾有。此剧由我们初到海牙就认识的爱尔玛扮演妻,我们在海牙的近邻蔡素英扮演妾。不久后,她们又排演一场有关慈禧太后的新戏。我不谙荷兰语,只懂其大意,但能欣赏她们演出有关中国传奇的戏。

十九 生老病死

1. 业余生活
2. 痛失良偶
3. 闯出荷兰
4. 负病回国

1. 业余生活

我在荷兰九年,除悉心处理法院工作外,还有不少次开会出访,联谊交往,已如前述。真正敞开胸怀、参观游览,虽属业余生活,有时还或多或少带有应酬交际性质,但毕竟可以轻松一些。生老病死,本是人生一般必经的历程。我初去荷兰时,已是望八之年。我的夫人张凤桢先我在荷兰走完了人生整个历程,我则仅走了一大半。不论怎样,下面略述一下我在荷兰的业余生活。

我在海牙期间,东道国外交部礼宾司每年为国际法院法官组织一些参观游览活动。1985年夏,我和凤桢去距海牙不远的几个乡村,其中有海牙郊区的梅因台尔,风景自然朴素、清雅幽静,时近黄昏,有"落霞与孤鹜齐飞"之趣。后来我们曾自己去过几次。1987年,荷兰外交部组织我们去洛凡斯坦(Loevestein)小镇参观。导游者讲解被称为"国际法之父"的格劳秀斯因宣扬民主曾被当局幽禁于此城堡内,但经其友人以搬迁书箱为由,将格劳秀斯装在书箱内运出,得以逃出牢笼。这次旅游,我的女儿乃先也参加,她为我们十几位法官在格劳秀斯当年被监禁的城堡内墙下拍摄照片,该照片后来登载在国际法院50周年纪念册内。我们也先后去过乌得勒支大学和莱顿大学参观。还有一次,外交部安排我们同荷兰最高法院和高等法院的法官会见和聚餐。使同在一地"各司其法"的法官聚在一起,可以借此加强了解,增进友谊,诚属很有意义。

每年4月末的周六,在距海牙不远的利瑟(Lisse)总是举行盛大的花车游行。郁金香是荷兰的国花,于每年四、五月盛开,公路两旁常可看到花田片片,每片一色有如地毯。花车游行时,满载花卉,有的将花扎成鸟兽形象,少年男女在花车上载歌载舞,徐行过市,街道上人山人海,有的从欧洲其他国家专程前来观看,盛况可想而知。距利瑟近处,有一著名的寇根霍夫(Keukenhof)国家公园,规模很大,由各花木公司进园种植各种名花,树木茂盛,小桥流水,曲径通幽。荷兰还有几个鲜花交易所,其中以阿斯梅尔为最大。这里每天清晨举行鲜花拍卖,在一个大厅内举行。台上有荧屏,鲜花一盆一盆或一堆一堆在电动传送带上徐徐滑行。花商和观众坐在环形阶梯席上,桌上置电钮。荧屏上显示花价后,花商可按电钮表态,出价最高的人成交。据告,这种拍卖的花可于当日早晨送达巴黎、午刻送达纽约后投入市场。凤桢对花车、花田、花园、花市都极感兴趣。这些景点也都是荷兰外交部礼宾司安排我们参观的。

荷兰因地势低洼,既有很多河道,又人工开凿不少运河,从而就有不少大大小小的桥梁,以便通行。除固定的大小桥外,还有许多吊桥,有船驶过时,吊桥就用电力控制拉起来,过往车辆暂停吊桥两端,船过后吊桥放下,恢复车辆行人通行,不需等待很多时候。也是因为水道多,有些大城市如阿姆斯特丹等还有"水上出租车"(water taxi),别地难得看见。公路旁可以看到不少风车,利用风力,进行各种小型工农业活动,这是荷兰农村的一个特色。我们也不止一次被邀去农村作客。有一次是看望曾宝贝姊弟的荷兰朋友奥克尔斯夫妇,他们住在荷兰中部的一个农村里,有自己的房舍,后面有一个大果园,到了秋天水果结实时,邀请亲友到他们的乡村别墅,品尝各种新鲜水果,还要客人大包小包地带回城里。我们还去过荷兰南部蒂尔堡的一个野生动物园,那里有狮、虎、熊、象、犀牛、河马等。它们在园里随便走动,观者坐在轿车内驶过,互不侵犯,但禁止游客逗引作乐,以免生事。狮虎所居地点,有较高的铁丝网,并装有电动的隔离铁门,以防万一。1987年5月,中国政府送展一对熊猫,荷兰政府指定由蒂尔堡野生动物园负责饲养。那天还在园内举行一个首展招待会,我和乃先也应邀参加。荷兰女王的父母——贝娜尔特亲王和逊位女王——裘丽阿娜乘坐直升飞机到来,我驻荷使馆参赞李钦平、高予夫妇从海牙赶来参加。

  荷兰工农业都比较发达,我参观过它的挖泥船厂和乳品工业作坊等。它的造船、炼油、化工、制药、食品加工等是世界有名的,渔业和畜牧业亦很发达。距海牙较近的豪达镇上,每周有色彩绚丽,活泼热闹具有民俗特色的乳品交易集市,我们亦去参观过。海牙东北的贝佛尔韦克镇上有几个阿拉伯市场,规模很大,到了那里有如看到天方夜谭里的景物。阿拉伯人爱吃一种做法特殊的烤肉。他们用轴穿过整块的牛羊肉,并予旋转烧烤,然后当场削成片片,与菜夹在饼里,供应顾客,香嫩可口,很受欢迎。荷兰南部的埃夫特灵游乐场,有令人惊心动魄的飞船和"海盗船",在空中飞舞,北部哈特韦克还有善于表演的海洋动物,有鲸、海豹、海象、海豚,对后来去荷兰的我的外孙们,很有吸引力。我还欣赏短程的海上旅行。荷兰北部有泰瑟尔岛,有渡船定时穿梭来往,昼夜不停。旅客可以开车上船,然后离车到船的上层舱内或甲板上眺望或休闲,并有餐点供应。岛上空气清新,尘嚣绝迹,一派自然风光,到处值得留恋,是周末度假的好去处,但我九年里只去过两次,当天往返,并未留宿。

我在荷兰最初几年,除开会到过东南亚、北非等地外,未作远行。1986年夏,我因回国度假,决定乘火车经莫斯科返京。这是一次长途劳累的旅行,也是我多年来的幻想,终于成为事实。凤桢于1985年夏回国后,尚未再去荷兰,女儿伴行不成问题,施、谷两位也在这次回国,因此我们四人结伴同行,胜似长途旅游。1986年7月,我们搭乘前苏联的列车从起点站"荷兰角"上车,卧车不分等级,乘客不多,车厢宽敞,但陈设比较简单。从荷兰到莫斯科,在车上两天两夜,小站不停,先过柏林,后经波兰的波茨南和华沙,然后转入前苏联境内,第三天早晨到达莫斯科。当时在我驻苏使馆任职的前世界乒乓球女子单打冠军丘钟惠到车站迎候。我们四人就住使馆招待所。我驻苏使馆馆址很大,有花苑鱼池及农场。大使李则望本属熟人,为我们设宴招待。我们参观了红场、列宁墓等名胜和克里姆林宫外景。丘钟惠还陪我们打乒乓取乐,当然我们都远远不是她的对手,施觉怀高呼"我和世界乒乓冠军对过阵呀",引得大家哄笑起来。那时候,我国有名花剑选手栾菊杰等一行人也住使馆招待所,她们因参加比赛经过莫斯科。

我们原定在莫斯科休息几天后,再上火车经由号称"小莫斯科"的哈尔滨游览几天后回北京,但被告知一直东去哈尔滨的车票已出售一空,下一班次需等待一个星期,而向东再往南经蒙古回京的下一班列车还有余票。我们因急于回京,就决定经由蒙古回京。由于决定改变路线,我们在莫斯科可以多住一两天,遂决定访问位于高尔格赫的列宁故居、森林公园和莫斯科河。不论是经哈尔滨、还是经蒙古,都必须过伊尔库茨克。这里有个面积很大的贝加尔湖,据说就是西汉武帝时出使匈奴的苏武牧羊之地,那时称"北海"。我曩时读过《古文观止》里的"李陵答苏武书",也看过昆曲和京戏里的《苏武牧羊》,经过这里时,颇多感慨。这次所乘火车,不同于从荷兰到莫斯科的火车。莫斯科到北京的通车是以中苏两国的一个协定为依据的,有东西两条路线,每星期各往返一次。莫斯科通过蒙古到北京的西线列车由中方担任,由莫斯科通过哈尔滨到北京的东线列车则由苏方担任。因此,我们在莫斯科搭上的列车是中国的火车,列车员都是中国人,我们搭上车后,如同到了祖国一样。后来,据闻中国列车较新,服务质量也较好,我们听了都很高兴。我们一行四人,从莫斯科到北京,在火车上待了六天六夜,沿途看到塞外风光,并不感到十分劳顿。入中国境内后,从边城二连经大同到张家口一带,沿途先后看到沙漠草原和崇山峻岭,真是气象万千,兴奋不已。在中国境内,不到一天路程,火车徐徐进入北京站。

2. 痛失良偶

当我在海牙任职约三年的时候,夫人张凤桢患癌疾,医治无效,竟与世长辞。我与凤桢的结合,以及后来共度艰难岁月,前面已经说过。至于凤桢的家世及其奋斗经历,则尚少详述,现择要追叙如下。

凤桢于1902年8月3日(旧历7月1日)出生于上海城内县后街。父亲张钧丞是一忠厚长者,朴实无华。凤桢幼失慈母,曾被其大伯父母领养,未久即返家。她童年时就读于上海城内九亩地万竹小学,旋因急谋自力更生,在上海南市龙华孤儿院任教,后又转入上海爱国女学肄业。1919年凤桢与胞姊维桢投入轰轰烈烈的"五四"运动。当时学生运动已属新鲜事物,而女学生参加,更开风气之先。翌年起,她又先后就读于湖州的湖郡女中和苏州的振华女中。1923年,凤桢进入上海沪江大学,这时我们两人最初相识。1925年我转学东吴法学院,彼此仍维持联系。后来她和我先后留学美国,进入约翰·霍普金斯大学,1930年我俩在华盛顿结为夫妇,买棹同归上海。凤桢先后当过大夏、东吴等校教授,直至抗战军兴、日寇侵入上海全部地区,我转入内地,凤桢则留在上海,独力扶养年迈老父和幼女,历时五年之久。这是她最艰苦的年月。当时沪渝隔绝,我们素无积蓄,凤桢在东吴法学院和杭州之江大学(敌伪时期设在上海)担任教职,以当时微薄的收入赡养三代老幼。还有值此非常时期,外地困

十九、生老病死

难亲友不时前来上海谋职、就医等，凤桢亦都给予力所能及的帮助。

1946年，我从国外回沪后不久，即为了审判日本战犯去东京，历时逾两年。凤桢多少年来独自支撑，心力交瘁。全国解放后，我家才一起过着比较正常的生活。1956年全家迁京后，又不免有许多调整和配合，接着是女儿与白金申结婚，连生了两子女，凤桢操劳如旧。1985年2月，凤桢陪我前往海牙，方期可以放松休养，但因思念幼辈，半年后仍回北京。1986年秋，她再次前往海牙，由女儿乃先伴同，不料未到半年，疾病接踵而来。1987年春先患病毒性带状疱疹（国内俗称"缠腰龙"），患处疼痛异常，当时无特效药可治。同时发生欲吐无物、欲咳无痰的现象。经医师诊断，介绍前往医院详细检查，又无异状，但食欲不振，饮食减少，活动无力，以为这是一般老化，未疑有他。1988年元月，我们一家曾应邀参加王桂新大使宴请，同看《末代皇帝》电影，同赴鹿特丹出席华侨举行的宴会，并曾计划于是年5月由乃先陪同去美国西雅图祝贺其胞姊维桢的九十寿辰。1988年元月12日我们去鹿特丹参加宴会后发现汽车门窗玻璃被歹人敲碎，按例应立即报警，但时已午夜，我们对鹿特丹又不熟悉，幸有前述中远公司张宗周夫妇帮助办好报警手续后回到海牙，已凌晨2时左右。

黎明时凤桢起来如厕，突然摔倒在地，扭痛了腰，后来手脚浮肿，经医师抽血检查，随即于1月29日送医院入住，以便详细检查治疗。主治医师哈克博士于2月1日告诉我，发现病者两肺下部有恶性癌细胞。我和乃先听到后,心急如焚,请求医师再详查急救。2月5日主治医师又以沉重心情告知:经再度详查诊断后,医师们一致认为病者患的是由原发部位胰腺扩散到两肺的恶性癌症,病情发展很快。考虑到病者的年龄和体质,不能做手术,并因患病部位已由胰腺扩散到肺部,手术治疗无济于事,徒增患者痛苦。我听了如雷震耳,不知所措,但仍求主治医师尽一切可能设法挽救,同时就通过使馆安排凤桢日夜思念和钟爱的两孙兼程来荷事宜。使馆同志和我们在荷友好闻讯后都来探视相助。特别是我们认识的几位医师,其中也有与主治医师哈克博士相识的,如荷籍华人韩飞霜大夫和张焕扬大夫,他们都来医院同哈克博士研究商讨,热情可感,但因病情急剧恶化,已无起死回生之术。

凤桢住院半月,病情日益沉重,乃先昼夜不离,我时刻前往医院探视。最后凤桢自知不起,痰塞喉际,体弱不能言语。2月11日深夜,她勉强用笔写"……回黄浦江",可见她念念不忘家乡。2月12日起脉搏微弱,不进饮食,呼吸困难,不得不输液、输氧。2月13日晨起,她躺在床上不能稍动,昏昏欲睡,进入弥留状态,直至是日下午3时心脏停止跳动,与世长辞,呜呼痛哉!2月14日,外孙白念恩和外孙女白云赶到,含泪向"阿奶"遗体致敬。2月16日(旧历丁卯年除夕),凤桢遗体用礼车送往海牙郊外奥肯伯格火葬场礼堂。遵照本人遗愿,丧事一切从简,我驻荷使馆、国际法院、跨洋(中远)公司同仁、新华社驻荷记者及华人、华侨团体代表等数十人致送花圈、花束,并前来向遗体告别。荷兰王国女王比亚德里斯陛下(H. M. Beatrix)闻讯后来电吊唁慰问。荷兰政府外交部长范登·布洛克(Van den Brook)和联合国法律顾问法莱希豪威尔(Fleischhower)亦分别发来函电吊唁慰问。骨灰后来由我和乃先等送往上海黄浦江边颛桥寝园安息。至于凤桢的学历、经历以及她的爽朗性格和见义勇为事迹,前面已有记述。她的博士论文《中德外交史》已于1934年在上海商务印书馆出版,台北商务印书馆又于60年代再版发行。

1989年夏,我和乃先应邀去美国西雅图看望凤桢之胞姊维桢及其女儿罗久芳和女婿张桂生等。我们从荷兰向西行,从空中俯瞰英伦三岛,清晰可见。越过北大西洋后,进入加拿大领空,最后在华侨、华人比较集中的温哥华着陆。温哥华和西雅图是加、美两国接壤处的两个边境城市,车辆可以自由来往。我们抵达温哥华时,久芳和桂生已在机场等候,我们乘车直驶西雅图。当我们见到维桢姨妈时,大家悲不自禁,凄然泪下。我们先将凤桢这几年来"生老病死"的历程扼要叙述一下,大家伤感万分。我们就在他们寓所安歇。维桢那时已逾九旬,但身体和精神还很健康。桂生在当地的华盛顿州立大学任地理系教授,我们后来曾去华大参观。久芳则在西雅图的社区学院教英语。桂生和久芳生有两女,都已长大成家。华盛顿大学法学院有一位华裔教授陆××,他的父亲是陆士寅,曾是我早年在上海沪江大学肄业时教我们心理学的老师。后来我们曾在维桢姨妈家里见过这位陆教授一家。我们在西雅图留了几天,互道家常,并参观了博物馆和其他胜景,然后搭车回到温哥华,会到我驻温哥华总领事段津及领馆的几位曾是北京豫王坟宿舍老邻居。他们陪我们去公园游览并参观市容。翌日我们即搭机回北京度假。由于我们买的是来回机票,因此稍后我们回荷兰时,仍过温哥华。经事先相约,当我们秋后再过温哥华回荷兰时,维桢等一家来温哥华相叙,她们亦可顺便一游加拿大。当我们和乃先从国内乘机抵达温哥华时,她们已先在。那天我们畅游当地名胜景点,晚上我和乃先即搭机回荷兰。

3. 闯出荷兰

我初到荷兰的三四年里,需要接手新的工作、熟悉情况,感到比较繁忙。后来诸事有了头绪,例行的酬酢往来也渐减少,就想闯出荷兰,作为私人出访,放眼欧洲其他地方,以广视野。首先是与荷兰结为一体的比利时和卢森堡。1988年,我们去了比利时,首先瞻仰了举世闻名的滑铁卢战场。这个古战场已不是像《吊古战场文》里的"浩浩乎平沙无垠",而是一个堆砌起来的山岗。它位于比利时首都布鲁塞尔的郊外,石阶高二百二十级,上面矗立着一座铜质雄狮像,以纪念当年欧洲联军击败拿破仑的战迹。这个景点对旅游者有巨大的吸引力,滑铁卢已成为一个闹市,整个区域内展厅、影院、商店、餐馆林立,营业旺盛。我登上这个山岗,环顾四周景物,想看看这个铜狮下面石基上有无文字记载,结果除镌刻揭立年份外,别无所有。我们还在布鲁塞尔市内参观一个名为"原子球"的新颖宏大建筑物。它的形状独特,整个建筑是一个一个球形的展厅用管道相连的科学馆,游人可以通过管道出入观看所有科学馆。我对展示的东西,不甚了了。布鲁塞尔又一景点是在市中心小街上一角的"于连像",说的是一个旧时与布鲁塞尔为敌的外邦,用火药线从外面引入布鲁塞尔市内,如果爆炸起来,布市将成灰烬。据说正当火药线徐徐燃烧进来时,被那个叫"于连"的男孩看到,他出于好奇,就撒尿在这正在燃烧的火药线上,布鲁塞尔市因此得救。鉴于于连的功绩,布市给他以"第一公民"的称号,并为他作像。这段故事,游客尽人皆知,于连的塑像至今在通衢的街角,但故事的真实性无人可以证实。我们在离开布市之前,还参看了比利时的司法宫,其外景相当宏伟,因是周末,未能进去参观。

1989年元月,我们应我驻卢森堡大使卢秋田和夫人王银焕之邀,驾车前往卢森堡过周末。他们原在我驻荷大使馆任职,我初到时就相识,后来调到卢森堡。我们都已成为熟识,因此事先我的女儿乃先打电话问他们需要带些什么,回答是希望我们带些荷兰盛产的"海鲜"。我们没有使他们失望。卢森堡距海牙较布鲁塞尔远些,一路上看到第二次世界大战时的战迹。美国的巴顿将军是一传奇人物,我们看到他的铜像和阵亡美军的陵墓。我们到达卢森堡后,使馆人员当夜举行一次盛大的海鲜宴。卢森堡是欧洲的一个金融中心,次日我们曾去那里的中国银行在卢分行参观,受到热忱的接待。卢森堡不像海牙平坦,而是山路层层叠叠,市内亦然,有如我国山城重庆,但马路和两旁建筑物较为洁净、富丽。中午我们在名叫"孔夫子"的中餐馆进餐。纽约的中国城有"孔夫子大厦",但以"孔夫子"命名的餐馆,尚属首次看到。下午我们去参观由时年96岁高龄的卢中友协主席开设的中国工艺品商店,对面就是卢森堡的"大公府",警卫森严。翌日我们参观了位于卢森堡、比利时、法国交界处的一个水库。午间中国银行分行曹经理请我们在与"孔夫子酒家"同一业主的"翠亨村"的中餐馆用餐。以"翠亨村"(孙中山先生故乡之名)命名的餐馆,我又是第一次看到。下午卢大使陪我们去拜访一位专门收藏中国瓷器的卢森堡退休老法官,晤谈甚欢。次日我们就驱车回荷兰。这是一次比较紧凑而有意义的访问。

1989年,我在乃先陪同下到了意大利作短暂旅游。14—16世纪,欧洲的文艺复兴运动始于意大利,后扩大到德、法、英等国家。意大利在诗歌、绘画、雕刻、建筑、音乐等方面有突出的成就。我们在罗马一下飞机乘车刚进城时,就在路边看到有名的古代斗兽场。我们到了旅馆稍作停留后,就去餐馆吃有名的意大利通心面,下午参看罗马市容和商店,晚上找到一个中国餐馆,觉得这里的中式饭菜虽然比不上卢森堡和荷兰,毕竟还是"很可口"。第二天我们跟旅游车安排的节目,参观了几个景点,其中有罗马市内的一个屋顶开天窗的"万神庙",它是一个圆拱形屋顶而屋顶中部又敞开无蔽的大庙堂。我记得南京有个朝天宫,罗马的这个万神庙可算是一个真正的"朝天空",因为这个圆屋顶中部是空的。我问庙祝,下雨天怎么办。他说没有大问题,有时把落进来的雨扫扫掉就是。就在这个万神庙的近处,有另一所古庙,它的基础下沉,底层已有一米多陷入土内,游人不让进去,只能在周围徘徊观望兴叹。该庙周围并未设有"危险房屋"的标志,看来这个庙堂的"险情",已不言自喻。罗马古迹景点,随时可以看到。教堂到处皆是,穿戴黑色衣帽的神职人员络绎于途。我们走进一个教堂,看到虔诚教徒参拜如仪,有的隔窗向神职人员问事,类似我们有些东方人烧香拜佛、求签问卜。

我们到了罗马,还有两个重点要看,一是圣城梵蒂冈,二是城外斗兽场。这两个一文一武的地方是互相矛盾的。我们先看了斗兽场。这是一个硕大无朋的腰圆形建筑物,形状大体上像我们现代的体育场。周围看台都有房顶,由巨柱支撑着。古代这里人兽相斗,以供当时统治者消遣取乐。相反,圣城梵蒂冈是神灵教化之地,为世界天主教中心,根据1929年意大利与教皇签约,成为一个独立的国家,位于罗马城市西边,自成一体。我们曾去过两次,主要看看它的宏伟建筑及精美雕塑。我们曾爬到它主要建筑物的拱顶边上走廊遥瞩罗马全市景象。我们还乘火车去过位于罗马西北的佛罗伦萨,它是文艺复兴时期艺术品最丰富的保存地之一,有西方雅典之称。我们参观了博物馆,并在市里看到一座奇异的大桥,桥的中间是公路,桥的两旁是双层的建筑物,开设工艺品商店或餐馆。整个桥上成为一个热闹市集,颇有特色,甚是少见。

  我既看了罗马,自应也看看雅典。旅游公司的安排是雅典和土耳其的伊斯坦布尔相近,属于一条路线,但先去伊斯坦布尔,我们就乐于照此安排,既是顺水推船,又是一箭双雕。1990年新年期间,我和乃先搭机先到伊斯坦布尔。伊斯坦布尔原名君士坦丁堡(Constantinople),是历史名城,东罗马帝国首都设在这里。土耳其国土的绝大部分在亚洲,只有很小部分在欧洲,伊斯坦布尔就在欧洲。土耳其居民绝大部分信奉伊斯兰教。我们到了伊斯坦布尔后就参观了两处伊斯兰教堂。第一个名叫蓝色清真寺,第二个叫索菲亚,都是又高又大,几根柱子大得惊人,还都有楼座,宽敞无比。最初我对索菲亚这个名称感到惊异,因为Sophia是西方女人的芳名,何以用作清真寺名称,还有保加利亚首都就叫索菲亚。后来我翻开世界地图一看,原来保加利亚和土耳其的西部接壤,伊斯坦布尔同保加利亚近在咫尺,这个谜总算解决了。接着,我们参观了奥斯曼帝国时代的皇宫,规模不大,但陈设精美。宫廷中有世界名瓷的陈列馆,中国瓷器占整整一大间。我们在皇宫内就餐时,遇到几位台湾来的游客,和我们交谈一下。就在皇宫附近,我们看到外面有一道中国式的城墙,这是我第一次在国外看到。距我们所住旅馆不远的地方有一个大商场,仿佛前述荷兰贝佛威克的阿拉伯市场,不过规模还要大,货物种类更多。我们在那里买些服装和普通饰物。我买了一顶土耳其帽,戴在头上时,店员打趣说:"你像苏丹了。"即皇帝之意。土耳其人喜饮茶,时刻不离,有专人烧茶送茶,用茶盘送茶到各个店摊上的售货员。我们在离开伊斯坦布尔的前一天,乘船游了隔开伊斯坦布尔和土耳其绝大部分的博斯普鲁斯海峡,这是分开亚欧两洲的海上通道,上面盖有两座大桥,气势雄伟。次日我们搭机前往希腊首都雅典。

雅典有西方文明摇篮之誉。公元前5世纪为希腊全盛时期。希腊人创造的神话、雕刻、哲学和自然科学传诵古今。1990年1月下旬,我们到达雅典稍事休息后,即去离雅典城区不远的阿克罗波里斯(Acropolis)山参观有名的希腊神庙。这座神庙在市区的一座山顶上,占地甚广,无屋顶门窗,只存雕刻精美的白石大柱。这座神庙俯视全城,是雅典的象征。山下的宙斯(Zeus)庙,亦称太阳神庙,是希腊神话里的主题之一。离雅典较远的台尔菲(Delphi)是有名的古代求签问卜之地。我们特意随旅游车前往,不是为了问卜休咎,事实上问卜台已是荒无人烟,而是来看这个有名的古迹。也就在这里我们看到一座古戏台,这也是我感兴趣的。戏台是露天的,座位都是石制环状阶梯式的。据悉不久以前,为了中希文化交流,中国中央戏剧学院师生曾来此演过莎士比亚名剧《李尔王》(King Lear)。我们还乘坐地铁到过离雅典不远的历史名城奥林匹亚(Olympia)。1896年第一次奥林匹克运动大会就在这里举行。我们在这里看到几处运动场,有些古香古色。在雅典待了三四天后,已是1990年春节。除夕之夜,我们准备去市区一家中国餐馆吃年夜饭,以为能在那里遇见一些华侨华人,可以了解他们的生活情况。不料那天晚上,我们几乎是这家餐馆的唯一主顾。这可能就因为那天晚上是除夕,华侨华人都要同家人和亲友在家团叙,我们却冷清清地虚度良宵。次日我们就乘机返回海牙。

　　荷兰的节日比较集中于春季,诸如女王节、复活节、万圣节等。1990年春天的一个节日,我们约了前面提过的苏恩前往德国,由于他谙德语,又熟悉德国的风土人情,就请他驾车一同前往。我们从奈梅亨出境,经由德国中部的汉诺威直驶柏林。我们首先看到西柏林外的波茨坦。我在前面叙述东京审判时提到盟国向德日法西斯同盟发出的"波茨坦公告",就来源于这里,因而对我特别有吸引力。西柏林市面相当繁盛,但亦保留了战争创痕,一个破残的大教堂及门外的弹坑,经过将近半个世纪依然存在,借以教育世人。我们参观了希特勒当年纵火夺权的议会大厦及"柏林墙"等地点。民主德国和联邦德国(一般称东德、西德)于1990年10月正式统一,但在此以前,隔离东西柏林的"柏林墙"已开始陆续被拆除,拆下来的砖石片片被小贩设摊兜售,旅游者当做"纪念",东西柏林之间交通当时已不严格控制。我们到了东柏林,参观了宏伟的勃伦登堡大门、电视塔和郊外的阵亡将士陵墓等。晚上我们回到西柏林旅馆住宿。我在西柏林还闹过一次笑话。我们在柏林盘桓了几天,觉得德国人的餐馆比较味重而单调。我想起早年上海哈同花园(今上海展览馆)东边德国来喜饭店有个名菜"炖猪爪",脍炙人口。经苏恩就商于他的友好李先生,据说可以吃到。一天我们请了苏恩和李先生一家前往餐馆用餐,结果拿出来的是一个硕大的炖猪蹄,不是猪爪,勉强吃了半天才完成"任务"。我后来问为什么餐馆不供应猪蹄下面的猪爪,据答猪爪可能已被丢掉。我才记起荷兰的鱼,鱼头割下后一般都被当做废物,逢到中国顾客去时,可以免费奉送,炖好后成为美味佳肴。我们回程走南路,过历史名城亚琛而返抵荷兰。

4. 负病回国

我在海牙工作阶段,按国外生活的要求,做了医疗保险。每年夏季回国休假期间仍抓紧安排体检。由于80年代北京医院改建,将部分病员的医疗检查转往他院,我在干部司严渭渔及其夫人鲁伟的帮助下,得到了在北京军区总院悉心检治的机会,返荷时总要带上全年保健治疗所需的不少药物。

我在海牙的最后阶段,已年近90,虽然工作照常,但已略感负担沉重,疾病也随之而来,这可能也是自然规律。1990年,我患了带状疱疹(即"缠腰龙"),疼痛难熬,一般要经一个星期至十天才痊愈。根据荷兰医疗保险制度,病人如感不适,首先应找经保险公司承认的"家庭医生",一般诊断、化验、开药等均由家庭医生办理,但如经家庭医生诊断认为有必要作较为复杂的检验或治疗,则可以转往医院检查治疗。这次我患带状疱疹,来势凶猛,但经家庭医生告知,现在已有特效药可治。他就为我开方以凭买药,我遵医嘱每天服药五次,每次一片,连服七天为一个疗程,果然立即生效,不出一个星期,霍然痊愈。这种新药每服四百多荷盾,价格惊人。

我觉得这病在国内患者很少,国外则常有发生。据我所知,除凤桢和我外,我的东吴同学李浩培夫妇俩都曾患过,还有不少我们认识的华侨华人也生过这病,我没有记下这药的名称。

我在海牙的最后两年,法院案件逐渐增多,例如"利比亚诉英美两国关于交出炸毁飞机罪犯案""波黑诉南斯拉夫灭种罪行案""利比亚和乍得陆地边界案",这些案件或则政治性较强,颇费斟酌;或则卷帙浩繁,情况复杂错综。与此同时,我的健康已逐渐衰退,我勉力以赴,未稍懈怠。我初到海牙时,苏联法官莫洛佐夫最年长,但不过长我两三个月,稍后他因年迈提前退休,从此我就成为同僚中年事最长者。比我年龄稍小的是波兰法官孟弗莱·拉克斯(Manfred Lachs),他学识渊博,见多识广,有不少著作,在国际法院已连任三届,担任过三年院长,曾于1987年来北京主持海牙国际法学院外设暑期班。他和我很友善,相约每月聚餐一次,倾谈中外古今,乃先亦常参加。他的女儿是前述英国著名国际法学家菲茨莫里斯(Fitzmaourice)的儿媳,正在乌得勒支大学及社会科学学院教国际法,有时也参加聚餐。因此我们两家已成为通家之好。1992年冬,孟弗莱忽然得了白血病,卧病医院,竟至不起。我和乃先于1993年1月初去医院看望,他已昏迷不省人事,不久就与世长辞。他的遗体移至和平宫,法院法官轮流为他守灵,我颇为伤感。曾和我家互有酬酢往来的同事,也已有几位在我退休离任后不久去世,其中有阿根廷法官鲁达、俄罗斯法官塔拉索夫、委内瑞拉法官阿吉拉尔、意大利法官阿果等,我们表示哀悼。

我在国际法院的九年任期即将于 1994 年 2 月初届满。我国外交部法律顾问史久镛已于 1993 年夏季被提名为国际法院法官的候选人。虽然正式选举将待 1993 年冬季在联合国总部举行，但他的当选似乎可肯定。他于是年夏季在日内瓦出席国际法委员会的年会，顺便前来看我，同时可以了解一些有关在海牙的工作生活情况。那天是一个假日，我陪了他在和平宫参观一番，然后邀他在碧丽宫餐叙，同时也邀日本法官小田滋和书记官长瓦伦西亚，谈了一些国际法院办案和后勤情况，他当天搭机回日内瓦。同年秋季，东吴同学李浩培来海牙就任前南斯拉夫国际刑事法庭法官。这个法庭是新成立的，十一位法官在联合国大会选出。李浩培的女儿凌岩 1990—1992 年就在海牙，先后在莱顿大学和社会科学学院进修国际法，1991 年为了随我出席欧洲国际法研究院的双年会，同去瑞士会见其父。这次年迈的父亲来海牙，她随同照顾帮了大忙。未隔多久，史久镛来海牙履新了。我先后介绍他们两家暂时安顿起来。有一段时期，我们三家曾先后住在同一公寓的不同房号内，直到 1994 年 2 月初我任满回国时，史家搬进我原住公寓，李家后来也另外找到住处。史久镛来海牙后，外交部法律顾问贺其治即当选为国际法委员会委员。

1993 年 11 月初，我的健康出了问题，我在法院办公室洗手间忽然尿了血，但是就这一次后，几天里没有发生新的情况。过了周末，我去找家庭医生，经他初步验尿，并无异状。未隔多久，我收到来自北京的有关是年夏季我回国体检时所作报告，似有肾脏囊肿结石等问题。我再次找家庭医生,经与海牙红十字会医院联系,再作 X 光造影和 B 超等检验,发现前列腺肥大,并在前列腺后面的左边有一个可能是膀胱肿瘤的东西,直径约 1.5 厘米,尿内有些非良性的细胞。问题变得严重起来了。主治医生乍贝斯博士(Dr. Tjabbes)很负责任,他说我的病需要做手术,但他即将退休,要做赶快就做,如果我要回中国去做,他可以开具详细证明,以供参考。我的任期到 1994 年 2 月 5 日为止,在荷继续逗留只有两个月左右,当时正在办理结束工作,且已开始整装,准备回国,因此决定请乍贝斯博士开具检查经过的证明,待不久回国后再做手术。我经过慎重考虑后作出这个决定,并且事先曾与在荷兰的几位华人医生商量过,他们也认为这样做比较妥当。

1994 年的春节(2 月 7 日),我们还是在荷兰过。我们预定回国的行期,只有使馆人员和少数人知道。我特别不想让华侨团体知道,怕他们发起一连串欢送活动,不免过分张扬,而且我急于回京治病,行期逼近,后来只有华侨总会的梅旭华、孙雨澄、胡志光等知道。他们特意从各地赶来代表荷兰各地华侨华人道别,盛情可感。春节后不久,2 月 17 日我们驱车前往布鲁塞尔搭南方航空公司飞机直航回北京,中途毋需换机。回京后的第一桩事就是治病。2 月 24 日我在北京医院找到泌尿科主任邵鸿勋。当我拿出荷兰医师的前述证明,他一看就了解,随即告诉我需要住院作膀胱镜检查。我以前曾几次入住北京医院,这次住的是后来新建的十一层大楼,我的病房在二楼,设备完善,服务态度诚恳周到。次日入住后,经过验血、透视、B超和心电图等详尽检查,历时十余天。在此时期,医院特别邀请名闻中外的泌尿科专家吴阶平前来会诊。吴大夫那时任全国人民代表大会常务委员会副委员长,还正在会议期间,由吴蔚然院长和邵鸿勋主任等陪同前来会诊,我深深感激。

1994年3月16日的早晨,我被送上医院十一层楼手术室。协和医院麻醉科主任罗来葵已在手术室等候。他是我的外孙白念恩的岳父,这次他是作为特邀人员到场主持麻醉。邵鸿勋主任主持手术,副主任王少华、万奔等亦在场协助。经过膀胱镜检查后,证实了膀胱肿瘤的部位,即用电灼法将肿瘤切除。整个过程历时两小时,紧张特甚。我回到病房后,休养多日,才逐渐恢复。以后,我还定期接受灌药治疗,以免复发,而且每隔三到六个月,仍须住院,作膀胱镜检查。与此同时,我的双眼白内障发展很快,又需要做手术。前面提过我于1978年因视网膜脱落,先后在北京医院和同仁医院做过手术。这次,我因膀胱肿瘤住院,也去过眼科做检查。1978年起就认识的张尧贞主任,认为右眼白内障已成熟,可以在我做过膀胱肿瘤手术后,稍事休养,接着就做右眼的白内障手术。后来就照此计划实行。大约过了四周,我又被送上十一层楼的手术室,由张尧贞主任主持,手术后回到病房休息。这次眼科手术是成功的,但视力的恢复程度比较有限。据张尧贞告我,这是由于我从前做过两次视网膜手术,眼底黄斑病变,视力受损,而且我当时已年近90,恢复能力也受影响。不久我就出院,回家休养。

二十 老骥伏枥

1. 退休岁月
2. 学无止境
3. 重返母校
4. 台湾之行
5. 亲友来往
6. 林泉管弦

1. 退休岁月

我在海牙任满返京后,仍回外交部,办理离职退休。1994年春当我首次住进北京医院接受膀胱肿瘤和白内障两次手术治疗时,我们搬了一次家,我因病未尽到举手投足之劳。新居在东交民巷西段原六国饭店焚毁后再建的新屋,地点适中,房间较为宽敞,附近有街心花园,环境良好。是年4月底我出院时,已是初夏。医师认为我的膀胱肿瘤虽已用电灼术切除,但此病的复发率很高,以后还必须定期门诊灌药,每三到六个月住院作较详检查。我遵嘱于同年夏季再次住院复查,术后膀胱并无异状,但却发现前列腺肥大,医师嘱服"保列治"予以控制。是年夏天很热,但入秋后我精神爽健,由女儿乃先陪同两次出游,第一次去长江三峡,第二次去江南无锡,尽兴而返。两次旅游都是外交部老干局安排的,每次参加者约三十人,有医师和导游全程照料。这两次以及后来的几次出游,下面将另行叙述。

1995年初,我第三次住院,做膀胱镜检查时,发现有些问题,再行电灼手术。我在这次出院后不久还参加了海洋法学会成立大会。5月应邀去苏州,然后去吴江、平望、黎里和同里。是年6月,我第四次住院检查,10月中旬,第五次住院检查,都没有发现问题。两次住院检查之间的夏天,我还去葡萄牙参加国际法研究院双年会。9月又去了一次四川。回来后在国际饭店参加全国最佳健康老人颁奖大会,外交部老干局吴法顺副局长等陪我前往领奖。在我座位两旁坐着老舍夫人胡絜青女士和北京电影制片厂名演员赵子岳。我当时是89岁,已过生日,可说虚岁90。被选为全国最佳健康老人的共有四十八人,凡在京的都亲自到会,我被授予"最佳健康老人"的奖牌。会后,主持会的吕正操、王照华等都来我们座位上握手道贺。

至此,我已在1994—1995年两年内五次入住医院检查和治疗,历时有长有短,因此对我来说,住院定期检查、及时治疗已成为例行公事。病房内医师和护士都已熟识。我住的病房附有浴室,房间内有沙发、冰箱、书桌、座椅。我又从家里带来电视机和微波炉,可说是设备齐全,相当舒适、方便。伙食是两天前预定,偶尔由家里送来,微波炉便可派上用场。楼底地下室设有小型福利食堂,医院职工和病人及家属都可接待。一楼还有小卖部、理发室,庭院里有长条靠椅,花架下夏日可以乘凉,经常可以遇到熟人。院长吴蔚然大夫有时来病房探视。偶尔还要查病历。总之,我几次住院,并不感到孤寂。

1996年2月初、春节前,我第六次住院检查,膀胱肿瘤并无复发现象,但前列腺过于肥大,必须做手术。因春节将届,医院认为可以先行回家,待过春节后再进医院做手术。我遵嘱办理。是年3月,我第七次住院。手术前,外交部老干局副局长李清元和我的女儿倪乃先按例签字。这次手术较为复杂,协和医院麻醉科罗来葵主任医师再次到场主持麻醉。这次手术也是成功的,不过手术后在病房略费时日。我这次出院后不久，外孙白念恩考取英国文化委员会奖学金前往伦敦进修法律专业。外孙媳罗冰后来也去伦敦，他们两人于假期内同去荷兰探望在彼处求学的外孙女白云。

1996年夏，外交部老干局组织离退休人员分批去北戴河避暑。这是我第二次去北戴河，第一次是1958年为准备制定《领海声明》，在北戴河受到了毛主席和周总理接见，并未久留。这次专为避暑休养而来，逗留了一段时间，仍由女儿乃先陪同。同时在那里休养的外交部熟人有符浩、焦玲夫妇和周秋野、陈冬、周敏等。我们除自行在当地游鸽子窝、莲蓬山、电视塔登高游览等外，还组织了一次山海关之行。这个被称为"天下第一关"的宏伟建筑，引起我对历代镇守这座雄关的名将以及民国时代几次奉军入关经过的回忆。我们沿着城楼一带观看近代历朝将相的塑像，其中有戚继光、于谦等民族英雄。我们还在长城最东端欣赏到城墙由陆地入海之际的老龙头及姜女庙。总之，我觉得此行颇有意义。我们这次在北戴河时，正值第25届奥运会在美国亚特兰大举行，因不善游泳，常在电视旁看奥运会的精彩表演，好像时间过得特别快。这次在北戴河休养对身心颇有裨益。

1996年8月我再次去北京医院检查治疗，这已是第八次住院，出院后即参加外交部老干局组织的井冈山、庐山旅游，待下面较详叙述。是年10月间，外交部组织老龄离退休人员去通县张家湾生产基地欢度重阳佳节。生产基地占地较广，我们离退休人员经常吃到的鸡蛋、水果、鲜鱼都来自这里。基地附近是休养所，除住房外，还有游泳池、网球场、台球房、游船等设施。我们那天并未住宿,仅参加茶话会和叙餐会,名歌唱家李谷一率东方歌舞团的部分演员到场表演。参加那天活动的都是年龄较高的离退休人员,我那时正好刚过90岁生日,原条法司司长甘野陶仅小我一岁,身体弥健,相叙甚欢。比我和甘野陶年长的原驻日内瓦总领事温朋久那次也来参加。未隔多久,国际法学会于12月下旬举行年会,并祝我和李浩培90岁初度。李浩培因在海牙任前南斯拉夫国际刑事法庭法官,未能到会。会议由会长王铁崖主持,名誉会长最高人民法院院长任建新致辞,并授予祝我九十寿辰的铜质长方礼牌。国际法学会副会长韩德培讲述我的生平及一些奖勉的话。外交部条法司、外交学院、北京大学、中国社会科学院等单位也都有人前来参加。为了答谢大家盛意并为自勉起见,我拟了一首以"国际法学"四字为四句句首的七言诗,不嫌拙陋,附录于下:

国运昌隆盛世年,
际会风云尽开颜;
法界寄迹九旬叟,
学习毋间争朝夕。

1997年春节后,我第九次进北京医院作例行检查,在我这次住院期间,新中国第二代领导人邓小平同志辞世。消息传来,不胜痛悼,他做过许多好事,作出许多有关国家命脉的重要指示和决定,人民不会忘记他。我住院作过例行检查,不久出院。是年3月底,老友王艮仲邀我和杨显东、李文杰和王淦昌在他家里叙餐。王艮仲和李文杰都是东吴大学的同学。艮仲早年同黄炎培、杨卫玉创办中华职业教育社,成绩斐然,新中国成立后,参加民主党派活动,长期担任全国政协委员。文杰是律师兼会计师,曾任东吴法学院会计系主任。杨显东曾任新中国政务院农业部副部长。王淦昌则是闻名于世的核物理学家,他那时正值90岁,在我们五人中最"年轻"。这一雅聚为中央统战部副部长刘延东知道,她特为这次"五老会"送来鲜花五束,祝我们健康长寿,但因招待外宾不能亲来参加,盛情可感!那次叙餐,由艮仲的女儿王正维亲自掌勺,做了几样有南方家乡风味的名菜,真是口福无穷,大家尽欢而散。

  1997年是香港回归之年,大家引颈而望,我作为一名"世纪老人"特别感到兴奋。对我个人来说,1997年也算是交了"驿马星",几乎马不停蹄。上半年因赴台湾东吴大学讲课,两次路过香港,第二次过港时,还参观了即将举行回归仪式的国际会展中心及其周围环境。是年7月,我第十次住院进行检查。出院后不到一个月,我又去欧洲参加国际法研究院双年会,先后在荷兰、德国和法国小住,虽有女儿陪伴照料,确实也感到有些疲惫。对这些较大跨度的旅程,下面将再作交代。是年9月间去通县外交部生产基地休养几天后,10月间又去北京医院检查。这是我第十一次住院,因患感冒发烧,不能作膀胱镜检查,住院一个多月后出院。直到1998年春节后再度例行住院,这是第十二次了。这次作膀胱镜检查,由邵鸿勋医师主持,为缓解紧张情绪,麻醉时加吸笑气,检查时即入半睡眠状态,毫不紧张。休养几天出院时被告知,以后除每月门诊灌药一次外,可于一年后再来住院检查,我心中暗喜,想来情况改善。但至 5 月、6 月、7 月连次发现异常情况,8 月初门诊每日输液点滴,以便消炎,仍未获所希望的效果。不得已,我又第十三次住院接受治疗。写到这里时,我还在北京医院病房。在这几十天里,中国长江、嫩江、松花江地区发生历史上特大的水灾。我从电视里看到灾区军民以血肉之躯与洪水搏斗,想到我幼时江南水乡多次遭到水患,使我触目惊心。过去要是逢到这种水灾,势必哀鸿遍野,今昔对比,尤深感动。我患病住院,只能尽力捐助,默祷南北各地洪峰早早退去,然善后事宜还是千头万绪。军民与洪水搏斗中,感人肺腑事迹在电视、报章、荧屏上频传,实是可歌可泣。

1996 年起,经黄毓麟的推荐蒙中西医结合、善治肿瘤的专家余桂清主任定期诊断,我一直服用他开列的中草药汤剂,借以增强肌体免疫能力,有助于抑制癌细胞生长。

多年来,科学的治疗,多彩的生活,增强了我的勇气,促使我在有生之年更加努力地学习。

2. 学无止境

我退休回国,迄至目前执笔时为止,已有四年半。在这些岁月中,我继续参加国内外有关的学术会议、讲课、撰稿、咨询等,也从中得到锻炼和兴趣。可谓学不嫌老,下面略叙述我退休后在国内外参加的一些专业和学术会议。

1994年是我退休后的第一个年头。是年12月中国国际法学会举行年会,由会长王铁崖主持。学会名誉会长、最高人民法院院长任建新到会致辞。外交部部长助理秦华孙作国际形势报告,分析细致,语多中肯,他不久就出任我国常驻联合国代表,会上见到前中国法学会会长王仲方、外交学院院长刘山、我驻利比亚大使王厚立和原东吴法学院毕业后在北京大学协助王铁崖教授编集许多国际法资料的田如萱等。下午分组讨论,我因两次手术后体力不支,未能参加。

前面提到过80年代初成立了中国海洋国际问题研究会。它曾先后在北京回龙观、北纬旅馆及大连开会,讨论海洋方面的国际问题,还刊印一批有关的论文。1982年通过的《联合国海洋法公约》已于1994年11月16日生效。中国是一个濒海大国,许多海洋方面的问题,亟待解决。海洋法学会的成立将有助于促进我国对海洋问题的研究和解决。

1995年2月21—22日海洋法学会在北京召开成立大会,参加会议的有有关政府和军事部门、大专院校及科研单位的专家学者一百五十多人。我当选为会长,会上选出国家海洋局副局长陈炳鑫、北京大学法学院教授赵理海、原外交部条法司司长许光建以及海洋发展战略研究所所长陈德恭等为副会长,由陈德恭兼秘书长。我年老患病,全仗他们几位筹划执行。2月21日下午,我作了"国际法院与海洋划界"的报告,讲述了从1951年国际法院承认挪威直基线案起,直到我1994年退休时止有关海洋划界的九个案例,以及

1977年英国和法国海峡群岛仲裁案例,说明海洋划界时可以引用的标准。"等距离线"不是绝对标准,"公平原则"是可以有效使用的。人口或多或少、或贫或富,都不能成为永久可靠标准,必须就案论案,根据具体情况断定。有时根据特殊情况,还可以援引历史性权利。另外在划分海域时,可以考虑双方海岸线长度的比例(proportionality),作为判定分界线位置的一个有效因素,这样论断曾出现在1984年"美国和加拿大缅因湾划界案"、1985年"利比亚与马耳他大陆界划界案"、1993年"丹麦与挪威海域划界案"的判决。这个因素对我国特别有利,因为我国海岸线较长,同有些邻国或其所属岛屿的海岸线长度相比,显然处于优越地位,关于这点,我觉得值得在此一提。1995年9月18日,我曾应邀去天津海洋法研讨班作了一次题为"《联合国海洋法公约》与人类面临的新机遇和挑战"的报告。

中国海洋法学会成立后,曾举办了讨论关于批准《联合国海洋法公约》、展开学术研究、举办海洋法研讨计划及接待来自国内外海洋法专家、学者等活动。1995年6月,联合国法律部官员李世光来京,就《联合国海洋法公约》有关问题作学术报告。1996年,海洋法学会副会长赵理海教授当选为国际海洋法法庭法官,学会向他道贺。该法庭德国法官沃尔夫罗姆并于1998年2月来华讲学,介绍法庭受理的第一个案例"塞加号"商船审理情况。

1996年11月,中国国家海洋局主办世界海洋和平大会的第24届会议,参加的除中国外,有来自加拿大、美国、日本等二十多个国家和地区的一百五十多位社会活动家、法学家、海洋科学家。这个会的发起人是伊丽莎白·鲍基斯,她也是国际海洋学院的创始人,以和平开发和利用世界海洋为宗旨,定期轮流在各国开会。它虽然不是一个政府间组织,但参加的人都是有名的海洋学和海洋管理方面的知名人士。中国国家海洋局局长张登义主持了会议,国务院秘书长罗干代表中国国务院致辞。全国政协主席李瑞环接见了部分中外代表。我也参加了这次会议,国际海洋法法庭中国法官赵理海教授也赶回参加。我在会上还遇到了不少相熟的国际友人,其中有前面提到过的斯里兰卡的平托博士、国际海洋法法庭法官保加利亚的扬科夫、海牙国际法院法官塞拉里昂的科罗玛等。平托和我认识最早,接触最多;扬科夫和我参加联合国第三次海洋法会议时相识,又在日内瓦国际法委员会共事三载;科罗玛在纽约担任自己国家的常驻联合国代表时同我和黄嘉华常有往来,后来他也到过北京来和我们叙晤。这次我陪他们在长安戏院观看京剧《白蛇新传》,还帮助他们选购京剧录音、录像带。女儿乃先还陪他们到友谊商店采购。我们在他们离京前邀请他们和也来参加这次会议的亚非法律协商会议秘书长唐承元夫妇,同在月明园品尝中国风味的餐饮,大家尽欢而散。除上述一些专业性、学术性的会议外,我有时还就某些法律专题接受一些有关单位的咨询,例如1997年全国人大法律委员会就毗连区、大陆架立法中的历史性权利问题以及1998年外交部条法司就主权国家司法豁免问题征询我的意见。由于问题限于内部讨论和研究,这里就不再进一步探讨。

以上是我退休后在国内参加的一些有关专业和学术性的活动。1995年和1997年秋天,我先后参加在葡萄牙和法国举行的国际法研究院双年会,由女儿乃先陪同前往。葡萄牙地处欧洲的极西,过去我从未去过。1995年8月底的一个深夜,我们住进首都里斯本市中心的爱德华五世旅馆,翌晨起来早餐时遇到不久前卸任荷兰外交部长的科伊曼斯,餐毕同赴设在里斯本大学的会场,举行简单的开幕式后,在议会大厦正式开会。这是研究院成立以来的第66届会议,到场致辞的贵宾有葡萄牙共和国总统苏阿莱斯、联合国秘书长加利、里斯本市市长山姆伯等,极一时之盛。接着是例行的报告、选举及其他会议日程,我在会上见到了国际法院院长阿尔及利亚的贝乔维、美国法官施韦贝尔及从国内来参加会的王铁崖等。我很遗憾的是没有能再见到已先后去世的老同事辛格、拉克斯、阿果和鲁达等,感到黯然神伤。但同时也有新当选的旧友或相识,如平托博士、弗兰克教授以及曾在国际法院出庭的意大利律师、不久前当选为前南斯拉夫国际刑事法庭庭长卡西斯等。在这次会上讨论的议题有:主题相同公约(例如海洋法公约前后有1958年公约和1982年公约)继承问题的草案以及关于国际组织成员国对国际组织不履行其义务时的法律后果等专题讨论,有较为显著进展。

会议安排了一次海上游,事实上只是乘坐游艇在海港内游弋一番。值得一提的是游艇豪华、讲究、舒适,仿佛是一所豪华的海上旅馆,港内空气清新,令人感到飘飘欲仙。我先后和一些熟人促膝长谈。世界银行法律顾问阿美拉辛格曾是来自斯里兰卡的法律专家,早年留学美国,他的叔父、已故的汉密尔顿·阿美拉辛格是联合国海底委员会主席。当我国1972年初次出席海底委员会时,是中途参加进去的。他对我们热情照顾,并让他的助手平托博士给我们"补课",前面已略提到。1973年联合国第三次海洋法会议举行,他当选为这个有历史意义的会议主席,不幸于会议过程的中途去世,令人惋惜。哥伦比亚大学国际法教授沙赫特是我在美国认识较早的熟人之一。这次我和他在游艇上畅谈国际法教学等问题,并提到了他的中国博士生薛捍勤和她的论文。薛现在外交部条法司任副司长,可说是他的得意门生之一。会议还安排一次在旧日王宫内举行的晚宴,地点距里斯本城区较远,建筑古色古香,别有风味,我和乃先在宴会前照了几张相,并和联合国秘书长加利合摄了几张。宴会散得较迟,深夜才回到馆舍。我们在离开里斯本回国之前,又应驻葡萄牙大使韦东邀请我们和王铁崖教授在使馆共进午餐,并由参赞陪我们去游被称为"天涯海角"的罗卡角(Cabo da Roca),这是欧洲极西端伸向大西洋的一个角,向西是一望无际的大西洋。那里矗立着一块刻着地理坐标的碑石。

1997年秋,我又一次参加了国际法研究院的双年会,这是学院成立以来第67届会议,在法国东部名城斯特拉斯堡举行。我和乃先先到荷兰,正在鹿特丹大学学习的外孙女白云来机场迎接。我们先后看望了老同学李浩培和史久镛,他们分别在海牙的前南斯拉夫国际刑事法庭和国际法院任法官,翌日由白云驾车经由比利时、卢森堡、德国而到达法国的斯特拉斯堡。途经德国时,在特里尔(Trier)住宿一宵,这里是马克思的故居所在地,我们在故居瞻仰一番,照了几张相,以资纪念。继续南行时,穿过有名的"黑森林"地带,大部分是翻山越岭,道旁古树成荫,远望一片黑色,它位于德国的Baden Baden附近,绵延较广,故称黑森林。过了黑森林,地面比较平坦,渐入法国境内,傍晚到达目的地斯特拉斯堡,投宿于预定的康福旅馆。李浩培由其子李颂孙陪同,已乘火车到达,住在同一旅馆。翌晨我们同往欧洲议会报到,国际法研究院的会场就设在那里。开幕式比较简单,没有像上届在里斯本那样隆重,我们在会上又碰到许多熟人,其中最令人感动的是法国的丹尼尔·维奈(Daniel Vignes)。他一直是欧洲共同体的法律顾问,联合国的许多会议他都列席。我和他很早就在日内瓦、纽约举行的海底和海洋法会议上认识。他每次到会,总是挽着完全失明的夫人同来。这次会议在自己的法国举行,丹尼尔又是"义不容辞"地挽着夫人从巴黎赶到,和我们住在同一旅馆,她和我已"相见"多少次,我一开口,她立即能辨明站在她面前的人是谁。

分组讨论专题的会都在斯特拉斯堡大学举行。我们参观了欧洲人权法庭,看到有三十来个座位的法官席,成"一字长蛇阵",煞是壮观。可惜正值暑期,没有能看到开庭。我们除白天开会外,晚上相继参加了斯特拉斯堡大学举行的酒会和阿尔萨斯省省长邀请的宴会。这次再度来欧参加会议,行程较为紧凑,从北京抵达海牙后,又开车两天连续作荷、比、卢、德、法五国之行，略感劳顿，故决定于8月31日星期日参观在柯尔玛举行的民俗风情村后，提前回荷兰搭机返京。8月31日凌晨在巴黎突然发生震惊整个欧洲的英国黛安娜王妃因车祸致死事件，电视连日传播，在以后两三天里，几乎看不到、听不到其他节目。我和乃先于8月31日匆匆参观了充满社会发展意义和民俗风情的村庄，不待会议结束，即驱车返还荷兰，翌日搭机回京。

3. 重返母校

1995年是我退休后的第二年，也是抗日战争胜利50周年。5月初旬，苏州大学的张梦白老教授代表校方给我来信，邀我在我认为方便的时候去苏州大学，作大约一周的访问，并称由于我年事较高，可派人来京陪伴同行。我早年就读于设在上海的东吴大学法学院，仅于1928年毕业典礼时去过苏州东吴大学校本部，以后虽曾数次到过苏州，但未去过母校。1952年院系调整，东吴大学改称苏州大学，原设在上海的东吴法学院亦并入华东政法学院。我后来知悉原东吴大学的校友，曾集资在苏州大学校园内建筑一所"东吴之家"，并请我题字。我当时欣然复函应邀，拟于5月下旬赴苏，并告以我可由女儿倪乃先陪同前往，免得派专人往返接送。后经继续联系，定于是年5月24日成行。

5月25日午后，当我们抵达苏州火车站时，张老先生偕同苏州大学党委副书记徐惠德已在车站等候，当即同去苏州大学的上述"东吴之家"歇息。当日下午我就被邀前往大学的法学院，见到了院长和法学院的教授、讲师们。大家坐下来略谈法学院近年来发展情况。然后，他们要我简单地介绍国际法院情况。我除略述国际法院成立经过外，着重提出国际法院的管辖问题及其与国内法院的差异。大家很不拘形式地交谈讨论，直至傍晚才散。那天晚上校党委周书记和姜校长邀请晚宴，这是一次全是苏式名点的会餐。北方有饺子宴、全羊席，南方有蛇肉宴、海鲜宴。至于点心宴，荤素咸甜都有，清雅可口，绝无豪华奢侈气味。我虽是苏人，还是初次遇到。翌日，我们在徐书记、张教授陪同下，会同上海来的校友高文彬、顾浩等游览玄妙观、沧浪亭、吴门桥和盘门等有名的景点。两千多年前伍员（子胥）就市政建设已有如此卓见和成就，旧事重温，令我感慨万千。回到"东吴之家"后，1983年从台湾回来的侄子倪文钊，他被安排在苏州大学图书馆工作，是日下午也偕侄媳王德珍同来看我们。

　　5月26日，学校在礼堂举行大会，纪念抗日战争胜利，我既作为校友，又是胜利后审判日本战犯的检察人员，被邀来向大家介绍当年审判情况和感想。我作为历史见证人，叙述了日本军国主义者从1931年"九·一八"事变起一手炮制了所谓"满洲国"，侵略华北各地，发动了卢沟桥事变，又在上海、南京继续侵略战争，进行惨无人道的大屠杀，并到处勾结汉奸成立伪组织，屠杀百姓，罪恶滔天，罄竹难书。胜利后，盟国在东京成立远东国际军事法庭对作恶多端、血债累累的日本战犯进行审判，本来是天公地道的。但既是公开审判,要有一定的法律程序,根据证据定罪。当时的国民党政府认为胜利者对战败者审判,无须提供证据,这已经是绝对错误的看法。加以当时美苏已经出现对立分歧,美国蓄意利用日本军国主义,不拟严惩战犯,竟以"公正审判"为借口,派来大批美国律师来为日本战犯辩护。当时法庭所适用的程序又是英美式的审判程序。中国作为"二战"中最大受害国,在这种审判过程中,反而有如逆水行舟。中国检察人员并不因困难气馁,想法"就地取材",在日本自己陆军省档案库中找出日本军阀所犯战争罪行的有力证据,才把侵华的主要日本战犯罪行明确地昭示于天下,使他们受到应有的惩罚。不料事隔四十多年,日本有些高官重臣还不时参拜设有东条英机等主要战犯灵位的靖国神社。对这种复兴军国主义的苗头,我们表示极大愤慨之余,必须特别警惕。我在上述历史过程的轮廓下,叙述了审判进行中中国检察人员遭遇的艰苦历程和日本战犯的丑恶表现,前面已有提到,这里不予赘述。曾参加东京审判检察工作的东吴同学高文彬,也应苏大之邀,从上海赶来参加这次纪念,并发了言。《苏州日报》翌日以"前事不忘,后事之师"为标题,报道了苏州大学的这次爱国主义教育。

翌日,徐副书记为我安排一次预先联系好的"吴江家乡行"。我们先沿着大运河南行,不到一个小时就到吴江市,书记沈荣法出差在外,副书记、副市长汝留根在吴江宾馆接待我们。汝也是黎里人,这次是初会。我们在宾馆略事休息后,即乘车参观吴江市经济技术开发区,并参观了市容。接着就乘车由汝副市长陪同前往我度过童年的平望镇。我对平望有特别感情,但已找不到位于河西街中木桥头的旧居。大运河上的长老桥和安德桥是我旧游之地。我只隔着大运河遥望平望最大的安德桥,没有能去瞻仰长老桥头的岳飞庙。我们随即东行至我和乃先已于1990年去过的黎里镇,并在黎里进午餐,见到四哥之子倪文煌。下午去夏家桥黎里中心小学,看到新近落成的我为纪念前校长先姑母王倪寿芝的亭子和由我所撰碑文,文中记述先姑母捐产兴学的经过。碑文全文如下:

> 王倪寿芝(1864—1943)黎里镇人,早于前清末年前往上海城东女学求学,开风气之先,旋返黎里创办"求我蒙塾",后改称"民立小学",设在其住宅内。民国初年,小学迁入夏家桥原黎里镇公所旧址,即今黎里中心小学地点,改为公立,称"吴江县第四区女子学校",王倪寿芝仍任校长。王倪寿芝办学,前后三十余年,悉心筹划,输财捐产,不遗余力,直至1922年,因积劳成疾退职。门墙桃李,乡里咸钦,爰建此亭,以资纪念。

我们从黎里向北行到达河道纵横、石桥累累的同里古镇。近世吴江有名文人,除黎里柳亚子外,还有同里的陈去病和金松岑等。同里还有闻名江南的退思园,我们前往一游。园内荷花池碧水盈盈,假山耸峙,逶迤曲折,整个园景,构筑高雅。园名退思,亦寓有深意。我们傍晚才返抵吴江

城,主人要我留言,为此作成七言拙诗如下:

> 昔年初游松陵镇,垂虹桥畔鲈乡亭;
> 今日重返吴江市,突飞猛进换新颜。

晚上主人设宴于宾馆,会晤市长张钰良等。从福建离休回来、卜居于江城的侄女倪炜及夫婿陆国奇和子女闻讯亦来宾馆晤叙。离开江城仍由苏大徐副书记陪同返抵"东吴之家"休息,已近深夜。看到家乡蓬勃发展,兴奋不已,历久不能成眠。

5月28日上午,由张、徐两位陪同游苏州西郊洞庭西山。昔日只有洞庭东山陆路可通,洞庭西山则是太湖中一个岛,必须乘船。最近已架起十里长桥,几分钟可到。我们在山上庙里品茗,纵论古今。说来也巧,张梦白是教历史的,徐惠德曾是他的学生。徐又是上海本地人,与我岳家同属一区,谈起来有很多共同语言。中午我们赶回苏大,因为下午还要开校友会。老校友大都是苏州文理学院毕业的,除我、高文彬和暂时旅居苏州的施觉怀外,没有遇到毕业于上海东吴法学院的。次日辞别苏大,偕高文彬同赴上海,与他同往我们两人共同的母校澄衷中学,又由他安排参观浦东新区、东方明珠、南浦大桥等景点,并看望了盛振为老师,这是和他最后一面了。5月30日,我和乃先同往闵行颛桥寝园看望凤桢安息之所。这里也像上海市区一样,发展很快,两所大楼,几无"隙地",骨灰匣正在向墙壁上发展。返京之前,应乃先中小学同学王琛玉之邀,在大雨滂沱中游了城隍庙,当晚又应乃先的清华同学方魁元夫妇在梅龙镇餐厅邀宴,归途经南京西路和南京东路,灯光灿烂,如同白昼。翌日我和乃先即乘火车回京。

1995 年是抗日战争胜利 50 周年,许多媒体都约我撰文或来采访。人民日报社还邀我到他们社里举行座谈。先后发表我自撰文稿的有:8 月 10 日《吴江报》上的"东京审判中的土肥原和板垣"和 8 月 25 日《人民日报》上的"东京审判亲历回忆"。8 月 22 日《法制日报》发表新华社汪金福采访后所撰"一次特别的审判";8 月 26 日新华社的《每日电讯》也登载了汪金福的采访稿"特别的审判"。1998 年 5 月上旬,我在报上获悉日本东映株式会社花了十五亿日元,拍摄一部名为《自尊——命运的瞬息》影片,竟然为"二战"中的日本甲级战犯东条英机等辩护,并且认为南京大屠杀是"根据传闻的夸张",珍珠港事件是日本面临美国的威胁而采取的"自卫行动"等。这简直是荒唐透顶,黑白颠倒。近年来日本高官参拜靖国神社,我已很反感,看到这条新闻,实在按捺不住,随即执笔写了一篇以《自尊,还是自省》为题的短稿,于 1998 年 5 月 16 日发表在《法制日报》上。

4. 台湾之行

1997 年 5 月,我再次重返母校。但这次去的母校,不在苏州,而在海峡对面的台湾。前面我曾提到 50 年代初期东吴在台北重建,以及后来我在海牙时台湾东吴法学院院长程家瑞的来访。我退休后,程因参加学术交流,也常来北京顺便访我,并询问我能否访台讲学。1997年春节刚过,台北东吴大学法学院正式来函,邀我于5月访台讲学两周,由于我年事较高,同时也邀我女儿倪乃先伴行,以资照料。我循例办理一切必要手续,包括先赴香港再转台北的中转手续。同时受邀请的有海峡两岸法律研究会会长原中国法学会会长王仲方和夫人。仲方得悉东吴法学院要求我两星期内作六次学术报告,觉得这对年逾90的老人要求过分,立即电话对方主张减少,得到对方同意,改为两次。其实我已做好六次讲课的准备,既然决定减少,也就顺从主人安排。我们一行四人办好一切去台手续后,于5月22日离京赴港,事先已由新华社香港分社黄毓麟为我们安排住在新华分社大楼。社长周南本是熟人,因他有事在京,由副社长朱育诚设宴款待。朱的父亲朱其文是老外交家,曾任驻越南大使,他的堂兄朱育璜曾在重庆法院任职,因此就有许多共同语言。翌晨,我和乃先应前在重庆法院任职时的李学灯之女李克玲邀约,在跑马总会早餐。她父亲因有事赴美,知道我将过港访台,不能相晤,嘱克玲必须在港招待,诚意可感。午刻我们搭机赴台,下午到达台北桃园机场,程家瑞夫妇在场迎候,投宿于中山北路富都饭店。此后活动频繁,拟大体上分为开会讲课、宴请招待、寻亲访友、参观游览等几类,以免叙述时错综交叉、杂乱无章。

首先是开会讲课,这是我此次来台的主要事项。当我们在香港停留时,已看到街路上有关于"保钓"的标语。这是由于前几天日本在钓鱼岛设置灯号并阻止我方船舶驶近而引起的反应。我们到台北的翌日，即5月24日被邀参加在东吴法学院举行有关钓鱼岛问题学术研讨会。我事先并无所知，但仍出席参加并在开会前遇到知名人士钱复和丘宏达等。钱复的祖父钱鸿业（号谨庵）曾于30年代和我同在上海特区法院任事，每日同车往返，经常看到他的三个孙儿，在门前接送爷爷，钱复最幼，小名三新。丘宏达是美国马里兰大学国际法教授，其父丘汉平是我20年代东吴法学院同学。我们交谈片刻后，即赴会场。会上有东吴大学校长刘源俊及钱复的致辞和几位学者的发言。我和乃先旋即返回富都饭店。

我的讲课安排在5月27日和28日两个下午。第一次是向研究生班讲述国际海洋法问题及国际法院有关海洋法的判例；第二天是向法学院全体讲述国际法院成立以来所作的判例。的确，要在两个半天内完成这样广泛的课题是不简单的。我在第一讲里概述了联合国海洋法会议的召开以及对国际法院1951年"英国与挪威有关直基线问题案件"、1969年"荷兰、丹麦与德意志联邦共和国有关北海大陆架划界案件"、1982年"突尼斯与利比亚划分大陆架案件"、1984年"加拿大与美国有关缅因湾海域划界案件"、1985年"利比亚与马耳他大陆架划界案件"以及1992年"丹麦与挪威海洋划界案件"进行分析，并指出如何从这些案件里吸取与我邻国划界时可以适用的对我有利因素。第二讲是面向法学院全体，在大礼堂举行，同时由我持赠从北京带去镌有母校东吴校训"养天地正气,法古今完人"字样的铜匾,母校也赠我校旗,以资纪念。这次我的讲题比较广泛,不得不大加压缩。国际法院自1946年成立以来处理过不少大案,一开始就有"阿尔巴尼亚科孚海峡内英舰触雷案件""南非在西南非洲(纳米比亚)关于结束委任统治的案件""法国在南太平洋进行核试验案件""德黑兰美国使领馆人员被困案件""尼加拉瓜诉美国使用武力和干涉内政案件"以及前述一系列有关海洋划界案件,都是世人非常关心的事件。其中除西南非洲一案受殖民主义影响、仅以8∶7之比的微弱多数通过并引起不满外,其他案件的判决大体上缓解了当时存在于当事国间的紧张状态,或者建立了一些解决国际纠纷的准则。当然,有些细节问题,可能还有进一步研讨的必要。国际法院除处理国家间诉讼案件外,还有发表咨询意见的职能。咨询意见虽然不同于判决,也没有强制执行的效力,但事实上解决了许多有争议的问题,当事国也都遵行。

我们在台北,从一开始就不免应熟人邀宴。抵台翌日,东吴同学徐杰之子徐华明律师等即在凯悦饭店宴请我们,同席有著名科学家袁家骝和台湾新党成员傅崑成等。傅后来曾应我海洋法学会之邀来京开会,我适因病住北京医院未晤,他留给我一信致意。5月25日晚东吴法学院在富都饭店邀宴我和王仲方,席间有丘宏达、马英九、方天成等,谈的都是我所愿闻的法律界动态。5月26日晚东吴法学院又在来来饭店宴请,同席有文化大学法学院杨建华、95岁高龄东吴同学桂裕以及曾在重庆司法行政部工作过的李模和许婉清夫妇。李、许两位都在台北当律师,谈起半个世纪以前的重庆往事,似还历历在目。5月27日逸仙文教基金会董事长马树礼和夫人在世贸大厦宴请。马老早年任国民党中央党部秘书长,历有年所,他这次谈了关于拟在大陆创立民办法律学院事宜,后来在我们离开前又到富都饭店馈赠礼品并送行,盛情可感。5月28日东吴法学院又在天厨饭店宴请,同席有东吴校友会董事长陆润康等。5月29日钱复夫妇举行家宴,仅邀我和乃先及程家瑞夫妇,宴前给我看有关他的祖父遭汉奸杀害的有关文件,还在我告别时馈赠他的著作和台湾茶叶。离台前一日中午李模、许婉清夫妇在叙香园宴请,同席有陆润康和程家瑞夫妇等。当天晚上东吴大学校董会董事长王绍堉在富都饭店宴请,王仲方夫妇、程家瑞夫妇亦在座,谈了一些有关召开包括在国外的"扩大"东吴校友会之事。

在此酬酢往回之际,想到有几位年老多病的旧识,应当登门拜访。首先是和我同在东京审判中共事过的东吴同学桂裕。我于抵台后不到两天就去看望他。95岁的桂裕早已丧偶,儿子在美国,他独自生活在一个相当幽静的小院内,只有一位垂老保姆照顾他的生活,他自得其乐地穿着一件中式长袍在室内看书。翌日他还出席了东吴在来来饭店的宴请。我离台前一日,他来富都饭店请我吃早餐,并在小商店内买一条"金鱼"送我作纪念,不愧为长我四岁的学长。还有我的夫人在抗战期间所认义女罗汇珍,她的丈夫雷炎均因心脏病离不开供氧设备,我们到了他们家中探望,她坚持要在附近餐馆款待我们,边吃边谈后匆匆即返。我们离台前一日,她冒雨在我们赴宴的叙香园门口等待,送给我们领带和茶叶,诚意可感。40年代和我同在美国考察司法的向英华,早年随着资源委员会定居在台湾新竹,因腿疾不能行动。我于赴台中路上去新竹找到了他。他和儿子住在一起,房屋宽敞,环境幽静,就是不良于行。我于返京后不久,忽接其子发来悼念他的讣告,距离我和他相见之日仅匝月,真是人生如早露。他和我同岁,亲友中与我差不多年龄的,又少了一人。

最后谈谈在台的参观游览。5月24日上午参加钓鱼岛研讨会后,下午由徐华明律师陪同参观台北市容。市中心相当热闹,我们到了供奉关羽神像的行天宫,建筑不同于一般庙宇,高大异常,不亚于杭州的灵隐寺,有谢冠生的题字在最高处。香火之盛,出乎意料,竟有人捐资置办香烛,供给不相识的人应用。次日游故宫,我早就听说,北京故宫内的精品,已于北平解放前夕被运往台湾,那么,留下来的都不是上品了?我不善于考古,但也觉得台北故宫里的陈列品不同凡响。我看到元代倪瓒的画,我幼时听说过我们倪家是"云林后裔",云林就是倪瓒的号。参观中我们还在楼上雅座品茗,别有风味。归途在圆山饭店进午餐,看到宫殿式的宏伟建筑,哪里像个饭店?原来这里是孔宋的私产,我为之感慨万千。我讲课完毕后,程家瑞于5月29日自己驾车,陪我们去阳明山、北投、淡水参观游览。淡水曾是早年荷兰和英国先后设立领馆之地,有过一段遭受侵略的历史,原领事馆当时被称为"红毛馆",现已成为展览馆,保存着记述当年经过的历史文献。

5月31日,我们由东吴法学院的高圣惕博士陪同前往台中日月潭游览。高曾在荷兰进修,获得莱登大学国际航空法博士学位。我们中途在新竹稍停,访晤了向英华,已如前述,下午到达日月潭,下榻于教师会馆,相当安静。翌日出发游览文武庙,庙宇在山坡上,层层叠叠,颇为壮观。供奉文臣诸葛亮、武将关羽和岳飞。关岳在旧中国社会被尊称"武圣"。大陆上关帝庙相当普遍,岳王庙大都在南方各地。日月潭的文武庙则将相隔九百多年的两将神像并坐于一殿,一左一右,颇为别致。想来神像既是象征性的,关岳同堂,有何不可?诸葛之像则在较高一层的后堂,香火都很盛。旅游景点外面都出售香气扑鼻的茶叶蛋,近看时发现锅内除有茶叶外,还有日月潭产的香菇。我们在日月潭参观的另一景点是供奉唐僧舍利的玄奘寺,庙宇并不很大,门前一块大木牌上指示玄奘当年从长安到西域取经所经历的全部路程及地名,寺内有藏经楼,年老僧人不少是从大陆上去的。一位浙江籍老僧曾在和我们交谈时大发议论。他说玄奘大师是中国的伟大的第一名留学生,他游学数十余郡国,在外十七年,终于带回了数百卷佛经回国,现在有的公费留学生,一出去就不回来,和玄奘大师相比,应有愧色云云,真是慨乎言之。我们后来又看了一个孔雀院,并沿着湖滨,饱尝景色后回到宾馆,休息片刻后启程返回台北。我们和王仲方夫妇于6月3日结束台湾之行,搭机到达香港,仍住新华分社。

香港当时已接近7月1日回归之期,如临节日。当晚东吴同学、香港律师黄天荣假座宁波同乡会宴请我们和在港东吴法学院同学。原香港首席大法官杨铁樑和夫人谭学濂也应邀出席。这是我1987年和他在香港乡村俱乐部和后来他们访问海牙之后第三次会面，不觉正好已是十年。宴毕时间尚不太晚，黄毓麟夫人吴芳美建议我们乘车同去将作回归仪式会场的国际会展中心，看看外面的布置和灯饰。我想我虽然不能于"七·一"当天亲眼看到仪式实况，观光看看这个场所也是幸事。我们后来直到深夜才回到住所，翌日即飞返北京。我们回京后，东吴校友会北京分会姚云、顾锦心等邀我在全国政协礼堂向在京东吴法学院校友座谈我们的台湾之行。6月21日那天到会的人不少，其中也有近期内去过台北的，如北大高程德教授等，也都相继发言或插话。再过几天，将是香港回归之期。6月30日下午，我就端好椅子，在电视荧屏前等待这件盼望已久之大事的来临。下午5时，看到彭定康在大雨滂沱中搬出港府，此后就继续观看会场上的各种动态，无心进晚餐，直至午夜降旗、升旗、交接，我热泪盈眶，到凌晨3时许临时立法会议会毕，才因体力不支躺下休息数小时后再看。这段经过确是终生难忘。

5. 亲友来往

我退休回京后，亲友来往较频。我的堂姐徵琮，30年代从美国和欧洲回国，曾先后在北京、南京和昆明行医，80年代后定居于北京。姐夫刘绍光是协和医科大学第一届毕业生，既是医生，又是科学家，曾有著述，于 1992 年在京病故。徵琮长我十岁，视我如胞弟。1994 年我退休居京，常去看望她，犹忆我曾于 1957 年和她的女儿刘晓明从门头沟翻山到过潭柘寺。徵琮笃信基督教，健谈好客，广交游。1995 年发现腹部有肿瘤，曾在协和医院医治无效，于是年 6 月 6 日辞世，虚年百岁。另外我长姐徵璇的女儿王回珠是我在京的另一近亲。她仅次我三岁，从小就常在一起，夫婿涂长望早年就参加革命，从事气象工作，我前面提到过。长望早逝，回珠培养四个女儿成家立业，她家在西郊，因患心脏病，每次都是我去看她。1997 年 4 月，国家气象局为《涂长望传》一书的出版举行首发式，我们也应邀参加，会上遇到长望生前好友王淦昌、邹竞蒙等，回珠一家都在座。此外，我的妻弟张沅欣之长子张庆林自 90 年代初从哈尔滨调任铁道部高级工程师，他经常来看望我们。

1994 年 7 月，久居美国的姨妹张蓉珍之长女张青芝和女婿伍法岳因趁法岳在天津讲学之便，冒暑前来看望我们，他们当天就要回天津。这是我退休后第一次接待远道而来的亲戚。我们邀他们在隔邻华风宾馆进餐，并邀张庆林同来。那里环境比较高大凉爽，可以畅谈衷曲，互叙家常。后来 1997 年 8 月，法岳因开学术会议，又曾来过北京看我，我们翌日即将出发去欧洲参加国际法研究院双年会，仅匆匆同去孔乙己饭店餐叙晤谈后告别。1994 年 10 月，我三姐的女儿殷明及其夫婿时希颖从美国回来探亲访友。我七八十年代在纽约开会时期，他们的两个儿子时安令、时安众常来看我，陪我游览纽约。

殷明乳名蘅官,他们这次来京住在我家,曾由我的外孙媳罗冰陪他们畅游长城、十三陵。他们留京十来天后,就返美国。

此后,我们又常有来自荷兰的朋友到京相聚。1995年9月上旬,前面提过林惠群夫妇和黄伟雄、刘美清夫妇相继前来,准备去敦煌参观游览。林惠群是潮汕旅荷实业家,黄、刘是医师、学者,有如前述。我们在月明园宴请,并邀原驻荷大使王庆余和夫人胡君宣以及原在驻荷使馆任职的李钦平、高予、沈惠梁、徐丹晖作陪,杯觥交错,宾客尽欢而散。不到半个月时间,荷兰的李恒茂医师和夫人陈女士(英文名 Frieda)来京过国庆节。李是牙科医师,常为我治牙,他不仅医术高明,而且为人诚恳正直。Frieda 之兄陈端风是荷兰交通部电气高级工程师,和我一家也都熟识。我们也在月明园款待,并请原驻荷使馆熟人作陪。1996年9月,方介通医师由荷去粤,过京时,作短暂停留。他在海牙设有诊所,其夫人林竹兰也是医师,两人合办诊所。我在荷兰时,先后曾患带状疱疹和坐骨神经痛,他曾用磁疗法为我治病,我们宴请他时,还邀请原驻荷使馆熟人作陪。1997年9月,黄伟雄和刘美清夫妇再次来京。这次他们有一个宏伟计划,准备前往新疆,去探访丝绸之路。黄伟雄退休后爱研究宝石生产,作这次旅行,亦寓此意。我们在太白楼为他们洗尘并送行。1997年12月,苏恩从荷兰来京,我们在月明园宴请,同席有原驻荷大使郭洁及肖美丽大夫的姐姐肖群等人。1998年3月,曾宝贝律师之弟威尔逊·曾及弟媳钮绮云返祖国观光,我们在姑苏松鹤楼宴请他们,绮云原是吴江盛泽人,在印尼长大,与威尔逊结婚后,定居荷兰,认我为亲同乡。

前面我曾提到来自荷兰的法官们在京开会。最近我还分别接待过来自英国和美国的法律工作者。1997年4月,外孙白念恩从英国来信告我,他的导师康乃代(A. Connety)将来华考察,希望我们予以接待。康就住在我们贴邻华风宾馆,但他留京日程已排满,只能在他离京当天早晨在大三元同进早餐,然后去游附近的北海。他对中国寺庙建筑很感兴趣,在永安寺及白塔寺照了许多相,留作纪念。1998年7月,香港大学美籍客座教授康纳尔(A. Conner)来京,她要向我了解原东吴大学法学院情况。她曾于1989年向美国法律史学会年会发表过题为《培养中国的近代法律家:东吴大学法学院》的长篇论文。她对原东吴法学院及其培养出来的法律工作者极感兴趣,我正好成为她这次考察的对象。我由女儿乃先安排,请她和同来的政法大学的薛波博士在华风宾馆共进午餐。我向她介绍了从我1925年进东吴法学院时起到1952年东吴结束时止东吴法学院的课程设置以及师资情况、毕业生就业概况,兼及1997年我去台北东吴法学院讲课经过等。她深感满意,并于回到香港后来信对我这次接待表示感谢。

除与亲友个人回往交接外,我还经常参加一些校友会的活动。澄衷中学校友会比较突出。澄衷建校将近百年,校友遍布全国各地,都成立分会,经常互有联系。上海总会由前校长应锡侯主持,办事处设在学校附近,经常举办各种活动,对学校起着辅助、联系作用。我退休回到北京,校友会就和我联系,航天工业部的陈继清、国防大学的王剑君和我接触较多。澄衷校友似乎大都在科技、工业界,从事人文科学的甚少,搞法律的寥若晨星,使我自觉非常"孤立"。当然事实上并非如此,1996年他们还在我家里为我祝寿,使我铭感不已。东吴大学校友会北京分会也有不少会员,但来自苏州文理学院的较多,来自上海法学院的亦有不少,李文杰、顾锦心、姚云等热心地主持会务,使分会生气蓬勃。由于部分退休法律工作者组成的东友律师事务所热心赞助,校友会会务更加有声有色。关于我从台港回来后东吴法学院校友会开会情况,前面已有叙述。1997年某日,原朝阳大学同学、现在社会科学院任研究员的徐葵由原外交部条法司副司长司马骏陪同前来看我,他含笑地对我说:"他(指司马骏)本名马自强,参加革命而改名。"他还告诉我,40年代他的朝阳同学王振威(我的表侄)结婚时,他还到过黎里吃喜酒。然后他道出来意,说朝阳于1952年并入人民大学已四十多年,朝阳培养过很多出色的法律工作者,曾有"北朝阳、南东吴"之誉。现在想成立朝阳校友会,请我题词,如果情况许可,并希我于日后召开成立大会时莅临。回忆抗战期间,我在重庆朝阳兼课,因时值非常,生活维艰,授课须郊行数十里,师生相叙片刻间。为此,我越发觉得这段期间的难能可贵。1997年10月,朝阳校友会在人民大学校园举行成立大会,我适因病住院,未能亲自参加,只能去信道贺。在同年出版的《法学摇篮朝阳大学》里,我题了"朝夕思念忆往事,阳光灿烂迎新辉"十四个字表达了我的心情。

人生总是叙散无常,生离死别是不可避免的事,"天下无不散之筵席"。我退休回国后,四五年中,辞世的亲友已有多人,关于堂姐徵琮,前面已有叙述。先后去世的其他亲友有沪江大学老同学徐焕明。他曾是足球健将,在华东名震一时,1925年我离开沪江去东吴习法,他北去燕京大学学农,毕业后南返经商。我赴美留学,他帮助我筹资,他的夫人陆景缇,曾和我同向仙霓社的传字辈演员学昆曲。数十年间我们常有往来。1964年,我和他同去东四报房胡同访问原沪江附中同学李春蕃,即后来成为新中国有名外交家的柯柏年。柯柏年因肺病,此后不久即逝世于北京。1994年冬,当我退休回国未到一年,即接到焕明在上海去世的噩耗。我的舅嫂鄞佩恩,自从我的妻弟张沅昌1980年去世后,仍居上海,她的子女和孙女都在国外,她于1995年底得病去世时,只有年幼孙子张宁在身边。沅昌在时经常为我们看病。这次我们于事后闻讯佩恩去世,很感突然。1997年春,原东吴法学院的盛振为老师在沪去世,时年95岁。犹忆1995年夏我曾和东吴同学高文彬同去看他。那时他已不能行动,坐在躺椅上,但还和我们说说笑笑,这次竟一病不起。1997年7月,北京大学97岁高龄独身的陈岱孙教授去世,他是卓越的经济学家,闻名中外。他的两个外甥女唐斯复、唐立苏与我的女儿乃先友善,常相往来,因此我和他亦相识。追悼会在八宝山举行,他的桃李满天下,会场上人满为患,我和乃先同去参加送别。1997年11月我在《人民日报》海外版看到我在东吴的同年同学李浩培在荷兰海牙因病逝世。他身体本来很好，又不断打太极拳，数十年来不辍。我和他刚在法国斯特拉斯堡一起出席国际法研究院双年会，分手不过两个多月，消息来得突然，后经证实他因感冒引起其他病症于11月6日在海牙红十字会医院逝世。他的骨灰于11月26日由家属及前南斯拉夫国际刑事法庭所派专人送回北京。我和女儿乃先都去机场迎接，并见到他的夫人凌日华和其他家属。1997年12月9日，外交部为他在八宝山举行告别仪式，我事先撰了悼念他的拙诗，被安放在他的照片一旁，藉表心意：

  同庚同窗同任职，人生几何甚飘忽，
  海牙噩耗难遽信，寒风催泪衣襟湿。

  1998年1月，我前面提过在苏州大学图书馆任职的长侄倪文钊也因病去世。我仅长他九岁，几乎是在平望一起长大的，后来他随父母北去燕都，数年后又举家南返。文钊爱好文学，钻研《尔雅》一类的文字学。他于1997年冬得病后，还和我通过信，不久即告不起。1998年3月，曾在王艮仲学长家相叙的"五老会"之一员李文杰，亦因病去世。他和我同庚、同学，1949年至1952年，我和他同在上海东吴法学院任职任教，直至1952年秋院系调整、东吴停办为止。后来我们先后来京。1990年我在世界法律大会上见他消瘦特甚，后来似乎逐渐恢复。他热心主持东吴校友会的会务，因此有机会不时相叙。这次他突然去世，实出意外。最近，我们的老邻居汤兴伯又突然去世。兴伯早年在外交部领事司，与我常有业务上联系。他后来曾在联合国任职,旋任我国驻休斯敦、纽约总领事。我因去纽约出席联大会议及海洋法会议,常相晤叙。我们又两度住在同一宿舍,达三十年,因此两家人都相熟。他为人爽朗豁达,身体本甚健康,这次染病住院,我曾去医院病房探望,得知他患肺癌,发展很快,不料未隔多时,噩耗传来,竟于1998年7月1日病逝。我参加了在北京医院举行的告别仪式,看到了和我熟识的他的子女,不禁凄然。他的夫人卢锦秋,因历久患帕金森病未能出席告别仪式。

  在此期间,亲友在海外去世的,只能就事后得悉的记述于下,以表悼念。前面提到我于1986年因参加亚非法律协商会议年会曾去泰国首都曼谷,遇到妻舅张沅恒和他的夫人张秀娥,蒙她们和女儿张芝琳热忱招待,陪同我们游览各处。我们后来获悉沅恒、秀娥因病先后于1994年、1996年在曼谷去世。1997年3月,久居美国西雅图的我的姨姐张维桢因病逝世。维桢是凤桢的长姐,从小在一起上学,参加"五四"运动,后来又先后同上沪江大学。凤桢曾告我,她们因生母早逝,姐妹"相依为命"。1988年凤桢在海牙去世后,我曾和乃先于1989年同去西雅图探望维桢。1997年6月,本是维桢虚年百岁寿诞,我们原已计划届时前去祝寿,不料她却先期辞世,我们感到非常悲痛。前面提到过我于1982年因在联合国开会,乘休假日作波士顿之行,住在我的姨妹张蓉珍及其夫婿张秉孙家里。1997年夏,我们接到关于秉孙在波士顿去世的消息。秉孙近年来因骨折备受痛苦,后经医治接骨,似已略有好转,这次因有肾脏问题,竟至不起,我们当即驰函蓉珍慰问。

6. 林泉管弦

人生于世,有作有息,不能只作无息,更不应只息无作。年轻时作多于息,年老时息多于作,这是正道。我前面谈过学无止境,也意味着学不嫌老,但毕竟还是要有一定时间的休闲。古人称隐息林泉,是指退休后悠游于山水之间,亦即游山玩水。我则暇时除偶作旅游之外,有时还享受管弦之乐。管是指唱昆曲时之笛,弦则是指京剧里的胡琴,因为我如逢周末,也喜顾曲听戏。下面我将在结束冥思回忆之前,闲谈一些人生中比较轻松的事物。

(1) 林泉之美

我将首先记述,1994年退休后的几次旅游。这不同于退休前参加过的有接待任务的或者自己受招待的旅游,而是无拘无束地纯粹为旅游而旅游的个人活动。此中区别,可能是不言而喻的。我在退休后所作较远的国内旅游,绝大部分是参加外交部老干局所安排的。参加这样的旅游有两大优点:一是每次出游都有医生和老干局干部陪同,既安全又有照顾;二是同伴大多数本来就是熟人或者虽不是原来相识,但交谈后即成熟人。我第一次参加这样的旅游是1994年9月里的长江三峡游。我们一行大约有三十人,同伴中原来认识的有方迪槐、严梅生夫妇、柳白、王霞秋夫妇以及谢启美夫妇等。我们先乘火车去重庆。抗战后期我曾单身在重庆待过三年半,但时隔半个世纪,我对这个山城只记得一个大概轮廓,现在校场口和都邮街起了巨大变化,去南岸有越江大桥,不用再坐渡船。我和乃先乘车在雨中浏览了一番,在九重天吃了早点,下午集体去参观了新建的人民大礼堂,建筑宏伟,设计别致,二层全是好像包厢那样的房间,给我留下深刻印象。我们次日参观了曾家岩"周公馆"、红岩村、渣滓洞、白公馆等。第三天我们在朝天门登上游览船,翌晨停泊于丰都,参观了"鬼城",类似平望小九华寺里的"十殿阎王",不过规模要大得多。然后继续东下,过瞿塘峡而至巫峡,换乘小船游"小三峡"后仍回大船过西陵峡,经葛洲坝而至宜昌,再东下在岳阳舍舟登陆。次日参观了有名的岳阳楼,看到了宋朝范仲淹所书名句"先天下之忧而忧,后天下之乐而乐",我肃然起敬,衷心感佩。次日在雨中游了洞庭湖里的君山,又看到了国际龙船竞赛的出发点,当晚乘火车经由武汉北返。

这样的旅游大部分时间在船上,不费力气而饱览名胜。1994年过国庆节后,我们再度参加了外交部老干局组织的无锡之游。同伴中原来熟识的有张龙海夫妇、程震球夫妇等多人。我们在无锡西郊宾馆住宿。旅游日程的安排,注意照顾老年人的特点,一天游览,一天休息或自由活动。我们除游览当地的锡山、惠山和鼋头渚外,还去过附近的苏州、宜兴、江阴等地作短程的"旅游中旅游"。苏州的虎丘山和寒山寺我还是初游,我还付五元钱撞了几下寒山寺的钟。宜兴的紫砂陶瓷已闻名于世,江阴的华西村是搞好乡镇企业的有名典范。最后,我还看到太湖滨拍摄《三国演义》的电影城。江南的金秋十月是非常诱人的时节,而所谓"山"也不过是丘陵起伏,因此对我并非障碍,我们畅游约旬日后乘车返京。

1995年秋我和乃先乘飞机去成都,准备先后作青城和峨嵋之游。这将是几年来的一次壮举。我们住成都大饭店,交通比较便利,旅馆兼办旅游业务。我们计划先去1944年我曾游过的青城山,然后再西去峨眉山。内侄张庆林在成都的友人坚持要陪游青城。我们一大早出发,先到距成都约六十公里的代表古蜀国文明的青城。古往今来,青城山也以它林泉深秀、景色清幽、高山峡谷、树木丰茂,以及古老的道教宫观和历史遗迹而吸引了众多游客。我们经由建福宫冒雨而上至我1944年想去而未去成的上清宫,其中一部分路程是坐缆车。山上空气清新,道观一尘不染,可惜雨雾迷漫,但雨中自有雨景!下山后我们向西北行而至闻名于世的古代水利工程都江堰,它是公元前约二百多年时蜀都太守李冰父子率众修建的。它把几项工程竞合起来,使岷江一分为二,以便引水、分洪、排沙、水运,并与灌溉渠系相配套,构成完整的自流灌溉体系,孕育了沃野千里的"天府之国",而最近几十年来又不断扩大灌溉区,形成了集灌溉、防洪、供水于一体的巨大水利工程。我们在进午餐后,越安澜索桥而至岷江的外江和内江分流处尖角洲"鱼咀"上观看这个伟大的奇景,心旷神怡,也为这个伟大工程感到骄傲。我们畅游一番后与前来伴游者同返成都。

翌日是1995年国庆节前夕,我们一大早乘旅馆安排的车辆远征峨嵋,中途在乐山休息,午餐后去看有名的乐山大佛。大佛位于岷江、青衣江、大渡河三江交汇处,据说开凿于唐玄宗开元元年(公元713年),历时九十年才完成。大佛高达七十一米,背靠青山,面临三江,头与山齐,双手抚膝,足踏江边。我们是从大佛左侧下去到大佛脚边,然后沿着大佛右侧拾级而登清云崖九曲栈道迂回向上,中途有凉亭可以歇脚,远近景观可以尽收眼底。最后我们到了山顶,与大佛的七米长耳朵相比高,真是奇景。

下山后我们登车直驶"佛教四大名山之一"的峨眉山。我们从山腰里进去,投宿于净水山庄,翌日天未明时,我们又登车前往峨嵋主峰金顶。众多车辆先到山门口排队,等天亮时开山门,驶到雷洞坪又要停下来走一段山路,我们坐了滑竿上去,到缆车站直上金顶。金顶最高处万佛顶海拔3099米,可饱览全山主要景观。这天正好是举国盛庆的"十·一",我们清晨在金顶欣赏了晓霞、云海、日出等各种奇观,心情欢乐无比。当天下午,我们游了峨眉三十寺庙中最古老的万年寺,在无梁殿中看到被誉为"峨眉山的镇山之宝"的普贤菩萨铜像。据传这尊铜像是宋太祖赵匡胤于太平兴国四年(公元979年)斥资黄金三千两在成都精心铸成部件,然后送到峨嵋装配成像。游万年寺时,天已下雨,我们决定坐滑竿提前回净水山庄休息。

翌日清晨,我们乘车下山经由报国寺东行回成都。我们中途曾在夹江古镇停留,它位于岷江和青衣江汇合处,故称夹江,出产有名的宣纸,我买了一卷带回送人。我们还在那里看到一棵千年古榕,枝叶茂盛,形态异常,实属罕见。中午在东坡故乡眉山停留,午餐后参观了纪念苏氏父子的"三苏祠",内有三苏的塑像。下午回到成都,为时尚早,我们还游览了武侯祠,该祠前殿三大间,中为刘备,左右关张,后殿供奉诸葛武侯像。前殿两旁廊内有赵云等文武将官数十,塑像都是栩栩如生,做得似比江南一带我所见过的更工。我们还去了杜甫草堂,看到这位诗人的故居,当然后来历经改建,现在已是游人休息场所,树木荫深,环境幽静。我们经此长途旅行,回到旅馆休息一宵后,次日仍坐飞机回京。

  1996年,我又参加外交部老干局所组织的井冈山和庐山的旅游,那时京九铁路刚通车,9月中旬的一个早晨,我和乃先同去新建的西车站和大家会合。同伴中本来熟识的有张颖和邱应觉、徐湘泉夫妇等。火车上照例很热闹,翌日下午过南昌时上来一位江西省外事办公室的干部,一经交谈后,知道他是苏州人,北京大学外语系毕业后在江西做礼宾工作。薄暮时我们在井冈山站下车后换乘汽车,黑夜里走了几乎两小时后,到达井冈山名胜茨坪,就在这里翠峰宾馆歇下来。井冈山在二三十年代曾是无产阶级革命前辈创建的我国第一个农村根据地,位于湘赣交界处,山峦重叠,地势险要,树木幽深,具有军事上的可攻可守优越地势。我们于次日上午去游名为水口的风景区,拾级而下,沿途古木参天,流水潺潺,奇山怪石,鸟语花香,可以看到瀑布前的双道彩虹。我因体力不够,未到水口尽头,在一大岩石旁,一面独自欣赏大自然，一面等候大家原路回来。下午乃先和大家同去五指峰等胜景，我则独自在宾馆附近散步闲游。翌日我们冒着大雾去毛主席西江月词中描写的黄洋界，看到当年保卫战时所用的旧炮。当天又去龙潭，因有较陡台阶，我未下去。

次日已是9月下旬，我们辞别了井冈山，经由吉安而到省城南昌，住了一宵后乘汽车转往庐山。下午参观了含鄱口、植物园、牯岭街。晚上回到宾馆，9月下旬山上的气候奇冷，我裹着一条毛毯看电视，后来不得不提早上床就寝。翌日上午游了花径、锦绣谷、天桥而至仙人洞。仙人洞中有石雕"纯阳殿"，内有吕洞宾石像，这里比较雅静，是游人驻足稍息之地。下午我们参观了大会堂、博物馆、美庐等处。翌日我们就乘车去九江。我们先参观了九江大桥，又参观了甘崇湖内的烟雨亭，相传这里是三国时代周瑜任吴国水军都督时用做点将台的旧址。然后我们到了有名的浔阳楼，据传唐代诗人白居易、韦应物曾登楼题咏，又据施耐庵《水浒传》描述宋江因在此醉酒题反诗而获罪。我们就在浔阳楼进午餐后乘车再去南昌，中途在共青城瞻仰了胡耀邦陵墓。次日上午先游赣江边上古今闻名的滕王阁。这一古代建筑是唐太宗之弟、滕王李元婴任洪州（今南昌）刺史时初建，据说历代屡毁屡建已二十八次，因年轻大文学家王勃登阁即席写下《滕王阁序》名篇而誉贯古今，与湖北黄鹤楼、湖南岳阳楼并称江南三大名楼，我觉得滕王阁建筑风格尤为突出，不同凡响。接着，我们回城内参观了"八一"南昌起义总指挥部旧址。这里原是"江西大旅社"，1927年8月1日革命前辈朱德、周恩来等在此发动了震惊中外的南昌起义,打响了反对国民党反动派的第一枪。我们参观了楼上楼下摆设如旧的各陈列室,然后返回招待所,下午乘火车北返。

(2) 管弦之乐

下面我将简述所谓管弦之乐。首先,这一"乐"字有双重意义,既是快乐之乐,又是音乐之乐。我曾叙述童年时喜欢看戏,既包括用笛吹奏的昆曲,也包括胡琴伴奏的京戏。从看戏的场地来说,有田野里搭起来的春台戏、市镇上的庙台戏,都市里的舞台戏等。1994年我退休归来时,北京还不是经常有戏可看,只是等到节日或者会演时,才发票售票。最近两年来,我不时有机会"光顾"湖广会馆和正乙祠看昆剧,也在人民剧场或工人俱乐部和长安大戏院看京剧。我对湖广会馆和正乙祠的古式戏楼特别感兴趣,因为我从小逢时逢节在家乡庙里看戏,就是这种模式的戏台,格局近似颐和园里大戏台,不过具体而微,当然还要朴素得多。1996年春起,中国戏曲学院附中和北京戏校每逢周末在虎坊桥工人俱乐部轮流演出少儿京剧,学员粉墨登场,特别有劲。我在那里看到几出许多年来没有演过的老戏,如《祥梅寺》《战宛城》等。

1994年夏,文化部组织在北京举行全国昆曲会演,参加的单位有北方昆曲剧院、上海昆剧院、江苏省昆剧院、苏州昆剧院、浙江昆剧院和湖南昆剧院等,在人民剧场轮流演出。这样的曲苑盛事,机会难得,我冒暑连看了几场。在北京昆曲研习社举行的联欢会上,看到了仙霓社传字辈老人郑传鉴的即席表演和浙昆名演员张娴的清唱。昆曲虽起源于南方，但北昆对昆曲的保存和重振起着重要作用。同时我对远离昆山的湘昆颇感好奇，这次看到一位姓张的青年演员演出《荆钗记·见娘》，声容并茂，唱做得体，觉得昆曲已流传到靠近岭南的郴州，真不简单。在会演期间，也遇到上昆的主要演员、现任上昆院长的蔡正仁。他是吴江震泽人，不久前因去昆山吊唁他的老师沈传芷，路上出了车祸，他受了重伤，头上缝了一百多针，死里逃生。但较诸后来去新疆演出时在克拉玛依因车祸遇难的北昆著名演员洪雪飞，总算幸运得多。

外交部有个业余的京剧学会，成员主要是离退休干部，会长是曾任副部长的宫达非，秘书长是早年在条法司任职、后来在我驻美使馆任参赞的梁于华。他知道我爱昆曲也爱听京戏，邀我参加，我欣然允诺。后来我也偶尔参加京剧学会组织的演唱会，在会上遇到许多熟人，有陈鲁直、钱嘉栋、郭洁、陈东、周敏等。教师兼顾问是本就认识的昆曲研习社员宋丹菊。她是"四小名旦"之一宋德珠的女儿，京昆兼擅，文武不挡。中央电视台戏曲音乐频道有个"戏迷园地"，邀请外交部京剧学会担任节目，许多卸任大使、参赞应邀，也邀我参加。我说我唱的是昆曲，梁于华说"京昆一家，不必见外"。我不便坚拒，并准备以《宝剑记》中《林冲夜奔》一段应付，因这戏原是昆曲，但常在京剧节目中演出。事实上，京剧中许多武戏，唱的都是昆剧曲牌。1996年初，外交部京剧学会被邀人员都去老舍茶馆，一一演唱录音拍摄下来。我唱了

《林冲夜奔》中《折桂令》一段，北京昆曲剧院主要笛师王大元为我伴奏。最后还有李庭荃大使和宋丹菊两人"上装"彩唱《四郎探母》快板对话一段。这些录像后来都在中央电视台戏曲音乐频道陆续播出。

1996年冬，北京昆曲研习社为纪念成立40周年，在湖广会馆举行社员演出。关于这个社的成立，我前面曾简单地介绍过，现已历时四十多年，它经历过一个不同寻常的历程。它是在1956年由北京大学教授俞平伯等业余曲家发起，在当时文化部副部长丁西林和北京市副市长王昆仑等关怀和赞助下成立的。我在上海澄衷中学时的老师、地理学专家项远村是曲社第一届社委之一。我当时刚从上海调来北京，就在那年冬天加入了曲社，曲社经常举行同期（昆曲清唱）、演出。"文革"前夕，曲社停止活动，直到1979年恢复，到1996年，曲社已有四十年的历史。12月8日的纪念演出有六出折子戏，其中有朱家溍和樊书培的《鸣凤记·吃茶》一折，已多年没有人演唱。萧漪的《西游记·认子》唱做工稳，韵味淳厚。朱家溍等的《天官赐福》，热闹非凡，象征着国泰民安、富强康乐、风调雨顺、五谷丰登的盛世之年。

翌年6月下旬，北方昆曲剧院为庆祝成立40周年，也在湖广会馆举行庆祝活动，还分别在长安大戏院和中国儿童剧场举行几次演出。我参加了庆祝，并看了几次演出。事实上北方老一辈昆曲艺术家韩世昌、白云生、侯永奎、马祥麟、侯玉山、魏庆林、白玉珍等早年已在河北高阳组织"荣庆社"演出昆剧，30年代去上海，在恩派亚戏院演出，我曾看过几场。

新中国成立后，他们在老一辈国家领导人周恩来、陈毅等关怀和支持下，创立北方昆曲剧院，吸收新血液，第一次在西单剧场公演全本《渔家乐》。当时我刚调来北京，也躬逢其盛，倏忽已是40周年。1998年6月起，北昆每星期六下午在湖广会馆有演出，我和乃先成为常客。

近年来，外国人、特别是在中国的外国留学生逐渐能欣赏中国的京戏和昆剧，有时还能演出。我曾在电视里看到瑞士人、英国人、牙买加人分别演过《三岔口》《挑滑车》《芦花荡》等戏，这是个好现象，异国人也欣赏中国戏剧艺术。但能演出的都是武戏或做工戏。至于唱词幽雅、曲调繁多的昆曲，则到现时为止，还只有文字和中文比较接近的日本留学生能演唱。据我所知，他（她）们大多是北京师范大学留学生，其中以前田尚香为最出色。他（她）们经常请教于北昆名演员张毓文、戴样麟等，对外公演时，也常寄票邀请我和乃先。1998年还在正乙祠公演过两次。一次是为纪念韩世昌诞辰100周年，另一次演出还有归国美籍华裔冯宇光演出《游园惊梦》。前田尚香先后演出《挡马》和《夜奔》。在此以前，我还在中和戏院看过她演出《铁冠图·刺虎》和《牡丹亭·游园惊梦》《玉簪记·琴挑》等剧，唱做俱佳，可称文武兼备。此外还有山田淳子、石田元子、三野雄一郎等。他们并组织一个"日本昆剧之友社"，在日本也发展社员，山田淳子就是从东京来此参加演出的。我希望他（她）们能把中国的艺术瑰宝传播到国外，使更多人能欣赏到中国的高雅艺术。

综合我的一生,除读书教书外,前半生从事司法,后半生从事外交。结合到戏剧方面,我从小爱看"公案"小说和那些平反冤狱、大快人心的戏。单单坐堂问案的戏就很多,可以提出一连串,但说得上是典型的有:昆剧中的《十五贯》、京剧中的《玉堂春》、曲剧中的《杨乃武与小白菜》、评剧中的《杨三姐告状》。事实上,演这些戏的不止一个剧种,上面所提的剧种是较先演出而已。《十五贯》这出戏是很有教育意义的。第一审无锡知县草率结案,判处无辜的熊友兰死刑。况钟历尽艰难,获得都督周忱的特许,暂缓执行死刑,准予复审。况钟耐心地经过实地察勘、深入察访等一系列调查研究,终于真相大白,找出了真正的杀人凶犯。《十五贯》这出戏,也"救活了"昆曲这个古老珍贵的剧种。第二个例子《玉堂春》,即《三堂会审》,知道的人较多。据传苏三(即玉堂春)确有其人,太原会审亦确有其事,审讯案卷曾经慈禧调来清宫,后存故宫博物院,北平解放前被转移到台湾。我曾问过故宫博物院高级研究员朱家溍,有无此事。据告,20年代旧北洋政府司法部参事沈兆奎曾向他说过,苏三案卷已运往南方(指的是当时在南京新成立的国民党政府)。虽对存放地点有出入,但却肯定有此案卷。关于第三个例子《杨乃武与小白菜》,当我 1956 年初到北京时,就看到北京曲剧团魏喜奎等演过此戏。最近又有中国评剧院高闯等演出,南方沪剧、越剧里也有此戏。这是清末在浙江余杭县发生的一桩实事。杨乃武和小白菜(葛毕氏)被判死刑已成定局时,行刑前夕,按例要给死囚吃一顿酒饭。当时杨乃武问小白菜何以要诬指他谋害其夫葛小杜,小白菜答,刘知县家里人告诉她,如一口咬定杨乃武谋害,她自己可以免罪。这话被隔房布置好的人听到,经过复审,找到真正谋杀罪犯是刘知县之子,从而杨乃武和小白菜得免一死。第四个例子是评剧里的杨三姐告状。这也是一桩实事,发生在河北滦县,曾哄动一时。最初上演的是新凤霞,后来谷文月等都演过。故事比较简单,但描述主角杨三姐百折不挠地为死因不明的亲姐杨二姐伸冤报仇,敢与官场豪门斗争到底,终于经过开棺检验,查出真正死因——杨二姐之夫高某是杀人凶手。我因此记起前面提到过的1942年在四川江津开棺检验之事,不免心领神会。

至于有关外交的戏不多。首先,什么叫外交?春秋战国时的诸侯是不是主权国家?旧时的蒙古汗、西域王、西藏吐蕃(音布)算不算独立的主权者?不过现在是在谈戏剧,可以不必太严格讲究。《苏秦六国封相》可称是外交上的大联盟。这是一出热闹戏,旧时的戏班常在年底最后一场演此戏,意味着封"箱"(戏箱)大吉。还有一类是中"外"交好的戏,例如张君秋演的《汉明妃》,唱做繁重。北方昆曲剧院的李淑君、张毓文亦曾演出,名为《昭君出塞》,比较简短,但亦文武兼备。李淑君曾演过大型新编昆剧《文成公主》。还有一些可称是"外交"上交涉折衡的戏,如《申包胥哭秦庭》,早年高庆奎演此戏曾"叫座"一时。还有《蔺相如完璧归赵》,完成了"外交"上的使命。元朝著名剧作家关汉卿写了一出名剧《单刀会》,描述三国时东吴鲁肃设宴向蜀国关羽索取荆州,反被关羽斥责一顿,惶惧而退。这可说明实力是外交的后盾,关羽才能单刀赴会。戏剧里比较能典型地体现出外交形象的要数《苏武牧羊》,因为苏武所持的"节",就是历来所称使节的节,是京剧里马连良的拿手好戏。昆剧《牧羊记》有小逼、大逼、望乡诸折。苏武留在异域,不顾威胁、利诱,忠贞不屈,在今称为贝加尔湖的"北海"湖边牧羊度日,终于在历时十九年后回到长安。我深爱昆曲"望乡"一折,诚然气势磅礴,词意曲调均为上乘。昆曲研习社恢复活动后,叶仰曦和樊书培两老在恭王府合唱过此曲。叶老已辞世多年,我幸有录音带尚存。

〔我写到这里,刚过了1998年国庆,时年已逾92岁。眼花缭乱,思路钝塞,不辞愚陋,谨以此回忆录作为献给即将来临的建国50周年大庆!——作者〕

二十一 近事续记

1. 百年校庆
2. 应邀赴美
3. 昆曲"入世"
4. 学海无涯

["夕阳无限好,只是近黄昏"。作者在写这几个字时,已逾九六寒暑,人生至此,堪称已近"日薄西山"之际。但是,溯自1998年拙作《淡泊从容莅海牙》交稿以来,忽而又将五个寒暑,其间经历了一些值得回忆的事情。因此,我择要续写这几年的回忆,以备日后本书重印或再版时应用。——作者]

1. 百年校庆

十年树木,百年树人。

溯自前清末叶,中国人民在内忧外患交迫、水深火热之中,力求消灾灭祸,奋发图强。当时有识之士,深知百废待举,但最根本的是教育和实业。于是南北各地曾先后创立新式学堂,其中设立较早的有上海方言馆、上海电报学堂、南京矿务学堂、广州同文馆、湖北自强学堂、湖北矿务工程学堂、福建船政学堂、福州电气学塾、天津医学堂、山海关铁路学堂等。除了设立新式学堂之外,还由清政府选派青年学子去国外留学,以备学成归国后效劳。到了1898年,在北京设立京师大学堂,这是旧中国首次设立的新式最高学府。所有这些都发生在距今百年左右。

与此同时,外国教会(主要是美国的基督教会)也先后在中国设立高等院校,其中较早的有苏州的东吴大学(1900年)、上海的圣约翰大学(翦伯赞《中外历史年表》称于1905年成立,但其他有关资料则称建于1869年)、上海的沪江大学(1906年)。此外,还有设在北京的燕京大学、南京的金陵大学、杭州的之江大学、武汉的文华大学、广州的岭南大学等。法国天主教也在上海设震旦大学,在北京设辅仁大学。英国方面则在上海设麦伦书院、雷士德理工学院、圣芳济学堂。德国亦在上海设同济大学。所有这些院校大体上都由于1952年起实行教学改革和院系调整而不复以原来名称存在或继续存在。东吴大学曾改为江苏师范学院,1982年起改为现名苏州大学,校部仍在东吴大学原址,不仅较前大了许多倍,共有十七个学院,有些学院还分散设在新址,发展迅速,令人很难想象。

根据苏州大学历史系王国平教授所写报道,当年创办东吴大学有一历史过程,1900年正式成立了东吴大学校董会并选举了校长,1901年正式开办注册。2000年初,苏州大学在报上发布公告,将于是年5月18日在苏州举行百年校庆大会。接着,苏州大学副校长孙伟和东吴校友总会会长张梦白教授等还特地北来和在京校友当面相邀。我们在北京校友会会长姚云同学所在的新华总社会见了孙副校长。我本来就已准备届时去苏参加,这次就更加具体化,相约5月中旬苏州见面。

前面提过我和四哥1919年离开家乡到上海考入澄衷中学就读。我同澄衷中学的关系非同一般,既做过学生,也当过教师。无巧不成书,澄衷中学也是于2000年举行百年校庆大会,不过具体日期是8月16日,此时正值农历七月,是上海一带最热时候,俗称"火烧七月半"。这两个难得逢到的百年大庆,前后相隔三个月左右,如何能够兼顾并行,成为当时面临的一个问题。

后来正好我应浙江财经学院和上海东吴大学校友的邀约,将在2000年5月中旬赴苏参加苏州大学百年校庆之前,先去杭州和上海,我就照此顺序,准备在上海时先去澄衷一行。当即,由女儿乃先陪同,在到过杭州履约之后,于5月12日到达了上海,随即作了临时安排,于5月14日应澄衷中学周勤荣校长和澄衷校友会应锡候会长邀请,前往母校澄衷中学。陪我们同去的有澄衷和东吴法学院"双重"校友高文彬同学。我们一进去就感到异常亲切,但学校校园确是变了样。当年学校的主楼"澄衷蒙学堂"和西边的大钟楼已不复存在。镌有"澄衷蒙学堂"五个大字的巨大石刻横匾则在拆造时予以保存,现陈列于校园东侧一条长廊内供人瞻仰。我从这石匾想到一百多年前一位普通劳动者——叶澄衷先生勤俭致富后捐产兴学的义举,在过去的一百年里培养了多少莘莘学子,看到这块石匾,仿佛也看到这座我曾在内学习、教课的走马堂楼,感慨万千。我们参观了后来新建的四美堂教学大楼以及最近由澄衷校友李达三斥资兴建的达三楼。参看后举行座谈,我们在会议室内看到1901年起担任过澄衷学堂总理(校长)蔡元培先生的相片,庄严肃穆,令人油然起敬。我们参加的这次活动,仿佛已参看了澄衷百年校庆的"预展",并表示了对母校的崇敬,我就顺便向周校长、应会长等示意,由于年龄和气候关系,不一定能在盛夏时节再来上海参加澄衷百年校庆。他们对我的这个表示似乎已在意料之中,使我既感且愧。

我这次来到上海,应邀参加了上海东吴校友会举行的百年校庆大会。由于前东吴大学法学院是设在上海的,因此这次遇到的熟人很多,特别是40年代后期和50年代初期的法学院毕业生,热情洋溢,使我非常感动。可惜由于时间紧迫,未能从容叙旧,但还有不少同学到我住处相访,使我历久难忘。在留沪期间,我和乃先去了先妻张凤桢骨灰所在的闵行区颛桥寝园。

2000年5月17日是苏州大学百年校庆的前夕,我和乃先应原任上海高级法院院长顾念祖同学之邀,同车前往苏州参加盛会,到达后受到了苏大师生的热忱欢迎。当天上午举行了校友代表大会,由校领导介绍苏大历年发展情况。接着是北京、南京等地校友会代表向母校献礼,热闹非凡。这是一次碰头叙旧的预备会。当天下午举行了东吴大学法学院校友王健及其子王嘉廉捐资在苏大校园内兴建命名为"王健法学院"大楼的奠基仪式。当晚我们出席了王氏父子举行的宴会,遇到了不少久别重逢的校友,有的还要经过一个认辨过程,才能确认下来。当晚杯觥交错,尽欢而散。

5月18日上午,苏州大学建校100周年庆祝大会在吴县(今吴中区)体育馆隆重举行,在宣读江泽民主席的题词和李岚清副总理的贺信后,由苏大校长钱培德致词,接着还有江苏省、苏州市等地的党政领导、兄弟院校代表和本校校友代表等先后致辞。我们在台北见过的台湾东吴大学校长刘源俊也专程前来参加。整个过程,充满了洋溢的热情和宏伟的展望。当天下午,苏大法学院举行了后来被称为"四代同堂"的盛会,气氛热烈异常,时年94岁的我被称为第一代;七十多岁的上海东吴法学院老校友为第二代;其他五十来岁的中老年校友为第三代;法学院目前在校学生则为第四代。大家抚今忆昔,畅谈无阻,有时不免又要谈到前面提过的所谓"南东吴、北朝阳"的老话,事实也确实如此。当时东吴和朝阳之所以受到重视,是因为东吴和朝阳有他们的特点。东吴教的是比较法,不限于本国法,而且特别注重实用,有些课程是用英美法院判例作为教材,对办理涉外法律案件特别有用。朝阳的教师大多是当时现任法官和律师,有实践经验。朝阳法学院还出版过一套民刑商事及诉讼法讲义,全套二十来本,对各种法律作了详尽的分析,很受当时法律界的欢迎。这些都是事实,但也不能因此就认为当时其他法律院校都不足称道。其实理论与实践本应并重,相互为用,不应偏废。那天晚上又举行了盛大的宴会,校党委书记周炳秋主持并讲话。我也作为老校友讲了话,并被邀请用一把大刀切开特制的生日大蛋糕,供众人分享,引发了全场一片欢笑声。

近据报载,各地不少高等院校举行校庆。我初步认识是,学校需要总结办学经验,校友都怀饮水思源感情,也有不少人怀念当年旧交,由于失去联系,都希望在校庆时有可能久别重逢。总之,大家都怀着深厚浓重的感情前来参加。

我在这次出发作江南之行以前,曾在吴江《人才报》上看到了平望幼年邻居殷恭毅撰写的《情系东溪河》一文,文情并茂,读了使我为之神往。我和恭毅本来认识,他早年就读于东吴大学,后来专门研究植物病理学,担任南京农业大学教授兼系主任,他虽比我略小几岁,但亦早已退休。我看到前述有关平望东溪河的文章后,就约他同去参加苏大百年校庆,他也本有此意,就此一言为定。2000年5月20日校庆高潮已过,我们决定作平望之行,一起从苏州出发,前述苏大副校长孙伟对平望比较熟悉,亦一同前往。我们到达平望后,由镇党委书记孙水林和恭毅表弟王积苏等陪同穿过了市街前往我们所向往的静静东溪河。事实上我们现在所看到的东溪河,上面架起了一座洋桥,水面上停泊着许多正在作业的渔船,岸上往来的行人也都喧喧嚷嚷,呈现一片热闹兴旺的景象。但这只是东溪河的南端,其北面上游处仍是一片宁静如旧,引人入胜。接着我们来到了我童年时就读的蠡斯港艺英书院,观看了当年我们教室内墙壁上的一块前清光绪四年(1878年)镌刻"重建平望艺英书院碑记"字样的巨型石碑,并摄影留念。然后,我们沿着市河走到南河西街,分别找出了我们两家当年各自的旧居所在,但相隔数十年,又经战乱,现已模糊难以辨认。

到了平望,当然不能不去江南名胜安德桥,此桥古称"平望桥",拱形单孔,南北走向,直跨大运河和荻塘交汇处,初建于唐朝大历年间,几经重修后,现存的桥是清同治十一年(1872年)重修的。著名唐代书法家颜真卿(人称"颜鲁公")任湖州刺史,过平望时,曾写下题为"登平望桥下作"的诗句,其中有"登楼试长望,望极与天平"之句。我一见此桥即毫不犹豫地拾级而登,从桥顶俯瞰平望全景,兴奋不已。

过桥就是去小九华寺的路。原来的小九华寺已于抗日战争时被日本侵略军烧毁殆尽。这个重建的江南名刹，当时即将落成。我们进去休息时，吴江市张莹副市长也闻讯赶来相叙，盛情可感。接着，我们游了镇南有名的莺脰湖，相传为范蠡和西施泛舟的五湖之一。《儒林外史》第十二回"名士大宴莺脰湖，侠客虚设人头会"的故事背景就在此地。我们在莺脰湖畔，看到新建三座石桥，为湖光生色不少。最后，我们去了莺湖北岸的西塘街，这里街道整齐，市面兴旺。看了平望正以日新月异的面貌向前迈进，心情十分兴奋。我们畅游竟日后，薄暮各自回到住处，无限遐思，围绕我的脑际。

我这次连续遨游杭、沪、苏三大江南名镇后，还接受了侵华日军南京大屠杀遇难同胞纪念馆馆长朱成山之邀前往南京，同往的还有参加过东京审判的东吴同学高文彬。2000年5月21日我们到达南京后，即由朱馆长陪同，参观了雨花台、夫子庙、秦淮河等名胜，翌晨又前往紫金山天文台、中山陵、明孝陵，下午参观遇难同胞纪念馆，并作了有关亲历东京审判的报告。这两天晚上，先后应南京市和江苏省有关部门邀请，盛情可感。5月23日一早，我们由朱成山馆长陪同，参观了1842年结束第一次鸦片战争的《江宁条约》议订地点——静海寺。它位于南京长江南岸下关。据说当时正值盛暑，英国侵略者挑选在这个比较阴凉地点举行"谈判"，而签字订约则在停泊于下关江面的英国军舰上举行。我们在这里回忆了中国人民历史上第一次受到外来侵略的奇耻大辱，同今日人民中国扶摇直上的国际地位作了鲜明对比，忆苦思甜,不禁感慨万千。

2. 应邀赴美

2000年这一年对我来说,确是一个"旅游年"。初春3月间,我曾去海南岛,到过"天涯海角"的三亚和榆林港。5月里我连续去了号称"天堂"的苏杭及沪宁江南胜地。从南方返京不久,又去了全国模范城市——大连。在北京过了特别炎热的夏天后,正好迎来金秋天气,又应邀作美国之行。用我们家乡的一句俗语,叫做"犯了驿马星"。

事情是这样:2000年初一位美国斯坦福大学校友、近在美国贝克&麦肯思国际律师事务所北京办事处的安瑞生(Andreasen)先生曾要我提供给他一份我的简历,到了同年八九月间,他突然来电话告诉我,贝克&麦肯思和斯坦福大学协商决定,由前者提供资金,在斯坦福大学法学院设立以我的名字命名的奖学金,鼓励学习国际法和中国法最优秀的学生,并将于当年10月9日在该校举行一个仪式,希望我届时能出席。

过了几天,斯坦福大学法学院院长沙利文(Sullivan)和贝克&麦肯思负责人索陆(Theroux)都以电传发来正式邀请信。沙利文院长的来信,除了说一些赞扬的客气话之外,还说"法学院的教授和学生们都企望能见到你,并能有机会更多地知道你在国际场合的光灿事业"。贝克&麦肯思的邀请信除阐述设奖目的外,详细地告诉我拟议中的开会准备及旅行细节。这几年来，由于我年事较高，不论在国内或去海外旅行总是由女儿乃先陪同。又由于出发日期迫近，而且办理赴美签证手续比较复杂，一切旅行事宜都由安瑞生先生协助我们顺利办妥，得以如期成行。

2000年10月4日下午，我和乃先搭乘飞机离京出发前往美国旧金山，经过十一个小时的航行后，飞机到达目的地。我国驻旧金山王云翔总领事等特来机场迎候，并由王占杰领事伴送我们到预定好的希尔顿饭店休息。当天后半夜我的外孙女白云（乃先的女儿）从欧洲赶来参加我们的"行列"。10月6日，贝克&麦肯思国际律师事务所在旧金山举行来自世界各地的五百多人代表大会，其中有乃先的中、小学同学赵稼。我们被邀参加开幕仪式，当我们作为嘉宾被介绍与大家见面时，会场荧屏映现了现场情况，热闹非凡。我们稍留片刻后即离开会场，我回旅馆休息，乃先母女则前往在美国最早成立的中国城（China Town）。

翌日即10月7日我们前往距旧金山约三刻钟路程的帕洛·阿尔多（Palo Alto）镇。七十年前帕镇和斯坦福校园几乎不分彼此，现在斯校建有校门，校门之东为帕镇，校门之西是大学校园。我们当天下午迫不及待地驱车逛了校园的主要部分，看到一大群红色屋顶、黄色墙壁的西班牙寺院式大厦，由于校园实在太大，我们只好乘车走马观花似的转了一圈。10月8日我们就在帕洛·阿尔多镇上游览，希望能找到我当年留学时代的住处及常到的地方。我觉得街道名称和位置与以前一样，但两边的房屋都已翻新，更不用说当年常见的人物。回忆往昔,真是感慨万千。

10月9日是设奖命名之日,午后由斯坦福法学院教授雷特(Wright)驱车来接我们前去会场,会见了法学院沙利文院长和著名的国际法教授巴尔顿(Barton)、弗利特曼(Friedman)教授等。学生代表有不少亚裔,其中有北京外交学院留学生徐小冰,熙熙攘攘,倍形亲切热闹。我国驻旧金山王云翔总领事和杨晓忠领事亦来参加。会议一开始,先由沙利文院长致辞,除为我作了详细介绍外,强调学习中国法的重要性,接着索陆先生代表贝克&麦肯思致辞,除亦强调这次设奖意义外,并对我过去事业奖掖有加。然后由我致辞,我除对母校及贝克&麦肯思以我名字设奖表示感谢外,特别指出当前世界各国应相互了解、共同依存的重要性,这对中国当时即将参加世贸组织并与其他国家共同努力对维护世界和平发挥更大作用尤为重要等。最后由斯坦福大学法学院和贝克&麦肯思国际律师事务所共同签发给我一份"褒奖状",内容类似他们给我邀请信上的褒扬文字,盛情可感,我将永远保存。

会后雷特教授邀我们去她即将前往上课的教室,我也很想实地看看现代课堂上的情况与以前有什么两样。我们看到的是一个扇状梯形教室,但座位较少,因为雷特教授这次要讲的是选修课。她要求我先致辞,我将国内改革开放以来法制方面的情况略作介绍,旋即兴辞告别。在法学院的底层长廊上我们看见一大批展示照片,都是斯坦福法学院毕业后担任法官的校友。而在另外特辟的一组里,看到我穿着国际法院法官法衣的照片。直到傍晚我们才回到旅馆，这次活动到此告一段落。

开会设奖事毕，我可专门从事探亲访友。我的外甥女殷明和儿子时安世就住在旧金山，安世也参加了日前在斯坦福大学举行的会议。会后几天，安世还开车陪我们去附近名胜游览。有一次，我们去了太平洋沿岸有名的海城蒙特莱（Montery），参观了一个规模极大的水族馆，来自世界各地的游客很多。美国西部过去被称为荒野的西部（Wild West），经过多年开荒、经营，经济扶摇直上，有些地方已超过东岸，例如世界闻名的高科技特别发达的硅谷（Silicon Valley），经济繁荣已为全国之冠。再如美国西南部内华达（Nevada）、新墨西哥（New Mexico）等州，40年代我曾到过，那时比较荒凉落后，听说近年来经过开发，旅客如云，经济欣欣向荣。事在人为，值得我们注意。

10月14日我和乃先、白云"三代人"由旧金山出发前往美国西北边城西雅图，我的外甥女罗久芳住在那里已近半个世纪。1989年当她的母亲即我的姨姐张维桢在世时，我和乃先曾去过那里，久芳家藏书很多，他的父亲罗家伦校长喜欢历史。她的夫君张桂生曾任华盛顿大学地理学教授；她自己现在西雅图的社区学院教英语，她的母亲在世时曾任金陵女子文理学院教授。一家人都从事教学，真是"书香门第"。这次她们一家三代人邀我们在当地海滨一个餐厅相叙，但见餐厅门前放着一对石狮子，我满以为这是个中餐馆，其实不然。我们一到里面，发现整个场面好像是个剧场，但不是一排一排的座位,而是全场分成四五个层次,每层上安放一排餐桌,至于一般是剧台的地方,则是空无所有,只见一片巨大玻璃,透过这片玻璃幕,可以看到外面风云变幻的海景。

10月17日,我们三人"兵分两路",因为白云要赶返荷兰鹿特丹大学参加毕业考试。我和乃先则亦要横跨北美大陆前往东岸波士顿看望我的姨妹张蓉珍及其子女。蓉珍独自住在一个周围风景美丽的老年公寓。我们则住在她的女儿张青芝和女婿伍法岳家里。伍家周围都是枫树,金秋时节特别绚丽。法岳是波城东北大学的理论物理学教授,常应邀来中国南开大学等高校讲学。这次他驱车邀我们欣赏波城郊区金秋美景,并参观了宋氏姊妹上过学的韦斯利学院。我的内侄女张史林在波城郊区一个养老院担任医务工作,这次她陪我们参观她的新购房屋,并陪乃先参观了著名的哈佛大学和麻省理工学院校园。翌日我与乃先告别波士顿前往纽约。

纽约距波士顿仅一小时的飞机航程。内侄女张瑜林和外甥女殷明的长子时安令夫妇都在机场相迎。这次我和乃先又"兵分两路",她去罗斯福岛瑜林家,准备翌晨同去华盛顿,作"华府两日游",我则住在纽约郊区白石镇时安令家"休憩"两天。两天后,我又被接去罗斯福岛瑜林家。翌日,瑜林设宴邀请我们及一些邻居和稔友。来客中有纽约名律师罗索(Russo)夫妇。罗索坐在我旁边,告诉我不少执行业务中的轶事。前述波士顿伍家的女儿纶纶在纽约当律师,是日也偕夫婿及新生儿子应约前来。其余都是瑜林家的邻居,其中有一位北京戏曲学校毕业的关鸿钧,来纽约已十来年,一面教人学京剧,一面自己学习舞蹈等艺术。我在纽约未多出外走动,因为我在二十世纪七八十年代经常来此,根据同一理由,我也未去华盛顿,而且我也很需要休整。瑜林所住罗斯福岛,正好在纽约主要市区曼哈顿对面,闹中取静。两岸之间交通,既有桥梁,又有地铁和缆车相通,可称"陆海空"俱有。没有想到,不到一年以后,距此不远的世贸中心大楼即遭撞毁,成为废墟。罗斯福岛幸未遭殃。我在纽约待了五天就和乃先乘飞机经由旧金山返京。

与前相比,我觉得美国人民近来对中国政治、经济、法制、文化等方面的发展很关心,我在前面谈到罗久芳家的许多书刊内已略提到。这次我在时安令家里过周末,曾和他的两个儿子同去白石镇小区里的一个图书馆。他们每逢星期日总是去借书、还书。我们在书库里看到不少中文书刊。其中有鲁迅、茅盾、巴金、冰心等著作,也有金庸的武侠小说等。阅览室里也有不少黄发儿童正在翻阅中国的画册和杂志。

这次旅美,使我回忆留学时期我在美国东西两岸间旅行,都乘坐"灰狗车",长短途都有,座位舒适,每到一地,都停靠市区车站,允许乘客一定时间自由活动,回来时亦可搭原车或登记下一班车继续前进。优点是旅客可以顺便观光或办点小事。据说这种服务,现在还有,但业务不似当年兴盛。我不倾向倒退复旧,但觉这种经营方式对旅游者或无要事在身的乘客,倒是逍遥自在,而且经济实惠。据闻,不久"灰狗"长途客运亦将参与我国的市场。

3. 昆曲"入世"

2000年10月我从美国回来后,只想在家休息一时,这是所谓"动极思静"的规律。时隔不到半载,我应国家法官学院之邀,于2001年2月底向学院举办的国际法与世界贸易组织研修班讲述国际法院对国际争端的审理专题。国家法官学院成立于1997年,负责培养、培训人民法院的高级法官,由最高人民法院副院长曹建明兼任学院院长。我从国家法官学院给我的邀请信得知,参加这次研修班的学员中有最高人民法院的法官以及来自各省市、自治区高级人民法院和中级人民法院的法官,都是国内司法界的俊彦,使我联想起1984年应当时最高人民法院郑天翔院长和任建新副院长邀我参加的"京丰"座谈,本书前面第十四章已经提到。我对这两次"座谈"既很重视,也感兴趣。

2001年2月26日一早,我在位于北京市通州区天成桥的中国法官学院向国际法与世界贸易组织研修班讲述了有关设在荷兰海牙的联合国国际法院的历史及其管辖范围、诉讼程序以及国际法院历来受理过的重大案件,特别是当我在任期间亲历审判的案件,引起了学员们的重视和兴趣。由于当时我国即将"入世",要与涉外诉讼发生较多瓜葛,国际法和国际法院的实际操作,吸引着学员们的特别兴趣。当我讲述结束,学员们提问并合影,似乎引发了一阵热烈气氛。2001年5月份的《国家法官学院学报》对这次讲座作了这样的评述:"近三个小时的讲授,倪老以生动的实例和丰富的实践经历,强烈地感染了培训班的所有学员……"我对此评述,既感且愧。

前面所述中国法官学院所办研修班是为准备2001年晚些时候中国即将加入联合国世界贸易组织而设。为加入这个世界性组织所进行的谈判,历时很久,常被称为准备"入世"谈判。我在下面所称的"入世",则是指濒临灭绝的我国古典艺术昆曲被世界各国共同参加的联合国教科文组织于2001年5月18日宣告为应受保护的"人类口头与精神文化遗产杰作"。世界贸易组织(WTO)和联合国教科文组织(UNESCO)都隶属于全球性的联合国组织,因此同样以"入世"相称,虽有过誉之嫌,似乎亦不难理解。

我在本书前面提到了昆曲,现在想在这里略谈昆曲的来历和前景。我们经常说起唐诗、宋词和元曲。所说的元曲,一般是指像元代关汉卿的《单刀会》《窦娥冤》等作品。到了明朝后期嘉靖、隆庆朝代(公元16世纪),在江苏的昆山、太仓一带出现一种叫水磨腔的曲调,昆曲这个名词就流传起来。昆曲大家吴梅村曾称,"里人度曲魏良辅,高士填词梁伯龙",指的就是昆山一带的魏良辅作曲、梁辰鱼填词的第一部昆剧作品《浣纱记》。我小时最喜欢看昆剧《浣纱记》里的《吴王采莲》一折,取其场面热闹。现在舞台上演出《浣纱记》剧目不多,其中《伍员寄子》一折有时可以看到,京剧里的《吴越春秋》就是根据昆剧《浣纱记》改编的。

我对昆曲,情有所钟。我的家乡江苏吴江旧时与昆山同属苏州府,早年逢时逢节,庙会上演戏酬神时,必演昆剧。后来我因长期在上海求学与工作,暇时以看戏为乐,戏必看昆。昆曲的特点是曲调优美,唱词典雅、绚丽。昆曲唱腔有南曲与北曲之分。南曲比较婉委细腻,有时如泣如诉,动人肺腑;而北曲则一般比较豪放粗犷,慷慨激昂。大体上如此而已,当然亦有例外。南曲只用五个音符来谱曲,即简谱里的1、2、3、5、6而无4和7,曲调比较柔和圆润;北曲增加4和7两个音符,曲调似乎比较高亢凄厉。昆曲讲究音律,唱时要求字正腔圆,谱曲需辨明字的平仄阴阳,行腔时要分清字的头尾,有时一个字可以用三个切音先后发出。这种清规戒律,应否有所革新,可以留待专家们研究考虑。总的来说,昆曲有许多优点和特点。但是,也就是因为它有这许多优点和特点,昆曲常被人们誉为"阳春白雪""曲高和寡""此曲只应天上有"等,使它高不可攀,高处不胜寒,只能孤芳自赏,群众不易、不敢问津。这个问题也是有待解决的。

我是从20世纪30年代起常在上海观看仙霓社的昆剧演出。说起仙霓社,不能不回溯到1921年苏州名曲家张紫东、贝晋眉、徐镜清等几位昆曲老前辈所创办为培养昆剧演员的新型科班而组成的苏州昆剧传习所,招收了四十多名少年学员,聘请有名的昆曲老艺人为业师,经过三年多苦学后,先后在上海笑舞台和徐园初度演出,曾热闹一时。后来曾由上海著名实业家穆藕初和严惠宇等先后出资接办,也曾先后命名为新乐府和仙霓社在上海大世界、新世界、小世界、大千世界等游乐场所演出,声誉逐渐下降,观众不多。1937年

8月上海抗日战争爆发后,仙霓社的日子更难维持,常不定期地在苏杭之间的一些乡镇演出,以维最低程度的生活。抗战胜利后,时局动荡不定,仙霓社解体。新中国成立后,由于党和国家领导人对传统文化的重视,1957年首先在北京成立北方昆曲剧院,上海、杭州、苏州、南京、郴州(湖南)、温州永嘉(浙江)也相继成立昆剧院团,有时还在北京举行昆剧会演。北京在北京大学俞平伯教授倡议下,亦早于1956年成立了业余的昆曲研习社,迄今(至2002年底)为止,已举行过八十一次"同期"(昆曲清唱会),有时社员们还粉墨登场演出。苏、杭、沪、宁、扬州、昆山、太仓等地也都有业余曲社,经常组织活动。

2001年5月,海外传来消息,联合国教科文组织宣布中国的昆曲艺术为"人类口头与精神文化遗产"。同时入选的共十九种,中国的昆曲名列榜首,其他亦被列入精神文化遗产的有:印度的库提亚塔梵剧、意大利的提线木偶戏、日本的能乐古典剧、西班牙的埃尔切神秘剧等。此次评选的标准为,"是否具有杰出价值"。还要审查诸如,"文化传统的渊源,文化特性的认定、起源和跨文化交流,在当代的文化和社会作用,运用技艺的精湛程度,活的文化传统的独特见证,是否濒临灭绝等"(译文参见《扬州曲讯》2001年6月第4期)。消息传来,文艺界以及所有昆曲爱好者,莫不欣喜无比。这是昆曲作为一种文学艺术作品,初次获得全球性国际组织的高度评价和明确承认。北京的北方昆曲剧院于2001年6月22日假座中山公园和人民剧场开会及演出,以资庆祝。

经过这次昆曲"入世"盛事后,其他各地的昆剧院团和曲社也都活动起来,杭州与上海更先声夺人,扬州和苏州也不甘落后。扬、苏两地的曲社先后在 2001 年 10 月和 11 月集会,邀请北京、上海、杭州等地曲友共庆盛事。我由女儿乃先陪同,于 10 月初及 11 月初先后参加两地曲社庆祝活动。10 月扬州曲会正值国庆中秋佳节,北京曲社副社长陈颖偕同好几位社员前往参加。相隔一个月后,苏州举行的"虎丘曲会"更是兴高采烈,除与上月在扬相聚的曲友外,更有各地院团历届昆曲梅花奖得主参演同庆昆曲"入世"。11 月 6 日那天气候晴朗,阳光普照,令人格外振奋。传统曲会开始时,身穿各种彩色背心的千余人围着"千人石"齐唱《长生殿·小宴》里同场曲"天淡云闲",响彻云霄,令人心旷神怡,兴奋不已。是日,我也应主持人坚邀,登上"千人石"唱了一曲《长生殿·闻铃》选段,聊表对保存和弘扬昆曲艺术的赞助和支持。

现在让我追述一下在扬州举行的一次关于昆曲前途的座谈会。来自各地的许多曲友以无限兴奋的心情互相祝贺昆曲"入世",并表示要想方设法保存昆曲,弘扬昆曲,发展昆曲等,热情洋溢,踊跃发言。北京昆曲研习社的欧阳启明代表曲社致辞和发言。我也就一些比较具体的问题提出个人的看法:建议在合适的院校教授昆曲的课程;加强曲社的组织和作用;提高笛师的地位和待遇;提倡多唱同场曲,使更多人能耳熟能详地集体参加唱曲;不要再提或少提"曲高和寡、阳春白雪"一类能使一般人认为昆曲高不可攀、望而却步的说法。当然，十分重要的是主管文广事业部门的重视和提倡。还有一个比较容易产生分歧的问题，就是昆曲的革新问题，我认为这个问题最好暂时放一放，以待日后从长计议。当务之急是抢救和保存，如果马上要解决革新问题，可能导致无休无止的争论，吸引不了新观众，丢了老曲友，对昆曲前途不利。

我们在苏州参加曲会时，遇到一位日本留学生浦部依子，她正在上海复旦大学中国古代文学中心攻读博士学位课程。她这次也参加了表演节目，具有一定艺术水平。由此也提一下北京外国留学生演习昆剧的情况。我在本书前面提到北京师范大学的日本留学生前田尚香等所组织的"日本昆曲之友社"经常在湖广会馆等剧场演出昆剧，颇受中日两国文化教育界的好评。最近（2002年8月）在北京举行的"国际票友京昆剧比赛"中，有许多外国青年参加，其中一位英国青年演唱了昆曲《孽海记·下山》里的首曲《赏宫花》。他出场时用一串念佛珠绕身反复挥舞，忽高忽低，或左或右，颇合节奏。这是多年来看到的唯一西方人演唱昆曲，也是这次比赛中唯一演唱昆曲的节目。在此以前所看到能演昆剧的外国人都是日本人，间有一次是韩国人，这大概是因为昆剧的曲词，东方人较易掌握。

昆曲不会消亡，最近又出现新的迹象。《光明日报》2002年8月5日以"百戏之师"为题报道：昆山市第一中心小学于1991年创办了第一个"小昆班"；1998年的中秋佳节，江泽民总书记来到昆山亭林公园古戏台观看"小昆班"

演出,与"小昆班"的孩子们亲切交谈并合影留念;昆山周庄中心小学和石碑中心小学等多所学校也相继开设了"小昆班"。我想所有昆曲爱好者闻知后继有人后,一定会感到高兴与欣慰。

2002年10月18日,我应邀参加了北方昆曲剧院在长安大戏院隆重举行庆祝建院45周年和纪念白云生百岁诞辰纪念会。会后推出一种新法的演出:由剧院学员班汇报学戏一年后,选演名剧几出,且只串演其中最精彩的几场,非必要的部分就不演,龙套等人物不上场,情节紧凑,节目精练。那次"演出"是昆曲"入世"后,新生力量为继承古老艺术文化迈出了新的一步,不禁为之灿然。

4. 学海无涯

2002年农历岁次壬午,在这个马年的春夏季节,我又犯了前面说过的"驿马星"。我于5月去了新疆参加一个会议,8月上旬去了山东胶东地区考察参观,8月下旬至9月初在山西进行旅游活动。在三个不同地区,进行了名称似乎不同的集体活动。事实上对我这样年迈的人来说,无非是"指点江山",说古道今,加强学习,时代紧跟。更切实一点,就是说:学无止境。

先说新疆之行。我在本书第十一章中里提到1972年参加在联合国总部举行的"海底委员会",接着又参加1973年起历时十年的海洋法会议,参加制定了全面性的海洋法公约。因此可以说,海底会议是导致制定全面性海洋法律制度的前奏,也是新中国恢复联合国合法席位后第一次参加的全球性的专业性会议。《联合国海洋法公约》于1982年在牙买加签字,其中第十一部分所称"区域",指的就是不属于任何国家管辖的海底区域。《海洋法公约》生效后,我国的国家海洋局、地矿部、冶金工业部、中国有色金属总公司、外交部、国家科学技术委员会和国家矿产储量管理局于1990年1月22日共同向国务院上报了《关于申请国际海底矿区登记的请示》,就中国向联合国海底筹委会申请矿区登记等问题请示国务院。1990年4月9日国务院批复,同意以"中国大洋矿产资源研究开发协会"的名义向联合国海底筹委会申请矿产登记,同意将大洋多金属结核资源勘探开发作为国家长远发展项目,并给予专项投资。经过一年的精心筹备和策划,终于成立了中国大洋矿产资源研究开发协会(以下简称"大洋协会"),于1991年10月在北京人民大会堂正式宣告成立。

  大洋协会以国家海洋局、地质矿产部、冶金工业部、中国有色金属工业总公司为业务依靠,在业务上接受国家海洋局指导。大洋协会的任务是:对外代表国家申请国际海底矿区,对内组织大洋协会成员单位从事国际矿产资源研究开发工作,开辟中国新的矿产资源来源,促进中国深海采矿高新技术专业的形成与发展,维护中国开发国际海底资源的权益,并为人类开发利用国际海底资源作出贡献。大洋协会的最高权力机构是理事会,第一届理事会由二十五位理事组成,当时任国家海洋局副局长的陈炳鑫同志当选为理事长。理事会会议一般在北京举行,我作为大洋协会的法律顾问,出席过在北京举行的理事会会议,但在外地参加理事会会议,今年还是第一次。

2001年5月,国际海底管理局秘书长南丹专程来北京,与大洋协会签订"勘探合同",授权大洋协会在太平洋靠近夏威夷的7.5万平方海里的海底矿区享有多金属结核资源的专属勘探权,并在多金属结核进入商业开采时有优先开发权。在签订"勘探合同"后,从2001年6月12日起,大洋协会使用"大洋一号"勘探船从青岛出发驶往矿区开展调查工作,到同年11月21日才返回青岛。2002年5月20日"大洋四号"再度出航,计划在海上作业199天,各项调查工作正在循序进行。

大洋协会最近一次理事会会议于2002年5月28日在新疆维吾尔自治区首府乌鲁木齐市召开,我应邀参加,女儿乃先陪同前往。会议开始后,先由陈炳鑫理事长作2001年度理事会工作报告,然后由理事会各有关部门先后分别报告工作进展情况。理事会在5月28日和29日里听取了刘振民、刘键、李裕伟、肖湘四位同志所作学术报告,分别涉及海洋法的发展动向、海底投资政策、某些矿产资源的供需形势、基因资源等重要问题。5月29日下午最后全体会议上,陈炳鑫理事长作了继往开来、语重心长的讲话。我也被邀作了简短的讲话,叙述了1972年中国代表团第一次出国参加海底委员会及后来举行的海洋法会议中值得回忆的趣事,虽然像蜻蜓点水,但是追忆往事,又看到这些年来中国海洋事业的迅速发展,大家不禁欢欣鼓舞。

两个整天会议后,与会者不免感到有些疲惫。5月30日天气晴朗,我们乘车前往距乌鲁木齐一百多公里的天池。天池是在群山环抱之中的一个高山湖泊,海拔1980米,风景非常秀丽,古称"瑶池",湖水碧如翡翠,又有"天山明珠"之称。时值春夏之交,但湖边恰黄花满地,俨如深秋光景。乃先提醒我昆剧《西厢记·长亭送别》中的"碧云天,黄花地"佳句。但是那天毕竟是明媚的春天,后面的"西风紧,北雁南飞"两句就接不下去了。我们依依惜别天池后,登车途经号称亚洲最大的风力发电厂和一个极大的盐湖后,到达了气温高达摄氏42度以上的吐鲁番盆地,参观当地著名的地下水利工程中心坎儿井。它是利用盆地倾斜地形引水的人工灌溉系统,由竖井、暗渠、明渠、涝坝构成的特殊水利工程,与四川都江堰的工程齐名,都是中国古人智慧的结晶,南北相映成趣。当晚我们投宿在吐鲁番的绿洲宾馆。

5月31日上午,我们乘车前往距离吐鲁番市区四十余公里的汉唐时代高昌古国的王城旧址。汽车在公路上走了大部分路程后,再要换乘驴车进"城",到达据说唐僧西游来此讲经的所在。沿途是高低不平的土路,所谓讲经堂只有土墙而无屋顶。据说因终年不雨,无需屋顶,事实上可能是年久失修,听之任之而已。这一带过去有人居住,现在完全荒废,只存断井颓垣。接着,我们再上公路,前往神怪小说《西游记》里所说铁扇公主盘踞的火焰山。由于前来观赏探秘的游客太多,当地管理人员索性在公路边以山为背景,开辟一个广场,让游客可以留恋摄影。导游带我们去一个比较偏僻的千佛洞,从这里可以贴近火焰山,在强烈阳光照耀下的大片赭红赤壁高峰,有如融融火焰向上喷发,蔚为奇观。离开火焰山,我们再乘车前往以低洼盆地著名的葡萄沟,它是横跨火焰山西部一条长八公里、宽约半公里的林荫峡谷。这里盛产红白葡萄以及无花果、香梨、苹果等果品,被誉为"最甜的地方"。我们上午遨游高昌古城、千佛洞、火焰山后,既感兴奋,也觉极度疲乏,急需一个略事休憩之所。在这个周围如同烈火的葡萄沟,居然也有一个极大的、有清泉流经、可供观赏的葡萄棚。这个葡萄棚占地很广,整个形状像个简体的"丰"字,横里三条,竖里一长条,葡萄藤底下设有桌椅长凳,可供游人休憩、品尝新鲜瓜果。我们在这里漫步休息,如入清凉仙境。

是日下午,我们在驱车返回乌鲁木齐之前,还去参观了哈萨克族夏季聚居放牧的南山牧场,在他们所住的毡房里作客。毡房的外形有如蒙古包,里面铺着漂亮的毡毯,大家沿着毡房圆形的内壁席地而坐,或饮食奶茶点心,或互相交谈留影,或观看电视节目,舒适自在,不觉红日已西沉。我们只得向主人告辞,乘车赶回乌鲁木齐市区,翌日乘飞机返回北京。

2002年六七月,我们在北京过了一个非常炎热的夏季,其中有十多天到郊区密云溪翁庄度过了比较凉爽的日子。到了8月初,外交部组织部分离退休老人及其家属去山东参观考察，我和乃先亦附骥尾。我们于 8 月 9 日早晨到达位于山东半岛北部的烟台。烟台是个老解放区，因其郊外有个烟台山而得名。据传明朝洪武三十一年（1398 年）为防倭寇侵扰而在北山上筑烽火台，如发现倭寇入侵时，昼则升烟，夜则举火，以备军民抗击，遂将该山称为烟台山。因此，烟台有过它的抗敌卫国历史。我还记得，在 19 世纪中叶（经查是 1876 年 9 月 13 日），清王朝钦差大臣李鸿章曾在烟台与英国的使臣签订过一个有名的《烟台条约》，内容涉及许多中英两国间悬而未决的问题，其中有关于具体实施领事裁判权等问题。何以这样一个重要条约不在北京或伦敦签订，只能说明烟台在当时已经不是一个普通的通商口岸。烟台资源丰富，工业亦颇具基础，对外贸易蒸蒸日上，人民生活优裕。我们参观了名闻中外的张裕酿酒公司，规模宏大，我们看到它的部分设施和仓库，但没有能看到它的酿制过程。

翌日，我们乘车西行，很快到达了原名黄县的龙口市。龙口的"南山实业集团"已发展为村企合一体制，集合产、供、销、科、工、贸为一体的国家级大型企业集团，经营精纺、服装、铝业、电力、建材、建筑、木业、食品、旅游、教育、医疗等产业。我们参观了南山集团的精纺厂、养老院、巨佛铜像、高尔夫球场等设施和景点，当天下午听取了集团的领导人员所作报告，还在返回烟台的路上，参观了一个农家院，看他们正在准备当天晚上邀请外宾来吃的烤乳猪等食品，当晚返抵烟台。

8 月 11 日，我们离开烟台向东行，抵达山东半岛北端的威海。明朝永乐年间在此设"卫",以防倭寇,因此常被称为威海卫。威海对面的刘公岛,横跨海上,形成一个天然屏障。清末在此建立海军基地,并设北洋水师提督署。1894年中日甲午海战中,清军失利,提督丁汝昌和致远舰管带(舰长)邓世昌英勇率部作战,壮烈殉国。我们于到达的当天下午即乘船前往刘公岛甲午海战博物馆,看到了许多动人心弦的图片和实物,其中有当年参战将领的蜡像,栩栩如生,令人肃然起敬。还有1988年从附近海底打捞出来的前济远舰上的巨型铁锚,亦在陈列室里展览。我在留言簿上写了"毋忘国耻"。当晚回宾馆后,又历历回忆自己亲历的十四年抗日战争,不免惆怅唏嘘,深深感到只有艰苦奋斗,自强不息,才能昂首屹立于国际社会,换言之,"落后就要挨打"。

我们在威海住了一宿后,即乘车前往山东半岛南部重镇青岛市。回忆早年学历史时注意到19世纪后期,德国紧跟英、法、日、俄等国之后,要在中国夺取所谓"租借地",长期占领作为进一步扩展势力范围的根据地,对青岛经过长时期的调查研究,包括气象水文、港道深浅、周围环境,甚至民情风俗,时间长达逾年,往返函电数册,然后借故向清政府提出"租借"要求,进行建设经营,以与其他列强在远东抗衡。第一次世界大战期间,日本借口作为对德交战国,占领了包括青岛在内的整个胶东地区。1919年巴黎和会上成为有争议的"山东问题",由于中国代表拒签凡尔赛条约,日本未能达到目的。经过几十年的风风雨雨,建国以后,青岛在中国人民的建设和管理下,已成为我国北方一大良港和重要的外贸进出口岸。青岛三面滨海,青山碧水,风光旖旎,气候宜人。它不仅是旅游胜地,同时它的产品,也是举世闻名。青岛啤酒久已誉满全球,近今的海尔、海信等家电产品亦已营销世界各地,成为中国的骄傲。我们曾约期前往位于青岛郊区的海尔总部参观,听取了业务人员的介绍和说明,高科技电气、电子产品琳琅满目,使我们大开眼界,亦深受感动。我们也去了位于青岛东南的崂山,这是一个有名的道教胜地,在群山环抱之中,山石嶙峋,妩媚中亦现苍劲。15日晨,我们乘火车返抵北京,对这次胶东之行,留下不少感慨和留恋。

　　从山东回家不久,我于同年8月底又参加外交部老干局组织的山西旅游。这次报名参加的离退休干部连同家属和工作人员共约四十余人,于8月26日晚乘火车离京,翌晨抵达山西太原。当天下午我们乘车前往离太原二十五公里的晋祠。这里山水环绕,古木参天,园内筑有许多座殿堂楼榭,以圣母殿最为壮观。殿前廊柱上的八条木雕盘龙是园内现存最早的木雕艺术品。贞观宗翰亭内有唐太宗李世民所写的"晋祠之铭并序"石碑和宋代所铸铁狮。殿外有被称为"周柏隋槐"的千年古树,亦甚奇丽壮观。此外,圣母殿中的侍女塑像以及该殿对面的戏台,亦颇具特色。陪我同去的女儿乃先曾于1957年和1960年两次因球赛到过太原并游晋祠,因此可做义务向导。翌日,我们乘车前往太原西南灵石县境内的王家大院参观。山西商人出外经商,勤俭致富,晚年回到家乡筑院养老,兼及亲戚故旧,本不足为奇。但山西有些大院的规模大得惊人,以王家大院为例,它依山而筑,分东西两区,共有几十个院落,整齐有序,分层并列,每一院落有房屋一二十间,有些是楼房,规模之大,简直令人难以想象。据说,《大红灯笼高高挂》影片中的乔家大院,就在附近的祁县,其面积体量仅是王家大院的四分之一。当天下午,我们参观了有名的平遥县古城。这是一个保存得比较完整的古代建筑,外宾慕名前往参观的很多。我们登上了城楼并漫步于城墙后,乘电瓶游览车,到了平遥县的旧式县衙,入内周游巡视一番,我们也没有遗忘山西人善于经营理财的旧式银钱业票号,参观了有代表性的日升昌票号。

8月29日,我们一早乘车前往佛教四大名山之一五台山(其他三大名山是四川的峨眉山、安徽的九华山和浙江的普陀山)。五台山由耸峙的五个山峰环抱组成,因峰顶平缓如台得名。据说,唐代佛教鼎盛时期,这里的寺庙多达三百多处,现有寺庙约有四十多所。我们去过的有菩萨顶、显通寺、塔院寺、南山寺、碧山寺、龙泉寺等数处庙宇,并乘缆车到了五台山最高的黛螺顶。8月31日我们离别五台山前往晋北名城大同,当天下午乘车前往参观世界闻名的云冈石窟。这里的石雕气魄雄伟,始凿于佛教兴盛的北魏时期,已有一千五百年历史。石窟依山开凿,东西绵延一公里,现有洞窟五十三个,我们参观了其中几个。我记得走进第五窟时,未觉已到目的地,等到抬起头来,发现巨佛就在自己头顶上,像一座高山突然出现在自己眼前。这个感觉和在四川参观乐山大佛不一样,因为乐山大佛是在露天旷野,早就看见,而云冈第五窟石佛则在窟内,游人入内先近佛脚再仰起头来看到全身。云冈的其他一些石佛,大都本来就是向外暴露的,神态多样,躯体雄伟,造型生动,雕刻精美,令人叹为观止。

次日为9月1日,我们乘车前往我久已向往的悬空寺。它位于北岳恒山之麓浑源县境内。这个寺的名称就有些令人幻想联翩。我曾在某一杂志里看到有关它的描述和照片,留着深刻的印象。这天一早我们乘车前往恒山金龙口西崖,遥见峭壁上的悬空寺。这是我国罕见的古代高空建筑,始建于北魏后期,明清时代都曾重修,四十余间殿堂楼阁靠外的部分,悬空依崖而建,由许多横向建材支撑,楼面前沿部分伸在外面,形成悬空状态,未闻发生过事故。起初我准备就在下面仰望已很满足,后来竟亦漫步拾级而登,俯瞰山下,如入太虚之境,至今回忆起来,不胜神往。我们当晚乘火车离大同,次晨返回北京,就这样结束了山西之行。

2002年内,我在几个月里,走遍了富有特色的三个省区,都是从历史悠久的古老文化走向现代化的繁荣发达。我们从旧时的藩属边疆看到民族团结、社会进步兴旺,从古老优秀的文化看到蒸蒸日上的发展和开发,从昔日落后挨打的屈辱历史看到今日的繁荣富强。回家后仍无限兴奋,难以平静下来。过了几个月,已值2002年年底。欣悉最近统计数字表明,我国在这个年度里各方面的飞跃进展,使每个中国人感到骄傲。我们应当加倍努力,再接再厉,争取来年获得更进一步的胜利。

这里补叙一下2002年初我去外地开会和参观之前发生的一些事,简述如下:

前面提到过女婿白金申作为国家级篮球教练，退休以后，仍经常关心和过问篮球运动的训练和竞赛。2002年4月初去天津开会，因心脏病突发医治无效，于4月4日午夜逝世。白金申生前除在国内训练球队外亦先后应聘柬埔寨、阿尔巴尼亚等国担任教练，并先后率队赴泰国、菲律宾、日本、美国、荷兰、印尼等国访问和比赛。他的敬业精神受到篮球界和群众的赞赏。对白金申的告别仪式于2002年4月10日上午在北京八宝山举行，我在乃先等伴同下前往出席仪式。

外孙女白云毕业于荷兰鹿特丹大学后，即在当地远洋运输系统就业。鹿特丹是世界进出口船舶吨位最高的港口，她在当地就业也感到很合适。这次她赶回北京参加父丧后，就返回荷兰。白念恩和罗冰近来并亦各在自己岗位上发挥作用。罗冰还正在接受训练，准备参加与2008年奥运会有关的工作。

学习无间,只争朝夕。

增订版后记

在中国人民抗日战争胜利暨世界反法西斯战争胜利70周年之际，北京大学出版社蒋浩先生邀约，将先父生前遗作《淡泊从容莅海牙》一书再版发行。

本书第一版由法律出版社于1999年4月印制成书，在以后的四年中，先父又经历了不少值得回忆的事情，并都一一记录下来。尤其是2000年，先父以94岁高龄先后走访了对他蓄志学法、确立人生目标至关重要的三个不同阶段的母校：先是顺访关注、支持上海澄衷中学百年校庆的筹备工作；接着又与海峡两岸不同年龄的新老校友参加共庆（苏州）东吴大学百年校庆的盛大庆典活动；稍事休整后，作为毕业离校七十一年的校友再赴美国西部参加了斯坦福大学法学院与贝克&麦肯思国际律师事务所联合颁发"倪徵𣢾国际法与中国法奖学金"的命名仪式。2001年先父又亲历了终生钟爱而濒临消亡的昆曲名列世界非物质文化遗产榜首、我国申奥成功和加入联合国世界贸易组织三大盛事，这一切都激发了老人垂暮之年的活力。无论是两度南下参加扬州、苏州庆祝曲会或是为"入世"准备而开办的法官研习班,老人家都亲力亲为出席欢唱或认真备课讲授。这些内容在本书中被冠以"近事续记"都有详细记录。

  本书再版调整修改了一版的错误之处,增删了一些图片,补充了"近事续记",使得反映先父将近一个世纪的人生历程更趋于完整。正如他的自述:"我的一生没有离开过一个'法'字。"中年时期,先父有幸临危受命参加东京审判,为战争中受苦受难的同胞伸张正义,惩治侵华的日本顽凶战犯。新中国成立后,先父长期担任外交部专门委员和法律顾问,参与处理了大量重大涉外法律案件。将近耄耋之年,又出任联合国国际法院法官,坚持客观公正立场,以法解决国际争端,维护世界和平。晚年,他回顾人生经历时,自豪无憾地说:"我是中国人!"

倪乃先
2015 年 7 月

图书在版编目(CIP)数据

淡泊从容莅海牙/倪徵𪩘著. —增订版. —北京:北京大学出版社,2015.8

ISBN 978-7-301-26158-3

Ⅰ.①淡… Ⅱ.①倪… Ⅲ.①倪徵𪩘(1906~2003)—回忆录 Ⅳ.①K827=7

中国版本图书馆 CIP 数据核字(2015)第 174474 号

书　　　　名	淡泊从容莅海牙(增订版)
著作责任者	倪徵𪩘　著
责 任 编 辑	杨玉洁
标 准 书 号	ISBN 978-7-301-26158-3
出 版 发 行	北京大学出版社
地　　　　址	北京市海淀区成府路 205 号　100871
网　　　　址	http://www.pup.cn　http://www.yandayuanzhao.com
电 子 信 箱	yandayuanzhao@163.com
新 浪 微 博	@北京大学出版社 @北大出版社燕大元照法律图书
电　　　　话	邮购部 62752015　发行部 62750672　编辑部 62117788
印 　刷 　者	北京大学印刷厂
经 　销 　者	新华书店
	880 毫米×1230 毫米　A5　16 印张　298 千字
	2015 年 8 月第 1 版　2015 年 8 月第 1 次印刷
定　　　　价	49.00 元

未经许可,不得以任何方式复制或抄袭本书之部分或全部内容。
版权所有,侵权必究
举报电话: 010-62752024　电子信箱: fd@pup.pku.edu.cn
图书如有印装质量问题,请与出版部联系,电话: 010-62756370